U0123910

加快构建中国特色经济学体系

李志军　尚增健　主编

经济管理出版社

ECONOMY & MANAGEMENT PUBLISHING HOUSE

图书在版编目（CIP）数据

加快构建中国特色经济学体系/李志军，尚增健主编 . —北京：经济管理出版社，2022.8

ISBN 978-7-5096-8664-5

Ⅰ. ①加…　Ⅱ. ①李…　②尚…　Ⅲ. ①经济学—研究—中国　Ⅳ. ①F120. 2

中国版本图书馆 CIP 数据核字（2022）第 145476 号

组稿编辑：杨世伟
责任编辑：胡　茜
责任印制：黄章平
责任校对：张晓燕

出版发行：经济管理出版社
　　　　　（北京市海淀区北蜂窝 8 号中雅大厦 A 座 11 层　　100038）
网　　址：www. E-mp. com. cn
电　　话：（010）51915602
印　　刷：唐山昊达印刷有限公司
经　　销：新华书店
开　　本：720mm×1000mm/16
印　　张：29. 75
字　　数：457 千字
版　　次：2022 年 9 月第 1 版　　2022 年 9 月第 1 次印刷
书　　号：ISBN 978-7-5096-8664-5
定　　价：98. 00 元

前　言

2016 年 5 月 17 日，习近平总书记主持召开哲学社会科学工作座谈会并发表重要讲话，提出"着力构建中国特色哲学社会科学，在指导思想、学科体系、学术体系、话语体系等方面充分体现中国特色、中国风格、中国气派"。2022 年 4 月 25 日，习近平总书记在中国人民大学考察时强调，加快构建中国特色哲学社会科学，归根结底是建构中国自主的知识体系。

为深入学习贯彻习近平总书记重要讲话精神，推动构建中国特色经济学体系，2022 年 5 月 17 日管理世界杂志社组织召开"加快构建中国特色经济学体系"研讨会（笔谈）。

现将这次研讨会的笔谈文章进行整理，并收入《管理世界》近年刊发的相关文章，汇编成册，结集出版，以飨读者。

目　　录

第一篇　"加快构建中国特色经济学体系"研讨会（笔谈）文章

第二篇　《管理世界》近年刊发的相关文章

目　录

「加快构建中国特色经济学体系」研讨会（笔谈）文章

现代财税体制与中国财政学的构建[*]

中国社会科学院　高培勇

一、现代财税体制亟待从理论上看清楚、弄明白

　　财税体制往什么方向走，历来是一个带有根本性的问题。随着我国开启全面建设社会主义现代化国家新征程，作为新发展阶段财税体制建设的目标标识，建立现代财税体制已经写入了《中华人民共和国国民经济和社会发展第十四个五年规划和 2035 年远景目标纲要》[①]。以此为契机，建立现代财税体制同全面建设社会主义现代化国家融为一体，不仅成为贯穿未来 5 年、15 年乃至整个新发展阶段中国财税体制建设的一条主线，而且深刻改变了中国财税体制建设的前行方向和历史进程。

　　现代财税体制所具有的一系列不同于既往财税体制的基本特征，是建立在财政定位和财税体制定性发生根本性变化基础上的。两个根本性变化，无疑是中国特色社会主义进入新时代、党和人民事业进入新发展阶段的大事件。随着财政定位的根本性变化，作为国家治理的基础和重要支柱，财政已经被摆放在国家治理层面，与国家治理问题统筹谋划、一起部署。与之相对应，随着财税体制定性的根本性变化，作为国家治理体系的组成部分，财税体制已经被纳入国家治理体系版图，与国家治理体系一起布局、一起推进。此财政既非彼财政、此财税体制亦非彼财税体制，将新发展阶段建立现代财税体制的行动落到实处，确保抓住要害、踩到点上、

---

　　*　原载《管理世界》2022 年第 6 期。

不走偏变样，不能不探究其背后的新思想，不能不梳理其背后的新逻辑，不能不概括其背后的新理论。

治国理政系当代中国党和国家事业的代名词。将财政和财税体制放置在党和国家事业发展全局中加以审视，从全面建设社会主义现代化国家高度观察财政问题、谋划财税体制建设，就会发现，建立现代财税体制实质是一场财政思想和财政理论的深刻变革。在进入新发展阶段的中国，既不能就财政论财政，也不能就经济论财政；既不能就财税体制论财税体制，也不能就经济体制论财政体制。这不仅要通过理念、思想和战略的转换来凝聚共识，而且须经由理论层面深化推动实践层面变革，进而使之常态化、稳定化、制度化。

在党的十九届四中全会所勾勒的中国特色社会主义制度"图谱"中，财税体制跨越了基本制度和重要制度两个系列：预算制度、中央和地方财政关系位居政府治理体系，被纳入中国特色社会主义行政体制系列；税收、社会保障和转移支付位居再分配调节机制，被纳入中国特色社会主义基本经济制度系列[②]。坚持和完善中国特色社会主义制度，无疑要突出坚持和完善支撑中国特色社会主义制度的根本制度、基本制度、重要制度。将现代财税体制置于基本制度、重要制度系列之中，加以突出坚持和完善，将现代财税体制作为中国特色社会主义制度的基础性和支撑性要素加以塑造，离不开学理支撑和方法论支持。

制度带有根本性、全局性、稳定性和长期性。要使中国财税运行契合全面建设社会主义现代化国家战略部署、跟上国家治理体系和治理能力现代化进程，最根本的是要靠财税体制建设，靠得住的也是财税体制建设。进一步说，要构建起系统完备、科学规范、运行有效的财税体制并将财税体制优势更好转化为财税治理效能，最重要的是要深刻揭示蕴含在现代财税体制之中的规律性，最关键的是要准确把握蕴含在现代财税体制之中的大逻辑、大趋势。

二、中国财政学应当且必须重构

从理论上看清楚、弄明白现代财税体制，意味着中国财政学应当重构，也必须重构。

"建立现代财税体制"这一提法，由党的十八届三中全会所确立的财税体制改革目标——"建立现代财政制度"演化而来。其思想和理论源头，则可追溯至这次会议所作出的关于财政和财税体制的全新论断——"财政是国家治理的基础和重要支柱，科学的财税体制是优化资源配置、维护市场统一、促进社会公平、实现国家长治久安的制度保障"[③]。

时至今日，这一全新论断已经演化为新发展阶段财政和财税体制的标识性概念。在中国财政思想和财政理论发展史上，它堪称一个具有划时代意义的转折点。

做出如此判断的基本理由在于，随着财政由经济范畴向国家治理范畴跃升，随着财税体制由经济体制组成部分向国家治理体系组成部分跃升，不仅财政概念、财税体制定性、财政职能格局随之变化，而且财政学科属性以及涉及财政理论体系的其他构成要素都要跟着变，作为其学理支撑和方法论支持的财政学科体系、财政学术体系、财政话语体系也会跟着变。

换言之，财政的定位变了，财税体制的定性变了，支撑财税体制建设的学理和方法论变了，既往的财政理论认知，已难以满足全面而系统地阐释现代财税体制原理之需，亦难以匹配准确而清晰地揭示现代财税体制建设规律之需。面对现代财税体制建设，从关于财政和财税体制的全新论断出发重构中国财政学，是一项必须尽快着手、早日完成的极其重要的工作。

千里之行，始于足下。认识到理论本身的系统性和复杂性，固然要奔着重构中国财政学这一宏大目标而去，但基于渐进而非一蹴而就的考量，由建构现代财税体制理论分析框架做起，逐步朝着重构中国财政学的目标前行，可能是一个适当的选择。

三、中国财政学的框架和构件

举凡理论体系的建构，一要有合理的框架，二要有足够的构件。中国财政学的重构，以及作为其雏形的现代财税体制理论分析框架的建构，都要从其基础性工作——框架和构件的确立开始。

现代财税体制显然是一个根植于中国国情土壤、颇具中国特色的概念。之所以要建立现代财税体制，当然是为了解决中国的问题。现代财税体制终归讲的是中国的故事，说的是发生在全面建设社会主义现代化国家历史阶段的事情。就此而言，我们所要重构的中国财政学，其本质是中国特色现代财税体制理论分析框架，归根结底是建构中国自主的财政知识体系。在此过程中，固然要以开放的态度借鉴一切人类文明成果，但"中国特色"理应贯穿于这一理论分析框架的方方面面、字里行间。故而，中国财政学的重构，要坚持问题导向，以我国改革开放和社会主义现代化建设、新发展阶段中国特色社会主义的实际问题、我们正在做的事情为中心④。此其一。

既然是中国财政学的重构，对于中国实践的总结无疑是其最基本的来源。中国财税体制建设实践特别是改革开放 40 多年的财税体制建设实践，已经为此奠定了坚实基础。从常识来看，中国之所以能够创造世所罕见的经济快速发展和社会长期稳定奇迹，一定是因为我们做对了什么。这其中，就包括在财税体制建设中我们做对了的东西，把实践中做对了的东西总结出来，将中国财税体制建设实践提升至规律层面加以认识，本身就是理论创新，就是中国财政学的特色之所在，就是对世界财政学的理论贡献。故而，中国财政学的重构，要着力于"把中国实践总结好"⑤。在系统总结中国财税体制建设实践基础上，讲好中国财税体制建设的故事。此其二。

毫无疑问，在中国财税体制建设实践的背后，既有源于其他国家财政理论观点、财政理论学说的启示和借鉴，又隐含着中国财政学界的理论创新和理论贡献，只不过我们在过去总结、提炼得不够好。清晰地认识这一点至关重要，中国财政学的重构，要具体化为重构具有自身特质的中国财政学科体系、财政学术体系和财政话语体系，要从重构中国财政学科体系、财政学术体系和财政话语体系做起。故而，以我国实际为研究起点，加强对中国财税体制建设新理念、新思想和新战略的研究阐释，从而提出具有主体性、原创性的理论观点⑥，做出创新性的理论概括，既是摆在中国财政学界面前的重要课题，又是重构中国财税学的必由之路。此其三。

中国财政学作为一门科学，最终要对人类社会财政共性和财政运行一般规律进行揭示和提炼。只有紧盯共性和规律，围着共性和规律而转，把中国财政学建构在清晰认识和深刻把握人类社会财政共性和财政运行一般规律的基础上，中国财政学才能真正成为一门科学。故而，从比较研究出发，深入研究财政和国家治理之间关系的变化规律，从根本上摆正财政在党和国家事业发展全局中的位置；深入研究财税体制和国家治理体系之间关系的变化规律，从根本上摆正财税体制在中国特色社会主义制度体系中的位置；深入研究政府和市场之间关系的变化规律，从根本上摆正财政职能在社会主义市场经济中的位置，既是重构中国财政学的核心和灵魂，又是中国财政学的题中应有之义。此其四。

注释

① 《中华人民共和国国民经济和社会发展第十四个五年规划和 2035 年远景目标纲要》，人民出版社，2021 年，第 61-62 页。

② 《中共中央关于坚持和完善中国特色社会主义制度　推进国家治理体系和治理能力现代化若干重大问题的决定》，新华社北京 2019 年 11 月 5 日电。

③ 《中共中央关于全面深化改革若干重大问题的决定》，人民出版社，2013 年，第 19 页。

④ 中共中央宣传部：《习近平新时代中国特色社会主义思想学习纲要》，学习出版社、人民出版社，2019 年，第 32 页。

⑤ 习近平：《在哲学社会科学工作座谈会上的讲话》，人民出版社，2016 年，第 18 页。

⑥ 习近平：《在哲学社会科学工作座谈会上的讲话》，人民出版社，2016 年，第 19 页。

中国财政学学术体系话语体系
建设之思考[*]

山东大学　樊丽明

加快构建中国特色哲学社会科学，建构中国自主的知识体系，是以习近平同志为核心的党中央提出的坚持和发展中国特色社会主义的重要任务之一。习近平总书记近年来就中国哲学社会科学创新发展做出一系列重要论述。他在 2016 年 5 月 17 日哲学社会科学工作座谈会上明确提出，"哲学社会科学是人们认识世界、改造世界的重要工具，是推动历史发展和社会进步的重要力量，其发展水平反映了一个民族的思维能力、精神品格、文明素质，体现了一个国家的综合国力和国际竞争力"，"要按照立足中国、借鉴国外，挖掘历史、把握当代，关怀人类、面向未来的思路，着力构建中国特色哲学社会科学，在指导思想、学科体系、学术体系、话语体系等方面充分体现中国特色、中国风格、中国气派"[1]。2022 年 4 月 25日，习近平总书记在中国人民大学考察时再次强调，"加快构建中国特色哲学社会科学，归根结底是建构中国自主的知识体系"，"要以中国为观照、以时代为观照，立足中国实际，解决中国问题，不断推动中华优秀传统文化创造性转化、创新性发展，不断推进知识创新、理论创新、方法创新，使中国特色哲学社会科学真正屹立于世界学术之林"[2]。这些重要论述为构建中国特色哲学社会科学体系、发展中国财政学指明了前进方向。

新中国成立以来中国财政学的发展历程，就是一个既吸收外来又立足中国财政实际努力开展理论创新的过程，可以将其分为四个阶段。一是

＊　原载《管理世界》2022 年第 6 期。

1949～1977 年的创立发展阶段。新中国成立之初，随着国民经济的恢复，一些不同于 1949 年之前的财政学教科书问世，反映了财政学界探索新财政学的最初成就。在新中国成立之初学习引进苏联财政学理论之后，一方面为适应我国计划经济发展的需要，另一方面与苏联的决裂加快了新中国财政学的探索进程，财政学界欣欣向荣，形成了国家分配论、货币关系论、价值分配论、再生产论等理论流派。"文化大革命"时期，财政学发展停滞③。二是 1978～1992 年的继承发展阶段。党的十一届三中全会之后，沐浴改革开放春风，回应恢复高考后教育教学急需，中国财政学迎来了春天。学术争论推动了主要基于马克思主义政治经济学的社会再生产理论、社会主义分配理论的国家分配论、再生产论、剩余产品决定论、社会共同需要论等传统财政学理论流派的进一步发展，从而推动了中国财政学的发展。三是 1993～2013 年的引进吸收发展阶段。随着我国社会主义市场经济体制改革目标的确立，财政学界一方面快速引进以市场经济体制为基础的西方财政学理论体系，另一方面努力探索立足于中国财政制度和实践的财政学理论，中国式公共财政论应运而生。公共财政论的内容和形式因实践进展和理论创新而有不同的表现。四是 2013 年以来的建立自主学术体系、话语体系阶段。党的十八届三中全会通过的《中共中央关于全面深化改革若干重大问题的决定》，将财政定位为国家治理的基础和重要支柱。在这一定位的指引下，现代财政制度理论研究有了新突破，新时代中国财政学的发展进入新阶段。一批学者表现出了高度的认识自觉和行动自觉，进一步推动了中国财政学的繁荣发展，促进了中国财政学学术体系、话语体系的建设④。高培勇教授的国家治理论、刘尚希研究员的公共风险论、李俊生教授的新市场财政学等都是富有特色的有益探索。但构建具有中国特色的财政学学术体系、话语体系，仍然是摆在我们面前的一项重要、紧迫又十分艰巨的任务。

笔者认为，以中国制度和文化背景为前提，以中国财政实践为出发点，以中国财政制度、运行规律为对象，以社会科学学科为主要依托，以发展中国财政学话语体系为突破口，来构建中国财政学学术体系和话语体系，形成中国特色财政学教材，可能是一种现实和合理的选择。

首先，构建中国财政学学术体系、话语体系，应该以中国政治经济制度和历史文化背景为前提，以中国财政分配实践为出发点，以中国财政制度、运行规律为对象。这就是要解决好出发点和落脚点的问题，即以中国为观照，以时代为观照，立足中国实际，探索内在规律，解决中国问题，实现知识创新、理论创新和方法创新。要完成这项任务，就不能仅仅是进行以西方财政理论为框架、填入中国数据和案例的"简单装修式"建设。我国的所有制性质、国体政体性质、执政党性质等"四梁八柱"决定了财政运行和发挥作用的制度背景与主要西方国家存在质的不同，指导思想和价值判断与主要西方国家存在不同，财政分配原则、作用边界和运行机制也存在差异，小修小补式理论建设往往忽视财政存在的"背景差异"，忽视中国财政问题和时代需求，难以解释中国财政实际，限制了对财政的认识边界。中国历史文化对于财政制度和财政运行的影响是深刻而持久的，这一点无论如何都不可忽视。一国形成什么样的政治经济制度受到诸多因素影响，但一定是扎根于、立足于、延续于自己的历史文化之中。中国有着5000多年连绵不断、积淀深厚的文明历史，其历史文化惯性尤为巨大，对经济社会制度的影响更为显著。例如，自秦代以来，中国历史的最大特色就是追求国家统一，中华文化呈现出突出的统一性特征。家国天下是中华民族的特有情怀，修齐治平、正心修身是中国人的价值追求，只有中国把"国"叫作"国家"，国家不分离，"家是最小国，国是千万家"，中华民族如同一个大家庭。这种崇尚统一的历史文化对我国的政治体制、财政体制有着重要且持久的影响。又如，中华传统文化主张天人合一、知行合一，关注人与人的关系，崇尚和谐、追求大同。这种文化根基构成了一个国家、一个民族共同的思想基础，成为当代以人为本、绿色发展、共同富裕、构建人类命运共同体的文化渊源，也成为指引包括财政制度在内的经济社会制度变迁的价值导向和目标追求。

其次，构建具有中国特色的财政学学术体系、话语体系，需要秉持交叉融合发展理念，按照研究对象的发展逻辑和研究问题的内在联系进行理论建构，而不宜囿于经济学甚至应用经济学的樊篱，进行单纯学科主导型建设。财政学是一门研究如何"理公共之财，管公共之事"的学问，着眼于多层级公共组织，小到最基层的乡镇街道政府，大到整个国家政府，乃至各类区域性、全球性国际组织的公共资源配置，着重研究分析如何归集公共需求、如何筹集公共收入、如何供给公共产品（服务）以及如何提高公共产品绩效的知识，也具有培养公共意识、公共素养和公共能力的功用。各类公共组织进行资源配置，其决策影响因素绝不仅仅限于经济因素；财政分配涉及领域广泛，认识其运行过程及其规律也绝不仅仅需要经济学知识。如果我们仅仅是为了建立纯粹的、合乎逻辑的、形式漂亮的学术体系，可以仅在经济学框架内发展财政学，但这样的财政学是具有"学科意义"但缺少科学意义和实践意义的财政学，不是经世济国、学以致用的财政学。要构建有意义的财政学学术体系、话语体系，应以财政分配实践为出发点，以追求学术的理论价值和实践价值为旨归，融合经济学、政治学、公共管理学、社会学、法学等学科的知识和方法，在一个更广的视域内建构财政学学术体系。

最后，要完成这项任务，需要对已有的社会主义财政学、以西方市场经济为基础的财政学学术体系进行分析甄别，需要进行从发展话语体系到建设学术体系的基底性重构。一方面，以分析为前提，以继承为原则，将体现财政分配共性的重要概念有效利用；另一方面，需要结合国情创新性地"提炼标识性概念"，打造符合中国实际的新概念、新范畴、新表述。例如，将中国发挥独特制度优势、在多个领域实施的对口支援现象提炼成"中国式横向转移支付"，从而丰富中国财政学的转移支付概念和理论，增强中国财政学的解释力。"自 20 世纪 70 年代末以来，我国从对口援藏到对口援疆，从医疗援助到教育援助，从对口支持三峡库区到对口援建汶川地震灾区，从东西部扶贫协作到精准脱贫，对口支援已经成为我国政治经济社会活动中组织性日渐增强、覆盖面越来越广、力度不断加大的政府行为，在解决地方性公共产品提供不足、推动区域经济协调发展、实现各民族团结互助等方面发挥了重要作用。"这些"形式多样的对口支援，其实质是中国式横向转移支付"⑤。可以说，唯有以传承和创新相结合的话语体系构建为基础，才可能逐步构建起"具有主体性、原创性的"中国财政学学术体系。

注释

①习近平：《在哲学社会科学工作座谈会上的讲话》，人民出版社，

2016年，第2页。

②《习近平在中国人民大学考察时强调：坚持党的领导传承红色基因扎根中国大地　走出一条建设中国特色世界一流大学新路》，中国政府网，http：//www.gov.cn/xinwen/2022-04/25/content_5687105.htm。

③④杨志勇：《新中国财政学70年发展的基本脉络》，《财政研究》，2019年第6期，第3-4页。

⑤石绍宾、樊丽明：《对口支援：一种中国式横向转移支付》，《财政研究》，2020年第1期，第3-4页。

立足中国大地　建构中国发展经济学[*]

南京大学　洪银兴

2016 年 5 月 17 日，习近平总书记在哲学社会科学工作座谈会上指出："我国哲学社会科学应该以我们正在做的事情为中心，从我国改革发展的实践中挖掘新材料、发现新问题、提出新观点、构建新理论。"这一重要论述是构建中国经济学的指导思想。中国发展经济学是中国经济学的重要分支。

规范的经济学（包括微观经济学和宏观经济学）所要解决的问题是资源的有效配置问题，其背景是发达国家成熟的、规范的经济，尤其是存在较为成熟的市场。在第二次世界大战后陆续独立的发展中国家面临的主要问题是发展，并且其不仅经济发展水平落后，商品和资源市场也极不完善。这意味着发展中国家的经济学不能简单套用西方规范经济学，由此以发展中国家为对象的发展经济学应运而生。发展经济学除了必须关注资源的有效配置和经济的长期稳定增长以外，还要关注发展中国家贫穷大众的生活水平能否快速提高，以及相应的发展和公共政策。在发展问题上，各个发展中国家有许多相同的问题、相同的经验教训、相同的发展目标、相同的规律性，因此有可能形成某些为许多不同类型的发展中国家所适用的一般理论。发展经济学在建立之初是以处于低收入阶段的发展中国家为对象的，是摆脱贫困、推动发展、实现起飞的经济学。现在有不少发展中国家已经走出了低收入发展阶段，可以将发展中国家区分为低收入国家和中等收入国家，处于不同发展水平的国家就有不同的发展理论。

---

[*]　原载《管理世界》2022 年第 6 期。

　　中国发展经济学以中国的经济发展为对象，讲的是中国发展故事，与一般的发展经济学相比有三个区别：第一，中国是发展中大国，人口众多，不仅存在城乡二元结构，而且地区间也呈二元结构。第二，中国已经告别了低收入阶段进入上中等收入国家发展阶段，尤其是全面建成了小康社会。第三，中国处于社会主义初级阶段，其基本经济制度是发展的制度基础。这意味着中国发展经济学所研究的发展问题虽然与一般的发展经济学有相通之处，但更要依据这三个特征进行建构。

　　在新的历史起点上构建的中国发展经济学涉及两方面任务：第一，阐述中国由低收入国家发展成为中等收入国家所走过的发展道路。中国共产党百年奋斗的一条历史经验就是始终坚持从我国国情出发，探索并形成符合中国实际的正确道路。不可否认，已有的发展经济学对处于低收入发展阶段的中国经济发展起过积极的指导作用，如工业化、城市化等。但是中国的工业化、城镇化道路有自己的特色，中国用几十年的时间走完了发达国家几百年的工业化、城市化道路，全面建成了小康社会，历史性地消灭了绝对贫困现象。中国发展经济学需要研究并总结经济发展的中国道路，尤其是将全面建成小康社会的成功实践和经验上升为中国发展经济学理论，对正在谋求发展的低收入国家具有参考价值。第二，中国发展经济学尤其注重全面建成小康社会以后的现代化问题。在摆脱贫困进入全面小康阶段并且从低收入国家进入上中等收入国家以后，发展经济学理论需要创新。在低收入国家时期指导发展的理论不可能完全成为今天经济发展的指导，因此需要研究并阐述以进入中等收入国家发展阶段为起点的经济发展（现代化）理论，指导新发展阶段的经济发展，凸显中国发展经济学的理论和实践价值。

　　经济学不仅要解释世界，还要改造世界。中国发展经济学不能停留在对抽象概念的分析上，需要直面现实经济问题，以问题为导向，成为致用的经济学。进入中等收入阶段后，面临"中等收入陷阱"威胁：一是收入差距达到了库兹涅茨倒U形曲线的顶点；二是腐败问题也到了库兹涅茨倒U形曲线的顶点；三是环境污染问题同样到了库兹涅茨倒U形曲线的顶点。清醒地认识到"中等收入陷阱"威胁的存在，不等于我们一定会进入这一陷阱，而是需要在新发展理念的指导下通过发展来跨越它。这就是习近平总书记所说的"通过转变经济发展方式实现持续发展、更高水平发展，是中等收入国家跨越'中等收入陷阱'必经的阶段"①。根据新阶段的发展任务，中国发展经济学理论体系建构需要从以下五个方面提供理论指导。

第一，发展模式的转换，由数量型转向质量型。进入新发展阶段，物质和环境资源的供给到了极限，低成本劳动力供给也到了极限，加之发达经济体在高科技方面的打压，我国的增长速度转向中高速不可避免。但根据现代化目标，到2035年人均GDP要达到中等发达国家水平。这意味着我国的经济增长要保持中高速水平以实现这个目标。要使中高速得以可持续，需要转向高质量发展。支持高质量的发展方式不只是集约型，更为重要的是创新发展方式。只有在资源得到有效利用、环境污染得到有效控制基础上实现的增长才是有价值的。需要由主要依靠资源的高投入转向创新驱动，使创新成为发展的第一动力。

第二，经济结构的优化。这是发展中国家发展的中心问题。各个国家按照经济结构分为三类：第一类是消费和金融主导型国家；第二类是制造业和出口主导型国家；第三类是资源型国家。世界金融危机爆发以后，各个国家在经济结构上都要扬长避短。消费和金融主导型国家强调制造业回归并且扩大出口，着力发展知识密集和绿色的制造业。部分资源型国家不满足于出卖资源，开始着力发展资源加工制造业，以提高附加值。这两类国家的结构转型无疑会增加制造业和出口主导型国家的竞争压力。我国这样的制造业和出口主导型国家要改变大而不富不强的问题需要从两方面优化结构：一方面制造业结构提档升级，以提升制造业的国际竞争力；另一方面补产业结构的短板。突出补两个短板：一是满足生产和消费升级的服务业短板尤其是金融的短板；二是农业现代化和后发展地区的短板。在此基础上实现结构的协调。

第三，新发展格局的构建。构建以国内大循环为主体、国内国际双循环相互促进的新发展格局的理念已经明确。加快构建新发展格局涉及内循环和外循环两个方面。国民经济转向以内循环为主体，需要需求侧和供给侧共同发力。需求侧重在培育完整的内需体系，发挥消费在国民经济循环中的作用。供给侧要围绕产业链布局创新链，着力攻克转向国内循环的外循环的卡脖子技术环节。面对经济全球化的新趋势，根据开放发展的理念，外循环不仅需要将参与国际循环的基础由资源禀赋的比较优势转变为新的比较优势，即竞争优势，还需要由出口导向的开放型经济转向内需导向的开放型经济，突出以创新需要为导向，形成国内国际双循环相互促进的格局。

第四，中国式现代化理论。开启现代化新征程后，发展经济学不仅需要研究现代化的一般目标和进程，更要研究现代化的社会主义特性和中国式现代化道路。就现代化目标来说，通常发展中国家现代化以追赶发达国家为目标，中国现代化的最终目标不只是追赶，还包括部分领域的赶超。通常人们对现代化内容关注的是物质和经济的，中国式现代化则关注人的现代化，关注人与自然和谐共生，关注推动共同富裕。就中国式现代化道路来说，重要特征是工业化、信息化、城镇化、农业现代化"四化同步"，特别强调以建设现代化经济体系开启现代化新征程。

第五，经济安全。经济安全是国家安全的基础。面对世界百年未有之大变局，应对外部经济风险、维护国家经济安全的压力也是过去所不能比拟的。世界金融危机、通货膨胀的输入、国际市场及汇率风险的影响、全球产业链中的脱钩断链等，都可能打断我国的现代化进程，过分依赖外资和国际市场会出现"拉美现象"。因此，经济发展需要统筹国内国际两个大局、发展安全两件大事，既聚焦重点又统揽全局，有效防范各类风险连锁联动。越是开放越要重视安全，增强自身竞争能力、开放监管能力、风险防控能力。关键还要建立多元平衡、安全高效的全面开放体系，建立防止系统性金融风险调控机制。

总的来说，中国发展经济学是为迈上更高质量、更有效率、更加公平、更可持续、更为安全的发展之路作出的学科和理论贡献。

注释

①2015 年 12 月 18 日习近平总书记在中央经济工作会议上的讲话，详见中共中央文献研究室：《习近平关于全面建成小康社会论述摘编》，中央文献出版社，2016 年。

建构中国特色经济学须先廓清其"政治"内涵[*]

中央党校（国家行政学院）　韩保江

习近平总书记在哲学社会科学工作座谈会上的讲话中指出："着力构建中国特色哲学社会科学，在指导思想、学科体系、学术体系、话语体系等方面充分体现中国特色、中国风格、中国气派。"[①]根据这一重要论断，构建具有中国特色、中国风格、中国气派的经济学，最重要的是要廓清和体现好其"政治"属性和"政治"内涵。

政治经济学中的"政治"（Politics）一词，源于希腊文的Politikos，含有"社会的、国家的、城市的"等多种意思。法国重商主义者蒙克莱田在1615年出版的《献给国王和王后的政治经济学》一书中最先使用该词，意在说明他所论述的经济问题已经超出了自然经济的范畴。随后亚当·斯密、大卫·李嘉图等著述的古典政治经济学也没有突出解释和体现其"政治"的特色含义。直到《资本论》出版，马克思、恩格斯才赋予了其政治经济学中"政治"的鲜明内涵，即它是为无产阶级乃至全人类的彻底解放而服务的，从而"马克思主义第一次站在人民的立场探求人类自由解放的道路，以科学的理论为最终建立一个没有压迫、没有剥削、人人平等、人人自由的理想社会指明了方向"[②]。西方"边际主义革命"以后，西方庸俗经济学家为了反对马克思主义政治经济学说，进而彻底否定劳动价值论尤其是剩余价值论，更是有意回避甚至删除在经济学前的"政治"，淡化经济学的"阶级性"，强调经济学的"普适性"。例如，法国的瓦尔拉斯

* 原载《管理世界》2022 年第 6 期。

给自己的经济学著作起名为《纯粹经济学要义》，英国的新古典经济学家马歇尔也给自己的经济学著作起名《经济学原理》，美国诺贝尔经济学奖得主萨缪尔森更是将自己领衔编写的经济学教科书命名为《经济学》。

难道经济学真的不讲"政治"吗？回答是否定的。这是因为"经济离不开政治，政治也离不开经济，这是客观事物发展的必然规律。经济政治化和政治经济化，应是经济和政治辩证统一关系和谐发展的集中体现"③。因此，构建中国特色经济学必须传承马克思主义政治经济学的传统，科学廓清其"政治"属性与"政治"内涵，进而真正建立具有中国风格、中国气派的中国特色社会主义政治经济学。

中国特色社会主义政治经济学中的"政治"到底讲的是什么呢？首先，作为马克思主义政治经济学中国化的具体成果，它必须传承马克思主义政治经济学为人民说话的政治属性，始终坚守"以人民为中心"的政治立场。马克思主义自诞生之日起，就始终坚持以人民为中心的发展思想，把实现最广大人民根本利益作为根本的政治立场。立场是人们认识问题和处理问题时由于所处的地位不同而持有的不同态度和观点，是为谁说话、维护谁的利益的问题。马克思主义的政治经济学是劳动的政治经济学，是为最广大人民求解放、求发展、谋福祉的经济学。马克思主义政治经济学通过对资本主义生产方式的解剖，揭示了工人阶级和广大劳动人民被雇佣、被剥削的根源，赋予了无产阶级解放自己并最终解放全人类的历史使命，为无产阶级夺取政权、建立自由人联合体指明了方向。马克思、恩格斯在《共产党宣言》中明确指出："过去的一切运动都是少数人的，或者为少数人谋利益的运动。无产阶级的运动是绝大多数人的、为绝大多数人谋利益的独立的运动。"④在未来的社会主义社会，"社会生产力的发展将如此迅速……生产将以所有的人富裕为目的"⑤。毛泽东同志指出："从四万万五千万人民的利益出发……讨论其他任何别的问题，就是这个出发点，或者叫做立场。还有什么别的出发点、别的立场没有？没有了。为了全党与全国人民的利益，这就是我们的出发点，就是我们的立场。"⑥"共产党人的一切言论行动，必须以合乎最广大人民群众的最大利益，为最广大人民群众所拥护为最高标准。"⑦邓小平同志、江泽民同志、胡锦涛同志也都强调要把全心全意为人民谋利益作为建设有中国特色社会主义全部工作的出发点和落脚点。习近平同志更是明确提出:"发展为了人民,这是马克思主义政治经济学的根本立场……要坚持以人民为中心的发展思想,把增进人民福祉、促进人的全面发展、朝着共同富裕方向稳步前进作为经济发展的出发点和落脚点。这一点,我们任何时候都不能忘记,部署经济工作、制定经济政策、推动经济发展都要牢牢坚持这个根本立场。"[8]因此,中国特色社会主义政治经济学中"政治"的第一属性和内涵就是"人民性",从而使其成为真正的马克思主义政治经济学的根本标志。

其次,中国特色社会主义政治经济学的"政治"属性和"政治"内涵的第二层含义是"坚持社会主义方向"。中国共产党成立 100 年的历史充分表明,只有社会主义能够救中国,只有中国特色社会主义才能发展中国。政治经济学的任务就是要研究一个社会的生产方式以及和它相适应的生产关系和交换关系。所以,建构中国特色社会主义政治经济学,必须研究和弄清为什么要坚持社会主义和坚持一个什么样的社会主义的问题。早在 1934 年毛泽东同志就指出:"我们的经济政策的原则,是进行一切可能的和必须的经济方面的建设,集中经济力量供给战争,同时极力改良民众的生活,巩固工农在经济方面的联合,保证无产阶级对农民的领导,争取国营经济对私人经济的领导,造成将来发展到社会主义的前提。"[9]中华人民共和国成立后,以毛泽东同志为核心的党的第一代中央领导集体成功领导了"一化三改",建立了社会主义基本制度,为社会生产力的解放和发展创造了制度前提。毛泽东同志指出:"所谓社会主义生产关系比较旧时代生产关系更能够适合生产力发展的性质,就是指能够容许生产力以旧社会所没有的速度迅速发展,因而生产不断扩大,因而使人民不断增长的需要能够逐步得到满足的这样一种情况。"[10]改革开放后,邓小平同志更坚定地指出:"在改革中要坚持社会主义方向,这是一个很重要的问题。""我们要实现工业、农业、国防和科技现代化,但在四个现代化前面有'社会主义'四个字,叫'社会主义四个现代化'。我们现在讲的对内搞活经济、对外开放是在社会主义原则下开展的。"[11]后来,我们的体制改革选择了社会主义市场经济体制目标模式,有人质疑"社会主义市场经济"这个提法,认为"社会主义"四个字是画蛇添足。对此江泽民同志鲜明回应:"我们搞的是社会主义市场经济,'社会主义'这几个字是不能没有的,这并非多余，并非'画蛇添足'，而恰恰相反，这是'画龙点睛'。所谓'点睛'，就是点明我们市场经济的性质。"⑫党的十八届三中全会提出"使市场在资源配置中起决定性作用"的重大论断，进一步把"市场作用"的定位从"基础性"上升到"决定性"，但习近平同志仍强调："我们是在中国共产党领导和社会主义制度的大前提下发展市场经济，什么时候都不能忘了'社会主义'这个定语。之所以说是社会主义市场经济，就是要坚持我们的制度优越性，有效防范资本主义市场经济的弊端。"⑬因此，构建中国特色社会主义政治经济学，首先必须把什么是社会主义，什么是社会主义基本经济制度搞清楚。关于什么是社会主义，毛泽东同志认为："社会主义革命的目的是为了解放生产力。"⑭邓小平同志认为："社会主义的本质，是解放生产力，发展生产力，消灭剥削，消除两极分化，最终达到共同富裕。"⑮习近平同志更直接地强调："消除贫困、改善民生、实现共同富裕，是社会主义的本质要求。"⑯因此，适应这样的"社会主义本质要求"的生产关系，必然表现在"公有制为主体、多种所有制经济共同发展"的所有制结构，"按劳分配为主体、多种分配方式并存"的分配制度和"使市场在资源配置中起决定性作用，更好发挥政府作用"的社会主义市场经济体制等内在统一的社会主义基本经济制度上。这一全新而独特的生产关系，既体现了社会主义制度优越性，又同我国社会主义初级阶段社会生产力发展水平相适应，是党和人民的伟大创造，进而也就成为中国特色社会主义政治经济学研究的主要对象。

最后，"坚持中国共产党的领导"是建构中国特色社会主义政治经济学需要突出的"政治"属性和"政治"内涵。这不仅是因为中国特色社会主义最本质的特征是中国共产党的领导，中国特色社会主义制度的最大优势是中国共产党的领导，而且是因为中国共产党本身就是中国先进生产力的代表。毛泽东同志指出："工、农、商、学、兵、政、党这七个方面，党是领导一切的。党要领导工业、农业、商业、文化教育、军队和政府。"中华人民共和国成立 70 多年和改革开放 40 多年以来我们能够创造出经济快速发展的"中国奇迹"，关键在于有中国共产党对经济工作的正确领导。因此，习近平同志不仅强调"坚持党的领导，发挥党总揽全局、协调各方的领导核心作用，是我国社会主义市场经济体制的一个重要特征"⑰，而且认为"能不能驾驭好世界第二大经济体，能不能保持经济社会持续健康发展，从根本上讲取决于党在经济社会发展中的领导核心作用发挥得好不好"⑱。从某种意义上说，中国共产党不简单是上层建筑意义上的一般"政党"，它本身还是推动社会生产力发展的直接力量。因为"生产力是人类社会发展的根本动力。我们党是以中国先进生产力的代表登上历史舞台的。党的一切奋斗，归根到底都是为了解放和发展社会生产力，不断改善人民生活"⑲。因此，中国共产党领导经济建设的体制机制、政策方针、策略方法也是中国特色社会主义政治经济学研究离不开的重要内容。

注释

①习近平：《习近平谈治国理政（第二卷）》，外文出版社，2017年，第338页。

②中共中央党史和文献研究院：《十九大以来重要文献选编（上）》，中央文献出版社，2019年，第424页。

③习近平：《对发展社会主义市场经济的再认识》，《东南学术》，2001年第4期。

④中共中央马克思恩格斯列宁斯大林著作编译局：《马克思恩格斯选集（第一卷）》，人民出版社，2012年，第411页。

⑤《马克思恩格斯全集（第四十六卷）》，中共中央马克思恩格斯列宁斯大林著作编译局译，人民出版社，1956年，第222页。

⑥中共中央文献研究室：《毛泽东文集（第三卷）》，人民出版社，1996年，第253页。

⑦《毛泽东选集（第三卷）》，人民出版社，1991年，第1096页。

⑧中共中央文献研究室：《习近平关于社会主义经济建设论述摘编》，中央文献出版社，2017年，第30-31页。

⑨《毛泽东选集（第一卷）》，人民出版社，1991年，第130页。

⑩中共中央文献研究室：《毛泽东文集（第七卷）》，人民出版社，1999年，第214页。

⑪邓小平：《邓小平文选（第三卷）》，人民出版社，1993年，第138页。

⑫中共中央文献研究室：《江泽民论有中国特色社会主义（专题摘编）》，中央文献出版社，2002年，第69页。

⑬习近平：《在十八届中央政治局第二十八次集体学习时的讲话》（2015年11月23日），中央文献出版社，2017年，第64页。

⑭中共中央文献研究室：《毛泽东文集（第七卷）》，人民出版社，1999年，第1页。

⑮邓小平：《邓小平文选（第三卷）》，人民出版社，1993年，第378页。

⑯习近平：《在河北省阜平县考察扶贫开发工作时的讲话》，《求是》，2021年第4期。

⑰习近平：《在十八届中央政治局第十五次集体学习时的讲话》，《人民日报》，2014年5月28日。

⑱习近平：《以新的发展理念引领发展，夺取全面建成小康社会决胜阶段的伟大胜利》（2015年10月29日），中央文献出版社，2017年，第325页。

⑲胡锦涛：《胡锦涛文选（第三卷）》，人民出版社，2016年，第536页。

聚焦中国道路 贡献中国智慧 [*]

——关于构建中国特色经济学体系的几点思考

东北财经大学 吕炜

习近平同志在 2016 年的哲学社会科学工作座谈会上指出："我国是哲学社会科学大国，研究队伍、论文数量、政府投入等在世界上都是排在前面的，但目前在学术命题、学术思想、学术观点、学术标准、学术话语上的能力和水平同我国综合国力和国际地位还不太相称"，进而提出了构建中国特色哲学社会科学"三大体系"的重要任务和基本方向。在向着全面建成社会主义现代化强国的第二个百年目标迈进的新时期，经济学界有必要深入贯彻落实习近平总书记关于哲学社会科学工作的重要论述精神，以习近平新时代中国特色社会主义思想为指引，立足于中国特色社会主义道路实践，构建中国特色经济学体系。这一工作的顺利推行，首先需要厘清构建中国特色经济学体系的根本遵循、基本依据、时代命题、重要使命等要素，对于以上问题，我谈几点粗浅看法。

一、根本遵循：马克思主义政治经济学方法论

马克思主义政治经济学是构建中国特色经济理论体系的根本遵循，按照马克思主义政治经济学方法论来认识和总结中国经济发展实践，是客观认识中国改革发展历程、科学构建中国经济理论框架的重要保障。必须坚持从马克思主义政治经济学的基本立场和方法论出发，研究和探索构建中

---

[*] 原载《管理世界》2022 年第 6 期。

国特色经济学体系的基本路径。

坚持以马克思主义政治经济学为根本遵循，一方面，要清晰地认识马克思主义政治经济学是阐释中国发展规律的重要依据。只有始终坚持马克思主义政治经济学的根本立场和方法论，才能较好地从理论角度解释新中国成立以来在不同发展阶段上采取的不同发展路径和策略问题。运用马克思主义方法论来解释中国的发展规律，既要坚持实践观，科学阐释改革开放后我国在社会主义制度条件下开辟中国特色社会主义道路的历史必然性；又要坚持矛盾论和两点论，立足于我国在社会主义制度条件下追求现代化强国建设的根本实践，客观分析不同发展阶段上采取何种发展路径、应对各种矛盾挑战的具体差异和特征，丰富和发展立足于我国发展实践道路的经济学理论和方法论。另一方面，要不断开拓当代中国马克思主义政治经济学新境界。党的十八大以来，以习近平同志为核心的党中央立足新时代中国特色社会主义现代化强国建设伟大实践，提出"有效市场+有为政府"的观点以努力探索和破解政府和市场关系这一世界性难题，在中国特色社会主义市场经济建设的实践中形成了当代中国的马克思主义政治经济学思想——习近平新时代中国特色社会主义经济思想。做好新时期的经济工作、解释新时期的经济问题必须系统把握习近平新时代中国特色社会主义经济思想，并在此基础上继续开拓和发展马克思主义政治经济学。

二、基本依据：中国特色实践道路和历史规律

构建中国特色经济学体系，需要立足于中国特色实践道路，发掘中国特色历史规律。以实践和历史为基本依据，有助于更好总结中国经济运行特征与运行逻辑，更好阐释中国经济发展过程与内在动力，进而指导新时代经济理论发展与经济实践路径。

中国特色经济学体系应以中国经济改革发展实践为依托，推动中国特色经济学理论创新。习近平同志在《辩证唯物主义是中国共产党人的世界观和方法论》中指出："要学习掌握认识和实践辩证关系的原理，坚持实践第一的观点，不断推进实践基础上的理论创新。"回顾40多年的改革历程，不难发现中国经济改革并没有遵循市场经济体制下某一种既有的经济

理论，或按照某一种既有的经济实践模式来设计自身的改革路径，而是基于中国自身改革实践的现实要求，不断调适能够为中国经济改革提供保障和激励的制度架构，这为构建中国特色经济学体系提供了坚实的制度环境和实践基础。拿财政领域来举例，作为"国家治理基础和重要支柱"的财政，始终肩负着改革自身与推进经济改革的双重任务，一方面通过成本兜底来为改革扫清阻力并创造改革的空间和条件，另一方面为改革发展提供了长期的基础性激励制度，这些均是中国特色社会主义财政异于大部分国家的重要特征。部分财政实践可能是阶段性的、不规范的，甚至广受诟病的，但又确实是改革过程中财政承担过或正在承担的，在改革的不同阶段发挥了不可替代的作用、体现出独有的中国特色。据此思考，中国的经济学理论体系一方面需要借鉴西方经典理论精华，但另一方面也应当清楚认知西方市场经济环境下的理论与中国经济实践之间的本质区别，明晰中国特色社会主义实践的独创性。在此基础上，以中国特色实践逻辑诠释中国特色经济学的理论内涵，在改革实践基础上进行经济理论升华，并使之成为下一阶段经济发展实践的理论指导。

梳理中国特色实践道路中的历史规律，以长视角观察动态发展过程的统一逻辑。我国建立中国特色社会主义市场经济体制的过程并不是静态的，而是处于一个不断发展变化的历史进程中。我们仍以财政视角进行观察，改革开放以来，财税领域改革呈现出了改革力度大、时间跨度长和改革频率高的特点，央地关系激励相容也始终处于动态演进过程中。例如，地方政府自主财力来源在特定市场化阶段呈现出企业留利、行政事业性收费、土地财政和地方债等不同形态，反映出中央对地方的态度在赋权与纠偏间不断动态调适，也蕴含了地方对中央政策的应对与博弈。这一例证表明，我国不仅经济改革始终处于动态发展过程中，改革中各参与主体的行为也始终处于动态调整状态。究其原因，我国所选择的渐进式改革道路意味着经济改革的目标会随着改革进程的推进而调整，改革的长期性决定了经济实践的长期性，改革的复杂与困阻决定了经济实践的频繁与持续。只要改革进程没有结束，经济实践就会始终处于动态发展过程。作为对一个动态过程中经济发展规律的考察与归结，构建中国特色经济学体系不能仅仅盯住某一个因素或某一时点的特征加以判定，而是需要以长视角为线索、以动态性为主要特征，紧扣中国特色经济发展的历史逻辑来加以阐释。在这个基本判断下，以历史逻辑为主线来观察中国特色社会主义道路的发展历程，进而基于其中的历史逻辑提炼中国特色经济学的根本内涵，才能真正获得契合中国发展实际且可启发未来经济工作的理论体系。

三、时代命题：阐释时代课题亟待构建新理论

当今世界正经历百年未有之大变局，当前和今后一个时期内，我国发展仍然处于重要战略机遇期，但新时代也为我们提出了新命题。从国际环境来看，新一轮科技革命和产业革命深入发展，国际环境不稳定性、不确定性明显增加，国际政治经济格局复杂多变。从国内环境来看，我国已转向高质量发展阶段，发展基础更加坚实，发展韧性强劲，然而发展不平衡不充分问题仍然突出，经济发展面临需求收缩、供给冲击、预期转弱三重压力。面对新的时代课题，凝心聚力推进社会主义现代化强国建设是构建中国经济理论需要围绕的大格局。在此背景下，中国经济理论建设的一个重要问题是，如何围绕中国式现代化、全面深化改革、全人类共同价值等重要方面，进一步将习近平新时代中国特色社会主义思想阐释清楚，不断开辟当代中国马克思主义的新境界。

一是建设中国经济理论需要把中国式现代化道路的核心要义、实践特征和理论脉络搞清楚。中国要实现的现代化，是人口规模巨大的现代化，是全体人民共同富裕的现代化，是物质文明和精神文明相协调的现代化，是人与自然和谐共生的现代化，是走和平发展道路的现代化。实践证明，中国式现代化道路是行得通、走得好、前景光明的现代化道路。构建中国特色经济学，亟须向国内外尤其是世界上关注中国式现代化道路的人们讲清楚，中国式的现代化是什么样的现代化？它遵循着怎样的历史逻辑、实践逻辑和理论逻辑？如何从人口规模巨大、全体人民共同富裕、物质文明和精神文明相协调、人与自然和谐共生、走和平发展道路五个维度，更加深入和系统地阐释中国式现代化的理论内涵？中国现代化道路的独特性和世界现代化发展的一般性、中国式现代化模式与西方现代化模式之间的关系是什么？中国式现代化能够为世界上其他谋求实现现代化的国家和地区

提供何种意义上和哪些层面上的中国智慧和中国方案？只有将这些问题阐释清楚，才能真正知道我们过去为什么成功，以及将来如何继续成功，才能让世界真正了解中国式现代化道路的本质。

二是建设中国经济理论需要系统总结和完善全面深化改革的思想和理论体系。习近平同志曾指出："改革开放是决定当代中国命运的关键一招，也是决定实现'两个一百年'奋斗目标、实现中华民族伟大复兴的关键一招。"只有改革开放才能发展中国，中国的改革是在中国特色社会主义道路上不断前进的改革。新时代的改革开放具有许多新的内涵和特点，面对的更多的是深层次体制机制问题。探索能够阐明中国改革经验的经济理论，首要任务是深刻总结和系统阐释习近平新时代中国特色社会主义思想中全面深化改革的理论内涵、思想内核、实践指向、重要途径、关键领域等重大理论问题，系统完善这一思想体系，为新时期全面深化改革、全面建成中国特色社会主义现代化强国提供理论指导。

三是应站在全人类共同价值思想的角度思考中国经济理论建设。党的十八大以来，习近平总书记在多个场合多次提及全人类共同价值的内涵和外延，指明"我们要本着对人类前途命运高度负责的态度，做全人类共同价值的倡导者"。思考中国经济理论建设，需要我们按照习近平同志的重要讲话精神，深刻理解和加快汇聚不同文明对价值内涵的多样认识，探索不同国家人民价值实现的可行路径，要把全人类共同价值具体地、现实地体现到实现各国人民利益的实践中去，系统阐释和丰富完善全人类共同价值的思想特质和理论体系。

四、重要使命：构建具有中国特色的经济学话语体系

通过分析中国经济实践道路与中国经济学理论发展现状，不难发现，以往经济学理论研究尚存在诸多未尽之处，这些问题也是未来中国经济学理论研究需要重点关注和解释的对象。例如，对于国有经济的改革与发展经验、产业政策的成功经验、各种政策的区域试点及推广，以及财政领域的体制改革与地方政府激励等中国改革进程中诸多创新性的制度安排和政

策设计，现有的经济理论体系还缺乏足够的总结和阐释。

为突破上述研究瓶颈，未来的重要使命是致力于构建具有中国特色的经济学话语体系，以更好解释中国道路、讲好中国故事。构建具有中国特色的经济学话语体系，一方面，需要把握好、运用好理论资源，将马克思主义政治经济学理论、中国经典经济学理论以及国际上公认的基本理论和前沿理论融通起来，建立具有科学性、实用性与系统性的中国特色经济学体系。该体系既要符合国际上对于经济学一般原理的认知，又能够体现中国特色与中国智慧。另一方面，需要进一步形成中国特色经济学体系应用过程中所需的理论概念与分析框架。提炼具有中国特色的经济学概念，以更为形象地刻画与描述中国经济运行过程中的独有要素与特殊行为；在此基础上，构建符合中国经济现实的经济学研究范式和分析框架，以更为深刻地揭示中国经济发展实践及其内在逻辑规律。

构建中国特色经济学体系是一项长期工作，需要广大经济学者密切合作并持续攻关。在坚持马克思主义政治经济学方法论的基础上，以中国特色实践道路和历史规律为基本依据，充分了解理论与现实需求，构建具有中国特色的经济话语体系，必定能够在全球经济学理论建设中凸显中国价值、做出中国贡献。

融通继承性和民族性，高质量建设中国特色经济学体系[*]

清华大学　白重恩

在 2016 年 5 月 17 日哲学社会科学工作座谈会上，习近平总书记在阐述中国特色哲学社会科学应该具有什么特点时指出，要把握住以下三个主要方面：继承性和民族性、原创性和时代性、系统性和专业性。关于继承性和民族性，习近平指出："我们要善于融通古今中外各种资源，特别是要把握好 3 方面资源。一是马克思主义的资源，包括马克思主义基本原理，马克思主义中国化形成的成果及其文化形态……二是中华优秀传统文化的资源，这是中国特色哲学社会科学发展十分宝贵、不可多得的资源。三是国外哲学社会科学的资源，包括世界所有国家哲学社会科学取得的积极成果，这可以成为中国特色哲学社会科学的有益滋养。要坚持古为今用、洋为中用，融通各种资源，不断推进知识创新、理论创新、方法创新。我们要坚持不忘本来、吸收外来、面向未来，既向内看、深入研究关系国计民生的重大课题，又向外看、积极探索关系人类前途命运的重大问题；既向前看、准确判断中国特色社会主义发展趋势，又向后看、善于继承和弘扬中华优秀传统文化精华"。习近平总书记的阐述，对于我国哲学社会科学的发展具有重大意义，对于中国特色经济学体系高质量建设也具有重大意义。在习近平总书记重要讲话的指导和启发之下，本文对如何高质量建设中国特色经济学体系进行讨论。

对于任何一个学科的发展，研究课题的选择都至关重要，会对学科发

---

* 原载《管理世界》2022 年第 6 期。

展的方向产生重大影响。中国特色经济学的选题应该包含以下四个方面：一是中国发展中所面临的重大理论和实践问题，包括重大经济问题，也包括用经济学的视角和分析方法研究政治、文化、社会和生态等领域的重大问题。二是全球共同面临的重大问题，特别是从中国和其他发展中国家的角度来看的重大问题。三是从中国的实践中发掘出经济学新洞见，产生经济学理论创新，或从中国的实际需求中发明新的经济学分析工具，对经济学科的发展做出贡献。四是将中国发展中所产生的理论创新用其他国家所习惯的语言表达出来，进行论证，提升中国在全球的话语权，并希望在此过程中产生进一步的理论创新。

这样的选题的一个案例是政府和国有企业在经济发展中的作用。大部分全球广泛使用的经济学教科书认为，在市场经济中，政府的作用应该限于保护人身安全和产权，执行合同，适当干预收入分配，匡正公共品、外部性、信息不对称等带来的市场失灵，规制垄断和推动竞争等，相关制度应该是正式的、普惠的，构成市场制度体系。全球很多经济学人也都认可这样的观点。尽管有些学者认识到市场可能潜在地存在多重均衡，而政府可以从多重均衡间的选择中通过规划和协调起作用，但学术研究对此重视不够。另外，完善的正式市场制度体系的建立不是一蹴而就的，很多发展中国家并不具备这样的条件，在这种情况下，一方面，政府应该努力建设并完善这样的制度体系；另一方面，在制度建设和完善过程中，政府是否应该以及怎样通过一些特殊手段来解决制度不完善所带来的问题，国有企业在这方面能起到什么样的作用，这些问题的研究也没有得到足够的重视。我们需要在这些问题的研究上多下功夫，因为这样的研究是上述四个方面的交集，既能满足中国的现实需要，又对全球发展中国家具有重要借鉴意义，还能将中国已经产生的关于政府和国企在经济发展中作用的理论用全球大部分经济学人习惯的语言进行阐述和论证，并在中国理论和实践的基础上对关于政府和国企作用的经济学理论进行进一步的创新。

上述四个方面的选题继承了马克思主义和中华传统文化以人民为中心的问题导向，体现了中华民族的价值取向，也体现了原创性和时代性，因为中国的理论和实践创新是经济学学术原创性植根的肥沃土壤，同时我们要解决的问题是与时俱进的。

上述选题会给我们的研究者带来较大的挑战，因为要得到全球的学术同行，尤其是来自发达国家的同行或者是受到发达国家话语权影响较大的其他同行的认可有较大障碍，而同行的认可对研究者是有影响的，但这是我们必须克服的困难。随着中国经济的持续发展，随着中国在全球经济中的影响力越来越大，经过中国经济学人的不懈努力，我们在全球经济学界的影响力也会不断提升，我们所面临的障碍会降低。

中国特色经济学科的发展也不排除对其他学术问题的研究，因为上述选题的研究需要最新的研究方法的支撑，也需要从其他问题的研究中汲取新的养分。

除了需要有特色的研究选题之外，还需要进行有特色的研究实施。这里分类进行讨论。

首先，按理论性研究（Theoretical Study）和经验性研究（Empirical Study）进行分类。

理论性研究进行逻辑推演，要求推理严谨性和逻辑自洽性。基于数理表达的模型推演可以让我们对推演的严谨性更加放心。有时我们需要对所用的工具箱进行拓展才能完成推演，这时需要做出较大努力，如果这样努力的成果能为未来的分析带来更大的便利，这样的努力是很有价值的。但有时即使经过努力，有些分析也难以通过数理表达来有效进行，也不能简单拒绝，因为这样的分析有时是解决紧迫问题时所必需的，同时也可以为未来进一步的分析带来启发。习近平总书记指出，"对现代社会科学积累的有益知识体系，运用的模型推演、数量分析等有效手段，我们也可以用，而且应该好好用"。习近平总书记也警告，"在采用这些知识和方法时不要忘了老祖宗，不要失去了科学判断力"。科学地运用模型推演是继承性的重要体现。

经验性研究对理论性研究所产生的理论结论进行检验，分析理论结论是否与现实和历史中观察到的证据有冲突。基于现实和历史的严谨的经验检验使得理论的现实性得到一定的保障，同时也可以作为解决理论争论的依据。习近平总书记引用了恩格斯的观点："即使只是在一个单独的历史事例上发展唯物主义的观点，也是一项要求多年冷静钻研的科学工作，因为很明显，在这里只说空话是无济于事的，只有靠大量的、批判地审查过的、充分地掌握了的历史资料，才能解决这样的任务。"这段引言对"大量的、批判地审查过的、充分地掌握了的历史资料"的强调支持了严谨的经验检验的重要性。基于大样本数据的计量经济学检验严谨性较强，前提条件是数据的选择没有系统性偏差，或者解决数据中系统性偏差的方法是科学的。但高质量大样本数据的可获得性和合适的数据分析方法的可及性等方面的局限会导致理论现实性的保障不完全。尽管自然科学也面临类似的问题，但和自然科学相比，经济学中更加难以进行可控实验，同时处于不同社会文化背景和发展阶段的经济体的差别也造成经验检验的普适性较自然科学弱。这样的局限可能会导致理论的偏差：比较容易得到经验检验支持的理论受到更大的重视，而得到经验支持的难易程度与理论的重要性之间一定具有正相关关系。对于重要的问题，在不能进行"完美"的经验检验时，我们也需要接受"次优"安排，即用可及的最好的数据分析方法，来分析不"完美"不充分的数据，有时不仅需要将历史事件和案例作为灵感的来源，还要将它们作为"次优"的经验检验。

其次，按规范性研究（Normative Study）和实证性研究（Positive Study）进行分类。

规范性研究考虑"应该是怎样"，其核心是价值判断。中国特色的经济学规范性研究应该基于以人民为中心的、体现中华优秀文化的价值观，在涉及国际议题的规范性研究中，应该更多地考虑中国这样的发展中国家的价值取向。规范性研究应该更多地反映对马克思主义和中国优秀文化的继承性和民族性。

实证性研究考虑"是怎样"，其核心是研究的科学性，要求其理论研究和经验研究都是尽量严谨的。

在理论性实证研究中，需要对与问题相关的国内外经济和政治制度背景，相关的人和组织的行为规律及其背后的社会文化背景，以及相关的人和组织所具有的资源禀赋进行假设，作为逻辑推演的基础。更加长期的研究还要考虑经济和政治制度、社会文化背景和资源禀赋的变化，因而需要对它们的变化机制进行假设。在进行与中国相关的问题的研究时，所有这些假设应该是基于中国的实际情况和历史情况，也要参考来自国外的实证性研究成果。在对人和组织的行为规律做假设时，应该充分参考行为经济学发展中所取得的成果，而不是只限于理性人和理性组织的假设。同时，也要关注制度、文化和长远考虑对优良个人价值观的引导。应该指出的是，即使采用了狭义的"理性人"的假设，也不是倡导利己主义的价值观；通过科学方法发现的个体的行为规律不代表对其背后的个体价值观的倡导，更不是对相应的社会价值观的倡导。

在经验性实证研究中，因为很多经验检验都没有全面控制经济、政治、社会、文化背景和发展阶段的差异，其结果严格说只适用于研究所依赖的数据的来源地的特殊情况，除非有些结果通过了有代表性的经济体群体的全面检验，否则不能保证其普适性。在很多情况下，我们需要用中国数据对经济学的结果进行检验，这样我们才能对其在中国的适用性有较大信心。

中国特色的实证性经济学研究既体现继承性和民族性，又体现原创性和时代性，因为研究中的选题、背景都因其独特性而具有原创性，因其与时俱进而具有时代性。

相信经过中国经济学人的不懈努力，中国特色经济学定能获得高质量发展，为解决中国和世界面临的重大理论和实践问题做出贡献，为经济学学术的发展做出贡献，为提升中国在全球的话语权做出贡献。

如何加快构建中国特色经济理论？[*]

中国科学院大学　洪永淼

一、问题的提出

新中国成立后特别是改革开放 40 多年来，中国取得了举世公认的经济成就。中国经济发展道路，不同于世界其他国家，有自己的独创性，中国需要构建一个原创性经济理论，以揭示中国经济发展规律，凝练中国经济发展模式，解释中国经济发展历程，指导中国未来发展趋势。那么，什么是中国特色经济学？中国特色的内涵是什么？中国特色经济学与马克思主义经济学的关系是什么？中国特色经济学与现代西方经济学的关系是什么？中国经济学应该采用什么样的研究范式？在中国经济学研究中，思想与方法的关系是什么？方法能够发挥什么作用？厘清这些基本问题才能加快构建中国特色经济学体系。

二、中国经济发展的独创性

40 多年来，中国经济长期保持快速增长，有其内在的发展规律。中国具有特殊的国情，特别是独特的政治经济法律制度与历史文化，经济发展也会表现出自己的特色。

新中国成立之初，便坚持独立自主的方针，致力于建立独立的、相对

---

*　原载《管理世界》2022 年第 6 期。

完整的工业体系和国民经济体系，使新中国经受住西方国家在冷战时期的经济与技术封锁，也使中国在当今全球化时代经受住了各种世界性经济金融危机和公共卫生危机的冲击。

20世纪70年代末，中国开始市场化导向的经济改革。中国采用渐进改革方法论，从易到难，先立后破，由量变到质变，将传统的计划经济体制成功转变为充满活力的中国特色社会主义市场经济。这与俄罗斯在20世纪90年代依照西方主流经济学理论所设计的"休克疗法"及其后果形成了鲜明对比。

与俄罗斯等其他转型经济国家不同，中国对国有经济从来不实行私有化产权改革，而是在坚持做大做强国有企业和国有资本的同时，鼓励、支持、引导非公经济的发展。非公经济在中国的发展有其历史逻辑与实践逻辑的必然性，在改革开放之初便显示出旺盛的生命力，成为国有经济的必要补充。现在，非公经济已占据中国国民经济的大半江山，为中国经济社会发展做出了巨大贡献。

中国抓住了20世纪后半叶世界性产业转移的历史机遇，主动融入全球经济体系，充分发挥劳动力丰富的比较优势，利用国内国际"两个市场，两种资源"，使中国迅速发展成为世界第二大经济体、第一大货物贸易国、第二大直接投资输入国，并预计在不远的将来成为世界最大的消费国。

在第四次工业革命浪潮的推动下，中国超大市场规模的优势，使中国比较容易跨越数字技术、商业模式的创新与应用所需要的市场规模门槛，推动了数字经济的快速发展，中国在若干领域已成为世界数字经济的并跑者甚至是领跑者。

以上例子表明，中国经济发展既没有照搬马克思主义经典作家所设想的社会主义计划经济理论，没有照抄苏联社会主义计划经济模式，也没有遵从西方市场经济理论开出来的"药方"。相反地，中国特色社会主义市场经济制度，是中国总结国内外社会主义经济建设正反两方面的经验教训，独立自主从实践中探索出来的适合中国国情的基本经济制度，使中国在较短时间内从一个贫穷落后的国家一跃成为世界第二大经济体。从这个意义上讲，中国经济发展道路具有独创性，中国经济发展规律也因此具有特殊性。如何在中国情境下，构建一个具有深厚学理基础的可验证的原创性经济理论，揭示中国经济发展规律，凝练可借鉴、可推广的中国经济发展模式，这个历史性任务落在了当代中国经济学家们的肩上。

三、如何构建中国特色经济理论？

毫无疑问，以解释中国经济发展为主要目标的原创性经济理论将具有鲜明的中国特色。我们首先需要正确理解"中国特色"的内涵（洪永淼，2021）。在 20 世纪 40 年代，著名经济学家王亚南便提出了"中国经济学"的概念。王亚南认为，马克思《资本论》揭示了西方资本主义私有制市场经济的运动规律，其结论不能直接照搬到当时中国半殖民地半封建经济体制中，因为两者的经济基础与经济形态显著不同。王亚南站在中国人的立场上，运用马克思《资本论》的观点、方法以及一般原理，分析了当时中国半殖民地半封建经济运动规律，写出了被誉为中国版《资本论》的《中国经济原论》，这是一部具有鲜明中国特色又有原创性贡献的经济学著作，是马克思主义中国化的经济学代表作。毋庸置疑，中国特色社会主义市场经济是中国特色社会主义制度下的市场经济，是市场经济的一种特殊形态。既然是市场经济，所有适合市场经济的经济规律，如价值规律、竞争规律、供求规律等，都会发挥作用。同时，这又是一种特殊的市场经济，如存在异质性市场主体，存在不同所有制与各类资本，其中国有企业与国有资本起主导作用。此外，不同于西方市场经济只有市场"看不见的手"发挥调节作用，在中国特色社会主义市场经济中，市场在资源配置中发挥决定性作用，政府更好发挥作用，弥补市场失灵。在这样的制度下，经济主体的行为乃至经济运行规律与西方市场经济有很大的不同，不能套用现代西方市场经济理论，需要具体问题具体分析，构建原创性经济理论。

在强调中国特色的同时，也需要注意从中国特殊性中挖掘一般性。王亚南认为，经济学的基本理论只有一种，在中国的应用是属于经济学基本原理在特定环境下对特定经济体中的应用，而不是要创立一个不同于经济学基本原理的另一种经济理论。经济学基本理论和中国经济学的关系是一般与特殊的关系。在中国经济发展过程中，一般经济规律在中国情境下有其特殊的表现形式。中国经济学家的一个重要任务，是从中国经济特殊性中提炼一般性，泛化中国经济发展经验，使之成为可借鉴、可复制的发展模式，并对当今世界经济学做出原创性贡献。在这方面，至少有两个可能的理论创新：一是广义社会主义经济理论。将社会主义制度与市场机制相结合，使市场在资源配置中发挥决定性作用，并且在实践中获得巨大成功，这是中国的一大创造和一大贡献。如何在社会主义市场经济条件下，实现生产力高度发达和共同富裕，是一个重要的实践问题，也是一个重大的理论问题。二是广义市场经济理论。西方市场经济理论是关于资本主义私有制条件下市场经济如何运行的理论。中国特色社会主义市场经济的成功实践和丰富案例，为中国经济学家破解市场与政府关系——习近平总书记称之为"经济学上的世界性难题"[①]提供了一个"富矿"，这孕育着市场经济新的理论突破的可能性，特别是关于市场与政府在资源配置中同时发挥调节作用以及异质性市场主体之间关系的理论创新，将超越现代西方经济学，大大丰富市场经济理论。需要强调的是，西方市场经济理论是对过去300多年西方国家社会化全球化大生产实践的理论总结，我们应该批判地学习、借鉴、汲取其有益成分。

数字经济新形态正在深刻改变人类生产、生活方式，也在深刻改变经济学研究范式。在大数据时代，以数据特别是大数据为基础的定量实证研究已成为经济学一个主要的研究范式，这种实证研究符合科学研究范式。由于历史等各种原因，中国经济学过去很长时间一直以定性分析为主。40多年来，中国经济学的研究范式已从以定性分析为主转变为以定量分析为主，定量分析与定性分析相结合，极大提升了中国经济研究的规范化、现代化和国际化水平（洪永淼、薛涧坡，2021）。大数据特别是文本数据等大量非结构化数据的使用，不断打破定性分析和定量分析的界限，推动了经济学与社会科学其他学科的交叉融合。基于大数据的定量实证研究正在成为经济学和社会科学很多领域的一个共同的研究范式（洪永淼、汪寿阳，2021）。我们应当与时俱进，在鼓励多元研究范式的同时，大胆借鉴、使用现代科学分析方法与工具，以方法创新推动经济理论创新。

纵观西方经济理论的发展，典型经验特征事实的凝练对经济学研究的科学问题的提出至关重要，这是经济学实证研究的基础。中国经济学家特别是经济统计学家在凝练中国经济典型经验特征方面做得很不够。此外，对思想与方法的关系也需要有一个正确的认识。毫无疑问，在经济学研究中，思想是第一位的，它决定研究可能达到的高度与深度。但这绝不是说方法就不重要。自然科学的很多重大发现与理论创新，都是通过方法创新（如实验设计创新）而实现的。当没有方法创新就不能推动理论创新时，方法便成为一个决定性因素。毛泽东（1991a）曾举例论述方法的重要性，他说："我们的任务是过河，但是没有桥或没有船就不能过。不解决桥或船的问题，过河就是一句空话。不解决方法问题，任务也只是瞎说一顿。"在经济学研究中，如研究市场与政府关系，迫切需要方法创新。就像转型经济学家约翰·麦克米兰（2014）所指出的，"要弄清楚市场和政府之间的相互作用，最好的办法并不是对其进行抽象的争论，而是考察现实经济在不同程度的政府干预下实际运作的效果如何。政府的干涉是否必要，干预的具体程度是否合理，最好都根据具体问题进行具体分析"。

之所以一些经济学家对方法存在看法，有各种原因，其中一个主要原因是实证研究存在"内生性"的现象（洪永淼，2022）。"内生性"是经济学特别是计量经济学的一个重要概念，指经济变量之间互为因果、互相影响。这里借用"内生性"概念来说明经济学实证研究中一些非科学的习惯做法。科学研究都是先有研究，后有结论。自然科学如此，社会科学也应如此。毛泽东（1991b）在《反对本本主义》中明确指出，"一切结论产生于调查情况的末尾，而不是在它的先头"。但是，经济学一些实证研究为了追求某个理论假说或结论，便千方百计寻找支持该理论假说或结论的"证据"，导致先有结论后有"证据"，这可称之为实证研究的"内生性"。例如，在实证研究中，存在所谓的数据窥视偏差，指对同一个数据进行很多次的实证研究，通过不断改变模型设定、变量选择、数据样本等各种方式，总有一次会从数据中发现统计上显著但实际并不真正存在的关系，使数据分析结果支持自己的结论（Lo and MacKinlay，1990）。产生这种现象的根源在于经济学本质上并非实验科学，很多研究不能通过重复实验加以证实，这为"操纵"结论提供了一定的空间。这种做法，不但使研究结论不可靠，还严重损害了经济学实证研究的学术声誉，我们必须避免误用、滥用定量研究方法（李志军、尚增健，2020）。

注释

①参见 2015 年 11 月 23 日习近平总书记在十八届中央政治局第二十八次集体学习时的讲话。

参考文献

［1］洪永淼：《深入学习贯彻习近平总书记"七一"重要讲话精神笔谈：正确理解和妥善处理政府与市场的关系，不断完善中国特色社会主义基本经济制度》，《经济学动态》，2021 年第 8 期。

［2］洪永淼：《如何讲好计量经济学课程思政》，工作论文，2022 年。

［3］洪永淼、薛涧坡：《中国经济发展规律研究与研究范式变革》，《中国科学基金》，2021 年第 3 期。

［4］洪永淼、汪寿阳：《大数据如何改变经济学研究范式》，《管理世界》，2021 年第 10 期。

［5］李志军、尚增健：《亟需纠正学术研究和论文写作中的"数学化""模型化"等不良倾向》，《管理世界》，2020 年第 4 期。

［6］《关心群众生活，注意工作方法》，《毛泽东选集（第一卷）》，人民出版社，1991 年 a。

［7］《反对本本主义》，《毛泽东选集（第一卷）》，人民出版社，1991 年 b。

［8］约翰·麦克米兰：《重新发现市场：一部市场的自然史（第二版）》，余江译，中信出版社，2014 年。

［9］Lo，A. W. and MacKinlay，A. C.，1990，"Data-snooping Biases in Tests of Financial Asset Pricing Models"，*Review of Financial Studies*，Vol. 3，No. 3，pp. 431-467.

一个基于广义价值论的中国特色
经济学体系的框架[*]

清华大学　蔡继明

　　从经济思想史的发展来看，任何经济学体系，无论是古典的、马克思的、还是新古典的、奥地利的抑或是新剑桥的，都是以一定的价值理论为基础的。经过两个半世纪经济学家的探索，现已形成的最有影响的三大价值理论分别是劳动价值论、新古典价值论和斯拉法价值论，而基于不同价值理论构建的经济学体系是否具有科学性，就要看其能否对特定经济体系及其基本经济制度做逻辑一致的解释。经过40余年的改革开放，中国已经摒弃了传统的计划经济体制、单一的生产资料公有制和按劳分配制度，形成了以公有制为主体、多种所有制经济共同发展，按劳分配为主体、多种分配方式并存以及社会主义市场经济体制等社会主义基本经济制度（见党的十九届四中全会通过的《中共中央关于坚持和完善中国特色社会主义制度、推进国家治理体系和治理能力现代化若干重大问题的决定》），那么，中国特色经济学体系应以何种价值理论为基础，才能对其社会主义基本经济制度做出科学的、逻辑一致的解释呢？

　　传统的劳动价值论只承认活劳动是价值的唯一源泉，基于这种理论构建的经济学体系，很难对社会主义初级阶段按劳分配为主、多种分配方式并存的分配关系提供理论依据，尤其不能说明包括资本、土地、技术、管理、知识和数据等各种非劳动生产要素按贡献参与分配的价值基础，由此也就不能对党的十六大以来确定的生产要素按贡献参与分配的制度做出科

---

　　*　原载《管理世界》2022年第6期。

学合理逻辑一致的解释。进一步说，按照传统的劳动价值论，上述所有非劳动生产要素的收入必然被视为剥削收入，从而陷入一方面要消灭剥削，另一方面又要保护私有财产、发展非公经济的悖论。不仅如此，按照传统的劳动价值论，发达国家用一小时劳动产品换取发展中国家多个小时的劳动产品，就是不等价和不平等交换，是富国剥削穷国，这显然也不能成为我国倡导经济全球化和构建人类命运共同体的理论基础。

新古典价值论虽然对各种生产要素在价值决定中的作用以及功能性分配给出了数量解，但其内在的逻辑矛盾（循环论证）和固有的辩护性（宣扬阶级调和），无论是从逻辑一致性的科学标准还是从意识形态的基本原则出发，新古典价值论也不能作为构建中国特色经济学体系的基础。

至于斯拉法价值论，虽然一方面通过揭示资本度量的循环论证和技术再转辙给予边际生产力论致命一击，另一方面又通过揭示出交换比例与利润率形成的同一机制而使"价值向生产价格的转换"成为多余，从而独立于另外两种价值理论之外，但由于该理论本身撇开了需求因素并以生产函数的技术比例不变为抽象的假定前提，将工资或利润率设定为外生变量，如此过度的抽象不具有可应用性，也不宜构成中国特色经济学体系的基础。

上述三种价值理论，都是在不同的假定条件下才能成立的，因而都只是一种狭义的价值理论。鉴于此，我带领的团队一直致力于通过对这些狭义价值理论的比较研究，在吸收各种价值理论科学合理成分的基础上，构建一个反映市场经济一般规律的广义价值论（蔡继明，2010）。该理论借鉴比较优势原理的合理内核，将分工交换和价值决定纳入统一的分析框架，利用机会成本、比较利益、相对生产力、综合生产力、比较生产力等范畴，将比较利益率相等原则作为决定商品交换比例的均衡条件，论证了比较生产力与价值量正相关原理，揭示了各种生产要素共同参与价值创造的机理，从而使生产与消费、供给与需求、价值决定与价值分配有机地融为一体。我们认为，基于这样一个广义价值论基础，或许可以建立一个具有中国特色的经济学体系的框架。

首先，广义价值论揭示了各生产要素按贡献参与分配的价值基础。党的十三大在承认我国社会主义仍处于初级阶段的基础上，提出了社会主义初级阶段实行"以按劳分配为主体的多种分配方式"。然而，"以按劳分配为主体的多种分配方式"仅仅是对社会主义初级阶段各种收入分配现象的一个总体描述，并未揭示这种多元分配方式的本质规定。正是在这个背景下，谷书堂和蔡继明（1988，1989）在发表的文章和出版的专著中，提出了按生产要素贡献分配理论，该理论把社会主义初级阶段以按劳分配为主体的多种分配方式，统一概括为按各种生产要素对社会财富即价值的创造所做的贡献进行分配。党的十六大确立了劳动、资本、技术和管理等生产要素按贡献参与分配的原则。党的十七大进一步提出："健全劳动、资本、技术、管理等生产要素按贡献参与分配的制度。"从党的十八大到党的十九届四中全会，则反复强调要完善由要素市场评价要素贡献、按要素贡献决定要素报酬的分配机制。由于广义价值论揭示了比较生产力与价值量正相关的基本原理，从而阐明了非劳动生产要素在价值决定中的作用，这就为我国的生产要素按贡献参与分配的原则、制度和机制提供了坚实的价值基础。

其次，广义价值论为保护私有财产和发展非公经济提供了理论依据。自党的十三大以来，非公经济由公有制经济的必要补充，依次提升为社会主义市场经济的重要组成部分（党的十五大）和社会主义基本经济制度的重要组成部分（党的十九届四中全会）。建立在广义价值论基础上的按生产要素贡献分配理论，对于正确认识剥削和私有制的关系，对于保护私有财产和发展非公有制经济，具有重要理论意义和现实意义。邓小平在"南方谈话"中指出："社会主义的本质，是解放生产力，发展生产力，消灭剥削，消除两极分化，最终达到共同富裕。"诚然，消灭剥削是实现共同富裕的必要前提，但消灭剥削并不意味着一定要消灭私有制，因为判断是否存在剥削的标准是报酬与贡献是否一致：在要素所有者与要素使用者之间，如果一方的报酬低于贡献，一定是受到了另一方的剥削；反之，如果一方的报酬超过了贡献，那一定是剥削了另一方；如果双方的报酬与贡献都一致，那就既没有剥削也没有被剥削。所以，不能笼统地将利润、利息、地租等非劳动收入等同于剥削收入，将私营企业家等同于剥削者，除非他们支付给工人的工资低于工人劳动所创造的价值，即低于其边际产品收益。将非劳动收入与剥削收入区分开来，将剥削与私有制区分开来，保护合法的非劳动收入与保护私有财产就会顺理成章，消灭剥削与发展非公有制经济就能并行不悖，从而彻底摆脱传统观念和思维模式的束缚，使保护私有财产逐渐成为人们的共识，为非公有制经济的进一步发展提供理论依据。

再次，广义价值论阐明了社会主义市场经济体系的微观基础。广义价值论本身就是一个关于分工交换一般规律的理论。即使在两部门广义价值模型中，两个（类）不同的消费者—生产者或部门各自比较优势专业化分工方向的选择、同类生产者或部门单位平均成本的形成、均等的比较利益率和均衡交换比例的确定，无疑也都必须通过彼此讨价还价的市场竞争才能实现。一旦我们将两部门模型扩展到 n 部门模型，由直接的物物交换过渡到以货币为媒介的商品流通，无论是具有多种产品生产能力的单个生产者其比较优势产品的确定，还是各部门均等的比较利益率，抑或是作为不同部门具体劳动折算尺度的社会平均比较生产力，都不可能直接估算出，即使我们可以建立相关的理论模型，但在现实经济生活中，这些经济变量也只能通过市场竞争、讨价还价以及各种生产要素在不同行业领域的自由流动才能实现。在引入不同分工体系以及要素所有权与使用权两权分离的情况下，资源的配置以及比较利益的分配就更加依赖市场机制才能实现。这样，我们就从广义价值论的角度对社会主义市场经济体制的形成和由市场决定资源配置的原因做了理论说明。

又次，广义价值论揭示了内生经济增长的永续价值源泉和实现途径。我们运用广义价值论基本原理，构建了基于比较优势分工交换的内生经济增长模型，该模型以分工交换产生的净收益即比较利益作为积累和扩大再生产的源泉，只要比较利益按照均等的比率进行分配，这一收益来源就是可持续的，且不依赖于技术的递增或递减变化，这就使经济增长真正形成了内生机制。在此基础上，我们进一步建立了一个学习型内生增长模型和纳入数据要素的增长模型，论证了技术、知识、数据等生产要素同样能够产生差别的相对生产力，因而也是比较利益和经济增长的源泉。

最后，广义价值论为经济全球化提供了公平与效率相统一的原则。根据广义价值论基本原理，各国依据比较优势参与国际分工，在自由平等竞争中形成的均衡交换比例可以确保各国比较利益率均等，而根据比较生产力与价值量正相关原理，比较生产力较高的国家单位劳动创造的价值会高于比较生产力较低的国家，前者用 1 小时的劳动产品换取后者多个小时的劳动产品，只要比较利益率均等，就是等价交换和平等交换，不存在谁剥削谁的问题。这样，广义价值论就为经济全球化提供了一个融平等与效率为一体的公平贸易理论。

参考文献

［1］蔡继明：《从狭义价值论到广义价值论》，上海格致出版社，2010 年。

［2］谷书堂、蔡继明：《论社会主义初级阶段的分配原则》，《理论纵横》上篇，河北人民出版社，1988 年。

［3］谷书堂、蔡继明：《按贡献分配是社会主义初级阶段的分配原则》，《经济学家》，1989 年第 2 期。

建构知行合一的"中国经济学"范式[*]

复旦大学　寇宗来

当今世界进入百年未有之大变局，中国也正在经历着历史上最为广泛而深刻的社会变革，特别是新中国成立 70 多年来，我们党领导人民创造了经济快速发展奇迹和社会长期稳定奇迹，中华民族迎来了从站起来、富起来到强起来的伟大飞跃。历史表明，社会大变革的时代一定会催生哲学社会科学的创新发展，同时也需要符合时代精神的哲学社会科学的理论指导。习近平总书记在哲学社会科学工作座谈会上的讲话中指出，"哲学社会科学是人们认识世界、改造世界的重要工具，是推动历史发展和社会进步的重要力量，其发展水平反映了一个民族的思维能力、精神品格、文明素质，体现了一个国家的综合国力和国际竞争力"。但面对新形势新要求，我国哲学社会科学领域还存在"学科体系、学术体系、话语体系建设水平总体不高，学术原创能力还不强"等亟待解决的问题，因此需要加快构建中国特色哲学社会科学，并"在指导思想、学科体系、学术体系、话语体系等方面充分体现中国特色、中国风格、中国气派"。

因应这种时代需求，近年来众多学者围绕"中国经济学"的建构问题展开讨论。比较形成共识的是，随着世界经济重心逐渐由西向东转移，经济学术中心也会发生相应的转移，在此过程中，中国经济学者需要总结中国经济发展的成功经验，为我国立足新发展阶段、贯彻新发展理念、构建新发展格局，推动更高质量的经济增长、更高水平的改革开放、更加可持续的经济发展提供严谨、有力、可靠的理论支持，还将为全人类发展提供

＊　原载《管理世界》2022 年第 6 期。

中国智慧和中国方案。但是，对于如何理解"中国经济学"的基本内涵，如何处理"中国经济学"与"政治经济学"和"西方经济学"关系，以及"中国经济学"是否能够实现方法论意义上的学术创新，却依然存在较大的分歧，甚至截然相反的看法。本文的基本观点很明确，身处中华民族伟大复兴的历史进程，我们应该具有足够的"道路自信、理论自信、制度自信和文化自信"，以马克思主义为指导，构建方法论意义上的"中国经济学"研究范式，不但为中国实现"两个一百年"奋斗目标提供具体的解决方案，而且为构建人类命运共同体，尤其是促进发展中国家的经济发展提供具有一般性意义的中国智慧。

马克思主义具有鲜明的实践品格，认为理论源于实践并高于实践，理论的作用不但在于认识和解释世界，更在于积极地改变世界。由此看来，西方主流的新古典经济学范式因为采取了完美理性的假设，本质上割裂了理论和实践之间的辩证关系，最终陷入了机械论的窠臼。构建"中国经济学"体系是托马斯·库恩意义上的科学革命和范式转换，其最重要的推动力量来自传统经济学范式难以解释的两个层面的"反常现象"：一方面，中国共产党领导中国人民，致力于将马克思主义普遍原理与中国实际相结合，建立了富有中国特色的社会主义市场经济体制，仅用几十年时间就走完发达国家几百年走过的工业化历程，创造了经济持续高速增长与经济社会稳定发展的双重奇迹。另一方面，在中国共产党领导下，中国的经济发展始终体现了"以人民为中心"的价值观照，2020年底脱贫攻坚战取得全面胜利，中华民族在几千年发展历史上首次整体消除绝对贫困。与物理学等自然科学不同，经济学是以人类社会为研究对象的社会科学，因而经济学的范式转换不但会牵涉"工具理性"，还必须要观照"价值理性"，即习近平总书记在"5·17"重要讲话中特别强调的"为什么人的问题"，因为这是"哲学社会科学研究的根本性、原则性问题"。

我们倡导构建的是将马克思主义普遍原理与中国传统文化有机融合的"知行合一"的"中国经济学"研究范式，其中学习、试错、创新、价值观照具有真实的含义、实践的品格，不但能够很好地解释新中国成立以来尤其是改革开放以来"经济持续高速增长与经济社会稳定发展的双重奇迹"，也可以为中国以及其他国家未来的经济发展提供具有普遍性的实践价值。强调如下几个方面：

第一，知行合一的重要性。马克思主义和中国传统文化都强调学习的重要性和实践性。"纸上得来终觉浅，绝知此事要躬行"，《论语》开篇就是"学而时习之"，而王阳明先生则是最为明确地提出了"知行合一"。与之相比，新古典经济学模型中的"理性人"在本质上都是不需要学习的"生而知之者"，既没有少不更事，也没有"吃一堑，长一智"。虽然有大量论文讨论人力资本投资，但既然已经假设行为人具有了完美理性，任何的人力资本投资就好比是在无穷大上增加一个有限的数值，不管这个有限值有多大，与无穷大相比都没有任何意义。我们认为，只有在"知行合一"的意义上，才能真正解释为何"摸着石头过河"的"渐进式改革"要比"新自由主义"所设计的"大爆炸"方案更加行稳致远。

第二，企业家精神的重要性。顾名思义，"企业家"就是"企图创业立业之人"，其本质是引入"新组合"，打破常规以谋取超额收益。新古典体系与创新在本质上是不兼容的。给定完备合约，对任何行为人来说，未来的各种状态都是已知的，哪里还有熊彼特意义上的"新组合"的存在空间呢？所以，在新古典体系中"创新"活动，成本收益皆可预期，因而除了名称不同，与其他类型的投资活动并无本质区别。只有引入认知能力的有限性和差异性，才会真正理解熊彼特意义上的企业家精神和创新利润。"上士闻道，勤而行之；中士闻道，若存若亡；下士闻道，大笑之，不笑不足以为道"，正是因为下士的愚钝，中士的犹豫，才使上士有机会通过引入"新组合"而获得超额收益。

第三，日程设定和价值观照的重要性。在现实世界中，不管是个人还是组织，为防止稀缺的注意力资源被各种扰动因素分散和耗散，如五年规划等日程设定将变得极其重要，因为与战术层面的"把事情做对"相比，战略层面的"做对的事情"更加重要。日程设定的作用是"集中力量办大事"，避免将稀缺资源耗散在日程以外的其他事情上。但如果"大事"选错，日程设定就会造成很大的资源浪费，并且会忽视掉真正重要的事情。那如何在不确定性的条件下判断什么是真正的"大事"呢？这就牵涉决策者的价值观照的重要性。"以人民为中心"还是以"新自由主义"为原则，所得结果将会存在巨大的、本质性的差别。

接下来，作为知行合一的"中国经济学"范式的应用，不妨讨论"经济持续高速增长与经济社会稳定发展的双重奇迹"的内在逻辑。一方面，如熊彼特所强调的，经济发展在本质上是由创新所推动的，但由于认知能力有限，那些具有企业家精神的微观主体只能通过不断试错和学习来发现"新组合"以获得超额收益，由此，一个有利于企业家精神迸发、鼓励学习和试错的经济社会是更有可能获得经济发展的，而改革开放以来，中国逐渐形成的社会主义市场经济体制正是具有这样的特征。另一方面，经济发展与社会稳定是辩证统一的。从这个角度来看，中国共产党强大的执政能力、"以人民为中心"的价值观照，是新中国成立尤其是改革开放以来经济快速增长的压舱石、稳定器和护航者。

加快构建中国经济学的自主知识体系[*]

中国社会科学院经济研究所　黄群慧

2022年4月25日，习近平总书记在中国人民大学考察时发表重要讲话并指出：加快构建中国特色哲学社会科学，归根结底是建构中国自主的知识体系[①]。这是习近平总书记对我国哲学社会科学建设作出的新的科学论断，关系我国哲学社会科学长远发展，具有很强的政治性、理论性、指导性，为加快构建中国特色哲学社会科学进一步指明了发展方向、提供了根本遵循。

哲学社会科学的自主知识体系，一定来源于哲学社会科学的自主创新，体现为哲学社会科学知识的主体性和原创性。2016年5月17日，习近平总书记在哲学社会科学工作座谈会上发表重要讲话时曾深刻指出："我们的哲学社会科学有没有中国特色，归根到底要看有没有主体性、原创性。跟在别人后面亦步亦趋，不仅难以形成中国特色哲学社会科学，而且解决不了我国的实际问题。""只有以我国实际为研究起点，提出具有主体性、原创性的理论观点，构建具有自身特质的学科体系、学术体系、话语体系，我国哲学社会科学才能形成自己的特色和优势。"[②]《国家"十四五"时期哲学社会科学发展规划》也围绕着增强哲学社会科学的主体性、原创性，提出一系列具体要求和项目规划。哲学社会科学工作者需要立足中华民族伟大复兴战略全局和世界百年未有之大变局，以把握历史大势、掌握历史主动的精神，回答好中国之问、世界之问、人民之问、时代之问的重大议题。着眼于中国之路、中国之治的伟大实际，系统化、深层次地

---

　　* 原载《管理世界》2022年第6期。

探寻"中国之理",建构中国自主的知识体系,是新时代赋予中国哲学社会科学工作者的光荣使命。

中国特色经济学是中国特色哲学社会科学的重要组成部分,是新时代构建中国特色哲学社会科学体系的重要方面。加快构建中国特色经济学,归根结底是加快建构中国经济学的自主知识体系。通过主体性、原创性的知识创新,构建中国经济学的自主知识体系,加快构建中国特色经济学,这既是促进我国经济学自身发展、屹立于世界经济学之林的迫切需要,也是为全人类提供经济发展的中国智慧和中国方案的必然要求,同时也为我国进入新时代、立足新发展阶段、贯彻新发展理念、构建新发展格局、推动高质量发展,建设更高水平的开放型经济,提供了科学、严谨和可靠的理论指导。

加快构建中国经济学的主体性、原创性的自主知识体系,需要以中国经济发展实际为起点。中国伟大的、成功的经济发展实践,为主体性和原创性经济理论观点,为中国特色经济学学科体系、学术体系和话语体系,提供了丰富的土壤和强有力的支撑。中华人民共和国成立 70 多年来,特别是改革开放 40 多年来,我们党团结带领全国人民不懈探索、勇于实践,开创了中国特色社会主义道路,形成了中国特色社会主义制度,创造了世所罕见的经济快速发展和社会长期稳定"两大奇迹",全面建成小康社会、胜利实现第一个百年奋斗目标,交出了一份人民满意、举世瞩目、彪炳史册的答卷。1952 年,中国的 GDP 仅 679.1 亿元,人均 GDP 仅 119 元。改革开放以来,在 1978 年到 2020 年的 42 年里,中国的 GDP 年均增长达到 9.2%。根据世界银行的数据,1996 年中国经济总量占美国的比例突破 10%,2007 年突破 20%,之后 2008 年到 2012 年每两年突破 10%,2008 年突破 30%,2010 年突破 40%,2012 年突破 50%,到 2015 年又突破了 60%,2020 年突破了 70%。我国已成为世界第二大经济体、制造业第一大国、货物贸易第一大国、商品消费第二大国。2021 年中国的人均 GDP 突破 1.2 万美元,达到中等偏上收入国家水平。按世界银行标准,在 2025 年之前中国预计跨入高收入发展阶段国家行列。一个拥有 14 亿多人口的大国,能够跨越"中等收入陷阱"实现赶超成为高收入国家,这是可以书写在人类发展史和人类文明史上的伟大成就。习近平总书记在庆祝中国共产党成立 100 周年大会上的讲话中指出:"我们坚持和发展中国特色社会主义，推动物质文明、政治文明、精神文明、社会文明、生态文明协调发展，创造了中国式现代化新道路，创造了人类文明新形态。"[③]

近年来，中国特色经济学学科体系、学术体系和话语体系建设取得了显著成就，构建自主知识体系获得了长足发展。但是，相较于中国共产党在领导中国人民创造的伟大经济奇迹，相对于丰富的中国经济发展实践，中国特色经济学的学科体系、学术体系、话语体系还有待加快完善，中国特色经济学的自主知识体系还有待加快构建，这突出表现在以学理化阐释、学术化表达的主体性、原创性的经济理论还有待丰富，植根于中国大地、讲中国故事、研究中国经济规律的中国经济学在国际话语体系中地位还有待加强。对此，应该从以下三个方面着力推进构建中国特色经济学的自主知识体系。

一是构建中国经济学的自主知识体系，必须坚持和巩固马克思主义的指导地位。

唯物辩证法和历史唯物主义，是认识世界和改造世界的价值观和方法论，是科学行动的指南。要坚持把马克思主义基本原理同中国经济具体实际相结合、同中华优秀传统文化相结合，不断推进马克思主义政治经济学中国化、时代化。要以中国为观照、以时代为观照，立足中国经济实际，解决中国经济问题，不断推进中国经济学知识体系的创新。党的十八大以来，以习近平同志为核心的党中央对国内外经济形势、基本国情和经济发展阶段进行科学判断，对经济发展理念和思路做出及时调整，提出了一系列新理念、新思想、新战略，形成了许多具有原创性、时代性的概念和理论，包括坚持党对经济工作的集中统一领导、坚持以人民为中心的发展思想、经济高质量发展、经济新常态、建设现代化经济体系、把握新发展阶段、贯彻新发展理念、构建新发展格局、共建"一带一路"、全面实施乡村振兴、区域协调发展重大战略、建设高水平社会主义市场经济体制和更高水平开放型经济新体制、推进供给侧结构性改革、实现共同富裕、正确认识和把握资本特性和行为规律、统筹安全与发展等。这从理论和实践相结合上系统回答了新时代中国经济发展和现代化建设的一系列重大问题，在实践中形成并还在不断丰富发展的习近平新时代中国特色社会主义经济思想，指导我国经济发展和现代化建设取得了历史性成就、发生了历史性变革，为马克思主义政治经济学注入了新内涵、开辟了新境界，是马克思主义政治经济学同中国社会主义具体实际相结合的又一次伟大理论飞跃。

因此，以马克思主义为指导构建中国特色经济学的自主知识体系，就是要深入学习研究阐释习近平新时代中国特色社会主义经济思想，持续深化其学理化阐释、学术化表达和大众化传播，以习近平新时代中国特色社会主义经济思想为指导全面加强经济学的"三大体系"建设。具体而言，需要以中国经济学教材、手册、年鉴建设等学科基础项目为抓手，将习近平新时代中国特色社会主义经济思想全面融入中国特色经济学学科体系建设中；以重大经济理论和经济现实问题研究为主攻方向，将学理化阐释和学术化表达习近平新时代中国特色社会主义经济思想作为中国特色经济学学术体系创新的核心要求，不断创新完善学术理论体系、研究组织体系、平台支持体系、评价考核体系，推进中国经济学学术体系发展；以推进政治话语学理化、学术话语大众化、中国话语国际化为基本要求，用习近平新时代中国特色社会主义经济思想全面统领中国特色经济学话语体系建设。

二是构建中国经济学的自主知识体系，必须深化对中国经济发展和现代化进程中的经济规律的认识。

理论是关于规律性的认识，是用来总结实践并指导实践的。有生命力的经济学必须能够揭示经济运行背后的规律性认识，并进一步指导经济发展。马克思主义能够改变世界，是由于它透彻地分析了资本主义社会的基本矛盾，深刻地把握了资本主义发展规律、人类社会发展规律；亚当·斯密之所以成为西方古典政治经济学的开创者，是由于他写的《国富论》指出了分工与专业化的经济规律，提出了增加国家财富的路径；凯恩斯理论之所以形成巨大影响，是因为指出导致严重经济危机的有效需求不足背后的边际消费倾向递减、资本边际效率递减、流动性偏好三大基本规律，并提出了相应宏观调控之策。中华人民共和国成立70多年来，我们党领导人民创造了世所罕见的经济快速发展奇迹和社会长期稳定奇迹。当代中国正经历着我国历史上最为广泛而深刻的社会变革，也正在进行着人类历史上最为宏大而独特的实践创新。这种前无古人的伟大实践，给理论创新提供了肥沃的实践土壤。经济学学术理论体系创新，需要紧紧围绕中国经济发展实践，用中国经济发展理论解释中国经济发展实践，用中国经济实践深化中国经济理论。

经济规律既包括生产关系适应生产力发展之类的普遍性、一般性的规律性认识，但更多的是关于不同经济体系、不同经济发展阶段的各种经济变量之间的复杂关系的具体规律性认识。构建中国特色经济学的自主知识体系，需要深化对中国经济发展、中国经济体系运行的规律性认识，积极探索中国经济发展和社会主义市场经济的各种经济变量之间的规律性关系。从经济发展看，当前中国社会主义现代化进程进入一个新的发展阶段，需要贯彻新发展理念、构建新发展格局，这要求我们积极探索新发展阶段的经济发展规律，尤其是探索以经济高质量发展为根本要求的创新发展规律、协调发展规律、绿色发展规律、开放发展规律和共享发展规律的规律系统。从经济运行看，要继续深化对社会主义市场经济规律的认识。坚持完善和发展社会主义市场经济，关键是要把市场经济的优势和社会主义制度优势有机结合起来，这要求我们必须深化对市场经济运行规律和社会主义发展规律的认识，既要发挥市场经济体制下价值规律、资本积累规律、经济周期规律、货币流通规律等促进生产力极大发展的作用，又要使生产力发展符合社会主义发展规律要求的生产目的。经过多年艰辛探索，我国社会主义市场经济的各方面制度在更加成熟更加定型上已经取得了明显成效，但是，随着社会主义现代化进程的不断深入和世界百年未有之大变局的加速演化，新的问题和挑战也在不断出现，需要进一步探索社会主义市场经济条件下经济运行和经济增长的规律，当前尤其要注意探索社会主义市场经济下的关于资本特性和行为、共同富裕实现、初级产品供给保障、防范化解重大风险、实现碳达峰碳中和等重大问题的规律性认识。

三是构建中国经济学的自主知识体系，必须融通古往今来的国内外优秀经济思想、观念、理论和方法。

强调构建中国经济学的自主知识体系，强调中国经济学发展的主体性、原创性创新，并不意味着不注重经济学知识体系的继承性和民族性。我们构建中国经济学的自主知识体系，还需要融通集成古往今来、国内国际各种经济学知识、观念、理论、方法，坚持古为今用、洋为中用，不断推进知识创新、理论创新、方法创新。一要融通马克思主义资源，包括马克思主义政治经济学基本原理和马克思主义中国化形成的最新成果；二要融通中国优秀传统经济文化的资源，中国作为一个文明古国具有丰富的优秀传统经济文化资源，亟待我们深入挖掘，这方面中国经济史、经济思想史学科大有作为；三要融通国外经济学的资源，这不仅包括西方主流经济学内容，还包括世界各个流派的经济学理论和方法。

加快构建中国经济学的自主知识体系，需要对一切有益的知识体系和研究方法进行研究借鉴和融通集成。尤其是对国外经济学的理论和方法，既不能一概排斥、全盘否认，也不能不加分析、奉为圭臬。近些年中国经济学界存在着学习西方经济学数理化方法，过于重视研究的方法、工具的科学性，而对学术思想性、政策参考性重视不够的"唯数理倾向"问题。面对复杂的经济问题和经济现象，科学运用模型推演、数量分析等有效手段进行分析研究，无疑对于中国经济学自主知识体系的形成具有重要意义。但中国经济学研究需要避免那些缺少思想性、理论性、现实性、政策参考性而片面追求数理模型方法和忽视数量模型方法经济学意义的研究。加快构建中国特色经济学，形成中国经济学自主知识体系，要从我国实际出发，坚持实践的观点、历史的观点、辩证的观点、发展的观点，在实践中认识真理、检验真理、发展真理。只有以我国经济实际为研究起点，以马克思主义为指导，融通古往今来的国内外经济学资源，才能提出具有主体性、原创性的理论观点，才能构建具有自身特质的中国经济学学科体系、学术体系、话语体系，才能形成自己的特色和优势，从而加快构建中国经济学的自主知识体系。

注释

①《习近平在中国人民大学考察时强调　坚持党的领导传承红色基因扎根中国大地　走出一条建设中国特色世界一流大学新路》，新华网，http://www.xinhuanet.com/politics/leaders/2022－04/25/c＿1128595417.htm，2022 年 4 月 25 日。

②习近平：《习近平谈治国理政（第二卷）》，外文出版社，2017 年，第 342 页。

③习近平：《在庆祝中国共产党成立 100 周年大会上的讲话（2021 年 7 月 1 日）》，人民出版社，2021 年，第 10 页。

构建中国经济学的自主知识体系是加快构建中国特色经济学体系的关键[*]

上海财经大学　刘元春

构建中国特色经济学体系是几代中国经济学人的夙愿，但中国经济学的构建总是处于思想探索与实践反思的层面，难以在学理化和体系化上取得突破性的进展。2016 年习近平总书记在哲学社会科学工作座谈会上的讲话以及 2022 年在中国人民大学考察时的讲话为我们经济学界突破这种困境提供了基本方向和根本遵循。习近平总书记不仅指出构建中国特色哲学社会科学体系必须要立足中国、借鉴国外、挖掘历史、把握当代、关怀人类、面向未来的思路，要体现继承性、民族性、原创性、时代性、系统性和专业性，同时习近平总书记还指出，"加快构建中国特色哲学社会科学，归根结底是建构中国自主的知识体系。"[①]这一思想切中了中国经济学体系难以成功构建的关键——中国经济学没有在自主知识体系上下足功夫！

一、中国经济学学术体系和学科体系的构建需要中国经济学的知识体系的创造性构建

之所以加快构建中国经济学的关键在于必须构建出中国自主的经济学知识体系，其原因在于，自主知识是一个流派、一个理论体系区别于其他体系的核心标志，是学术体系和学科体系赖以成立的基石。没有自主知识体系的构建，我们在实践中就只能获得表象性的规律而难以获得逻辑一致的理论，在理论与实践的批判中只能破坏传统理论而难以进行建设性的理

---

* 　原载《管理世界》2022 年第 6 期。

论构建，在政治思想和社会思潮中只能获得零碎的知识而难以在概念化、理论化和体系化中获得突破。柏拉图指出，一条陈述能称得上知识必须满足三个条件，它一定是被检验过的，正确的，而且是被人们相信的。因此，中国经济学的自主知识体系与经济现象、政治经济决策、经济实践创新、经济思潮和战略谋划等范畴有本质性的不同。因为这些范畴只是孕育知识的原料，它们既没有经过长时段的实践检验，也没有经过现代社会科学一般逻辑体系的检验，它们都依然局限于特殊性和表象性，还没有能够提炼出具有逻辑自洽性的概念体系、实践契合性的理论框架、提升经济学思维边界的新方法和新分析体系。因此，在构建中国经济学过程中必须避免几个理论创新的陷阱：一是简单延续传统流派的分析框架，将中国实践作为这些流派理论的中国案例运用；二是简单地停留在中国实践的政策分析，停留在就政治思想和经济决策的规范性研究，而缺乏在实践中提炼出中国实践的新规律、新典型事实和新逻辑演绎模式；三是简单停留在思想性的批判上，过度强调不同思潮之间的交锋，而难以将经济学批判转化为经济学建构，难以将意识形态冲突转化为具有实证特色的理论方法和理论体系的构建；四是过于停留于局部领域的知识创新，停留于经济学在不同领域分散化的思想创新和理论发展，而没有从整个经济学分析方法、分析框架以及经济哲学层面进行体系化创新。因此将中国经济新事实和新规律转化为新知识，将各种新知识转化为体系化的知识体系，将体系化的知识体系转化为学术体系、学科体系和话语体系是中国经济学走出上述几大陷阱的唯一方法。没有在真知识上取得系统化、学理化和实证化的突破，就不可能有中国特色、中国风格、中国气派的中国经济学。

二、中国经济的伟大实践创新已经为构建中国经济学的知识体系提供了充分的实践创新和思想创新基础

改革开放以来，中国改革的创新者为中国经济学的理论创新提供了大量的实践创新和思想创新。几代经济学人在深入研究这些实践创新和思想创新后提出一系列的知识创新，这些知识创新为中国经济学的自主知识体系的构建打下了良好基础。

一是全面丰富中国特色社会主义市场经济理论，开创性地证明"社会主义制度"是可以与"市场经济"有机结合的，并利用中国特色社会主义市场经济在经济领域和社会领域所创造的两大奇迹充分证明思想原则上既不能走封闭僵化的老路，也不能走改旗易帜的邪路，在理论上既不能简单套用经典马克思主义的个别结论，更不能沿用新自由主义的理论体系。

二是全面深化社会主义初级阶段的认识，对于社会主义历史分期和历史方位的判断进行全面深化和创新，特别是根据"两个大局"提出"新发展阶段、新发展理论和新发展格局"系列思想和理论，全面丰富社会主义初级阶段理论在新时期、新发展阶段的理论体系，全面创新发展经济学的基本体系和核心思想。

三是打破新自由主义关于"市场"与"政府"的相互替代的传统二分法，科学性指出"有效市场"与"有为政府"的互补性，提出"市场增进论""政府能力观"，超越传统"小政府""守夜人"等理论教条。

四是打破传统的"增长"与"波动"的二分法界限，认为跨周期调节与逆周期调节同样重要，资源配置的动态平衡效率与静态平衡效率一样重要。

五是打破新古典宏观经济调控教条，构建出"以国家发展规划为战略导向，以财政政策、货币政策和就业优先政策为主要手段，投资、消费、产业、区域等政策协同发力的宏观调控制度体系"，并在"完善政府经济调节、市场监管、社会管理、公共服务、生态环境保护等职能"的基础上，建立中国特色的宏观经济治理体系，在中国特色宏观调控理论和治理理论上取得突破性进展。例如，提出国家调控能力观、区间调控理论等。

六是打造具有中国特色的政治—经济制度分析框架，全面研究党管经济的合理性和必要性，提出中国经济效率的制度理论，阐释清楚中国经济增长奇迹在企业所有制、土地二元体系等方面的制度根源。

七是突破"华盛顿共识"的教条，创造了发展中国家"转型"和"转轨"的奇迹，构建了中国特色社会主义市场化渐进转轨理论和渐进开放—改革理论体系。

这些思想和理论创新一方面在超越经典马克思主义和西方经济学的基础上成功解释了大量中国实践，另一方面也在很多实证方面做了大量的工作，但很多理论在知识创新和知识体系化等方面存在缺陷。

三、构建中国经济学的知识体系依然要遵循知识创新的规律

中国改革开放 40 多年所创造的高速经济增长奇迹、社会长期持续稳定的奇迹、全面脱贫和全面小康的辉煌、快速突破中等收入陷阱都为全世界发展和赶超贡献了典型样本，能够挖掘出大量的新材料、发现大量的新问题、提出大量的新观点、构建出一系列新理论。但是，要在这个过程中创建中国特色哲学社会科学理论体系，简单进行实践总结和应对式的策论是不够的。实践上升到理论、理论上升到新的学术范式、新的学术范式上升到新的学科体系，必须要遵循学术体系的一般发展规律。

第一，必须处理好知识创新与实践创新之间的辩证关系。正如恩格斯所言，"历史从哪里开始，思想的进程也应当从哪里开始"[②]。中国经济学一方面不能落后于中国改革开放和现代化新征程的实践，另一方面也不能过度超前中国现代化实践进行单纯的逻辑演绎。否则，单纯基于逻辑演绎的理论创新和没有经过证实的理论猜想很容易成为未来实践创新的最大束缚，进而陷入马克思当年批判的德国社会主义理论的困境之中。

第二，不能就中国模式谈中国模式，必须跳出中国看中国模式，必须在解释中国模式、中国道路之中提炼出中国理论，在构建中国理论中提炼出有利于世界经济学思想、经济学逻辑体系、经济学规律和理论有益的知识成分，从而推动人类经济学思想边界和思维力度的改进，正如习近平总书记所言，"探讨我们自己的特殊性，寻找特殊里面的普遍性"[③]，这样我们才能真正构成经济学的知识进步。

第三，必须遵循经济学理论创新的基本范式，在新事实、新现象、新规律之中提炼出新概念、新理论和新范式，从而防止经济学在知识化创新中陷入分解谬误和碎片化困境之中。一是系统深入研究实践中的典型事实，真正掌握清楚中国模式、中国道路、中国制度和中国文化在实践中的本原；二是在典型事实的提炼基础上，进行特征事实、典型规律和超常规规律的总结；三是将典型事实、典型规律、新规律与传统理论和传统模式进行对比，提出传统理论和思想难以解释的新现象、新规律，并凝练出新

的理论问题；四是以问题为导向，进行相关问题和猜想的解答，从而从逻辑和学理角度对新问题、新现象和新规律给出合理性解释；五是在各种合理性解释中寻找到创新思想和创新理论，提炼出新的理论元素、理论概念和理论范畴；六是体系化和学理化各种理论概念、范畴和基本元素，以形成理论体系和新的范式；七是利用新的范式和理论体系在实践中进行检验，在解决新问题中进行丰富，最后形成有既定运用场景、既定分析框架、基本理论内核等要件的学科体系。

从中国经济学发展的现状来看，我们虽然已经进行了长期的探索，形成了大量的研究成果，但这些成果依然存在以下四个方面的不足：①对于中国经济模式、经济制度和经济道路的系统性总结不够，不同学者从不同角度的研究难以形成集成效应；②马克思主义政治经济学中国化的进程依然滞后于经济创新和思想创新的实践，西方经济学理论在中国案例上的研究依然占有十分强烈的话语权，研究范式依然以新自由主义为基础，中国特色社会主义政治经济学的理论体系依然在知识创新上明显不足；③解释中国奇迹的理论框架基本形成，但指导未来社会主义现代化新征程的理论严重短缺，理论诠释的知识含量还有待提升；④对于中国经济的新现象和新规律总结很多，但在新规律总结中所进行的理论批判与理论构建还不充分，还没有在经过实践和逻辑检验的基础上提出新的理论概念、新的理论范畴、新的理论方法和新的范式要素，知识体系依然还处于星星点点的状态。

注释

①《习近平在中国人民大学考察时强调　坚持党的领导传承红色基因扎根中国大地　走出一条建设中国特色世界一流大学新路》，新华网，http://www. xinhuanet. com/politics/leaders/2022－04/25/c_1128595417. htm，2022 年 4 月 25 日。

②中共中央马克思恩格斯列宁斯大林著作编译局：《马克思恩格斯选集（第二卷）》，人民出版社，1995 年，第 36 页。

③《习近平：在哲学社会科学工作座谈会上的讲话》，新华社，http://www. xinhuanet. com/politics/2016－05/18/c_1118891128_4. htm，2016 年 5 月 18 日。

构建适应数字文明时代的新财政理论 *

中国财政科学研究院　刘尚希

推动哲学社会科学理论创新是当下中国的共识。作为哲学社会科学体系中的重要内容和国家治理的基础，财政的理论创新更是迫在眉睫。把财政定位为国家治理的基础和重要支柱，相对于只是作为社会再生产分配环节的传统财政理论，这本身就是一个创新。财政是国家治理的基础，已经成为社会各界的新共识。问题是：如何沿着这个新共识来深化财政理论创新呢？毫无疑问，这要从中国的实际出发，并借鉴世界财政研究成果，将财政理论创新置于数字文明、生态文明新时代的历史方位之中。财政理论创新和财政学科建设紧密关联，涉及财政学科定位问题。基于此，笔者重点谈谈如何以时代问题为导向，超越传统学科定位，推动财政理论顺应时代创新性发展。

一、人类进入数字文明时代

理论创新要以问题为导向，而问题从何而来？时代是思想之母，实践是理论之源。所以，问题从时代来，从实践中来。推动财政理论创新，首先必须分析我们处于一个什么样的时代，在从事什么样的实践。只有这样，才能超越传统、突破局限。

习近平总书记一再强调，要站在人类文明发展的高度，准确把握我们所处的历史方位，他还在一次讲话中明确提出了数字文明的概念。把握我

---

*　原载《管理世界》2022 年第 6 期。

们所处的时代，必须意识到人类已经从工业文明进入数字文明时代。正在展开的数字革命并非工业革命框架下的第四次技术革命，而是超越工业革命，与农业革命、工业革命并列的第三次文明革命。正因为如此，人类文明时代也从农业文明时代、工业文明时代发展到了数字文明时代。

时代之变会带来许多深刻的问题。进入数字文明时代意味着人类在工业文明时代建立的那套知识体系、理论体系已经逐渐变得与现实不相适应了。这种不相适应不是局部性的，而是整体性的、根本性的。数字文明意味着人类生存发展的方式将发生颠覆性变化，这在我们的经济、日常生活和政府运行等各个层面都有显现，现在仅是一个开端。在现代经济中，数据成为重要的生产要素，数字经济成为新的经济形态并以其智能化、量子化、跨界融合、深度渗透、变革指数化等特征，正在快速替代旧的经济形态。美国是数字经济最发达的国家，中国信息通信研究院2021年8月发布数据显示，美国数字经济规模达13.6万亿美元，占GDP比重为65.00%，而中国数字经济规模占比为38.60%[①]。

当数字化与金融化叠加在一起，经济社会正在产生一种快速的"化学反应"，其运行的逻辑正在自发重构之中。这种变化是颠覆性的，既颠覆现实，也颠覆理论；既颠覆传统的思维认知，也颠覆旧的学科定位。例如所有制以及数据产权、数字金融、数字货币的发展，财政和金融、财政和货币的关系都在发生深刻变化。美国财政货币政策的一体化，正在改写传统的财政平衡理论、国债理论和财政政策理论。在现实中出现的负利率、负价格等现象，这些情况在过去闻所未闻。归纳起来，过去曾经被经典力学证明的确定性的世界在数字文明时代已经呈现出不确定性的特征。不仅如此，不确定性不再是一种"偶然"现象，而是世界的本质，这已经被量子力学证明。

二、构建适应数字文明时代的新认知

理论创新不是简单地否定传统理论，而是要实现超越，在扬弃传统理论的基础上重构适应数字文明时代的新的思维认知。站在人类文明发展的高度来看问题，视野才能变得更为开阔。

数字文明时代的历史定位表明我们正经历从传统慢变的社会转向现代快变的社会。在农业文明时代通常以千年为单位来观察时代的变化；到了工业文明时代，通常以百年为单位来观察这种变化；到了数字文明时代，则是以十年为单位来进行观察这种变化。智能化、量子化、变革速度指数化成为数字文明的典型特征。人类社会的发展呈现加速度趋势，这衍生出了许多未知的问题，人类积累的经验也加快失效，人类为了构建秩序而形成的各种规则也迅速解构。就好比汽车运行的规则（低速环境）不再适用于飞机（高速环境）一样。许多规则加快失效，越来越不适应数字文明时代要求。最为突出的是政府的运行方式及其法律制度亟待变革，如工业化时代形成的政府监管、《劳动法》就已经不适应了，传统政治经济学讲的劳动与资本的关系现在看起来也要有新的认识。依托"单位"为缴费基础的社保制度，在新的就业状态下，也变得"漏洞"百出。规则的重构，意味着需要新的思维和认知。

经济社会加速变化，也意味着风险的内涵发生改变，同样的风险在不同参照系下，其可能的损害是不一样的。好比开车，在市里慢速行驶，车与车碰撞一下顶多车有一点损失，车内的人一般不会有什么大损伤。但是如果进入了高速公路，在高速行驶背景下的碰撞所产生的风险和后果完全不同。进一步，如果是飞机，有一点点碰撞就可能导致机毁人亡。鸟要撞到汽车，鸟可能会受伤，但汽车没事，而鸟撞上飞机对飞机来说是灾难。这表明参照系不同，风险的含义是不同的。同样的风险事件在慢速的社会里，是可以预测的，可能不足以演变成公共危机，但在加速变化的社会，不起眼的一件小事就有可能酿成大的危机，各种未知的"蝴蝶效应"可能给人类带来生存和发展的巨大风险。在人类文明演变的速度呈现加速度的背景下，现有的一些理论是以一种刻舟求剑的方式在解释现实，给实践带来误导，财政理论也不例外。

三、以"虚拟理性"推动理论变革

过去我们认为这个世界是确定的，但现在量子力学发现世界的本质是不确定性的。这颠覆了传统的哲学和认知，实际上这是认识论的巨大飞跃。传统的知识体系都是建立在传统或者经典科学理论认识基础之上的，量子力学的新发现至今并没有转化为哲学和社会科学的认识范式。量子力学作为自然科学的研究，其发现对社会科学的研究具有重大转折的意义。这意味着传统的以牛顿经典力学为基础形成的基于确定性世界观的知识体系，特别是哲学社会科学体系，难以适用不确定性的世界。

过去认为确定性是客观存在的，但是现在发现确定性是构建的结果。这跟以往的认识完全不同。这是一个需要不断去构建确定性的时代。这和我们以往讲的寻找一个客观存在的、先天的确定性（通常以规律来表达先天的确定性）的思维完全不同。这意味着理论创新的基本哲学基础和认识基础已经被改变。

面对不确定性和风险，需要构建确定性，以规避风险，而构建的过程，实质上是一个越来越需要虚拟理性的过程，因为风险本来就具有时空的虚拟性特征。人类生活从早一些的货币、资本的虚拟化，再到工业的服务化、信息化和财富的金融化，就已经开启了人类文明虚拟化进程。当今数字化、金融化则只是加快这一进程。自从产生了经济的虚拟化，才产生了经济危机。虚拟化渐渐超越了以经典物理学时空观念为基础的实体理性，取而代之的是更具包容的虚拟理性。这是数字文明时代的一个新命题和新问题，如果没有虚拟理性，我们将无法理解虚拟世界、虚拟空间，也无法真正认识不确定性和风险。最近"元宇宙"的概念非常火爆，国外一家数字巨头已经改名元宇宙公司，虚拟现实的发展远远超出我们的想象。如果不能超越传统的认知，那我们就可能赶不上这个时代，就会落伍。

不确定性和风险问题，都是虚拟性问题，不可证伪，不符合经典科学所要求的二值逻辑。要真正认知风险，就需要超越二值逻辑的虚拟理性来加持。习近平总书记在 2018 年一次讲话中，把防范化解重大风险当成是木桶的底板，他认为防范化解重大风险是底板问题，是事关中华民族伟大复兴的一个根本性问题。根据木桶原理，底板和短板性质完全不同，财政是国家治理的底板，不是短板问题。风险问题也是中国可持续发展和实现民族复兴的一个底板问题。事关中华民族伟大复兴进程的重大风险，才是需要我们去关注的基本问题，需要新的理论来解释现实和指导构建新的发展确定性。

不可证伪的风险问题是虚拟问题。过去讲科学问题，那都是要证伪的，不能证伪就是伪命题。风险恰恰就是不能证伪的问题，所以，按照传统的那套实体逻辑来理解我们当下的基本问题，可能无解。基础理论的创新首先要更新我们的思维方式，要嵌入一个新的认知模式，只有这样，理论的创新才有前提和基础。

四、基于时代问题重构财政理论

从前面的分析可以看出，数字文明时代的基本问题是不确定性及风险的公共化。风险的公共化是人类进入风险社会的一个基本标志。这意味着传统财政理论中的"公共性"内涵发生了根本性变化，以市场失灵为参照系的公共领域、公共产品等概念已经无法成为解释现实的逻辑起点。超越经济学的学科定位，从广义社会来观察财政问题就成为财政理论创新的第一步。以广义社会为观察视角，并非简单回归到欧洲传统的财政社会学，而是要基于当下的以数字文明为基础的风险社会来考量。风险社会中的财政公共性不由自主地就导入了风险公共化的结果——"公共风险"[②]这个核心，并成为风险社会财政理论的逻辑新起点，并以此来观照中国当下的现实。

强调财政理论创新，特别是讲基础理论的创新，应当要强调学科体系的重构。在一些局部的、边边角角的问题上进行创新并非不可以，但是基础理论的创新应当有一个更宏大的视野，即基于中国所处的时代和历史方位。中国的发展实践中还面临着许多重大的难题，比如二元结构的问题，社会转型慢于经济转型的问题等。按人口结构来看，在社会身份意义上，农民群体占53%，表明中国依然是一个以农民为主体的社会。这个时代和社会背景给我们提出了许多需要深入思考和着力解决的历史性课题。市场化、社会化、城镇化和农民市民化等问题和现代社会的数字化、金融化趋势的复合，构成了中国独特的问题。解决这些问题恰恰要发挥在国家治理中居于基础性地位的财政作用。局限于传统的经济学视角的财政学科定位，会限制财政理论创新。只有把这些基本问题纳入我们的研究视野，才能跳出基于经济学的财政学科定位。财政学是治国安邦的学问，本来不应局限于经济学。应该首先从回答时代问题入手，然后再考虑财政学是一个什么样的学科。应该是先有孩子再取名，而不是根据取的名字再决定生什么样的孩子，这个顺序不能错。财政理论创新与学科建设都需要超越，超越传统理论、超越传统学科定位，真正基于问题导向，基于时代之问。

有一位政治学家与笔者讨论财政问题，他认为财政学应当是政治学的基础课。我当时非常惊讶。政治学者觉得财政学应当是政治学的基础课，表明从他们的视角发现了财政学的基础性，也表明财政学科之外的人可能比财政学科之内的人对财政的认识更为清楚。这也充分说明，确实只有超越现有的学科定位，才能真正推动财政理论创新。

注释

①数据来源：2021年8月2～3日，由北京市政府与国家发展和改革委员会、工业和信息化部、商务部、国家互联网信息办公室共同主办的2021全球数字经济大会在北京举行。在8月2日下午的主论坛上，中国信息通信研究院院长余晓晖发布了《全球数字经济白皮书：疫情冲击下的复苏新曙光》。

②刘尚希：《公共风险论》，人民出版社，2018年。

加快构建中国特色财政学学科体系 *

中南财经政法大学　杨灿明

中国共产党诞生 100 周年、新中国成立 70 多年、改革开放 40 多年、进入中国特色社会主义建设新时代 10 年的经济社会实践，中国取得了辉煌的成就，积累了大量经验，最终形成了中国话语、提出了中国方案、总结了中国模式，形成了习近平新时代中国特色社会主义经济思想，这是构建中国特色经济学体系的现实背景和理论基础。如何理解和处理政府与市场、公平与效率之间的关系，则是中国特色经济学体系的核心议题。财政是连接政府与市场、公平与效率的重要纽带，中国财政学是中国特色经济学的核心组成部分。形成中国特色财政学学科，是加快建设中国特色经济学体系的重要一环。为此，我将从四个维度的重要使命来阐述构建中国特色财政学的意义与主要任务，进而为促进中国特色经济学体系的建设贡献力量。

一、历史维度：继往开来，汲取财政精神力量

数千年从未中断的中华文明与财政息息相关，构建中国特色财政学的使命之一就是要重拾历史记忆，梳理中国几千年来的财政实践、财政制度变迁以及财政在整个国家治理中的作用，指导新时代中国的财政实践，构建国家治理的基础与重要支柱。20 世纪 20 年代以前，中国虽然没有现代教育学意义上的财政学学科理论体系，包括教材，但历经几千年的财政实践，涌现出以商鞅、王安石等为代表的一大批财政思想家，产生了丰富的财政思想与理论学说，形成了浩如烟海的历史文献。这是中国人民的宝贵

＊　原载《管理世界》2022 年第 6 期。

历史财富，更是世界人民的宝贵历史财富。20世纪20年代至新中国成立，中国经历了国内革命战争、抗日战争以及解放战争，当时中国财政学主要是引进英美财政学体系。然而，英美财政学是建立在资本主义制度基础之上的财政学体系，而解放前的中国并非简单的资本主义生产关系，而是半殖民地半封建的生产关系，因而英美财政学的理论与中国当时的社会实践不相匹配。新中国成立至2012年，中国经历了社会主义革命与建设、改革开放等不同发展阶段，中国财政学则经历了从英美引进，到从苏联引进，再到从英美引进的历史变迁。与此同时，中国财政学开始出现自主独立的学术思想和学术理念，但与中国历史、政治、制度文化、经济社会相适应的中国财政学学科体系尚未得以构建。进入新时代，构建中国特色财政学学科体系，必须重拾历史，继往开来，找到中国财政发展最初的根，唤醒中国财政改革发展远古的记忆，形成与中国发展道路、中国经济实践相适配的学科体系，为中国财政实践提供学理支撑和理论指导。

二、空间维度：放眼全球，推动人类文明进程

传统财政学以国家或地区为研究范围，难以应对全球化浪潮下人类发展面临的新课题。新时代中国特色财政学学科体系所讨论的财政实践和财政理论问题不能仅局限于中国内部，还要将参与全球治理和构建人类命运共同体的目标考虑进来。因此，从空间维度来讲，构建中国特色财政学学科要秉持大国财政的理念，要为中国参与全球治理提供保障和依托，要有人类命运共同体的站位。这也与中国共产党的宗旨有关，中国共产党自诞生之日起，就不仅仅只关注某一个国家，而是成立了共产国际，包括第一国际、第二国际和第三国际。全世界无产者联合起来是共产党自成立伊始最为响亮的口号。所以，中国共产党所倡导的人类命运共同体根植于《共产党宣言》所展示的宗旨与理想信念。中国作为一个负责任的大国，有着大国的使命担当和应尽的全球义务。在学术研究上，中国特色财政学学科需要拓展空间范围，将全球公共物品、全球不平等、全球税收、国际税收竞争与合作等内容融入研究框架，充分考量全球治理问题。在财政实践上，中国特色财政学学科需要在全球公共物品融资、全球财政合作以及财

政风险管理等方面形成系统的理论与有效的政策指引。

三、价值维度：坚定初心，建设人民的财政

虽然在中国过去几千年的历史中，财政发挥了重要作用，但是过去几千年的财政，主要是用于维护奴隶主阶级和封建地主阶级的统治和利益。中华人民共和国成立前，财政则主要是服务于封建买办和官僚资本的利益。自从新中国成立，选择了社会主义道路、缔造新中国的中国共产党自始至终都秉持着"人民至上""以人民为中心"的理念，新中国的财政是人民的财政，是为了实现人们对美好生活的向往而服务的财政。财政的演进过程映射出中国共产党人的初心和使命。从人民日益增长的物质文化需要与落后的社会生产之间的矛盾到人民日益增长的美好生活需要和不平衡不充分的发展之间的矛盾，新中国的财政始终以人民为中心，为中国人民谋幸福，为中华民族谋复兴。人民的财政是人民在历史发展中的主体地位在财政实践中的直接体现，彰显了财政的人民主体性。取之于民、用之于民、造福于民，是新时代中国财政学坚持以习近平新时代中国特色社会主义思想为引领、以人民为中心的应有之义，也是站在全面建成小康社会新起点、开启推动共同富裕新征程上，中国特色财政学必须始终坚守的根本原则。面向未来，中国财政学必须自觉地把党的方针政策贯穿于学科建设的始终，坚持"以人民为中心"的发展思想，围绕解决发展不平衡不充分问题，不断完善学科体系，提高理论水平，加强现实联系，提升指导效力，更好地发挥财政在国家治理中的基础和重要支柱作用，更好地满足人民在经济、政治、文化、社会、生态等方面日益增长的需要。

四、目标维度：人才培养，实现中华民族伟大复兴

习近平总书记指出："党和国家的希望寄托在青年身上！"[1]作为一个学科体系，其自身需要不断积累知识和完善理论体系，但另一重要使命则是传播知识并培养专业人才，为经济社会可持续发展做出应有贡献。1840年鸦片战争以后，中国逐步成为半殖民地半封建社会，国家蒙辱、人民蒙

难、文明蒙尘，中华民族遭受了前所未有的劫难，实现中华民族伟大复兴成为全体中国人民的愿望。在实现中华民族伟大复兴中国梦的新征程上，中国特色财政学学科不仅需要构建中国特色财政的理论体系、学术体系、学科体系，而且还要充分地与 2035 年需要实现的目标、2050 年需要实现的目标以及更长远的目标进行对接，指导财政如何作为国家治理的基础和重要支柱去完成它的使命，最终实现共产主义。实现上述目标要依靠财政领域人才队伍的不断壮大与持续更新。因此，中国特色财政学还肩负着艰巨而重要的人才培养任务，在培养人才的过程中，中国财政学要坚持为党育人的观念，在实现中国梦这场历史接力赛中，培育出一批又一批在实现中华民族复兴的赛道上奋勇争先的财政研究人员和财政实践工作者，培育出一代又一代可靠的中国特色社会主义建设者和合格接班人。

综上所述，以马克思主义思想为指导，吸收并借鉴西方财政学合理成分，与中国国情充分结合，形成新时代中国特色财政学学科体系是当代财政研究者和财政实际工作者的重要任务。新时代中国特色财政学学科体系需具备更长远的历史视野，回顾和总结新中国成立前的财政历程，充分吸收新中国成立后所形成的国家分配论、公共财政论和国家治理论等学说观点，形成逻辑自洽，且与中国发展道路、中国经济制度和中国财政实践相匹配的理论体系和学术体系。新时代中国特色财政学学科体系需具备更广阔的空间范畴，中国是一个负责任的大国，在人类命运共同体的视域下，大国财政建设需突破传统财政学中的地域限制，为中国参与全球治理提供保障和依托。新时代中国特色财政学学科体系需具备更崇高的价值取向，人民当家作主是中国特色社会主义的底色，相比英美代表资产阶级的财政学学科体系，中国财政学学科建设的基础是人民，其目的也是服务于人民。新时代中国特色财政学学科体系需具备更远大的目标，助力建设优秀的财政研究和财政实践人才队伍，为实现中华民族的伟大复兴这一中华民族近代以来最伟大的梦想做出应有贡献。

注释

①习近平：《在庆祝中国共产主义青年团成立 100 周年大会上的讲话》，《人民日报》，2022 年 5 月 11 日，第 2 版。

加强经济史方面的研究，扎根中国大地，构建中国宏观经济学理论体系[*]

北京大学　北京工商大学　龚六堂

党的十八大以来，习近平总书记围绕哲学社会科学工作多次发表重要讲话，特别是 2016 年 5 月 17 日，习近平总书记在哲学社会科学工作座谈会指出："着力构建中国特色哲学社会科学，在指导思想、学科体系、学术体系、话语体系等方面充分体现中国特色、中国风格、中国气派。"2022 年 4 月，中共中央办公厅也印发了《国家"十四五"时期哲学社会科学发展规划》，规划围绕贯彻落实党中央提出的加快构建中国特色哲学社会科学的战略任务，对"十四五"时期哲学社会科学发展作出总体性规划，指出要加快中国特色哲学社会科学学科体系、学术体系、话语体系建设。经济学作为哲学社会科学体系的重要组成部分，对构建中国特色哲学社会科学学科体系有重要意义，宏观经济学虽然出现得比较晚，但是在构建中国特色的经济学理论体系中至关重要。

一、世界经济发展，特别是中国经济的发展实践对宏观经济学理论提出挑战，新一轮的技术进步也在改变宏观经济学的基本理论，需要新的宏观经济学理论来解释

第一，新中国成立 70 多年来，我国取得的成就举世瞩目。传统宏观

---

*　原载《管理世界》2022 年第 6 期。

经济学理论对这些伟大成就解释不足，亟须构建新的理论体系予以解释。改革开放 40 多年来，我国平均经济增长速度达到 10% 左右，是世界平均水平的 3 倍左右，根据已有的宏观经济学研究，除了中国以外，世界上其他任何经济体均无法持续 10 年以上保持高于 6% 的增速。因此需要新的经济学理论来解释中国经济增长实践；与此同时，在 40 多年的经济高速增长过程中，还有更多的经济现象需要解释，如我国 40 多年的产业结构变化，根据经济学理论，随着工业化的不断演进，一个国家的第二产业占比会越来越小，第三产业会快速增长。但是，从 1978 年到 2019 年，我国的第二产业没有像其他工业化国家一样，第二产业虽然在下降，但是还保持在 40% 左右的份额，这需要新的宏观经济学理论来解释；其他类似的问题还很多，都需要新的宏观经济学理论体系来解释。

第二，进入 21 世纪，世界经济格局发生变化，各国经济发展也出现了大量的新问题，这些问题需要新的宏观经济学理论来解释。如世界各国出现的严重的收入和财富分配不平等问题。根据世界银行报告，世界各国的差距在扩大，1995~2014 年，全球财富显著增加，但不平等问题很严重，经济合作与发展组织高收入国家的人均财富是低收入国家的 52 倍。另外，个体的收入分配不平等也在加剧：1980~2016 年全球收入每增长 1 美元中，占世界人口 50% 的最贫穷人群只能拿到其中的 12 美分，而只占世界人口 1% 的最富有人群却能得到 27 美分；1980~2016 年，收入最高的 1% 的人群收入增长占了总增长的 27%，与收入最低的 70% 人群相同，而收入最高的 0.1% 的人群收入增长占了总增长的 13%，与收入最低的 50% 差不多。巨大的不平等对世界产生了巨大的影响，对世界格局也将产生巨大影响，如何通过宏观经济学理论来解决不平等，对现在的宏观经济学理论提出了挑战。

第三，以人工智能、云计算、大数据、物联网以及量子通信等新技术为代表的新一轮技术革命对人类社会势必产生巨大的影响，给宏观经济学的研究也带来影响。根据传统的经济学理论，消费者有自己的偏好，根据偏好，政府和公司做出相应的决策。但是人工智能的引入使我们的偏好变成内生的而不是外生的了，因为人工智能和科技能够改变这些偏好，这是巨大的挑战，作为宏观经济学怎么去写我们的最基本的模型都有可能会发生变化。

一方面，人工智能可以替代劳动，但是又与劳动不同，劳动不可以积累，人工智能可以积累；普通劳动者的工资具有黏性，但是人工智能的回报是没有黏性的；普通劳动在国际之间一般假设不可流动，但是人工智能在国际之间是可以流动的。另一方面，人工智能是一种资本，可以积累，但是它又和普通资本不同，普通资本与劳动是互补的，但是人工智能与劳动的替代、互补关系复杂。这些复杂的关系，会改变宏观经济学最基本的规律：如奥肯法则、菲利普斯曲线。这些改变挑战了传统宏观经济学的基本规律，需要新的经济学理论来解释新的技术进步对经济学的影响。

二、宏观经济学理论体系的构建必须要植根于丰富的经济实践，中国的宏观经济实践为宏观经济学理论的形成提供了坚实的基础，为宏观经济学理论提供了肥沃的土壤

第一，从宏观经济学学科的发展历史来看，宏观经济学理论本身就是基于对现实经济的解释。宏观经济学的理论体系产生于20世纪30年代，当时全球经济大萧条，美国的失业率达到25%，凯恩斯为了解决这个突出问题，提出了以积极的财政政策和货币政策来刺激需求、创造就业、推动经济增长的思想，于是宏观经济学从现代经济学中独立出来成为一门子学科。之后为了能够解释战后美国经济运行状况，Klein（1950）利用3个模型来描述美国经济：第1个模型只包含3个方程，到第3个模型时包含了12个方程、4个恒等式和11个变量；到了20世纪70年代美国经济出现"滞胀"现象，也就是出现了通货膨胀，但是，就业和经济增长率并不增加，Keynes理论已经无法解释，也无法解决这一现实问题。为了解释这些问题，Lucas提出了理性预期理论。随后，为了解释美国战后1950~1975年的经济波动，Kydland和Prescott（1982）提出了影响广泛的RBC理论。

第二，新中国成立以来我国经济不同阶段的增长，特别是改革开放40多年以来的我国经济的高速增长，提出了大量的需要宏观经济学理论回答

的问题。这些问题丰富了宏观经济学的研究问题，同时对现有的宏观经济学提出了挑战，中国特色的宏观经济学理论必须回答这些问题。

新中国成立伊始，1952年我国的国内生产总值（GDP）仅为679亿元，经过70多年的发展，截至2021年，我国的国内生产总值（GDP）已经达到了114万亿元，经济总量迈上了百万亿元的新台阶。新中国成立以来，中国宏观经济进入建设时期，各项改革与实践在探索中曲折前进。1953~1977年我国每年人均GDP的实际增长速度达到了4.3%，经过"三年恢复期"和4个"五年计划"奠基期，逐步建立起了完整、独立、高效的工业体系，一系列建设成绩为改革开放奠定了坚实的物质基础。党的十一届三中全会以来，中国特色社会主义市场经济体制不断完善，改革开放的步伐进一步加快，持续解放和发展了生产力，经济社会活力得到了极大的释放。进入新时代，中国宏观经济发展牢固树立新发展理念，适应把握引领经济发展新常态，不断统筹推进"五位一体"总体布局和协调推进"四个全面"战略布局，经济持续迈向高质量发展阶段。近几年来，中国宏观经济总量连续跨越70万元、80万元、90万亿元、100万亿元的大关。2019年我国人均GDP超过1万美元，2021年我国人均GDP超过12000美元，已经接近中高收入国家平均水平，这些中国经济的奇迹提出了诸多的经济学问题，为宏观经济学的理论构建提供了丰富的实践。

三、构建中国特色的宏观经济学理论体系，要扎根中国大地，扎根中国大地需要加强我国经济史的研究

构建中国特色的宏观经济学理论体系需要扎根中国大地，但是如何才能做到呢？党的十九届六中全会通过了《中共中央关于党的百年奋斗重大成就和历史经验的决议》，将党的百年奋斗历史划分为"四个历史时期"，新民主主义革命时期、社会主义革命和建设时期、改革开放和社会主义现代化建设新时期以及中国特色社会主义新时代；构建中国特色的宏观经济学理论体系需要研究每个阶段下的党领导人民取得的经济社会成就，要把这四个阶段作为一个有机的整体。因此，加强100年党的历史中的经济史研究，特别是新中国成立以来的经济史研究对全面完整把握我国宏观经济

发展有重要意义，也是扎根中国大地的体现。

第一，从经济史的角度可以更加好理解我国国家治理制度，为构建中国特色的宏观经济学理论体系中刻画政府行为提供帮助。

对任何一个国家政策来讲，长期问题和短期问题始终存在，我国政府决策中很好地处理了短期与中长期的问题。在我国发展战略五年计划（规划）就比较好地处理了短期与中长期的问题，我国的五年计划（规划）是从 1953 年开始的，"一五"计划从 1953 年到 1957 年，"二五"计划从 1958 年到 1962 年，间断了 3 年后，1966 年开始第三个五年计划，之后每五年一个计划（规划），2016 年到 2020 年是第十三个五年规划，从 2021 年开始我国开启第十四个五年规划。我国的五年计划（规划）比较好地处理了短期与中长期的问题，为我国经济发展提供了保障，是我国特色的经济治理制度。"一五"计划共有 156 个重大工程项目，这些重大工程项目可能跨几个五年计划（规划），它们的建设奠定了我国经济发展的基础；从"一五"计划到"十三五"规划，我国这些计划（规划）的制定越来越科学，"十三五"规划的 165 个重大工程项目，从分工合作、推进体制、实施进展、实施经验不断成熟，牵引带动作用逐步显现，这些五年计划（规划）有力催化新增长及培育发展，有效推动供给侧结构性改革取得新进展，也积极促进社会民生改善。

第二，新中国成立初期开始的"扫盲运动"等教育方面的改革对理解我国改革开放 40 多年的经济增长提供了重要的视角。

我国改革开放以来经济取得了举世瞩目的成绩，但是为什么在改革开放初期，同时处于人口大国的印度与中国比较，中国吸引了更多的外商投资，中国取得了平均 10% 左右经济增长。有很多分析，但是从人力资本的角度，可以解释这一现象，20 世纪八九十年代，各年龄段、各性别的人口的识字率，中国都高于印度。1991 年的印度仍有 48% 的文盲率，而同期的中国仅为 22%。在改革开放初期，随着世界产业结构的调整，产业开始从发达国家转移，此时不仅需要大量的劳动力，同时需要具备一定素质的劳动力，此时我国"扫盲"运动的进行，提升了整体的人力资本水平，为迎接国际产业转移做好了准备，这就造就了改革开放 40 多年中国的高速增长，这是可能的原因之一。这也就是我们讲的认识中国经济增长就需要从历史的角度把我国 70 多年，甚至要从中国共产党 100 多年的历史视角来考虑，这样才能完整把握我国的经济发展，基于这个基础才能构建我国宏观经济学理论体系。

事实上，1949 年新中国成立时，人民的科教文化水平偏低，文盲人口所占比重较高，特别是在广大农村地区。当时我国 5.5 亿人口中，文盲人群所占比例为 80%，而农村人口的文盲率更高达 95% 以上。落后的人力资本水平严重制约了我国的社会经济发展。要想把中国从一个落后的农业国家发展为先进的现代化工业国家，提升广大人民群众的科学文化素养与知识水平是其中尤为重要的一环。毛泽东同志指出："从百分之八十的人口中扫除文盲，是新中国的一项重要工作。"为此，新中国成立后，党中央立即决定在全国范围内开展大规模的"扫盲运动"。

"扫盲运动"作为新中国成立后的一大重要事件，使中国摆脱了新中国成立初期广泛存在的文盲现象，大大提高了中国人民的科学文化素质和中国女性的社会地位。Heckman 和 Yi（2014）以及 Heckman 和 Feng（2018）研究发现，改革开放前大量中等技能水平（小学和初中）的人力资本积累加速了过去 40 多年中国经济的高速增长。通过数据搜集与整理后发现，自新中国成立以来至 2017 年，中国累计有 2.08 亿人实现了脱盲，人力资本水平的大幅度提高为新中国的迅速崛起与发展奠定了深厚的基础。"扫盲运动"作为新中国成立后的重大教育政策，为改革开放后的经济腾飞提供了丰富的人力资本积累。从历史的角度进行分析就能清楚认识到我国 70 多年的社会主义建设实践与"扫盲运动"是不可分割的，构建中国特色的宏观经济学理论体系需要扎根中国大地，就是要完整地理解我国 70 多年的建设实践。

构建中国特色的宏观经济学理论体系不是一蹴而就的，需要广大的经济学者共同努力。应该看到，经过大批经济学者的努力，中国特色的宏观经济学理论体系的构建取得了一定进步，一方面，中国经济学被越来越多的经济学者关注，中国经济学的研究问题已经成为经济学研究的主流问题，而且是不可分割的重要问题；另一方面，中国的经济学者越来越多地在国际经济学舞台上展现，越来越多的国内经济学者把中国的经济学问题抽象出来，丰富了宏观经济学的基本理论。但是，对中国经济实践的解释与研究还远远不够，特别是基于中华人民共和国经济史方面的研究还不够，还需要加大这方面的研究，只有这样才能做到真正扎根中国大地，构建中国的宏观经济学理论体系。

参考文献

［1］Heckman, J. and Yi, J., 2014,"Human Capital, Econimic Growth, and Inequality in China", in Fan S G, Kanbur R, Wei S J, et al., *The Oxford Companion to the Economics of China*, Oxford：Oxford University Press.

［2］Heckman, J. J. and Feng, S., 2018,"China's Investments in Skills", *Frontiers of Economics in China*, Vol. 13, No. 4, pp. 531-558.

［3］Klein, L., 1950, *Economic Fluctuations in the United States*, 1921-1941, New York：John Wiley.

［4］Kydland, F. & Prescott, E., 1982, "Time to Build and Aggregate Fluctuations", *Econometrica*, Vol. 50, No. 6, pp. 1345-1370.

［5］《国家"十四五"时期哲学社会科学发展规划》，中共中央办公厅，2022 年 4 月。

中国发展奇迹与中国发展经济学[*]

中国人民大学 刘守英

新中国成立以来，久经磨难的中华民族迎来了从站起来、富起来到强起来的伟大飞跃，实现了经济快速发展和社会长期稳定的发展奇迹。中国发展奇迹的取得并没有遵循西方经济学家设计的发展道路和发展模式，而是走出了一条独特中国式道路，也就是社会主义制度与市场经济体制的有机结合，这种结合是前无古人的实践。改革开放以来，我们及时总结新的生动实践，不断推进理论创新，在发展理念、所有制、分配体制、政府职能、市场机制、宏观调控、产业结构、企业治理结构、民生保障、社会治理等重大问题上提出了许多重要论断。中国特色社会主义道路创造了人类史上罕见的发展奇迹，拓展了落后国家走向现代化的途径，为解决人类问题贡献了中国智慧和中国方案，为推动发展经济学理论创新和构建中国发展经济学提供了丰富的实践基础和独特的理论资源。

一、中国发展奇迹需要构建中国发展经济学

短短 70 多年，中国在从落后国向现代国家转型的过程中创造了举世瞩目的经济快速发展和社会长期稳定的发展奇迹。尤其是改革开放 40 多年，中国经济在 1978~2019 年保持了年均超过 9% 的高速增长，人均 GDP 由 220 美元上升到 16117 美元，成为仅次于美国的世界第二大经济体。中国经济增长取得的成就，放在整个人类历史进程可谓前无古人，堪称"中

*　原载《管理世界》2022 年第 6 期。

国经济增长奇迹"。同时，中国共产党自取得政权即致力于落后农业国向现代工业国的转变。在经济高速增长的同时，中国实现了快速的结构转型，工业化和城市化快速推进，中国制造业增加值于2010年超过美国而成为全球第一制造业大国，中国的城市化率从1978年的17.9%上升到2019年的60.6%。中国仅用40年就初步完成了发达国家100年以上才能完成的工业化和城市化过程，实现了"中国结构转型奇迹"。令人称道的是中国为世界减贫事业所做的卓越贡献。中国贫困人口由1981年的8.78亿降至2015年的960万，贡献了世界减贫人数的67%。2020年，中国实现了现行标准下农村贫困人口全部脱贫、贫困县全部摘帽，顺利完成全面建成小康社会的伟大目标，被称为"中国减贫奇迹"。更为关键的是，中国打破了"亨廷顿悖论"，在追求现代化的过程中避免了矛盾和冲突，保持了经济社会的长期稳定。与众多发展中国家不断的社会冲突、社会不稳定掣肘经济发展以及频繁出现经济收缩不同，中国在改革开放以来的持续经济增长中实现了经济收缩的大幅度下降，实现了"社会长期稳定奇迹"。无论是政治层面的长期稳定和持续变革，经济层面的经济增长和结构转型，还是社会层面的消除绝对贫困和人的全面发展，中国都取得了举世瞩目的成就，为落后国家走向现代化探索出了一条独特的发展道路。但是，中国的发展奇迹不是在现有发展经济学理论指导下实现的，现有发展经济学理论也不足以解释中国的发展奇迹。从中国发展的独特性与实践引出主流发展经济学无法给出解释的问题，如中国特色的制度、政府与市场、产业政策、制度试验方法，中国是世界上最大的发展经济学自然实验场，开辟了崭新的发展经济学领域。因此，中国经济学界的重大使命是基于中国发展奇迹进行理论创新，解释中国式增长和结构转型，分析中国式制度变迁，实现以人民为中心的发展，建设现代化国家，以中国实践创新发展理论，构建中国发展经济学。

二、中国发展的典型事实

第一，中国式现代化。中国悠久灿烂的农业文明尽管避免了人地关系不断紧张的帝国陷入马尔萨斯陷阱，但也导致中国内卷于乡土而迟迟不能进入现代社会。中国共产党取得政权后就提出了将中国由农业国转变为工业国的建设目标，进而通过新中国成立初期的四个现代化探索、改革开放初期的"走出一条中国式的现代化道路""三步走"发展战略，以及"新三步走战略""两个一百年"奋斗目标一步一步逼近社会主义现代化。进入新时代，以习近平同志为核心的党中央相继提出全面建成小康社会，以及开启建设社会主义国家新征程。第二，中国式经济增长。资本、劳动、土地和技术进步等要素对中国式增长的贡献非常独特，其中高储蓄率带来了高投资率和高增长，较高的资本回报带来的大量外国直接投资通过拉动就业和出口、技术溢出等途径进一步推动了中国经济增长；户籍制度限制放宽使得人口持续从农村进入城市，二三产业吸纳农业剩余劳动力，提高了整体劳动生产率，这使得人口红利成为中国经济增长主要动力之一；政府利用独特的土地制度谋发展，土地不仅成为拉动增长的发动机，而且成为促进结构变革的助推器，以低价土地招商引资快速推进工业化，以土地资本化加速城市化，形成了"以地谋发展"模式。随着中国经济进入中等增速的新常态，资本积累、人口红利、"以地谋发展"模式的效力减退。同时，中国利用后发优势在研发投入、专利产出和新产品出现方面保持快速增长，创新驱动成为国家持续发展战略。第三，中国式结构转型。中国通过特殊工业化道路实现了从国家工业化到乡村工业化和园区工业化，再到世界制造工厂的飞跃。同时，中国具有鲜明的二元经济结构特征，不仅城市化具有明显的双轨特征，而且城乡关系也经历了从城乡分割到城乡统筹，再到乡村振兴与城乡融合的转变。农业剩余劳动力流动是推进二元结构转变的重要力量，城乡关系从分割走向融合是消除二元结构的本质要求，农业从传统农业走向农业工业化是推动城乡转型的产业基础。第四，中国式发展格局。计划经济时期，中国形成了以内循环为主的、自给自足的产业和供需体系，市场力量的缺乏导致国民经济循环不畅，经济陷入短缺状态。改革开放以来，中国经济对外依存度不断上升，对外开放弥补了经济规模增大和商品充裕后内需不足的制约。2008年全球金融危机之后，中国经济总量持续扩大，国内需求水平上升，而西方发达国家民粹主义兴起，反全球化甚嚣尘上，中国外贸依存度持续下降，构建"以国内大循环为主体、国内国际双循环相互促进"的新发展格局成为历史必然。第五，以人民为中心的发展。实现以人民为中心的发展是中国共产党和中国政府的根本追求。减贫是以人民为中心发展理念的首要目标和重要政治任务，中国之所以能取得大规模的减贫成就，与经济增长、区域扶贫开发和中国特色社会主义制度存在密不可分的联系；在中国经济发展过程中出现了居民收入快速增长和收入来源结构变化，也出现了收入增长的结构性差异。中国居民收入差距发生改革开放前的平均主义转变为收入差距的高速扩张和高位徘徊，既与经济转型过程中的激励机制改变有关，也源于经济发展和经济转型中利益分配的不均衡，必须在财产收益、财产代际传递、人力资本代际传递等内在机制和公平合理收入再分配等外在干预机制共同作用下才能实现共同富裕；新中国成立 70 多年来，中国民生事业取得飞跃式发展，不同人群、不同维度的生活质量均有显著改善，人民群众的幸福感、获得感显著提升，基础设施、社会保障制度在内的公共服务体系在其中起到了重要作用。

三、中国发展的独特性

第一，中国式经济增长与转型模式。中国的计划经济以重工业优先发展为手段、实现"军工最大化"发展模式，重工业与军工集团一旦形成强大的关联，往往具备足够的能力去影响政府的决策并防止政府资源被过度转移，由此快速实现国家工业化的发展目标。20 世纪 80 年代的经济改革中，中国因双轨制、乡镇企业发展、分权型"财政承包制"带来了中国早期阶段的成功转型。20 世纪 90 年代中期以来，中国发展模式与"东亚模式"有相似之处，即在政府主导下通过高储蓄、高积累、高投资促进了经济高增长。在取得高速增长的同时，中国也出现了收入不平等加剧、社会矛盾增加、债务比例上升、资产泡沫化等影响可持续发展的各种重大挑战与矛盾，未来必须通过全面深化市场导向的改革来缓解这些矛盾，实现中国的伟大转型。第二，中国式经济发展战略。经济发展战略是理解中国启动发展和增长引擎的钥匙。重工业优先发展战略将有限的资源优先投入重工业部门推动工业化，为中国快速经济增长奠定了坚实的基础、使中国形成了门类齐全的工业体系并快速成为一个世界制造业大国，但也造成资源配置扭曲、经济效率损失以及经济增长失衡等负面影响。重工业优先发展战略直接导致了城市倾向政策，城市倾向政策是中国工业化道路的起点和资本积累的重要来源，为加速工业化进程和经济腾飞创造了条件。改革开放以后，出口导向发展战略逐渐取代改革初的进口替代战略成为工业化的发动力量，这一战略与沿海率先发展战略和对外开放战略互动，通过不断的改革开放和融入全球分工体系，通过对外开放促进对内改革，使中国迅速成为一个世界制造业大国。改革开放及东部地区率先发展带来了区域差距的扩大，党和国家陆续提出了西部大开发、中部崛起、东北振兴等区域平衡发展战略，以实现共同富裕的根本目标。第三，中国式制度变迁。独特的制度选择和制度变迁，在中国式现代化和中国发展奇迹的实现中起到了重要作用。中国共产党根据中国半殖民地半封建的社会性质确立了中国新民主主义革命的对象、任务、动力、性质、前途和转变，取得政权后通过农业、手工业合作化、工商业合营建立起社会主义制度，计划经济体制极大增强国家能力的同时也带来了僵化、低效率等问题，20世纪80年代以来中国坚持问题导向、从实践中寻找解决办法、从政策试验中总结政策的渐进式制度变迁，实现了中国独特的政经互动下的权利开放改革进程和体制现代化，奠定了经济快速发展和社会长期稳定的制度基础。需要强调的是，中国政府在经济发展中发挥了重要作用，中国政府的有效治理、强有力的国家能力以及对经济的有效推动是中国经济增长模式的重要特征，中国特色的顶层规划制度、政府层级间的纵向发包、自上而下的人才选拔机制以及中国独具特色的地方政府治理和竞争下政府和市场的互动模式，营造了独具特色的中国发展道路。

四、中国发展经济学的方法与未来

中国发展经济学以习近平新时代中国特色社会主义经济思想为指导，以新中国成立70多年特别是改革开放40多年的中国式现代化道路探索为主线，阐释中国取得经济高速增长、快速结构转型、反贫困、长期稳定四大发展奇迹的历史逻辑、实践逻辑和理论逻辑，系统总结党的十八大以来习近平总书记关于新发展阶段、新发展理念、新发展格局的新时代发展经济学思想，集中国事实、中国案例和中国理论于一体，推动中国经济学主流化。中国发展经济学的方法包括：第一，以大历史观作为分析视角。以中国式现代化为主线，从近代中国发展的创伤到新中国社会主义现代化探索和改革开放创造的经济发展四大奇迹，再到全面建成小康社会后开启建设现代化国家新征程，从历史逻辑、实践逻辑和理论逻辑总结中国经济发展经验，形成中国发展经济学理论体系。第二，融合发展宏观与发展微观，中国发展经济学继承国内发展经济学偏重宏观发展解释中国式增长和中国式结构变迁的宏大叙事，强化制度和政策试验对组织和不同主体的行为影响和绩效特征，尤其关注人的发展目标、发展政策、发展质量和发展绩效，真正体现"发展为了人民"的宗旨。第三，基于中国实践、总结中国经验、提炼中国理论。中国发展经济学将中国经济发展的典型事实、关键概念和范畴、理论分析、实证检验、特色案例有机结合，致力于构建融合生动的中国经济发展实践和最为系统性、学理性的经济学理论架构。

立足新中国成立 70 多年的不平凡历程，中国完全有能力在未来 30 年内实现经济规模的持续增长，建成社会主义现代化强国，更能够实现中国发展理论和中国发展经济学的主流化。一方面，中国发展经济学应当以新时代和迈向社会主义现代化国家新征程为主轴，阐述新发展阶段、新发展理念、新发展格局的科学内涵，以问题为导向瞻望中国迈向全面建设社会主义现代化国家新征程的任务、战略与路径。现代化国家的关键是通过政治、经济与社会的良性互动和平衡，实现一个社会从以身份规则为主的权利限制性秩序向所有人一视同仁的权利开放秩序的转型，全面深化改革，构建高水平中国特色社会主义市场经济体制，健全市场体系基础制度，坚持平等准入、公正监管、开放有序、诚信守法，形成高效规范、公平竞争的市场环境，实现国家治理体系和治理能力的现代化。另一方面，伴随着中国四大发展奇迹以及未来将要取得的更为瞩目的经济发展成就，以中国经验、中国故事为蓝本所形成的理论和经验研究成果必将在发展经济学的主流理论中扮演愈加重要的角色，最终引领发展经济学的学科发展。中国发展经济学致力于立足中国发展理论的主流化，以中国经验形成理论，以现代方法形成规范分析，推进中国发展理论主流化，为世界各国发展贡献中国智慧和中国方案，主要发展方向包括：一是构建宏观经济绩效的微观基础，从更多地关注宏观问题转为更多地关注个人、家庭层面的教育、健康、养老等微观问题。二是从长期视角关注发达经济体和后发国家的历史演变以及经济发展过程中的规律、经验和教训。三是构建从趋同走向相异的发展理论，中国式现代化的成功经验证明，不是只有一条发展道路才能实现现代化，未来发展经济学将探索如何从不同发展中国家的国情出发走出差异化的现代化之路，提高各国人民福祉。

关于推进中国特色发展经济学
理论创新的思考[*]

中央财经大学　陈斌开

中华人民共和国成立 70 多年来，特别是改革开放以来，中国经济发展取得了举世瞩目的成就。改革开放之初的 1981 年，中国人均 GDP 仅为 447 美元，而撒哈拉以南非洲国家人均 GDP 为 1455 美元，中国人均 GDP 仅约为撒哈拉以南非洲国家人均 GDP 的 1/3。40 多年后的今天，2020 年中国人均 GDP 为 10370 美元，是撒哈拉以南非洲国家人均 GDP（1582 美元）的近 7 倍。1981 年，中国贫困人口为 8.78 亿，是非洲的 4.3 倍。2020 年，中国全面建成小康社会，消除了绝对贫困，而非洲的贫困人口数在这一时期却从 2.05 亿上升到了 2018 年的 4.4 亿[①]。中国反贫困的成功实践为世界反贫困斗争做出了巨大贡献，基于世界银行 1.9 美元/天的贫困标准，1981~2018 年中国贫困人口下降占全球贫困人口下降的 70%；以 3.2 美元/天为贫困标准，中国贫困人口下降占全球贫困人口下降的 90%。

现有西方发展经济学理论难以解释中国经济发展的奇迹，对世界上其他发展中国家的指导意义也很有限。发展经济学的第一波思潮兴起于 20 世纪 50 年代，这一时期的发展经济学被称为"结构主义"学派，其核心主张是以政府干预克服市场失灵，通过大规模政府投资优先发展工业部门（特别是重工业部门）和城市部门，加快欠发达国家结构转型和经济增长。很多欠发达国家都受到"结构主义"思潮影响，采用了重工业优先发展战略，然而，这些国家的经济发展绩效乏善可陈。与此相反，未实施重工业优先发展战略的东亚经济体却取得了奇迹般的快速增长。"结构主义"在

＊　原载《管理世界》2022 年第 6 期。

实践中的失败让发展经济学研究陷入低潮。

20世纪70年代以来，"新自由主义"思潮在西方学术界逐步占据主流，发展经济学开始转向新自由主义。以"华盛顿共识"为代表的新自由主义者认为，"结构主义"政策在发展中国家失败是因为政府对市场过度干预，造成资源错配、价格扭曲和腐败丛生；因此，发展中国家需要通过市场化改革来推动其经济发展。20世纪80年代，很多发展中国家按照"华盛顿共识"进行改革和转型，然而，其发展绩效往往比20世纪五六十年代更差，甚至陷入循环往复的经济和金融危机。

无论是结构主义还是新自由主义思潮，都倡导以宏观改革（如进口替代、休克疗法）推动经济发展和转型，两种思潮在实践层面的失败导致20世纪90年代后发展经济学逐步从宏观向微观转变。微观发展经济学侧重于对具体问题（如教育、健康、收入等）的研究，避免了宏观分析缺乏微观基础的缺陷。近年来，随着政策评估、随机实验等研究方法的快速发展，发展经济学研究越来越微观化。然而，基于随机实验方法的研究鲜有理论创新，缺乏全局视野。其研究结论可能在微观实验时有效，一旦推广到宏观整体，效果就大打折扣，对发展中国家的指导意义有限。

过去几十年发展中国家的经济发展实践表明，无论是结构主义、新自由主义，还是当前西方主流发展经济学，对发展中国家帮助都非常有限。改革开放以来，中国经济发展既没有简单采用结构主义和新自由主义的政策主张，也没有依赖随机实验方法及其结论。但是，恰恰是中国取得了举世瞩目的经济发展奇迹，这无法在西方发展经济学理论里得到解释。理论的目的是认识世界、改造世界。中国特色发展经济学理论首先要能够解释中国经济发展的伟大实践，以及众多发展中国家成败得失的原因；并在此基础上，能够指导中国和其他发展中国家的实践，为发展中国家经济发展贡献中国智慧和中国方案。

中国学者在发展经济学理论创新中始终扮演重要角色。20世纪40年代，老一辈经济学家对中国以及其他发展中国家的工业化道路进行了诸多探索，其中，张培刚先生的《农业与工业化》是一部国际公认的发展经济学奠基之作。他指出，农业国要想实现经济起飞和经济发展，就必须全面（包括城市和农村）实行"工业化"，农业和工业相互依存，需要协调发展。这些理论洞见至今依然具有非常重要的指导意义。20 世纪 80 年代末期，在发展经济学衰落之时，张培刚先生倡导建立新型发展经济学，认为发展经济学要扩大研究范围、改进研究方法。

经过几十年的发展，中国特色的发展经济学理论取得了长足进步，其中，林毅夫倡导的新结构经济学是重要的代表之一。新结构经济学强调，产业升级是欠发达国家实现持续经济增长的主要动力，推动产业升级需要遵循比较优势，发挥市场在资源配置中的决定性作用；同时，产业升级过程中存在市场失灵，需要充分发挥政府"因势利导"的作用。新结构经济学以中国经济发展实践为蓝本，基于发展中国家和转型国家成败经验，为推进中国特色发展经济学的理论创新做出了贡献。但是，其理论体系尚不完善，中国特色的发展经济学理论体系构建依然任重道远。

面向未来，我们应该如何推进中国特色发展经济学的理论创新？习近平总书记在哲学社会科学工作座谈会上指出，"要按照立足中国、借鉴国外，挖掘历史、把握当代，关怀人类、面向未来的思路，着力构建中国特色哲学社会科学，在指导思想、学科体系、学术体系、话语体系等方面充分体现中国特色、中国风格、中国气派"，为构建中国特色发展经济学理论体系指明了方向。具体而言，我们至少可以从以下四个方面努力：

第一，扎根中国大地，深入了解实际。构建中国特色的发展经济学理论体系首先要对中国经济发展实践有深入的理解。对于研究者而言，了解实际主要基于两种方式：实地调研和统计数据。两种方式各有优劣，统计数据一般样本量大、覆盖面广，更容易进行量化研究；实地调研则更加深入、全面、立体，定性分析可以更为深入。近年来，随着定量研究方法的普及和数据资源的不断丰富，基于数据的定量分析越来越普遍。但是，很多重大经济现象不一定可以用数据来刻画，即使能刻画也不一定能准确反映真实世界的实际情况，数据分析不能替代实地调研。要真正做到扎根中国大地，需要更加重视调查研究，将数据分析和实地调研有机结合，提高研究的深度、厚度和温度。

第二，创新理论思维，拓展学术思想。中国经济发展实践取得了巨大成功，为发展经济学理论创新提供了沃土，构建中国特色的发展经济学理论体系具有得天独厚的优势。要将实践上的成功转化为理论上的创新，需要强大的理论思维能力，不仅要了解中国经济实践，更要在实践基础上提炼出具有普遍意义的理论。目前，尽管西方发展经济学理论在实践中屡屡失败，但学术话语权依然掌握在西方经济学家手中。近年来，中国学者开始探索构建基于中国实践的发展经济学理论，但其国际学术影响力依然有限。我们还需要进一步创新理论思维，拓展学术思想，不断丰富中国特色的发展经济学理论体系。

第三，立足宏观全局，注重微观基础。近年来，随着研究方法的不断进步和微观数据的不断丰富，微观发展经济学大行其道，宏观发展经济学则日渐式微。微观发展经济学的优势在于对具体问题的研究更为深入、细致，但往往只能针对某个局部、孤立的现象开展研究。发展经济学的研究既要注重微观基础，也要立足宏观全局，因此有必要大力推动中国特色宏观发展经济学研究。中国经济发展在多个方面独具特色，如从计划经济向社会主义市场经济转型、产业结构持续升级等。中国经济转型、产业升级对很多发展中国家都有重要的参考意义，构建基于中国实践的宏观发展经济学有助于中国特色的学科体系、学术体系和话语体系建设。

第四，坚持全球视野，勇立时代前沿。构建中国特色的发展经济学理论必须坚持全球视野。其一，中国是世界上第二大经济体，与世界各国经济紧密相连，理解中国经济必须要有全球视野。其二，理论创新需要充分吸纳人类文明的共同成果，必须在开放中推动理论发展。中国特色发展经济学理论还需要体现时代特征。一方面，中国经济已经进入新发展阶段，现有发展经济学理论集中于研究低收入国家如何推动工业化，对于中等收入国家如何实现高质量发展则较少涉及，这是未来理论研究的重要突破口之一。另一方面，第四次科技革命正在深刻地改变世界，数字经济时代的诸多现象难以用传统经济学理论解释，为理论创新提供了难得的机会。中国特色的发展经济学理论需要勇立时代前沿，深入研究新时代经济发展的重要特征，不断推动理论创新。

注释

①数据来源于世界银行、联合国统计司，人均 GDP 为 2010 年不变价美元。

中国经济结构转型理论创新方向[*]

中山大学　郭凯明

　　新中国成立以来，中国经济发展经历了持续深化的趋势性转型，塑造出鲜明独特的结构性特征。无论从长期视角研究中国经济发展和经济增长，还是从短期视角研究中国经济周期和经济波动，都需要重视经济结构全面而深刻的影响。如何从中国经济发展道路实践出发，推动中国经济结构转型理论创新性发展，再指导新时代中国经济高质量发展实践，是构建中国特色经济学体系的重大问题之一。

　　从中国经济发展历史和结构特征出发，坚持问题导向、系统观念、原创视角，全面揭示供需结构、要素结构、技术结构的内在联系和发展规律，使中国道路实践创新成为中国经济理论创新之源。中国正在进行着宏大而独特的实践创新，为中国经济结构转型理论创新提供了强大动力和广阔空间，应从中国经济结构转型的实践中挖掘新材料、发现新问题、提出新观点，由此构建中国经济结构转型理论的系统框架。

　　第一，供给结构方面。中国经济供给结构转型不但包括了城乡二元经济结构转型、三大产业结构变迁，而且也体现为公有制经济和非公有制经济、重工业和轻工业、传统制造业和高技术制造业、消费性服务业和生产性服务业、资本密集型行业和劳动密集型行业、最终品生产部门和中间品生产部门等不同类型生产部门相对比重的趋势性变化。经典经济理论聚焦于技术进步推动产品替代互补关系变化的理论机制，难以全面解释这些转型过程。不同形式的供给结构转型既有一般性又有特殊性，与产业融合、

---

　　* 原载《管理世界》2022 年第 6 期。

生产网络、区域结构、所有制属性、改革路径等中国经济特征密切相关。系统总结这些经济特征的基本事实、演化动因与发展趋势，进而建立其与不同部门生产特征的逻辑关系，是从供给结构视角创新中国经济结构转型理论的重要路径。

第二，需求结构方面。中国经济需求结构不但经历了消费、投资和出口三大需求比重的显著波动，而且三大需求内部的支出结构和生产来源构成也呈现趋势性变化。经典经济理论提出了消费偏好和国际贸易拉动产品相对需求变化的理论机制，但并未全面总结需求结构转型的系统影响。一方面，中国投资率长期处在较高水平且波动明显，投资结构也经历了转型变化；另一方面，中国出口在产出中所占比重与进口在生产和消费中所占比重均波动较大，出口品和进口品的结构也与其他产品有明显差别。因此，从需求结构视角创新中国经济结构转型理论，不仅应关注消费需求及其结构，而且需要突破现有理论框架，全面深入研究投资和国际收支的规模变化和内部结构转型的影响。

第三，要素结构方面。经典经济理论提出资本深化推动资本与劳动替代互补关系变化的理论机制。虽然中国经济要素结构转型也经历了资本深化过程，但表现更加多维度和多元化。一是资本要素呈现高度分化的异质性，具有更强外部性的基础设施和公共资本在快速形成，不同生产部门之间或区域之间的资本禀赋结构差距较大，金融市场配置资本的体制机制仍在调整优化，因此资本深化的影响机制更为丰富。二是中国人口转变带来了人口和劳动力的规模、结构和质量快速变化，这既在供给侧改变了劳动之间、劳动与其他要素之间的替代互补关系，影响了劳动在不同生产部门之间的再配置速度，又在需求侧拉动了需求结构转型，进而通过影响家庭的生育、教育和劳动供给选择，反作用于人口转变趋势。三是中国土地要素供给和配置的体制机制复杂多样，土地财政和土地金融模式在其中影响深远，土地与其他要素之间的替代互补关系也和不同类型生产方式密切相关。从中国不同生产部门要素密集程度和要素替代弹性存在明显差异且持续变化的实际出发，研究上述要素结构转型与经济结构转型之间的互动关系，将有力推动中国经济结构转型理论发展。

第四，技术结构方面。一方面，经典经济理论虽然深入研究了技术创新和应用的内生机制，但是较少关注不同生产部门技术创新特征的异质性，尤其是没有充分考察中国从吸收引进到自主创新的技术进步模式转换过程的差异化影响。另一方面，新一代技术革命在全球孕育形成并加速演进，与常规技术进步不同的是，数字技术和低碳绿色技术具有典型的通用技术特点，全面推动了中国生产方式、生活方式和治理方式转变。技术革命不但对供给侧生产方式和技术特征产生影响，而且还直接改变了需求侧消费和投资的模式和结构。技术革命也同时催生了海量的数据要素，变革了资本和劳动等传统要素属性，对各类要素的结构特征和相互关系产生了颠覆性影响。这些技术结构的中国特征和发展趋势与中国经济结构转型密切相关，是理论创新的重要切入点。

以效率和公平、发展和安全、政府和市场的辩证统一关系为研究出发点和落脚点，推动中国经济结构转型理论范式创新，指导新时代中国经济高质量发展实践，实现理论高度与实践深度有机结合。随着中国特色社会主义进入新时代，中国从新的实践和时代特征出发，为效率和公平、发展和安全、政府和市场的关系确定了新的科学定位，应准确把握这三组关系的基础影响和发展趋势，并由此开拓中国经济结构转型理论新的研究范式。

第一，效率和公平的关系。共同富裕是中国特色社会主义的本质要求。为适应社会主要矛盾的变化，践行以人民为中心的发展思想，正确处理效率和公平的关系，中国逐步把实现全体人民共同富裕摆在了更加重要的位置上，在高质量发展中促进共同富裕。创新中国经济结构转型理论，不仅应当继续发展关于生产效率与经济结构转型关系的现有理论，而且更应注重研究分配公平与经济结构转型的关系。一方面，经济结构转型直接改变了对不同产品和不同要素的相对需求，推动收入分配格局演化；另一方面，区域、城乡和不同群体之间的收入分配格局和再分配政策既直接影响了需求结构，也间接改变了要素结构。在此基础上，以与经济结构转型的相互联系为理论视角，研究效率和公平的关系在经济结构转型过程中的动态演进，将显著提升中国经济结构转型理论高度。

第二，发展和安全的关系。从发展所处的历史方位和所面临的形势任务出发，中国已经把统筹发展和安全纳入经济社会发展的指导思想。如何贯彻新发展理念和安全发展理念，推动新发展格局和新安全格局、高质量发展和高水平安全的协调互促，这一重大问题极大突破了现有理论研究范畴，又与中国经济结构转型高度相关。从初级产品供需结构和产业关联等视角研究初级产品供应保障问题，从投入产出网络、生产技术特征和对外依存度等视角研究产业链供应链安全问题，从创新和技术的结构特征和演化规律等视角研究科技自立自强问题，从金融市场与供需结构、要素结构、技术结构的联动关系视角研究金融稳定发展问题，从区域生产分工、要素流动、制度规则的结构性和异质性等视角研究全国统一大市场构建问题，都是从发展和安全的关系视角创新中国经济结构转型理论的重要突破方向。

第三，政府和市场的关系。平衡效率和公平，统筹发展和安全，都离不开有效市场和有为政府的更好结合。中国经济体制改革的核心问题是处理好政府和市场的关系，使市场在资源配置中起决定性作用和更好发挥政府作用，是新时代中国对市场和政府作用做出的新定位。新中国成立以来，政府和市场的关系演进不仅表现在财政、货币、产业等政策调整方面，而且更根本的是体现在体制和机制的改革过程、国家治理体系和治理能力的现代化进程中。这对要素的形成、配置和分配，对产品的生产、流通和消费都产生了全面深刻的影响，是推动中国经济结构转型的深层次力量，决定了效率和公平、发展和安全的动态平衡。研究中国特色社会主义制度对经济结构转型的全方位影响，从效率和公平、发展和安全的关系视角讲好中国故事，提出体现中国智慧和中国价值的理念和方案，将把中国经济结构转型理论创新全面推向深入，形成新思想、新范式、新体系，推动新时代中国经济高质量发展实践创新。

从宏大叙事到域观探索[*]

——经济学范式和体系的演进

中国社会科学院　　郑州大学　　金碚

经济学是人类发展进入工业化和现代化时代的学术创造。反观经济学演进之路：先验为鉴，实践为根。从殿堂到大地：纵然宏大叙事，终归脚踏实地——中国经济学深刻写在中国大地上。

一、从"史观"范式中脱胎形成"微观—宏观"范式

经济学诞生成为独立学科仅有 100 多年的历史。直到 19 世纪末，对经济现象的研究还归之于哲学、法学、伦理学的领域，一般称为"政治经济（学）"[①]，但实际上，史观范式承诺是其学术基础。亚当·斯密是伦理学教授，马克思是哲学家，当时没有可以称为"经济学家"的学者。由于基于史观范式，经济研究主要运用归纳逻辑方法，即从复杂具象中逐步抽象出有"规律"性的叙事逻辑。

政治经济（学）研究不断尝试从历史现象中归纳抽象出发展规律和哲学性理解，致力于形成"宏大叙事"。最伟大的成果，就是马克思将人类社会发展阶段刻画为从原始社会、奴隶社会、封建社会、资本主义社会，并将走向共产主义社会（社会主义社会是其初级阶段）的宏大叙事。

马克思是哲学家，借鉴德国黑格尔哲学的逻辑体系，将资本主义社会的历史、社会现象和发展过程用"好像是一个先验的结构"[②]的学术叙事

---

* 原载《管理世界》2022 年第 6 期。

方式表达出来，这就是《资本论》的研究和体系。马克思既批判继承了古典政治经济学的史观范式，又借鉴了黑格尔哲学的演绎逻辑方法，启发了政治经济学向经济学的范式转变。

从 1790 年（亚当·斯密逝世）到 1890 年马歇尔的《经济学原理》出版，即 19 世纪末经济研究的学术体系演化形成了以演绎逻辑为主线的范式。即从政治经济学的史观范式体系中抽象掉历史经验因素，以抽象的"人性"假定为起点，以"自利"和"交换"两个行为假设为支点，由价格信号进行行为调节，以不含历史文化因素的"空盒子"般空间（即先验条件）为场域，在高度形式化和精致化的演绎逻辑体系中，建构起理想的供求关系"均衡"状态，这就是"微观经济学"。从此经济学有了自己独特的范式承诺体系，不再受史观范式支配，因而被称为"新古典"经济学。后来，为了应对就业不充分的不均衡问题，基于所谓"凯恩斯革命"而建立了"宏观经济学"。这就形成了现代经济学的"微观—宏观"范式承诺体系，称为"新古典综合"经济学。

20 世纪 70 年代末，中国实行改革开放，从计划经济逐步转变为市场经济，需要有经济学的范式承诺作为市场经济的理解框架。没有其他选择，只能接受现成的"微观—宏观"范式，借此形成了观察和理解中国市场经济的经济学范式和分析构架。

二、多样性世界的经济学"域观"范式探索

如前所述，中国接受经济学"微观—宏观"范式，实际上是对原发于西方文明的现代经济学范式承诺的"借鉴"。由于"微观—宏观"范式的逻辑起点是先验的人性，以演绎逻辑的抽象推演进行体系建构，所以形成了一个可以精致化的以"经济理性"为唯一分析维度的"单行线体系"，据此可以求"最优""最大"等极值性目标函数，世界似乎很美妙。

马克思的政治经济学虽然也是原发于西方文明，但坚持史观范式而本质上未先验化。尽管形成了关于人类发展阶段五大社会形态的宏大叙事体系，但由于史观范式主要基于归纳逻辑，所以，马克思的宏大叙事，并非"单行线"体系，而是承认"多行线"的各国历史。例如，除了欧洲历

史，马克思特别研究了有别于西方的"亚细亚社会"模式。

人类社会发展进入经济高增长的工业化时代，"微观—宏观"范式具有较强的解释力，即个人主义的行为目标抽象为"经济人"假设，与微观经济学的范式承诺相贴近；市场价格信号体系的高度符号化，使货币系统可以为政府调控（宏观政策）提供总量分析（总供求关系）手段，从而形成"宏观经济学"的范式承诺体系。这样的"微观—宏观"范式，成了经济学的主流体系。而且，由于从西方启蒙时期直到21世纪的最初年代，西方道路是唯一成功实现经济和社会现代化的模式，所以，人类经济社会现代化的图景，似乎与经济学"微观—宏观"的"单行线"范式对经济进步的线性叙事也十分吻合，以至许多人认为，要现代化就必须"全盘西化"，没有例外。

但是，到21世纪20年代，人类社会发展呈现出前所未有的新现象，即中国走与西方不同的道路，也取得了工业化和现代化的巨大成就。这就表明了，人类社会发展的现代化道路并非"单行线"，而是多样化的"多行线"。也就是说，现代经济并非只能是"微观—宏观"范式所设想的叙事世界，也可以是"域观"范式的叙事世界。

可见，经济学范式曾经从"史观"演变为"微观""宏观"，将必然变革为"域观"范式。域观范式不是对"微观—宏观"范式的完全否定，更不是贬斥，而是"史观"因素在"微观—宏观"体系中的回归。也可以说，域观范式的形成是经济学范式变革的"否定之否定"过程：从基于史观范式的宏大叙事，经由"微观—宏观"范式的线性叙事图景，转向域观范式的域态叙事图景。这样，在经济学的世界图景中，各国、各文明体，都将以适合自身特点的模式实现现代化。

三、中国特色社会主义经济学的学术张力

中国经济学界，从接受史观范式的"政治经济学"体系，到借鉴"微观—宏观"范式的"微观经济学"和"宏观经济学"，再到建立中国特色社会主义经济学，不是任意选择，而是必然趋势。在以往的"政治经济学"体系的宏大叙事中，中国曾强行走计划经济的道路，就如同是试图将

中国经济的"脚"塞进计划经济的"鞋",尽管也有些国家成就,但是削足适履,严重损伤了民生的"脚",险些被"开除球籍"。改革开放以来,中国经济借鉴"微观—宏观"体系的线性叙事,获益匪浅,但毕竟与现实相距甚远,就像是中国经济的"脚"勉强穿上自由主义市场经济的"鞋"。在"鞋"很不合脚时,不得不脱掉"鞋",但总不能长期无鞋行路,这不仅伤脚,而且没有正道。因此,建立中国特色社会主义经济学成为中国经济学界的重要学术使命。

从学术建构的角度看,中国特色社会主义经济学的逻辑底基不可能是先验性的假定,而必然是富含历史和经验因素的中国现实。以"中国现实"为实践基础进行学术建构,当然既含有理性因素也含有文化和制度因素。而且,理性因素包括经济理性和本真理性(或价值理性),就像是经济学逻辑框架的脊骨;文化(文明)和制度因素,包括历史和现状的经验事实,就像是经济学逻辑体系的血躯。这样构建起的中国特色社会主义经济学,是高度域观化的学术体系,所反映和适应的是中国经济,所解释的也是中国经济。

从学科体系的角度看,中国特色社会主义经济学的学科门类并不是"国别经济",而是"理论经济",并可以作为应用经济学的指导。实际上,所谓应用经济学也具有很强的理论性,只是由于学科分类的需要,才将更倾向于科学"发现"和"解释"的内容,归之于理论经济学门类;而将更倾向于"对策"和"预测"的内容,归之于应用经济学门类。因此,中国特色社会主义经济学,可以有极大的学术张力:从中国经济研究可以透视世界经济,从中国特色研究可以比较各国模式。中国特色社会主义经济学,基于中国经济的丰富实践,可以形成对世界有重大贡献的学术创建。中国特色社会主义市场经济学的学术张力,与西方自由主义市场经济学的学术张力,都可以推动经济科学繁荣发展。经济学大家庭是百家争鸣、百花齐放的学术世界,中国特色社会主义经济学,可以成为其中最具丰富实践基础和创造性想象力的理论体系之一,呈现极大张力。

从宏大叙事到域观探索,并不是经济科学的碎片化,即导致经济学失去共同的逻辑和话语,因而只能"各吹各的号,各拉各的调"。相反,从学术发展的走势看,经济学既有"特色"(特质)取向,也有"综合"

（共性）取向。多样性世界经济中，绝不是经济行为的孤立化，而是各经济体趋向市场一体化。世界经济的非同质化，也不会导致脱序化。相反，有序化是市场经济发展的主导方向："交换""交易""分工""竞争""互利""合作""协调""均衡"等经济学话术，都反映了经济关系的互通相依秩序。从自由主义的竞争（微观原子式竞争），到互利共赢的竞争（域观共存式竞争），是经济大趋势，也是文明、理智、包容的社会大趋势。与此相应，从宏大叙事到域观探索，将是经济学范式和学科发展"求同存异"的演进大趋势，也是学术理解中人类命运共同体的和谐新世界。

注释

①political economy 翻译为"政治经济学"，实质上不是严格意义的经济学 economics，而是属于历史学范式承诺下的国家政治经济的叙事体系。

②马克思：《资本论（第一卷）》，中共中央马克思恩格斯列宁斯大林著作编译局译，人民出版社，1975 年，第 24 页。

域观范式下经济学中国体系构建*

中央民族大学　李曦辉

习近平总书记2016年5月17日在哲学社会科学工作座谈会上指出："人类社会每一次重大跃进，人类文明每一次重大发展，都离不开哲学社会科学的知识变革和思想先导。"目前我国"哲学社会科学发展战略还不十分明确，学科体系、学术体系、话语体系建设水平总体不高，学术原创能力还不强"。面向未来，要"着力构建中国特色哲学社会科学，在指导思想、学科体系、学术体系、话语体系等方面充分体现中国特色、中国风格、中国气派"。下面结合中国学者创立的域观经济学范式，谈谈经济学中国体系构建问题。

一、西方经济学现行范式的缺陷

第一，不能准确描述经济社会发展现实。现代西方经济学起源于微观经济学，其鼻祖是亚当·斯密，他认为分工是效率的源泉，经济人假设是微观经济学的基本准则。为了突破经济人假设的瓶颈，他在《道德情操论》中，对自利动机的利他效果进行了详尽的描述，提出了"看不见的手"论断，为经济人假设大行其道扫清了理论障碍。他认为：对于地主而言，"尽管他们生性自私贪婪，尽管他们只在意他们自身的便利，尽管从他们所雇用的数千人的劳动中，他们所图谋的唯一目的，只在于满足他们本身那些无聊与贪求无厌的欲望，但他们终究还是和穷人一起分享他们的

＊　原载《管理世界》2022年第6期。

经营改良所获得的一切成果。他们被一只'看不见的手'引导而做出那种生活必需品的分配，和这世间的土地平均分配给所有居民时会有的那种生活必需品分配，几乎没有什么两样"（亚当·斯密，2017）。然而，"看不见的手"这种判断仍然是一种假设，它并不是通过理论推演获得的，而仅仅是一种猜想，后来的事实也证明，经济人假设并不是放之四海而皆准的真理，市场经济中的市场失灵，就是经济人假设存在的"漏洞"。

第二，经济运行缺乏公平性。钱德勒（2006）在《规模与范围》中提出：规模经济为当生产或经销单一产品的单一经营单位所增加的规模减少了生产或经销的单位成本时而导致的经济；范围经济为（联合生产或经销经济）利用单一经营单位内的生产或销售过程来生产或销售多于一种产品而产生的经济。马克思和恩格斯（2006）在分析资本主义经济发展时也认为："只有在交往具有世界性质，并以大工业为基础的时候，只有在一切民族都卷入竞争的时候，保存住已创造出来的生产力才有了保障。"然而，为了实现生产要素配置的规模与范围效益，西方世界一直采取强权而非和平的方法，这就从始至终引发了不公平。在西方主导全球化的早期，他们打开世界市场采用的是宗教方式扩大市场覆盖的人群；后来采取殖民的手段，强力扩大市场的规模与范围；再后来是输出价值观，通过精神灌输，希望过去的殖民地放弃抵抗，在精神领域与宗主国趋同，从而实现扩大市场规模与范围的目的。在发展经济学中，这种西方价值观体现得淋漓尽致。发展经济学理论认为：西方是核心，非西方是边缘；西方是中心，非西方是外围；西方的今天，就是非西方的明天。这样一种源于西方经济学理论的价值观，是一种不公平的价值观，在很大程度上也是当今世界不稳定、经济全球化逆转的重要根源。

第三，市场机制一元化资源配置理论不能完全自圆其说。亚当·斯密（2011）在《国富论》开篇就说道，"劳动生产力上最大的增进，以及运用劳动时所表现的更大的熟练、技巧和判断力，似乎都是分工的结果。""凡能采用分工制的工艺，一经采用分工制，便相应地增进劳动的生产力。"此外，他认为分工可以实现专业化，还可以促进竞争。哈耶克（1997）也认为："在安排我们的事务时，应该尽可能多地运用自发的社会力量，而尽可能少地借助于强制，这个基本原则能够作千变万化的应用。深思熟虑地创造一种使竞争能尽可能有益进行的体制，和被动地接受既定的制度，二者之间的差别甚为悬殊。"他认为竞争是资本主义市场经济发展的动力和源泉。罗纳德·科斯则有不同的理解，他认为："在经济学家的眼中，经济体系由价格机制协调，社会不是一种组织而是一种有机体，经济体系是'自行运转'的。""在企业内，经济学家们所描述过的这种经济体系根本就不存在。""企业的本质特征是对价格机制的取代"（普特曼和克罗茨纳，2000）。在微观经济学细胞——企业内，不承认价格机制的存在，就从根本上否定了市场一元主导论，说明以经济人假设为出发点的市场经济并不完全适用于企业内部，其在某些领域是存在瑕疵的。

二、域观经济学的核心要义及经济学中国体系的构建

正是基于对西方经济学经济人假设一元主导的质疑，中国社会科学院学部委员金碚（2020）提出了域观经济学理论，他认为：我们应该在承认经济理性的基础上，关注价值文化与制度形态，希望用三个维度替代单一的经济理性维度来解释经济发展，使经济学理论更贴近我们面对的现实。

第一，经济发展的三维度解释更加贴近客观现实。经济学理论的发展与进步，也要契合各民族的文化传统，可以说经济学理论也是民族文化传统的反映。西方文明从古希腊开始，经由古罗马和基督教导入，然后发展出了现代西方文化的雏形，并一步步发展到今天。从西方文化发展的脉络来看，它的发展是不连续的，公元前的古希腊注重民主与科学；然后被其他民族入侵并灭亡，外来民族注入了另一种文化，但古希腊文化仍然部分地保留下来，共同形成了关注军事与法律的古罗马文化；由于两种文化发展的非连续性特征，在一个人的头脑中难以有机融合，于是引入了基督教文化，试图通过超越人世间的力量，统一西方人的精神世界，也就使得西方文化具有了超现实的特征。引申到经济学理论构建也是一脉相承，人类社会本来就是面对着纷繁复杂的环境，按照胡适的说法，人类文化包括三个方面，即物质文化、精神文化、制度文化，也就是吻合了域观经济学中经济理性、价值文化、制度形态三个维度；但西方文化传统中无法整合现

实社会中的民族文化和不同的制度形态，于是，西方文化传统孕育出的经济学理论，就抽象掉了文化与制度，仅仅关注物质层面，也就是归因到了经济人假设。域观经济学理论体系的提出，只不过是还原了人类社会的现实情形而已。

第二，孕育于中华优秀传统文化的中华民族经济观更加注重公平。中华文化注重相互依存的原则，认为任何事物都是互为前提的，就像太极阴阳鱼，首尾相随共处在一个椭圆之中，两者之间可以互为中心、互为边缘、互为起源，不存在谁为主、谁为辅的问题。就像外交学院前院长秦亚青（2012）所说的那样："从中国辩证法的元关系角度思考，没有一方，相对立的另一方也不能存在，因为一方为另一方的生存、存在和转化提供条件。正如太极图所表述的那样，两者在互容性关系中共生共存，形成一个有机整体。"中国文化以善为核心，以善为引领走入人的内心，不同民族均能用以善为中心的中华文化统领国人的精神世界，最终建立公平祥和的美好社会。这其中最为重要的就是中国人公平的经济观，最为深入人心。因为不处于统治地位，中华文化要想为人信仰，就得靠它能够走入人的内心，就得依托它让人觉得公平，让人们在精神上对它孜孜以求。这样公平的经济观，也起到了指导国家间关系的作用。域观经济学注重价值文化，为中华优秀传统文化注入中华民族经济观，奠定了坚实的理论基础。

第三，资源配置机制实现了多元化。迄今为止，人类只发现了两种资源配置方式，一是市场机制，二是计划机制。所谓资源配置方式，应该看生产要素是由谁发出的资源配置信号，如果是由生产要素的所有者发出的资源配置信号，强调依靠"看不见的手"进行事后的资源配置与调节，它就是市场机制；如果资源配置信号不是由生产要素的所有者发出的，而是由诸如政府这样经由政治过程产生主体发出的配置信号，强调依靠"看得见的手"进行事前调节，那么这种配置机制就是计划机制。罗纳德·科斯对于市场配置资源机制方面与亚当·斯密和哈耶克之间不同的理解，就已经拉开了资源配置机制方面差异化认知的序幕，也为我们研究两种资源配置方式提供了现实的逻辑起点。西方学术界是不承认计划这种资源配置方式有效性的，科斯1937年发表了具有创见性的论文《企业的性质》，提出了计划机制在企业内部配置资源有效性的论断，这为西方主流学界所不能接受，并在数十年间被排挤至边缘地带，只是到了市场机制严重失灵的 20 世纪七八十年代，才被人们重新想起，并被授予了诺贝尔经济学奖。其实，一个社会采取何种资源配置方式，以及两种资源配置方式如何组合的问题，是受社会制度因素制约的。以国有企业为例，可以较好验证我们的论断。西方国有企业的存在是校正市场失灵的需求，社会主义国家国有企业除了校正市场失灵之外，还有社会主义制度本身的要求。社会主义市场经济，就是以公有制为主体，通行市场经济规则的经济，它除了按市场经济规律运行之外，还要按社会主义规律运行。所以，国有企业还兼具公有制的实现形式、按劳分配的分配方式以及担负国家使命的载体等功能。实践证明，我们由政府代表全体公民采用计划机制为国民经济做出引领，再交由市场主体——企业按照市场经济法则进行运作的资源配置方式是成功的，很好地实现了两种资源配置方式的组合，开创了社会主义建设的新局面。这样的资源配置方式，在以前的经济学理论中是没有依据的，注重制度形态的域观经济学诞生，才为这种资源配置方式的组合提供了理论依据。

第四，从空无世界到纷繁现实，呼应人类文明新形态。经济学属于社会科学，它的任何理论创新都是来自自然科学的启示，现代西方经济学也不例外，它来源于牛顿力学的隐喻。牛顿力学认为现实世界是理想的、无摩擦的世界，微小的物质可以在其中自由运动，并发现了万有引力定律，以此描绘理想中的世界。亚当·斯密微观经济学理论恰好产生于牛顿物理理论诞生的数十年之后，我们完全有理由相信，这一经济学理论是受到了牛顿力学理论的启示，所以才有了微观经济学关于市场原子状、无摩擦的假设。然而，这种假设并不能完美地反映现实世界，因为它舍弃掉了价值文化和制度形态，让我们失去了观察世界的两个维度。域观经济学理论的提出，不仅让我们重新获得了两个重要的观察世界的视角，还呼应了习近平主席提出的人类文明新形态。2021 年 1 月 25 日，习近平主席在世界经济论坛"达沃斯议程"对话会上发表特别致辞指出："世界上没有两片完全相同的树叶，也没有完全相同的历史文化和社会制度。"突出强调了文化和制度的作用。中国共产党第十九届中央委员会第六次全体会议上通过的《中共中央关于党的百年奋斗重大成就和历史经验的决议》也指出：

"党的百年奋斗深刻影响了世界历史进程","党领导人民成功走出中国式现代化道路,创造了人类文明新形态,拓展了发展中国家走向现代化的途径"。特别强调了不同文化、制度对于人类发展多样性的贡献,为人类发展提供了一条不完全相同但殊途同归的道路。可以说,域观经济学理论基于对中国特色社会主义道路的探索与理论提炼,提出了可以有效诠释人类文明新形态的理论,是对人类社会多样性发展道路论断的有力呼应。

第五,从生产要素流动到思想流动。由于西方经济学只承认经济人假设,认为只有经济理性可以成为经济发展的动力,至于价值文化和制度形态则不在其研究视野之中,因此,重要的只是人们的物质利益。域观经济学除了关注经济理性之外,还注重价值文化和制度形态的作用,希望人们的精神领域要素能够发挥影响经济发展的作用。这时,承载着文化和制度的思想就开始居于重要的地位,因为思想的流动可以带来文化的变迁和制度的变革,进而影响经济发展的方向与目标。可以说,我们从域观经济学视角观察到了一个以前没有引起人们注意的要素流动,以及由于它的流动引致的经济发展与变迁。正如金碚(2020)所指出的那样:"中华文明的历史是一部多民族多域思想流动和多元文化融合的历史,曾经的强大正是这一文明特质尽情张扬的表现;一度的停滞甚至衰落,则是自我封闭,特别是阻塞思想流动,僵化固守的后果。"

参考文献

[1] 弗里德里希·哈耶克:《通往奴役之路》,王明毅等译,中国社会科学出版社,1997年。

[2] 金碚:《思想流动、域观常态与治理体系现代化》,《北京工业大学学报》,2020年第1期。

[3] 路易斯·普特曼、兰德尔·克罗茨纳:《企业的经济性质》,上海财经大学出版社,2000年。

[4]《马克思恩格斯全集(第三卷)》,中共中央马克思恩格斯列宁斯大林著作编译局译,人民出版社,2006年。

[5] 钱德勒:《规模与范围》,华夏出版社,2006年。

[6] 钱穆:《民族与文化》,贵州人民出版社,2019年。

［7］秦亚青：《关系与过程：中国国际关系理论的文化构建》，上海人民出版社，2012 年。

［8］亚当·斯密：《国民财富的性质和原因的研究》，商务印书馆，2011 年。

［9］亚当·斯密：《道德情操论》，商务印书馆，2017 年。

加快构建中国特色区域经济学理论体系[*]

南开大学　刘秉镰

一、中国特色社会主义的本质与中国特色区域经济学

党的十八大以来，中央为了应对复杂多变的国内外环境，保持我国经济社会发展行稳致远，先后推出了一系列重大区域战略。习近平总书记在党的十九大报告中将实施乡村振兴和区域协调发展战略作为建设现代化经济体系的重要战略目标。在中央财经委员会第五次会议上，习近平总书记进一步强调要完善空间治理，形成优势互补、高质量发展的区域经济布局。可以说在当今中国区域经济不仅是国家经济的重要基础，更是国家战略与国家目标的重要支撑。区域经济的发展不仅关乎特定地域的人民福祉，也深刻影响着宏观经济的运行效率和分配制度。因此，区域经济与宏观经济呈现出部分与整体、作用与反作用的辩证关系（李兰冰、刘秉镰，2020）。当今中国推动兼顾效率与公平的经济发展、全面地实现强国富民已经成为全党全国的一个中心任务。对中国区域经济学者来说，完成这一伟大的历史任务不仅需要借鉴全人类的智慧结晶，从理论上给出解决效率与公平的经济学二元悖论，而且要提出具有中国特色的要素空间优化配置方案，实现发展中大国的经济发展蓝图，这是建设中国特色社会主义的客观要求，也是实现两个百年奋斗终极目标的必然选择，更能够为全世界提

---

[*]　原载《管理世界》2022 年第 6 期。

供中国方案。

二、中国区域经济学演进特征

新中国成立以来，我国区域经济学演进历程始终围绕着国家战略导向和区域发展需求的实践展开。改革开放前，区域经济学基本上以学习应用苏联的均衡发展和计划经济理论为主，主要是引进马克思主义政治经济学和承接苏联的计划经济思想，先后采取了八级工资制、户籍制、三线建设等区域经济政策，这在当时物质资源极度匮乏条件下为巩固新生的政权、保障人民基本生活需求的同时构建起布局合理的工业体系起到了重要的作用。然而，随着国际环境的改善和社会进步导致的需求变化，僵化的计划经济管理体制下生产力与生产关系之间的矛盾日益尖锐，劳动生产率低下严重影响了中国现代化进程。

为了释放经济活力、解决增长和国家现代化问题，邓小平同志启动了以效率优先为目标的市场化改革进程，同时通过部分沿海地区开放政策拉动中国经济步入快车道。这一时期区域经济学理论研究以引进和学习应用西方区域经济学非均衡发展理论为主。以"点—轴开发""增长极""梯度推移"等为代表的理论和政策相继出台，为中国区域非均衡发展理论建设和解决当时突出的区域发展问题提供了理论基础（刘秉镰等，2019）。值得注意的是，虽然西方非均衡发展理论对我国的实践起到了一定的作用，然而这些理论假设与中国国情实际相偏离也造成了城乡差距与区域发展差距交织叠加、居民收入差距长期处于高位、劳动力收入份额停滞不前和生态环境持续恶化等一系列阻碍社会经济实现良性发展的问题（林毅夫，2021）。为了解决突出的区域发展差距问题，国家于2000年开始提出以西部大开发为标志的一系列区域政策，以实现经济均衡与稳定发展。这一时期，我国区域经济学研究也进入了综合性吸收消化、应用到区域经济协调理论为主导的阶段。区域经济理论主要沿着两条主线展开，即区域一体化视角下区域经济合作和发展理论以及新经济地理学和新新经济地理学为代表的区域增长理论。由于克鲁格曼将空间因素以及梅里兹将微观企业异质性成功地纳入主流经济学分析框架，为区域经济学者解释要素集聚与扩散以及区域间的贸易等问题提供了有力的理论工具和成熟的研究方法，使得不少学者以中国的城市与区域发展为案例，在西方经济学顶刊发表了一系列的成果。然而随着大数据、互联网、5G以及人工智能等新技术的不断应用，要素流动的边界日益模糊、要素成本持续降低，高质量发展下的区域协调发展新理论呼之欲出，中国的城市与区域经济研究发展到并行推进与创新的新阶段。总而言之，改革开放以来，伴随着中国经济增长的奇迹和全球化进程，中国区域经济学发展经历了引进、学习、消化、应用到并行推进与创新的演进过程。

三、面向未来的中国区域经济学历史使命

面对"两个一百年"的宏伟目标，构建符合中国特色社会主义本质要求的区域经济学体系是我国经济学界的必然选择和历史使命，主要表现在以下四个方面。

第一，新时代的中国特色区域经济学必须具有实践性，能够为我国社会经济管理实践提供科学和完善的理论支撑。应该在凝聚70多年学科发展精华的基础上，以马克思主义的辩证唯物主义、历史唯物主义和习近平新时代中国特色社会主义思想为指导，将西方区域经济学符合客观规律的理论、方法和工具与中国社会、文化、政治特点相结合，提出符合中国实际、彰显中国特色的区域经济学理论体系，有效地指导中国区域均衡和稳定地发展。

第二，新时代中国特色区域经济学应具有创新性。从经济学的演化历史来看，新理论的提出无一例外都是在旧理论的废墟上对新现象的理论阐释和提出新问题的解决方案（洪银兴，2022）。因此不能简单照搬或模仿西方区域经济学理论，要以中国独特的社会经济运行特点、空间结构作为研究起点，以中国的经济增长奇迹为背景，突破原有的理论范式，逐渐形成既能满足中国经济管理发展需求，也能科学解释世界区域发展特别是发展中国家经济发展规律的理论，创建具有自身特质的区域经济学科体系，这个体系应包括研究范畴、知识体系、学科体系、话语体系和人才培养体系等。

第三，新时代中国特色区域经济学应具有自我革新性。西方区域经济理论与马克思主义政治经济学理论的一个重大区别在于其是在固定的假设下提出的，而随着假设条件和外部环境的变化，其适用性会有所偏差，因此，新时代中国特色区域经济学应当继承和发扬马克思主义理论的自我批判、自我提升的特质，具有不断地自我革新、完善的功能，从而有效地指导中国区域发展的实践，完成中华民族伟大复兴的中国梦。

第四，中国特色区域经济学应具有普适性。任何一门科学都是全人类共同的财富，新时代中国特色区域经济学不仅要能指导和解决中国在新格局下实现有效增长和要素空间优化的实践，也应当能向全世界发出中国声音，为世界各国特别是发展中国家的区域经济发展提供可资借鉴的理论与方法。

四、构筑中国特色区域经济学体系的实现路径

构建中国区域特色经济学是一项系统工程，可以从以下四个方面加以推进。

第一，坚持马克思主义为指导的大原则。新发展格局、区域协调、乡村振兴等一系列原创性理论是在理论和实践的交相印证中形成的习近平新时代中国特色社会主义经济思想，代表着中国特色区域经济学体系的最新方向和最新发展（逄锦聚，2019）。只有坚持以马克思主义为指导，走中国特色社会主义区域发展之路才能摆脱简单和全盘西化的不良趋向，才能科学有力地指导中国特色区域经济学体系的建设，并使中国特色区域经济学理论真正地服务于社会主义本质要求和社会主义建设的终极目标。

第二，推进区域经济学体系的发展动能转换。长期以来学术界形成的以论文、获奖、课题级别和称号等的评价体系导致区域经济研究偏离了其应有的本质，忽视了论文深度、"学术是有用的知识"以及学术研究是服务于社会经济发展的知识等基本常识（刘伟，2021）。只有从管理体制和风向标导向出发进行动能转换，才能推进中国特色的区域经济学理论体系的形成。在外部动能上，要进行科研管理体制改革，转变科研成果的评价指标体系，真正地将研究做在祖国大地上，培育出具有中国特色、中国风

格、中国气派的中国特色区域经济学理论体系。在学术界内部动能上，要激发学者的家国情怀和问题意识。面对百年未有之大变局和我国几十年高速增长、高速城镇化过程中积累的各种复杂尖锐的矛盾，运用中外成熟的方法工具剖析深层次的理论逻辑，从而归纳出具有普适性的区域发展规律，助推中国特色区域经济学体系实现与时俱进的发展。

第三，推动区域经济学体系的发展方向转换。首先，要实现由分散的研究成果向完整的理论体系转变。虽然近年来国外顶级经济学期刊也发表了不少有关中国故事的文章，但这些文章大多是运用西方主流经济学实证分析方法，以一个中国问题为例的研究，缺乏对于诸如"大尺度的区域协调与空间优化""地方保护与市场分割下的区域非平衡增长""大城市病与中小城市功能性萎缩并存"等系统性重大问题的理论解释。因此，这就要求理论界从中国丰富的发展实践出发，提出体现集成性、原创性的理论体系。其次，在研究性质上应该由解释性研究向解决性研究转变。从经济演化的客观规律入手，基于科学分析和扎实的理论基础为我国新时代社会主义建设伟大实践提供学理上的有力支撑。

第四，推动区域经济学体系的研究目标转换，从解释过去为主向科学预测、模拟和指导未来转变。新时代中国经济的高质量发展迫切需要深入梳理发展经验和总结内在规律，创新中国区域经济学研究范式，提出能预测未来的数据分析方法、能引领未来的结论、能指导未来改革发展的理论与科学的政策设计依据。过去依靠"摸着石头过河"，中国完成了改革开放"浅水区"的历程。随着改革步入"深水区"，深化改革越发艰难，急需符合中国国情、面向未来的新理论引领，助推我们打破困局、深化改革开放和指导重大发展战略的实施，使中国经济大船行稳致远、不断驶向光辉的未来。

参考文献

[1] 洪银兴：《中国经济学理论体系的构建和创新》，《马克思主义理论学科研究》，2022年第8期。

[2] 李兰冰、刘秉镰：《"十四五"时期中国区域经济发展的重大问题展望》，《管理世界》，2020年第5期。

［3］刘秉镰、边杨、周密、朱俊丰：《中国区域经济发展 70 年回顾及未来展望》，《中国工业经济》，2019 年第 9 期。

［4］刘伟：《中国经济学的探索历程、构建原则与发展方向》，《中国科学基金》，2021 年第 3 期。

［5］林毅夫：《关于中国经济学理论体系建设的思考与建议》，《社会科学文摘》，2021 年第 12 期。

［6］逄锦聚：《新中国 70 年经济学理论创新及其世界意义》，《当代世界与社会主义》，2019 年第 4 期。

中国需要转型发展的大国经济学[*]

上海交通大学　陆铭

改革开放以来，特别是 20 世纪 90 年代以来，现代经济学在中国大地上生根发芽，已然长成参天大树。但是，仅仅学习、传播、模仿和追赶，均不足以面对当下中国和世界复杂多变的发展格局。中国需要在经济研究中充分考虑转型、发展、大国的特征。

一、经济学需要面向长期、全局、多维的发展

在当下的中国，可以用经济学把"以人民为中心的发展"具体化为长期、全局和多维发展目标。由此，可以发扬经济学的传统，在很多问题的讨论上找到参照系和相对一致的逻辑，避免在一些模糊的概念之上产生无谓的争论。

在发展的时间维度上，要在短期目标和长期目标之间进行优化，在投资和消费之间达到合理的比例，在投资内部实现物质资本、人力资本和生态资本等各类投资的合理结构。

在发展的空间维度上，全局发展就是要建立全国统一大市场，除了商品市场上要消除地区间的市场分割之外，还要在劳动力、土地、资本等生产要素市场上实现跨地区的资源优化配置。要适应经济现代化和全球化的需要，在生产要素合理流动和高效集聚的过程中，实现城乡间和地区间人均收入和生活质量的相对平衡。

---

[*]　原载《管理世界》2022 年第 6 期。

同时，发展也是一个多维的目标。随着经济发展水平的提高，人民必然产生对于公共服务、收入均等、环境宜居、文化丰富等多方面需求。不同的人群有不同的需求，需要找到合理的机制，实现共同发展。

世界各国都有自己的历史、文化和体制特征，没有一个国家是完美无缺的。每一个国家都可以将长期、全局和多维的发展目标作为参照，相互之间取长补短，既不妄自菲薄，也不夜郎自大。中国历史悠久，是处于转型和发展期的大国，需要包括经济学在内的各个社会科学门类共同努力，不仅为中国，也为全人类实现长期、全局和多维的发展寻求理论基础、找到实践方案。

二、经济发展的普遍性和特殊性

包括经济学在内的社会科学，研究的是人以及由人所组成的社会的行为，并从中总结出规律。虽然不同国家的文化、宗教和习俗各异，但只要人性有共同之处，那么，经济学所揭示的规律就有全人类的普遍性。例如，随着经济发展水平提高，消费水平不断提升，服务业在 GDP 和就业中占比逐渐提高，并呈现出多样化，这些都是普遍规律。同样道理，现代经济（尤其是服务业）发展的规模经济性，以及由此驱动人口从农村向城市以及大城市集中，也是普遍规律。这些发展的问题，在大国内部必然表现为人口和经济的空间变化。

中国的经济现象具有普遍性和特殊性。举例来说，在普遍性上，随着经济发展水平的提高，中国也出现了消费水平不断提升、服务业占比逐渐提高，以及人口的城市化和向大城市周围集中。但是，我们更要看到中国经济现象的特殊性，及其背后的转型期体制特征。

中国逐步向现代经济、市场经济和开放经济发展，但仅仅 40 余年前，它还是农业社会计划经济。如果说市场经济的基础是价格机制、生产要素自由流动和基于法治的产权保护，那么，中国在计划经济时期却是价格管制、生产要素由计划配置和全面公有制。直到今天，一些转型期的特征仍然在影响着中国能否实现长期、全局和多维的发展。

准确把握中国经济现象中的普遍性和特殊性，是发展中国经济学的核心问题。如果承认全人类的经济规律具有普遍性，那么，当我们把中国发展的一些现象放在全世界范围之内进行比较，就可以看到中国城市化率偏低，消费率和服务业占比也偏低；人口的空间布局是小城市人口占比偏多，以大城市为核心的都市圈范围内的人口偏少。

在认识上，要看到经济规律的普遍性，要积极面对中国转型期制约发展速度和质量的体制性和结构性问题。在学术研究中要避免三种倾向，更好地构建转型和发展的大国经济学。为了说明问题相应举三个例子。

第一，不能直接套用自由市场经济条件下的理论来解释中国。例如，在发展经济学中，刘易斯二元经济理论里没有考虑城乡间劳动力流动障碍。区域经济之间的收敛理论，也仅是基于劳动力等生产要素跨地区自由配置。这些理论可以为讨论长期、全局和多维的发展提供参照，但研究中国问题，却需要在上述理论中融合中国具体的体制和政策。在2003年之后，出现较发达地区劳动工资上涨和劳动力短缺现象，主要是因为政策拐点，而不是"刘易斯拐点"。一方面，当时仍然存在劳动力跨地区流动障碍，不利于城乡间和地区间的收入差距收敛。另一方面，2003年之后，政府加大对欠发达地区大规模的转移支付、建设用地指标配置倾斜等，在欠发达地区出现了投资驱动型的经济增长，同时伴随着更快的最低工资上涨。发达地区受到了建设用地指标的严格管制，出现了房价上涨更快，生活成本上升阻碍劳动力流入，推动工资上涨。从总体上来讲，2003年政策拐点之后出现了地区之间收入差距的缩小，但是它不是基于收敛理论所说的地区间要素回报均等化。

第二，直接用中国的数据来为既有的经济理论提供证据，而忽视了中国的特殊性。这其中有两种情况，一种情况是看到了中国经济现象的普遍性，但是相关研究却没有足够大的学术价值。例如，数据显示中国的消费水平取决于收入水平，这可以为消费理论提供证据。但由此还无法得出"提高中国消费应该提高收入水平"的结论，因为中国真正重要的问题是，消费者的收入（主要是劳动收入）提高受到了其他有关政策的制约。同时，在给定的收入水平之上，消费潜力没有充分释放，这是因为社会保障体系不完善，且大量流动人口未能在工作地市民化，需要为未来返乡而储蓄。另一种情况是，在对中国问题进行解释并寻求方案时忽略了中国的体制和政策背景。例如，中国的房价和收入比高，往往被认为是教科书所认为的泡沫。实际上，中国房价—收入比高，包含了与住房所有权捆绑的公共服务价值。而且，真正房价和收入比很高，主要是在一些沿海大城市，而这些地方是人口大量流入、土地和住房供应却严格受到管制的地区。对于高房价在需求侧控制投机是有道理的，但也要看到高房价主要不是需求侧出了问题，而是供给侧未能适应需求的"空间错配"。在学术研究中，2003年之后，由发达地区房价高导致的相对低效率企业被挤出，却被用来作为区域经济集聚中企业"选择效应"的证据。另一个类似的例子是，不少研究直接用中国数据来验证城市人口规模与劳动生产率之间的倒U形曲线，并以此论证个别大城市出现了人口过多导致生产率损失。但是，实际情况是，在大城市之前做的人口规模预测远远滞后于实际人口增长，之后出现的"城市病"是因为在基础设施、公共服务等方面供给不足，而不是因为人口过多。在这些学术研究中，如果不考虑中国转型期的体制和政策背景，就会建议加强管制来解决管制造成的问题。实际上恰恰相反，中国要面向更完善的市场经济，构建统一大市场，通过供给侧结构性改革，改善生产要素的空间配置，服务于高质量发展。

第三，误以为转型特征是解释中国经济奇迹的密码。转型特征与中国奇迹是并存的，但没有因果关系。如果说有因果关系，转型特征导致的是问题而不是奇迹。中国经济在40余年的改革开放历程中的确实现了快速发展，这是建立在城市化、工业化和全球化的普遍发展规律上的。同时，中国超大规模的市场，以及政府在提供基础设施等方面发挥的作用助推了中国快速发展，即使是这些中国的特殊性也仍然蕴含着现代经济增长理论和公共品理论的普遍性。除此之外，对中国转型时期的其他特殊性与经济增长的关系，要持有科学态度。2000~2008年，中国存在较大的金融抑制，经济增长速度加快，实际利率水平却出现下降趋势，这造成了快速的投资拉动的经济增长。中国在加入世界贸易组织（WTO）之后，也曾有一段时间存在人民币汇率低估，有利于当年出口拉动消化国内产能。近20年来，中国的城市土地面积扩张远远超过人口城市化速度。在此期间，地方政府通过土地开发进行融资，产生了大量负债，但也推动了地方经济增长。地方官员基于GDP和税收最大化的考核目标，又助推了上述经济增长方式。但是要在理论上明确，上述转型期短期、局部和单维的经济增长，所伴随的恰恰是体制性和结构性的问题，不利于长期、全局和多维的高质量发展。在理论上，如果不对这些问题进行澄清，那么就会把转型期的不完善市场和地方政府"为增长而竞争"的行为当成中国奇迹的成因，不利于形成更高水平改革开放的共识。

三、转型大国的政治经济学

作为一个在人口和疆域双重意义上的大国，中国在国内面临着历史传承下来的大国治理结构对经济高质量发展的挑战，在国际上，越来越大的经济体量与全球经济之间要和谐共生。为此，中国经济学要加强对转型大国的研究。

首先，在中国这样一个大国，独特的央地关系和地方间关系，对于经济发展具有深远影响。2022 年 4 月，《中共中央　国务院关于加快建设全国统一大市场的意见》发布。发挥中央协调机制的优势，克服传统体制和观念对于统一大市场的阻碍，既防止地方各行其是，又避免政策的全国"一刀切"，要加强研究大国的空间政治经济学。

其次，现代经济学在转型问题上始终缺乏重大的突破，有待中国经济学研究为此做出贡献。长期、全局和多维的发展目标，以及完善的市场经济体制是一个理想状态。但是在转型的实践中，需要研究最优的转型速度、方式和路径。在思考和估计转型所获得的收益的同时，也要面对在既有的社会观念和资源配置状态之下，转型所引起的冲突和矛盾。长期、全局和多维的发展目标不能一蹴而就，而应在平稳渐进的路径上实现。

最后，随着中国经济体量逐步壮大，对于全球经济的影响也必然越来越大，应加深对于大国经济学的研究。世界主要的大国（或大经济体）之间的相互合作或博弈将主导全球经济的未来。全人类在碳减排、共同富裕、数据安全等方面也面临着一些共同的问题，中国作为一个大国，责无旁贷，必须要拿出基于中国文化和中国实践的方案。在新发展阶段，中国坚持走中国特色的社会主义市场经济道路，并提出要构建人类命运共同体。中国要在长期、全局、多维发展的目标之下，在市场经济的普遍原则之下，在社会主义核心价值观的引领之下，建立国际交往与合作的基础。同时，对于中国转型期的体制要扬长避短，对来自其他国家的发展经验要取长补短，推动人类命运共同体迈向文明互鉴，避免文明冲突。

中国开放型经济学的学科范畴和理论内涵 *

对外经济贸易大学　洪俊杰

中国的对外开放经历了漫长、曲折而又惊心动魄的发展历程。新中国成立后，对外经济贸易展开了新的篇章。党的十一届三中全会提出了改革开放这一决定当代中国命运的关键一招。"开放型经济"的概念是在党的十四届三中全会中被首次提及，之后在党的历次重要报告中都有提及，并不断发展完善。在党的开放型经济理念的指导和引领下，中国开放型经济建设取得了举世瞩目的成就。为了更好地总结过去、理解当下并指导未来的开放发展，需要我们把成功经验和有益实践进行提炼并学理化、学科化，构建中国开放型经济学。

中国开放型经济学要立足中国特色社会主义进入新时代，面向世界百年未有之大变局，注重讲好"中国开放故事"。要立足新发展阶段，贯彻运用新发展理念，探究加快构建新发展格局及其实现路径。应不断推动中华优秀传统文化中"开放基因"的创造性转化、创新性发展。中国开放型经济学应具有全球普遍意义，为构建人类命运共同体贡献"中国智慧"。

中国开放型经济学要致力于构建中国自主的知识体系，应打破西方传统国际经济学、开放宏观经济学的框架与囿限。要坚持马克思主义立场观点方法，紧扣目标和问题，围绕"为什么要建设中国特色开放型经济""建设什么样的开放型经济""怎样建设开放型经济"等重大命题，系统梳理并全面展示中国开放型经济理论和知识体系。

＊　原载《管理世界》2022 年第 6 期。

一、为什么要建设中国开放型经济？

要对马克思主义国际经贸理论进行归纳，并立足于国情和实践，回答"为什么要建设中国特色开放型经济"。马克思、恩格斯创建了马克思主义国际经贸理论，揭示了国际贸易和世界市场的产生、资本主义生产方式与国际经贸的内在关系。列宁对第一个社会主义国家下国际经贸理论和实践进行了探索。中国历届党和国家领导人对中国特色社会主义与国际经贸进行了深入的理论探讨与实践。习近平同志创造性地发展和丰富了马克思主义国际经贸理论。

为什么会发生国际贸易？这是贸易理论中的一个基础性问题。西方传统理论，包括重商学派、比较优势理论、资源禀赋论、新贸易理论、新新贸易理论等对此都有阐释。这些理论注重从收益角度出发，探究国际贸易产生的原因。对外贸易和世界市场也是马克思主义政治经济学研究的重要内容。马克思认为现代国际贸易是与资本主义生产方式向世界范围扩张紧密联系的，"创造世界市场的趋势已经直接包含在资本的概念本身中"①。在世界市场的作用下，全球范围内的分工关系逐步形成，专业化生产无疑提高了各国的生产效率。关于国际贸易对于经济的循环和扩大的作用，对于促进世界经济发展的作用，马克思有很多论述（裴长洪，2022）。

从实践上看，开放型经济建设是推动我国经济不断发展的重要动力。自改革开放以来，我国开放的空间布局不断拓展、开放的行业领域不断扩大、开放的管理体制机制不断完善。在一系列重大开放举措的推动下，开放型经济发展取得举世瞩目的成就，成为国民经济高速增长的最重要动力之一。中国开放型经济建设也有利于树立各国对国际经济贸易的信心，推动开放型世界经济建设。

二、建设什么样的开放型经济？

西方传统的贸易理论基于理性人假设，描绘了一幅通过自由贸易实现全球经济增长、所有国家都从中获益的美好画卷。这些理论普遍强调市场竞争、优胜劣汰和自由贸易，有其合理的成分，但忽视了生产关系和历史比较分析。马克思主义认为矛盾是推动事物发展的动力和源泉，且矛盾是动态变化的。因此，要重视对不同历史阶段及其矛盾，尤其是主要矛盾的分析，这是我们进行重大决策的基础。进入中国特色社会主义新时代，我国主要矛盾转变为人民日益增长的美好生活需要和不平衡不充分的发展之间的矛盾。相应地，我国开放型经济发展虽取得了巨大成就，但仍存在不够平衡、不够充分、不够安全、不可持续的问题。要解决这些问题和矛盾，必须建设一个互利共赢、多元平衡、安全高效的开放型经济。不同于西方倡导的弱肉强食的丛林法则、你输我赢的零和游戏，"互利共赢"是中国开放型经济的价值观，是我国和平发展战略、维护良好的外部发展环境的必然要求。"多元平衡"体现中国开放型经济发展的系统观，强调要坚持统筹进口和出口、制造业和服务业开放、吸引外资和对外投资，协调沿海和沿边开放，发达国家和发展中国家经贸合作等。"安全高效"强调了中国开放型经济的底线思维，要求加快培育我国国际合作与竞争新优势，增强抵御国际风险的能力。

以人民为中心、通过发展生产力实现人的全面发展是马克思主义的价值判断。中国开放型经济建设应通过开放促改革促发展，解放生产力、发展生产力。中国开放型经济也应该有利于提高人民生活水平，实现共同富裕，这是社会主义的本质要求。在改革开放初期，由于发展条件的约束和限制，我们允许一部分地区率先对外开放，允许一部分人先富起来，走出了成功的一步。进入到新的发展阶段，应该把主要精力放在先富带动后富，最终实现共同富裕上来。中国开放型经济建设的一项重要内容就是要形成东西互济、陆海联动的对外开放新格局，这对于实现区域协调发展、促进人民共同富裕具有重要意义。

当前，全球经济治理存在明显的"赤字"，国际规则明显滞后于生产力发展水平，数字贸易、全球价值链、绿色发展等新的进展尚未在经贸规则中得到应有体现。世界贸易组织改革迫在眉睫但又举步维艰。我国在推进区域经济一体化的同时，坚定维护多边贸易体制，积极参与世界贸易组织改革。"一带一路"倡议致力于实现沿线国家和地区的互联互通和联动发展。通过解决长期困扰很多国家和地区的跨境基础设施问题，提升贸易投资便利化、自由化水平，极大地促进了共建国家融入全球经贸体系，为全球化发展提供了新的模式，为构建人类命运共同体提供了强大动力。

三、怎样建设开放型经济？

我们始终坚持在中国共产党的坚强领导下推动对外开放，党的领导确保了开放型经济的正确政治方向。同时，我们注重市场和政府的"双轮驱动"，积极利用国内外两种资源两个市场，通过渐进式开放管控风险，积极构建并不断完善开放型经济新体系。

（一）发挥市场和政府作用

在推动中国开放型经济建设的进程中，我们注重同时发挥市场和政府的作用。发挥市场在资源跨境配置中的基础性、决定性作用，有利于充分激发微观主体的积极性和创造力，促进产业提升效率和国际竞争力，是我国制度型开放的重要内容。关于政府在经济中的作用，一直是西方经济学关注的焦点，形成的有影响力的理论包括守夜人、弥补市场失灵、强化市场型政府等。与新古典经济学普遍认为的两者是互斥的关系不同，市场这只"看不见的手"和政府这只"看得见的手"在中国开放型经济建设中有机结合、协同推进，极大促进了我国的开放发展。

（二）利用两种资源、两个市场

党的十二届三中全会提出"要充分利用国内和国外两种资源，开拓国内和国外两个市场，学会组织国内建设和发展对外经济关系两套本领"[②]，为我国的对外开放解除了思想桎梏。改革开放初期，利用两种资源两个市场理论推动我国在改革开放初期发展"大进大出、两头在外"[③]的外向型经济，迈出了我国融入全球经贸体系的坚定一步。2008年全球性金融危机后外向型经济占比逐步下降。进入新发展阶段，党中央提出要着力构建以国内大循环为主体、国内国际双循环相互促进的新发展格局，这是我国对外开放理论的又一次重要飞跃。我们要贯彻创新、协调、绿色、开放、共享的新发展理念，增强内生发展动力，构建内循环为主、外循环赋能、双循环相互促进的新发展格局。通过高水平开放促进深层次改革、实现高质量发展是我国进入新发展阶段的必然选择。

（三） 先行先试与渐进式开放

先行先试和渐进式开放是中国开放型经济建设的"一大法宝"。实践证明，在对外开放中实行"先行试点—积累经验—成熟推广"的模式，是适合中国国情的成功路径。先行先试通过赋予先行主体优先发展的优势，推动其快速发展。之后通过复杂的产业链关联，对周边地区产生辐射带动和引领示范作用，推动全国范围的开放实践。不同于国外的特殊经济区域，中国经济特区制度内容更加丰富，是世界开放领域的重要制度创新。当前，自贸试验区（港）是新的重大举措，担当着我国对外开放的"桥头堡""试验田"和进行压力测试的重要使命。

（四） 构建开放型经济新体系

在国际经济贸易领域，生产力和生产关系、经济基础和上层建筑的矛盾同样具有普遍性。要解决这些矛盾，必须不断地推进对内改革和对外开放，以更高水平的开放来解决开放中遇到的问题。我们要积极构建更大范围、更宽领域、更深层次的开放型经济新体系。一是实施"更大范围"的开放。持续优化对外开放的空间格局，不断推进先行先试和复制推广工作。在坚持对发达国家开放的同时，加强与发展中国家合作。二是"更宽领域"的开放。要进一步放宽市场准入，有序扩大服务业的对外开放，在确保安全的基础上深化要素流动型开放。三是"更深层次"的开放。要稳步拓展规制、管理、标准等制度型开放，要从被动的"规制跟随"向主动的"规则引领"转变。

具体来看，要回答好"怎样建设开放型经济"这一重大问题，还需要驾驭好开放型经济的"三驾马车"：国际贸易、国际直接投资、国际金融。要深入总结我国成为贸易大国的成功经验，并找到实现贸易强国的可行路径。支撑我国外贸快速发展的传统优势逐渐式微，要顺应全球数字化、绿色化转型，构建国际合作与竞争新优势，巩固并提升我们在全球经贸网络"共轭环流"中的枢纽地位（洪俊杰、商辉，2019）。要探寻中国高质量引进外资的机制，保持我国对跨国公司的强大吸引力。同时构建中国特色的对外投资理论，为打造源于中国的全球公司提供指导。要对我国金融开放风险、开放领域、开放次序、金融监管等进行深入研究，回答"怎么进行金融开放"的问题。

最后，中国开放型经济学也要直面挑战，分析一些重大热点难点问题，提出理论阐释、应对策略以指导未来实践。包括但不限于中美经贸关系、数字贸易、开放与创新、贸易与气候变化、开放与安全等。需要综合利用规范分析和实证分析等工具，进行严谨的分析和论证，找到影响的机制和实现的路径，回答"怎样建设开放型经济"这一重大问题。

注释

①《马克思恩格斯全集（第四十六卷上）》，中共中央马克思恩格斯列宁斯大林著作编译局译，人民出版社，1979 年，第 391 页。

②《中共中央关于经济体制改革的决定》，中国政府网，http：//www. gov. cn/test/2008-06/26/content_ 1028140. htm.

③人民日报研究室：《沿海地区经济发展战略》，人民日报出版社，1988 年。

参考文献

［1］洪俊杰、商辉：《中国开放型经济的共轭环流论：理论与证据》，《中国社会科学》，2019 年第 1 期。

［2］裴长洪：《中国开放型经济学的马克思主义政治经济学逻辑》，《经济研究》，2022 年第 1 期。

紧密结合中国实践，构建中国特色
社会主义金融理论体系[*]

西南财经大学 刘锡良

中国共产党诞生 100 年以来，在经济学领域的最大创新，就是提出社会主义市场经济理论。这一理论创新为中国几十年的高速发展奠定了基础。在金融领域，一个无可争议的事实是：中国的金融业快速发展，不仅适应了经济发展的需要，而且有效防范化解了国内外金融风险的冲击，守住了不发生系统性金融风险的底线，这在同时期全球市场经济国家中是罕见的。历经 40 余年的改革开放，中国的金融业已经走出了一条具有自身特色的发展之路：在金融机构方面，经历了从"大一统"的金融体系到专业银行再到股份制国有银行的建立，形成了以国有商业银行为主，多种所有制和多种类型金融机构和市场共同发展的格局，为经济发展提供了有效支撑；在金融市场方面，股票市场、债券市场建立并不断发展壮大，市场机制在金融资源的配置中作用越来越大；在金融监管方面，经历了从早期的综合管理到分业监管再到"一行两会"加地方金融监管局的结构化的监管体系；在货币政策方面，经历了早期规模控制到数量型货币政策再到价格型货币政策的转型，并推出了一系列具有中国特点的结构性货币政策工具；在维护金融安全方面，形成了一套有效处置金融风险的监管和治理模式，维护了总体的金融安全；在金融改革和金融开放方面，走出了中国特色的渐进式金融改革道路，避免了世界其他发展中国家在金融自由化进程中遭遇的风险和危机。中国的经济发展为经济学和金融学的研究提供了丰

---

* 原载《管理世界》2022 年第 6 期。

富的资料和鲜活的案例，如何深入总结中国经验，将这些零散理论分析与成功案例进行科学抽象，构建起中国特色金融理论体系，是这一代金融学人的历史使命。

目前，中国特色的金融理论在中央银行与货币政策、金融风险的处置和防范、财政政策与货币政策的协调配合、政策性金融、普惠金融、农村金融、绿色金融以及金融运行的微观机制等方面都取得了显著的成绩，为中国特色金融理论体系的构建奠定了坚实的基础。但是，存在三种不利于中国特色金融理论体系构建的研究范式。第一种是"照猫画虎"式的研究。在学术研究中完全用西方理论，套用中国数据，证明其理论的正确性，而不注意理论前提的改变，脱离中国实践，不解决中国的实际问题。第二种是"经院式"的研究。理论探讨陷入数学游戏，偏好高深复杂的数理逻辑，而忽略对中国经济金融现象的调查研究与精准刻画，套用某些模型进行推演，表现为金融研究的"游戏化"。现代金融学大量借鉴自然科学的研究思想，使用数学抽象帮助逻辑推演，使用计量经济学工具或者设计社会实验，挖掘事实、检验理论，取得了辉煌的成就。我们并不反对模型的推演，但是，如果脱离中国实践，这种推演就变得毫无意义。第三种是"跟随性"的研究多而引领性的研究少，大量的学术研究缺乏魄力和创造力，"国外怎么研究就怎么研究"。必须承认，西方的金融学研究在某些方面是领先的，社会主义如何发展金融？我们必须向西方学习。但不同国家的发展阶段不同，西方面临的问题与我们存在巨大差异，学习它们的好的东西和先进思想，是为了解决我们面临的实际问题，完全跟随西方是没有出路的。

以上三种范式对构建中国特色金融理论体系形成了一定阻碍。中国特色社会主义市场经济是前人没有走过的道路。社会主义国家为什么搞市场经济？如何搞市场经济？都是前人没有想过的问题。随着中国特色社会主义市场经济的深化发展，我们面临越来越多的实际问题，也有越来越多的理论问题需要深入探索。理论研究上的不足不仅制约了中国金融理论的构建，也直接影响了人才培养。面对这些问题，亟须构建中国特色社会主义金融理论体系。在这样的历史节点上，习近平总书记提出加快构建中国特色哲学社会科学的战略任务，具有重要的理论和实践意义。

结合中国的金融实践和当前学科发展的前沿趋势来看，构建中国特色社会主义的金融理论体系应当围绕服务经济高质量发展的主脉络，注重继承、创新和包容。

核心是必须围绕服务经济高质量发展的主脉络。发展是人类永恒的主题，金融的本质是服务实体经济。习近平总书记也在多个场合反复强调金融要坚持服务实体经济的本源。从学说史来看，金融与经济的关系贯穿整个金融学的理论脉络：马克思认为金融运行的本质就是与产业合作，加速资本积累与集中，并分享产业利润；西方传统金融理论体系中，金融功能是联系起几乎所有宏微观金融理论的枢纽，不论是微观的定价问题、合约问题，还是金融机构、市场理论，乃至宏观的金融发展问题，其本质追求都是通过金融服务人类的发展。从实践来看，中国的金融发展历程也是不断适应经济发展需求的渐进式改革历程，而目前中国金融理论取得的重要成果绝大部分都与发展问题密切相关。随着中国的发展从追求速度转为提升质量，金融服务实体经济、金融与绿色发展、数字与普惠金融、金融安全与金融稳定等目前学界最关心的前沿问题，都离不开服务高质量发展这一主线。抓住这条主线，构建中国特色金融理论体系，不仅是继承和发扬马克思主义的重要方向，也是坚持以人民为中心的发展理念在金融领域的直接体现。

一是继承，包括继承马克思主义科学理论体系、国内前辈的探索成果、西方优秀的研究成果。社会主义市场经济在中国的成功实践，是继承并发扬马克思主义的伟大成果，也吸收借鉴了西方发达国家几百年市场经济的成功经验与失败教训。中国的发展成就已经充分证明了社会主义国家完全可以推行市场经济体制。因此，我们必须继承并发扬马克思主义的伟大成果，必须深入学习西方发达国家搞市场经济的经验教训，结合中国的实践，提出新的理论观点，少走弯路。但随着西方理论的引入，目前存在一种把马克思主义金融思想与西方金融理论"对立"起来的思潮。笔者认为大可不必。从学说史的角度来考察，马克思的思想被后来的西方学者广泛借鉴：在关于危机和周期的研究领域，凯恩斯的有效需求不足理论得到了马克思关于经济危机论述的直接启发；而马克思关于金融放大经济危机的理论描述，实际上涵盖了后来明斯基的金融脆弱性假说和伯南克等人提出的金融加速器理论的重要方面。在增长领域，广为人知的"哈罗德—多马"模型的创立者就曾经明言自己的理论与马克思资本积累理论密切相关；而后来的索洛模型、新古典框架，直至内生增长理论，都与马克思的理论具有学说史上的联系。从实践发展的角度来考察，西方资本主义社会也得到了马克思思想的启发，从而不断优化自身，克服一些问题。应当说，马克思的理论给资本主义敲响了警钟，让现代资本主义国家在收入分配和国家治理上得到了改良，从而在一定程度上缓解了社会矛盾。因而，我们要从交融互补而非对立矛盾的视角思考马克思理论与现代金融理论的融合和创新问题，坚持继承马克思主义、继承前辈金融学者探索的成功经验，结合中国实践，提出新的观点和新的理论。

二是创新，要结合中国实践发展马克思主义，要在学习西方先进经验的同时做出大胆的突破。中国特色社会主义之所以能够取得成功，必然与坚持马克思主义指导思想有直接联系；但马克思的理论并没有讨论社会主义国家如何搞市场经济的问题。社会主义国家如何搞市场经济？社会主义市场经济下的金融运行有什么特征和特殊性？这就要求我们从马克思主义出发，创新并发展马克思主义。坚持从实践出发，理解中国实践、归纳中国经验、回答中国问题。首先是关注中国的历史事实和现实现象。从"大一统"的金融体系到渐进的金融市场化改革，中国的金融实践发展逻辑与西方有着不同的历史脉络。实践证明，从 20 世纪七八十年代开始，俄罗斯、以墨西哥等为代表的拉美国家以及东南亚一些国家在著名的"金融深化和金融抑制"理论指导下开展的金融自由化改革，但都没有取得太好的成效；反而是看似没有什么理论支撑的中国的金融改革行稳致远。这意味着中国的金融实践远远领先于理论，我们已经走出了一条具有中国特色的成功的金融发展道路，但是理论总结还没有跟上。这就要求未来的金融学研究更加抓住中国实践、理解中国事实，从历史事实和经验中提炼理论。此外，还应当关注中国的民族特征和传统文化。在现代金融学和经济学领域，对于个体心理特质带来的影响的关注度越来越高。自行为经济学理论推广以来，人们更加深刻地认识到微观个体的复杂行为会对市场和经济造成深刻影响，而文化和民族特征正是影响个体心理状态和决策的重要方面。对中国而言，突出的特点之一是勤劳、坚韧、包容、平和的传统文化在我们的发展过程中发挥着重要的作用。从全球事实来看，一个重要的现象是："二战"后，受到儒家文化影响的东亚地区普遍取得了较好的发展，这也与东方人特有的勤劳密切相关。同样，中国的金融问题也与文化和社会关系紧密相连。民间金融风险的防控问题、乡村金融体系的构建和资本下乡问题，都离不开对中国乡土人情的了解、对传统熟人社会借贷关系的理解，以及对从熟人社会转向生人社会所伴随的信用关系的转型的认识。因而，关注中国实际、理解中国文化，是创新的基础，也是构建中国特色金融理论体系的重要方面。

三是包容，要汲取全世界的智慧，允许百家争鸣，更加坚持开放，用世界的语言讲述中国故事。改革开放取得重大成功的关键因素之一，是有效学习和借鉴了市场经济的一般规律。因此，要搞好社会主义市场经济，必须充分吸收借鉴全世界的先进经验。虽然我们取得了巨大成就，但社会主义市场经济的确立总体上时间尚短、对市场经济的认识有待于进一步深化，还有很多需要进一步研究的问题。中国的金融实践具有独特性，同时也应当注重其普适性。古人云"性相近、习相远"，人类的行为受到文化和社会制度的影响，但在本质上具有共同性。在金融学领域，依然有大量理论和现象是中西方共通的，其一般规律普遍存在。社会主义市场经济也是市场经济，正如习近平总书记所言，要"让市场在资源配置中起决定性作用"[1]。其次是要更加坚持开放，践行人类命运共同体理念，积极融入全球的发展之中。这就要求中国金融理论的构建不仅要完成解释中国现象的任务，更要担负起归纳中国经验、推广中国做法，在搭建中国理论的同时为全人类的发展提供指引的历史使命。要做到这一点，就需要在研究中国问题、创立中国理论的同时，注意世界规范和世界范式，用世界的语言讲好中国故事。

注释

①《习近平：让市场在资源配置中起决定性作用，不能回到计划经济的老路上去》，人民网，http：//politics.people.com.cn/n1/2020/0523/c432730-31720727.html，2020年5月23日。

中国特色绿色低碳经济发展理论探索[*]

安徽大学　复旦大学　陈诗一

一、中国绿色发展与低碳转型的成功实践

改革开放特别是 20 世纪 90 年代以来，中国对节约能源和保护环境日益重视，但是长期以来经济增长仍然遵循高能耗、高排放的粗放式方式。在经历了 21 世纪前 10 年的经济高速增长和再次重化工业化之后，环境污染水平和二氧化碳排放都达到了峰值。2013 年出现了严重雾霾污染，个别地区 PM2.5 甚至一度达到 1000 微克/立方米，超出安全标准 40 多倍，严重影响了大众健康和经济增长质量。

党的十八大以来，党和政府将环境污染治理和推动绿色经济发展提升到了前所未有的高度，先后出台了《大气污染防治行动计划》《关于加快推进生态文明建设的意见》等政策。党的十九大更是将绿色发展理念与创新、协调、开放和共享并列作为新发展理念之一，将推进中国特色"五位一体"生态文明建设上升为国家战略。实践证明，政府环境治理成效显著。中国国家大气污染防治攻关联合中心研究显示，中国 74 个重点监测城市 2019 年发生重度污染的频次与 2013 年相比下降了 94%。中国二氧化碳排放也开始减缓，"十三五"时期单位工业增加值二氧化碳排放降低了 24%。

2020 年，习近平主席在第七十五届联合国大会一般性辩论上向世界庄

＊　原载《管理世界》2022 年第 6 期。

严宣布，中国二氧化碳排放力争于 2030 年前达到峰值，努力争取 2060 年前实现碳中和。"双碳"战略成为我国新征程中与经济现代化建设并行不悖的双重重大目标和要解决的重大问题，亟须中国特色经济理论和规律的指导。理论来自实践，因此，我们需要总结中国环境治理与绿色发展的成功实践，凝练具有中国特色的绿色低碳经济发展理论。

二、中国绿色低碳经济发展的根本特征和作用机制是什么？

中国绿色低碳经济转型根本上仍然是如何处理好政府与市场关系的问题。党的十八届三中全会与十九届五中全会都强调，充分发挥市场在资源配置中的决定性作用，更好发挥政府作用，推动有效市场和有为政府更好结合。自亚当·斯密以来的西方主流经济学观点主张放任自流的经济发展模式，认为在市场这只"看不见的手"的指引下，行为主体会根据自身利益自动协调实现社会福利最大化。然而这个理论体系并不总是能够对重大经济现实问题给出令人满意的解释和指引。给定外部性、不完备信息等市场失灵情形的普遍存在，实现社会最优还需要更好发挥"看得见的手"的服务和调节作用。对于绿色发展和低碳转型而言，外部性引起的市场失灵广泛存在，例如，污染的负外部性导致过高的污染排放，绿色低碳技术研发的正外部性又会导致绿色技术投资不足，解决引起市场失灵的外部性问题还是需要发挥政府的作用。我们可以看到，正是在党的十八大以后，中国政府加强了环境污染治理和二氧化碳减排的力度，并把环境治理成效作为政府考核的关键指标，环境污染的成本被企业尽可能地内部化，中国的绿色发展与低碳转型才取得了根本成效。

环境库兹涅茨曲线（Environment Kuznets Curve，EKC）假说认为，虽然环境污染一开始随着经济的发展而恶化，但当经济发展到一定程度后，环境污染则会随着经济的发展而改善。然而，EKC 产生的首要机制还是发挥政府环境规制作用。当生活水平较低时，居民更多关注收入增长，对生态环境质量要求不高，但是随着生活水平的提升，居民往往会对生态环境品质提出要求，从而要求政府对环境污染施加更强的规制。除了缓解外部性引起的市场失灵和 EKC 曲线机制之外，政府发挥作用的机制还有波特假说以及改善居民健康提升劳动生产率的机制。前者认为政府严格环境规制可以激发创新，促进节能减排技术研发，提升投入生产效率，从而抵消环境规制政策给产出带来的损失，这被称为创新补偿效应；后者则认为环境规制可以通过改善劳动者健康状况，从而提高劳动生产率来促进产出增长。

三、中国绿色低碳经济理论的发展和研究现状

围绕不同时期环境问题，与中国绿色低碳经济理论相关的现有研究主要从中国绿色低碳发展驱动机制识别以及中国绿色低碳政策效果评估两个方向展开。

首先是识别并量化分析中国绿色低碳发展的驱动机制。一般而言，二氧化碳减排会给产出带来负面影响。陈诗一（2009）将二氧化碳排放作为投入纳入生产函数分析框架，发现作为对环境资本的消耗，二氧化碳排放也能对产出发挥促增作用。张友国（2010）的研究显示，能源技术进步是中国绿色低碳发展的重要驱动力。林伯强和刘希颖（2010）考察了城市化的影响，发现城市化水平的提升会引起二氧化碳排放增加。邵帅等（2019）识别了经济集聚对中国绿色低碳发展的非线性影响特征。

其次对中国绿色低碳政策效果进行评估。何建武和李善同（2009）基于 CGE 模型评估了不同环境税实施方案对于我国经济的影响。研究发现，单一的环境税减排政策可能会给经济带来负面影响。沈坤荣和金刚（2018）识别了河长制在地方实践过程中的政策效应，发现河长制达到了初步的水污染治理效果。宋弘等（2019）识别了低碳城市建设政策对空气污染的影响，发现低碳城市建设显著降低了城市空气污染。

四、如何构建中国特色绿色低碳经济理论体系

首先，构建中国特色绿色低碳经济理论要坚持以重大现实问题为导向的原则。2016 年 5 月 17 日，习近平总书记在主持召开哲学社会科学工作

座谈会时指出："问题是创新的起点，也是创新的动力源。只有聆听时代的声音，回应时代的呼唤，认真研究解决重大而紧迫的问题，才能真正把握住历史脉络、找到发展规律，推动理论创新。"经济现代化建设与碳中和战略的实现将是一场广泛而深刻的经济社会系统性变革，中国特色绿色低碳经济理论构建必须始终坚持面向这一重大问题。

其次，中国特色绿色低碳经济理论的构建还要能够合理刻画中国绿色发展与低碳转型成功实践的根本特征即政府政策变量，比如经济增长规划、节能减排约束性指标、双碳目标等，同时又能够体现投入要素优化配置的市场化机制，并且把经济增长目标以及各种环境污染减排放在统一的多投入、多产出框架下进行分析。现有理论研究很少能够对政府作用机制进行合理分析，而且文献中常用的索洛残差法、随机前沿分析法、生产函数结构式估计方法通常只能拟合一种产出的生产过程。

再次，中国特色绿色低碳经济理论还要解决如何将环境污染变量合理纳入理论模型的难题。由于缺乏环境污染排放的市场定价，长期以来环境因素往往被研究者有意无意所忽视。随着环境问题重要性的不断提高，许多文献开始把污染排放也作为投入要素来处置。后来有些研究者发现了污染排放的产出特征，不再将其视作投入要素，而是作为生产过程的副产品，但是仍然没有把它和 GDP 等期望产出区别开来处置。合理的方法应该要能够刻画环境污染变量的负外部性，并将之作为非期望产出处置。

最后，中国特色绿色低碳经济理论还需要借助合适的数理模型来表达。正如习近平总书记于 2016 年 5 月 17 日在哲学社会科学工作座谈会上所强调的那样："对现代社会科学积累的有益知识体系，运用的模型推演、数量分析等有效手段，我们也可以用，而且应该好好用。"现有文献中，陈诗一（2012）以及张宁（2022）等构建的中国绿色低碳经济理论模型相对较好地解决了上述问题，不仅能够刻画环境变量的负外部性，而且能够将政府政策变量纳入分析，从而较为理想地刻画了中国绿色低碳经济发展进程中政府与市场、环境与增长相机抉择、均衡发展的最大特色。未来理论模型构建还需要将投入产出分析从总量层面拓展到结构层面，并把能源和低碳零碳技术创新纳入模型构建中。

参考文献

［1］陈诗一：《能源消耗、二氧化碳排放与中国工业的可持续发展》，《经济研究》，2009 年第 4 期。

［2］陈诗一：《中国各地区低碳经济转型进程评估》，《经济研究》，2012 年第 8 期。

［3］何建武、李善同：《节能减排的环境税收政策影响分析》，《数量技术经济研究》，2009 年第 1 期。

［4］林伯强、刘希颖：《中国城市化阶段的碳排放：影响因素和减排策略》，《经济研究》，2010 年第 8 期。

［5］邵帅、张可、豆建民：《经济集聚的节能减排效应：理论与中国经验》，《管理世界》，2019 年第 1 期。

［6］宋弘、孙雅洁、陈登科：《政府空气污染治理效应评估》，《管理世界》，2019 年第 6 期。

［7］沈坤荣、金刚：《中国地方政府环境治理的政策效应》，《中国社会科学》，2018 年第 5 期。

［8］张宁：《碳全要素生产率、低碳技术创新和节能减排效率追赶》，《经济研究》，2022 年第 2 期。

［9］张友国：《经济发展方式变化对中国碳排放强度的影响》，《经济研究》，2010 年第 4 期。

第二篇

《管理世界》近年刊发的相关文章

建设中国经济学的科学生态体系[*]

——以教材体系为突破 以知识体系为基础 构建中国经济学学科、学术和话语体系

中国人民大学 刘 伟

中国人民大学 国家经济学教材建设重点研究基地 陈彦斌

摘要：新中国成立以来，中国共产党带领中国人民实现了从站起来、富起来到强起来的历史性飞跃，取得了西方经济学和传统社会主义政治经济学无法解释的伟大成就。中国经济学的创立已经具备了必要的历史基础和思想基础。要加快中国经济学的构建，需要进一步对中国经济学的构建原则、主体内容与实现途径等关键问题进行回答。就构建原则而言，中国经济学应遵循以马克思主义为指导的科学性、以问题为导向的实践性和以人民为中心的价值性三大原则。就主体内容而言，中国经济学要深入和系统地研究中国特色社会主义市场经济运行的基本规律、中国特色宏观调控理论和中国特色发展战略体系。就实现途径而言，中国经济学的构建要以中国经济学教材建设为核心抓手，并以《中国经济学研究手册》作为配套建设工程，以知识体系和教材体系作为突破口，打造由教材体系系统呈现的知识体系、学科体系、学术体系、话语体系构成的完整学术生态体系。近年来，教育部教材局和国家经济学教材建设重点研究基地以中国经济学教材为核心抓手，对中国经济学建设进行了多方面的有益探索，取得了一些重要的阶段性成果。未来要进一步汇聚力量，围绕中国经济发展相关的重大理论和实践问题展开集中攻关，以中国为观照、以时代为观照，加快

---

* 原载《管理世界》2022年第6期。

自主知识体系和教材体系建设，更好地用中国理论解释中国实践，用中国实践丰富中国理论，用中国话语阐述中国发展，用中国发展强化中国话语，推动中国经济学理论体系的构建和完善。

关键词： 中国经济学　知识体系　教材体系　学术生态体系

新中国成立以来，中国共产党带领中国人民进行了艰苦卓绝的经济建设实践，探索出了一条适合中国国情的中国特色社会主义道路。尤其是改革开放以来的40多年中，中国创造性地将社会主义与市场经济相结合，开创并发展了中国特色社会主义市场经济，实现了高速增长的"经济奇迹"和社会稳定奇迹，并顺利实现了第一个百年奋斗目标。站在新的历史起点上，中国又乘势而上开启了全面建设社会主义现代化国家的新征程，向第二个百年奋斗目标进军。习近平总书记指出，"人类社会每一次重大跃进，人类文明每一次重大发展，都离不开哲学社会科学的知识变革和思想先导"[①]。总结人类近300年的历史也可以看到，每次大国崛起和新的赶超都会孕育新的发展模式和经济思潮。可以说，中国经济的伟大实践已经为中国经济学的构建提供了千载难逢的契机。如何把中国经济发展的成功实践经验上升为系统化的理论学说，构建有中国风格、中国气派、中国话语的中国经济学，为中国建成社会主义现代化强国与实现中华民族伟大复兴提供高水平的理论支撑，已经成为广大哲学社会科学工作者勇于探索的时代之问与理应肩负的时代使命。

"问题是时代的声音，实践是思想之源。理论创新通常是由问题引发的，理论创新的过程就是发现问题、提出问题、研究问题、解决问题的过程"[②]。中国经济学不是简单地将现有西方经济学理论中国化，而是要具有鲜明的历史感与时代感，核心是要解决和科学回答建设中国特色社会主义的发展道路、发展阶段、根本任务、发展动力、发展战略等方面的根本性问题。一是总结中国共产党带领中国人民在生产力落后的条件下，全面建成小康社会、顺利实现第一个百年奋斗目标的成功经验。二是站在新的历史起点上，为把握新发展阶段、贯彻新发展理念、构建新发展格局，推动高质量发展，从而顺利实现第二个百年奋斗目标提供理论支撑和政策工具。三是理解中国经验特殊性中所蕴含的一般性，提炼中国经验的理论贡献，从而为"既希望加快发展又希望保持自身独立性的国家和民族"贡献中国智慧和中国方案。

不可否认，中国经济学建设工作任重道远，难以一蹴而就。在构建过程中，需要围绕中国经济学的思想基础、构建原则、主体内容与实现途径等关键问题进行深入研究。对于这些问题，习近平总书记在 2016 年 5 月 17 日哲学社会科学工作座谈会上的讲话中已经做出了重要指引。其一，"坚持以马克思主义为指导，是当代中国哲学社会科学区别于其他哲学社会科学的根本标志，必须旗帜鲜明加以坚持"，这明确了中国经济学的思想基础。其二，中国特色哲学社会科学应该具有"体现继承性、民族性""体现原创性、时代性"与"体现系统性、专业性"三大特点，这明确了中国经济学的构建原则。其三，"学科体系同教材体系密不可分。学科体系建设上不去，教材体系就上不去；反过来，教材体系上不去，学科体系就没有后劲"，这明确了建设中国经济学的核心抓手与具体路径。本文将在学习习近平总书记 2016 年 5 月 17 日在哲学社会科学工作座谈会上的讲话和 2022 年 4 月 25 日考察中国人民大学在师生代表座谈会上的重要讲话精神的基础上，就构建中国经济学的历史基础和思想基础，以及中国经济学的构建原则、主体内容和中国经济学教材体系建设的新探索等内容进行讨论，提出要以中国经济学的教材体系作为突破口和系统呈现，打造中国经济学知识体系（教材体系），在此基础上构建学科体系、学术体系、话语体系有机统一的完整学术生态体系，从而系统性地助力中国经济学的构建、完善和发展。

一、中国经济学的创立基础

哲学社会科学的特色、风格、气派，是社会发展到一定阶段的产物，是社会制度、发展模式和发展道路成熟的标志。回顾中国共产党领导中国人民进行艰苦卓绝的中国特色社会主义经济建设的过程和经验，可以看到构建中国风格、中国气派、中国话语的中国经济学学科体系、学术体系和话语体系的历史条件和思想条件已经具备。

（一）构建中国经济学的历史基础

中国特色社会主义经济建设实践是中华民族伟大复兴和文明发展进程

中的重要阶段，也是世界社会主义运动发展史上的重要组成部分。中国建设社会主义强国的道路实际上是在世界共产主义运动遭受严重挫折、在世界进步力量被严重削弱的环境下进行的艰辛探索。国际共产主义运动也正是在这种曲折中前进的。1848年欧洲革命和巴黎公社的失败推动了马克思、恩格斯等经典作家对科学社会主义理论的发展。伯恩施坦和考茨基的修正主义、第二国际的分裂，也客观上促进了列宁主义的实践和理论发展。托洛茨基、布哈林、普列奥布拉任斯基和斯大林等关于社会主义工业化路线的争论，推动了苏联早期社会主义思想的形成。然而，20世纪90年代，东欧剧变、苏联解体，世界社会主义阵营遭受巨大冲击、凝聚力严重削弱。许多资本主义国家内部的共产党出现了分裂与分化，部分国家的共产党纷纷改旗易帜（林彦虎、冯颜利，2016）。

东欧剧变和苏联解体为我们提出了深刻的理论问题。一方面，如何辩证地看待传统社会主义经济理论、建设模式，如何保持社会主义经济的活力。另一方面，剧变前后苏东国家的转型也让我们认识到西方主流理论的局限性及其背后的阶级性和意识形态性质，认识到在资本主义世界体系中保持国家的社会主义性质、社会安全稳定和实现独立自主的重要性。这既是对中国共产党和中国社会主义道路的严峻挑战，同时也从反面为中国的社会主义现代化建设提供了教训，对中国社会主义建设提出了更艰巨的任务，推动了新的探索和实践。

面对复杂严峻的国际环境，中国共产党领导中国人民走出了一条中国式的现代化道路，创造了人类文明的新形态[③]。从最早在1954年提出"四个现代化"目标到改革开放以来党和国家确立"一个中心，两个基本点"为核心内容的社会主义初级阶段基本路线（刘伟、蔡志洲，2021），从第一个百年奋斗目标的实现，到党的十九大首次分两个阶段对实现第二个百年奋斗目标的征程进行战略安排，提出全面建设"社会主义现代化强国"（刘伟、陈彦斌，2021），党和国家对社会主义现代化内涵和实现路径的认识不断深入，逐渐探索出了一条中国特色的社会主义现代化道路，为解决人类发展问题贡献了中国智慧和中国方案，为构建中国理论和中国思想奠定了实践基础。

这一伟大实践为中国经济学的创立提出了历史性的任务，也提供了重要的历史条件。中国仅用几十年时间就走完发达国家几百年走过的工业化历程，取得了西方经济学和传统社会主义政治经济学所无法解释的实践创新和伟大成就。这为我们梳理中国特色社会主义经济实践的特征事实，总结中国共产党领导中国人民百年奋斗与新中国社会主义建设的经验，提供了丰富和成熟的现实条件，从而为中国经济学的构建提供了深厚历史基础。

（二）构建中国经济学的思想基础

"我们党的历史，就是一部不断推进马克思主义中国化的历史，就是一部不断推进理论创新、进行理论创造的历史"④。新中国成立以来，中国共产党坚持将马克思主义的一般科学原理与中国具体实践相结合，不断推进马克思主义中国化、时代化、大众化，实现了马克思主义中国化的新飞跃，发展了社会主义经济理论，为中国经济学的创立奠定了思想基础。毛泽东思想是马克思主义中国化的第一次飞跃，中国特色社会主义理论体系是马克思主义中国化的第二次飞跃，习近平新时代中国特色社会主义思想则是马克思主义中国化的新飞跃，这三次飞跃带来了中国经济思想的发展和创新。

毛泽东思想横跨了新民主主义革命时期以及社会主义革命和建设时期。毛泽东新民主主义经济思想勾勒了新民主主义经济的特征，包括节制资本、涉及国计民生的企业要由国家经营管理，由无产阶级领导下的新民主主义共和国的国营经济领导整个国民经济，允许不操纵国计民生的资本主义生产的发展，实行耕者有其田和平均地权，并在此基础上发展具有社会主义因素的各种合作经济等⑤。这些思想科学地运用马克思主义政治经济学分析了当时中国经济的性质和特征，形成了中国新民主主义基本经济纲领，为中国经济发展提供了重要指导。在社会主义革命和建设时期，毛泽东首先提出了过渡时期的总任务和总路线，逐步对生产关系进行调整和转变，建立社会主义经济制度，形成了社会主义过渡时期的理论；明确了社会主义建设的战略目标，初步形成了正确的建设社会主义的基本纲领；形成了社会主义工业化原始积累理论、社会主义商品经济理论、"以农业为基础、以工业为主导"的产业结构理论、有计划按比例发展理论、国民经济综合平衡理论等经济思想（刘伟、范欣，2022），为中国经济学的发展提供了宝贵的思想基础。

改革开放以来，我们党不断总结新经验，解决新问题，发展新理论，形成了包括邓小平理论、"三个代表"重要思想和科学发展观在内的中国特色社会主义理论体系。这一理论体系蕴含着丰富的中国特色社会主义经济思想，是马克思主义政治经济学与中国社会主义经济建设实践相结合所取得的根本性突破。邓小平理论反思了"文化大革命"等社会主义建设时期的挫折，重新建立了实事求是的科学作风，科学回答了"什么是社会主义、怎样建设社会主义"，开创性地提出并发展了社会主义市场经济，确立了以公有制为主体、多种所有制经济共同发展的基本经济制度和社会主义初级阶段的基本路线。"三个代表"重要思想从代表中国先进生产力的发展要求、代表中国先进文化的前进方向、代表中国最广大人民的根本利益三个方面对中国共产党的全部活动提出了要求，把握了中国社会经济发展的国内外形势变化，坚定了在社会主义制度下发展生产力的决心，坚持社会主义和共产主义的方向不动摇。科学发展观提出坚持以人为本，全面、协调、可持续发展，对中国特色社会主义发展做了科学的规划。中国特色社会主义理论和实践的探索表明中国共产党把马克思主义与中国社会主义具体建设实践紧密结合起来的理论自觉和自信获得了历史性的提升，带来了马克思主义政治经济学与中国社会主义经济改革和发展实践的创造性结合，开创了"中国特色社会主义政治经济学"，写下了一部"初稿"。

习近平新时代中国特色社会主义思想是当代中国马克思主义、21世纪马克思主义。习近平新时代中国特色社会主义经济思想开拓了当代中国马克思主义政治经济学的新境界。习近平新时代中国特色社会主义经济思想以中国特色社会主义政治经济学为基础，从历史逻辑、理论逻辑、实践逻辑的统一上，系统阐释了中国特色社会主义的基本纲领——实现建成中国特色社会主义现代化强国的民族伟大复兴，明确了中国特色社会主义发展的历史方位——长期处于社会主义初级阶段，概括了中国特色社会主义的生产方式——坚持社会主义初级阶段的基本经济制度，构建了中国经济理论的学说体系——提出中国经济理论的主要任务和需要分析的基本问题，尤其是以新发展理念为主要内容，强调以人民为中心的发展思想和党对经济工作的集中统一领导，在建设更高水平的社会主义市场经济体制、建设现代化经济体系、解决"三农"问题、加快构建新发展格局和逐步实现全体人民共同富裕等方面都形成了系统理论，创造性地发展了中国特色社会主义政治经济学，科学地指导了新时代中国改革开放和经济发展实践，是新时代中国特色社会主义经济建设和经济发展实践的理论基础和根本遵循（刘伟、邱海平，2022）。

马克思主义中国化的三次飞跃，极大地解放了思想、推动了理论创新，为中国经济学理论体系的创建提供了丰富的实践素材，激发中国学界围绕中国经济学开展了四次大讨论。第一次大讨论发生在新民主主义革命时期，这一时期在面对中国经济实践问题无法用传统经济思想体系解答的局面时，学者们从西方经济学中国化、马克思主义中国化、中国传统经济思想现代化等不同视角进行了建立中国经济学的探索和早期尝试。第二次大讨论发生在新中国成立后到改革开放之前，中国的经济理论工作者借鉴和吸收苏联社会主义经济建设中的经验，并联系中国经济实践中遇到的新问题、新情况和新特点，对斯大林关于社会主义经济的思想、苏联政治经济学教科书以及苏东社会主义国家经济学界对社会主义经济运行规律的研究，展开了创造性的、实事求是的探索，形成了一批具有重要理论和现实意义的研究成果。第三次大讨论发生在改革开放后至党的十八大之前，讨论的主要内容包括中国经济学的提法是否成立等。从 1984 年写出马克思主义基本原理和中国社会主义实践相结合的政治经济学初稿，到在不同范式与统一视域下探讨中国经济学的提法是否成立，相关研究不断推进，为后续在融合中发展中国经济学奠定了基础。第四次大讨论发生在党的十八大以来，党中央多次提出要构建新时代中国特色社会主义政治经济学，把中国经济学研究推向了一个前所未有的新阶段和新层次。在这一阶段，学者们重点探讨了中国特色社会主义政治经济学与中国经济学的异同、中国经济学的范式来源等问题，基本形成了中国经济学应该立足中国实践、以问题为导向的共识；并在中国经济学理论体系的构建上进行了有益探索，基本形成了涵盖中国经济理论和应用方面的研究内容框架（刘伟，2021）。马克思主义中国化三次飞跃中的经济思想和学界关于中国经济学发展的四次大讨论都为中国经济学的创立和发展提供了思想条件，为新时代建设中国经济学奠定了坚实基础。

与此同时，对国外不同流派经济学的学习、吸收、批判和借鉴也是中国经济学建立的重要思想基础。改革开放以来，国内经济学界以一种开放和包容的心态面对国外各个经济理论流派的思想，合理借鉴西方经济学中的有益成分、国外左翼学者对新自由主义的批判以及东欧经济学者对传统计划经济体制弊端的反思，这对于中国经济学的构建具有重要作用。其一，引进和吸收现代西方经济学理论与现代化的数量分析方法，为理解市场经济运行机理、推进市场经济制度构建以及对市场经济的宏观治理和微观管理提供了许多有益见解。其二，国外的左翼经济学者对资本主义经济的历史性、阶段性和多样性进行的深入剖析，尤其是对新自由主义阶段资本主义的反思，能够帮助中国学者理解西方各种经济模式的矛盾和问题，使得中国学界能够更加全面地看待西方发达国家的发展道路及其经济学。其三，以批判苏联模式为代表的计划经济体制并以研究改革目标和如何改革为主要内容的东欧经济学，主张对传统计划经济体制进行改革并倾向于引入市场机制，这对中国经济学家和中国经济体制改革实践产生了巨大影响（黄少安，2020），也是中国经济学的重要思想来源。

二、中国经济学的构建原则

中国经济学是中国共产党领导中国人民建设社会主义现代化强国、实现中华民族的伟大复兴过程中成功经验的思想结晶和理论升华，其建立和发展遵循科学理论的一般原则。

（一）以马克思主义为指导的科学性

中国经济学是新时代马克思主义哲学社会科学整体构建的一部分，是新时代理论和实践的结晶，也是吸收人类最广泛文明成果的结果。中国经济学面向的对象是中国的社会主义经济实践，这一实践彰显了马克思主义理论的强大生命力，这也意味着中国经济学最根本的来源必然是马克思主义。因此，中国经济学的构建应当深刻体现出这种理论源流，遵循指导思想正确性和理论内涵兼容性的统一。这首先意味着在构建中国经济学的过程中要坚持辩证唯物主义和历史唯物主义，要从社会关系尤其是生产关系入手理解经济活动，理解经济中生产、分配、交换和消费中的重要结构；

要以变化、发展、历史的视角去看待经济关系，通过矛盾分析去把握历史变化的趋势。历史和现实都表明，只有坚持这一方法论，"我们才能不断把对中国特色社会主义规律的认识都提高到新的水平，不断开辟当代马克思主义发展新境界"⑥。

在此基础上，中国经济学要坚持习近平新时代中国特色社会主义思想的指导，这是"马克思主义中国化的最新成果，是党和人民实践经验和集体智慧的结晶，是中国特色社会主义理论体系的重要组成部分"。习近平新时代中国特色社会主义经济思想是习近平新时代中国特色社会主义思想的重要组成部分，这一思想"系统回答了我国经济发展的一系列重大理论和实践问题，深化了我们对经济社会发展规律的认识，对丰富和发展中国特色社会主义政治经济学做出了原创性贡献"⑦。

此外，中国经济学建设既要积极吸收中华民族优秀传统文化，也要借鉴西方经济学的有益成分。中华民族深厚的历史积淀和在悠久的历史实践中所形成的文化，不仅是中国经济学所必须面对和研究的现实基础，也是中国经济学理论特质的重要来源。对于西方经济学，正如习近平总书记所指出的，"我们坚持马克思主义政治经济学基本原理和方法论，并不排斥国外经济理论的合理成分，尤其是西方经济学中反映社会化大生产和市场经济一般规律的方面，需要我们坚持做到去粗取精、去伪存真，坚持做到以我为主、为我所用"⑧。因此，我们应在充分吸取西方经济学精华的基础上建设好、发展好中国经济学。

（二）以问题为导向的实践性

毛泽东同志在《人的正确思想是从哪里来的?》一文中深刻地指出，人的正确思想只能从实际中来，人的认识的第一步是感性认识，一切思想理论都发源于感觉、经验，依赖于感性认识；接下来要对感性认识的材料进行思索、整理和条理化，去伪存真，去粗取精，使感性认识上升为理性认识。然后实现认识的第二次飞跃，即从认识到实践的飞跃，从实践中得出的思想、理论，还必须再回到实践中去，指导人们改造世界的革命实践。要建设科学的中国经济学理论，就必然遵循这种以问题为导向的实践性原则，避免"李嘉图恶习"。不以某种抽象的理论直接套用在复杂的现实中，而是以中国丰富的经济实践为基础，提炼理论核心范畴并在实践中丰富发展这些理论。

中国特色社会主义经济建设实践创造了举世瞩目的经济和社会发展奇迹，实现了从站起来、富起来到强起来的伟大飞跃，为中国经济学理论的创立和发展提供了实践素材。一是经济保持长达 40 余年的高速增长，1978~2020 年 GDP 平均增速高达 9.3%，使得中国从贫困落后的低收入国家迅速跃升成为全球第二大经济体，成为全球经济的"稳定器"与"发动机"。二是城乡居民生活水平大幅提高，从普遍绝对贫困到全面脱贫。改革开放以来中国的减贫人口占同期全球减贫人口的 70% 以上，为全球减贫事业作出了卓越贡献。三是经济运行格局从"高增长、高波动"转向"高增长、低波动"，尤其是党的十八大以来，随着中国经济迈向高质量发展阶段，经济发展的稳健性与可持续性进一步增强。四是平稳实现了经济体制转轨，没有出现苏联与东欧国家在转轨阶段所经历的经济大幅衰退，为世界提供了罕见的经济转型成功范例。这些成就是中国共产党带领中国人民伟大实践的结果。

在这些实践素材的基础上，中国已经形成了一系列富有特色的理论成果，为中国经济学理论的构建打下了坚实基础。习近平总书记将这些成果做出了系统概括：关于社会主义本质的理论，关于社会主义初级阶段基本经济制度的理论，关于树立和落实创新、协调、绿色、开放、共享的发展理念的理论，关于发展社会主义市场经济使市场在资源配置中起决定性作用和更好发挥政府作用的理论，关于我国经济发展进入新常态的理论，关于推动新型工业化、信息化、城镇化、农业现代化相互协调的理论，关于农民承包的土地具有所有权、承包权、经营权属性的理论，关于用好国际国内两个市场、两种资源的理论，关于促进社会公平正义、逐步实现全体人民共同富裕的理论，关于构建新发展格局的理论，等等。如何明确这些理论与经典理论之间的关系，明确这些理论如何对经典理论进行了继承和发展，如何在这些理论的基础上进一步提炼和阐述中国经济学的核心范畴，也将成为中国经济学理论生长的重要基础。

（三）以人民为中心的价值性

社会是由人构成的，人的精神、价值、文化及其相互之间的关系等深刻影响着社会的特征；社会现象及其运动规律本质上是人的社会性的表现。同时，人是具有高度主观能动性的存在，这意味着人的行为、选择和活动具有深刻的价值性。因此，作为反映和研究人类社会运动规律的哲学社会科学具有鲜明的价值取向。西方经济学关于个人利益的最大化的"经济人"假设，反映了以资本主义私有制为基础的市场经济的基本特征。诺贝尔经济学奖获得者、美国经济学家索洛（1972）指出："社会科学家和其他人一样，也具有阶级利益、意识形态的倾向以及各种各样的价值判断。但是，所有社会科学的研究，与材料力学或化学分子结构的研究不同，都与上述的（阶级）利益、意识形态和价值判断有关。不论社会科学家的意愿如何，不论他是否觉察到这一切，甚至他力图避免它们，他对研究主题的选择、他提出的问题、他没有提出的问题、他的分析框架、他使用的语言，都很可能在某种程度上反映了他的（阶级）利益、意识形态和价值判断。"

2016年5月17日，习近平总书记在哲学社会科学工作座谈会上明确指出："为什么人的问题是哲学社会科学研究的根本性、原则性问题。我国哲学社会科学为谁著书、为谁立说，是为少数人服务还是为绝大多数人服务，是必须搞清楚的问题。世界上没有纯而又纯的哲学社会科学。"因此，中国经济学的价值取向必须反映中国特色社会主义的基本特征。以人民为中心的立场，是马克思主义政治经济学的根本立场，也是马克思主义的根本追求。习近平新时代中国特色社会主义思想也明确了增进人民福祉、促进人的全面发展、朝着共同富裕方向稳步前进的目标。

因此，中国经济学建设应坚持以人民为中心的基本价值取向和原则。这种价值取向体现在四个方面。一是深刻理解和重视人民在经济活动中的根本性地位。以人的关系而不是物的关系作为经济分析基础，透过经济现象的"拜物教"性质，将经济关系理解为人和人的经济关系。也只有在这个意义上，才有可能不被商品、货币、资本运动所表现出来的现象所遮蔽。二是以人民群众的共同富裕、人的自由全面发展为根本目标。中国经济学以历史唯物主义和辩证唯物主义为指导，以人民的立场理解经济过程，超越传统经济学理论单纯地将利润、效率、增长、分配理解为经济的终极目标的狭隘观点，赋予马克思主义关于"人的自由全面发展"的新时代内涵，将人民群众的共同富裕和满足人民群众对美好生活的需要作为发展的目标。三是在政策制定上，始终牢牢坚持以人民为中心这个根本立场，注重民生、保障民生、改善民生，让改革发展成果更多更公平地惠及全体人民，使人民群众的获得感、幸福感、安全感更加充实、更有保障、更可持续。四是要坚持发展为了人民、依靠人民、成果由人民共享的原则，把人民满意与否作为各个时期中国经济发展得失成败的评判根本标准，并以此作为推动社会经济发展的根本动力。

三、中国经济学的主体内容

经济学是一门社会科学，经济理论要深刻反映其历史定位，就是要对一个时代的经验进行高度凝练和概括，进而更好地指导经济与社会的发展。总结人类近 300 年的历史也可以看到，每次大国崛起和新的赶超都会孕育一种新的发展模式和经济思潮。资本主义第一次工业革命的巨大成就，产生了以英国为代表的自由主义的扩张，产生了现代世界体系，也同时产生了英国古典经济学。资本主义第二次工业革命，产生了以美国为代表的垄断资本主义世界体系的重构，这也使得发源于英国的凯恩斯主义思想在美国不断成熟，并对世界产生了巨大影响，成为现代经济学的最重要组成部分。

中国共产党带领中国人民百年奋斗的征程，实现了从站起来、富起来到强起来的伟大飞跃，极大地改变了世界政治、经济和文化格局，是一场在人类文明史上波澜壮阔的壮举，为中国经济学的建设提供了历史性机遇[⑨]。全面建成小康社会、实现第一个百年奋斗目标和开启全面建设社会主义现代化国家新征程的伟大事业，是中国经济学的深厚底蕴和无穷的素材来源，是中国经济学在中国和人类发展史上的历史坐标。中国经济学要牢牢地把握准自己的历史方位，深刻反映中国特色社会主义这一主题，认真研究"两个一百年"奋斗征程中的主要关系、矛盾和运动规律，对中国的发展和现代化过程进行科学的理论解释。遵循这一要求，中国经济学需要研究的主体内容包括中国特色社会主义市场经济的本质和基本规律、中国特色宏观调控以及中国特色社会主义发展战略体系等。随着中国特色社会主义经济建设实践的不断丰富和中国经济学理论探索的不断深入，中国经济学的主体内容还会不断增加。

（一）中国特色社会主义市场经济的本质和基本规律

中国改革与发展的伟大创造性实践之一是将社会主义基本制度和市场经济结合起来，建设和发展中国特色社会主义市场经济，从而开辟了中国特色社会主义经济发展的道路，取得了举世瞩目的伟大成就。把市场经济与社会主义统一起来的理论与实践，是我国改革开放历史进程中的伟大创新，既打破了西方资产阶级经济学的传统，也突破了马恩经典作家的理论，中国经济学必须深入总结和提炼这一伟大实践创造的经济思想，深刻剖析其中的内在逻辑，阐释其中所包含的崭新的经济学知识体系、概念范畴、思想内涵、逻辑结构、本质特征等。从根本上说，只有社会主义才能救中国、才能发展中国，社会主义基本制度是中国特色社会主义市场经济区别于资本主义市场经济的最本质特征。因此，基于中国改革实践的中国经济学建设必须要揭示社会主义基本经济制度下市场机制在资源配置中发挥决定性作用的经济学逻辑。要说明在社会主义市场经济条件下，不同所有制主体复杂多样的决策过程和行为方式，以及它们是如何通过市场结合在一起的，要阐明社会主义基本制度在社会主义市场经济中的表现形式和运行逻辑，等等。归根结底，中国经济学要研究和说明中国特色社会主义市场经济的本质和基本规律。

国内学者基于不同的角度，对中国特色社会主义市场经济的本质和基本规律的阐释有所不同。从生产资料所有制结构、资产流转体制和资源配置机制等来看，社会主义市场经济的本质特征是产权流转上的共有性与交易性的有机统一，其基本规律是共有经济与交易经济的辩证平衡机制，主要体现在两者之间的统一性（陈宣明，2018）。从本质要求来看，社会主义市场经济坚持以人民为中心和以共同富裕为目标，实现社会财富增加和社会财富共享的统一（周文、司婧雯，2022），彰显了社会主义制度的优势。从经济运动规律来看，社会主义市场经济存在商品运动规律、资本运动规律和社会主义经济运动规律三个层次上的发展规律的统一，前两者是市场经济的一般规律，后者则是社会主义市场经济的特殊规律，体现了中国社会主义经济的性质和特色（李建平，2016）。这些关于本质和基本规律的论述实际上辩证地将社会主义基本制度的特征和市场经济的特征统一起来，但还只是从分散的视角考察。

鉴于中国特色社会主义市场经济的本质和基本规律的研究现状和要求，中国经济学建设必须系统、辩证地总结提炼中国特色社会主义市场经济的本质和基本规律。约瑟夫·熊彼特（1996）曾说过：如果一个人不掌握历史事实，不具备适当的历史感或所谓历史经验，他就不可能指望理解任何时代的经济现象。马克思的唯物史观的形成，也是与马克思对人类社会经济发展史的翔实掌握密不可分的。因而深刻总结和梳理中国特色社会主义市场经济的本质和基本规律，必须要立足于中国特色社会主义市场经济的伟大实践。马克思主义基本理论及其中国化的理论成果的指导、中国共产党的坚强领导和坚持社会主义基本经济制度是实现中国经济发展奇迹的关键原因，离开这些内容，就不可能真正理解中国经济实践的伟大意义及其所蕴含的伟大理论。

（二）中国特色宏观调控和宏观经济治理

中国特色宏观调控是在社会主义市场经济制度建立与完善的过程中逐步形成的。与西方国家宏观经济政策理论根植于成熟的自由市场经济体制不同，中国特色宏观调控体现了非常鲜明的时代特征与独特优势，是中国经济取得举世瞩目伟大成就并顺利实现第一个百年奋斗目标的重要支撑和保障，这也决定了中国特色宏观调控是中国经济学不可或缺的内容和重要组成部分。

中国特色宏观调控与西方宏观政策相比在以下四个方面具有显著优势：其一，在短期内，中国特色宏观调控具有更强的逆周期调节能力。无论是西方国家还是中国，对经济运行进行逆周期调节都是宏观经济政策的核心任务。与西方国家相比，中国特色宏观调控的逆周期调节能力相对更强。尤其是1992年以来随着中国宏观调控体系的逐渐完善，中国经济增速的波动程度显著低于其他主要经济体。其二，在长期中，中国特色宏观调控保证了中国经济增速的平稳换挡。从国际经验来看，日本和韩国等许多国家随着经济发展不断接近世界前沿，经济增速均会出现显著下降，经济波动明显增大。与之不同，中国在追赶过程中经济运行反而更加平稳。在1992~2012年的高速增长时期，中国经济增速的离散系数为0.2；随着2013年以来中国过渡到中高速增长阶段，经济增速的离散系数更是降至不到 0.1 的低位。^⑩其三，在面对危机冲击的特殊时期，中国特色宏观调控具备更强大的反危机能力。西方国家在经济与金融危机的冲击下，往往会陷入较长时间的经济增长低迷或者衰退之中。例如，1929 年的大萧条导致美英等国家在 20 世纪 30 年代陷入了长达数年的衰退之中，2008 年的经济危机也让欧美主要经济体面临"长期停滞"的风险。相比之下，中国特色宏观调控强大的反危机能力，能够使中国较好地应对经济与金融危机的冲击。面对 20 世纪 90 年代末亚洲金融危机的冲击，中国在 1998 年和 1999 年依然实现了 9% 以上的高增长，而韩国、日本等国家均出现了负增长。在 2008 年全球金融危机的冲击下，中国是全球主要经济体中率先恢复的国家。2020 年在新冠肺炎疫情的巨大冲击下，中国更是全球唯一能够实现经济正增长的主要经济体。其四，中国宏观调控具有更加充裕的政策空间，回旋余地更大。这更好地保证了宏观调控的连续性、稳定性与可持续性，显著提高了宏观调控效果，并与 2008 年全球金融危机之后发达经济体普遍面临利率零下限等政策空间约束形成了鲜明对比。

之所以中国特色宏观调控相比于西方宏观政策具有明显优势，是因为中国特色宏观调控突破了西方宏观政策的两大缺陷。

第一，西方宏观政策主要关注短期稳定而很少关注长期增长，中国特色宏观调控则注重兼顾短期稳定与长期增长。在西方主流宏观理论中，长期增长与短期稳定长期处于分离状态。关于长期增长，西方主流理论基本建立在新古典增长理论体系之上。在该框架中，由于物价水平能够充分灵活调整，因此增长政策通常只关注实际变量之间的联系而并不关注名义变量的长期变化。关于短期稳定，西方主流理论是建立在新凯恩斯理论体系之上。新凯恩斯主义宏观政策理论的核心是，使用货币政策和财政政策等稳定政策平抑短期经济波动，从而使得产出缺口和通胀缺口维持在零附近。不仅如此，新凯恩斯主义宏观政策理论认为，宏观政策不需要关注潜在增速的变化，也就不需要对长期目标做出反应。与之不同，中国特色宏观调控注重兼顾长期与短期，并且创新性地提出了"逆周期调节＋跨周期调节"的新思路。"逆周期调节＋跨周期调节"意味着，中国特色宏观调控的考量时期不再局限于短期，而是兼顾长期。这表明，宏观政策不会过度地追求将产出缺口或通胀缺口在短期内一直保持在零附近，而是更多地兼顾长期增长路径。"逆周期调节+跨周期调节"这一新思路使得中国特色宏观调控能够将长期发展目标与短期稳定目标相结合，从而在长期的改革与发展中实现较小的经济波动。而这正是中国特色宏观调控得以保证中国经济增速平稳换挡以及有效应对巨大冲击的理论根基。

第二，西方宏观政策很少关注经济结构，而中国特色宏观调控非常注重对经济结构的调整和优化。到目前为止，西方国家的政府部门和主流经济学教科书很少关注经济结构。究其原因，其一，西方国家尤其是美国和英国等发达经济体的经济结构相对稳定，因此不太需要调整和优化经济结构。其二，西方国家的宏观政策实践普遍以新凯恩斯主义逆周期调节理论为指导，其核心是使用货币政策和财政政策等稳定政策平抑短期经济波动，从而实现短期经济稳定。而经济结构调整需要在长期框架下进行分析，这与新凯恩斯主义的短期分析框架"格格不入"，从而进一步削弱了在西方教科书引入结构政策的必要性（陈小亮、陈彦斌，2022）。与之不同，中国经济的跨越式发展意味着中国一直处于发展阶段快速转换的过程中，总需求结构、供给结构、收入分配结构、债务结构、产业结构、区域结构等经济结构均处于动态变化的状态之中，优化经济结构的必要性更加突出。近年来中央实施的供给侧结构性改革和需求侧管理等中国特色宏观调控创新举措的核心目标就是要不断优化供给结构和需求结构。对经济结构的不断调整和优化，是中国经济运行长期保持在合理的轨道和区间的内在保障，也是短期经济稳定和长期经济增长目标得以实现的重要前提。

上述两方面的突破孕育了中国特色宏观调控理论，为中国经济学理论体系的构建提供了重要素材。西方主流宏观调控理论注重使用货币政策、财政政策和宏观审慎政策等稳定政策平抑短期经济波动，从而实现经济稳定和金融稳定的目标。中国特色宏观调控理论则在政策目标和政策工具上实现了突破。中国特色宏观调控不仅追求短期稳定目标（包括经济稳定和金融稳定），还追求长期增长目标和优化经济结构目标。中国特色宏观调控理论不仅使用稳定政策工具，还广泛使用增长政策工具和结构政策工具，从而孕育了中国特色宏观调控理论体系的新框架。通过将聚焦于短期经济稳定的稳定政策、聚焦于长期经济增长的增长政策和聚焦于调节经济结构的结构政策这三大类最重要的宏观政策纳入统一的理论框架，可以更好地消除产出缺口和长期潜在增速缺口，促使实际经济增速、长期潜在增速和最优经济结构下的潜在增速合理增速三者趋于一致，从而实现最优经济结构下的短期平稳运行与长期稳定增长。中国特色宏观调控理论体系的不断构建和完善，不仅可以为第二个百年奋斗目标的实现提供理论支撑和政策保障，而且可以作为中国经济学理论的重要组成部分，为全球宏观经济治理提供中国智慧与中国方案。

（三）中国特色社会主义经济发展战略和发展模式

新中国成立 70 多年来，尤其是改革开放以来，中国从积贫积弱走向繁荣富强，创造了举世瞩目的增长奇迹，为第一个百年奋斗目标的实现打下了坚实基础。实现这一目标的重要原因之一就是我们对中国特色社会主义发展阶段的准确把握，形成了社会主义初级阶段理论，明确以经济建设为中心，并提出了包括"三步走"发展战略在内的一系列适应中国国情的发展战略，对中国创造经济增长奇迹起到了重要的指导作用。

在经济发展过程中，中国逐步构建了中国特色社会主义基本经济制度和发展战略，这与西方国家的自由主义市场经济制度存在显著差异，也使得西方经济增长理论难以解释中国经济持续的高增长。一些国外学者基于西方的经济增长理论更是对中国经济增长做出了非常错误的判断，甚至多次提出了"中国崩溃论"。例如，2009 年诺贝尔经济学奖得主克鲁格曼指出"中国经济崩溃是迟早的事"；2016 年美国著名经济学家巴罗在美国国家经济研究局（National Bureau of Economic Research，NBER）发表论文指出，"中国的人均 GDP 增速很快将由 8% 左右降至 3% ~ 4%"。然而，直到 2019 年中国 GDP 增速始终保持在 6% 以上，2020 年在新冠肺炎疫情的巨大冲击下，中国更是全球范围内唯一实现正增长的主要经济体，体现了强劲的韧性。可以看到，中国经济不仅没有"崩溃"，反而创造了一个又一个增长奇迹，而基于西方增长理论的"中国崩溃论"则屡屡以"崩溃"告终，这表明西方经济增长理论不适用于中国的发展战略，也就无法解释中国的经济增长奇迹。

因此，中国经济学的构建与发展必须要根据我们自己的发展战略、发展模式和发展逻辑来提炼中国成功的经验。需要聚焦于以下几个关键领域：其一，要将新发展理念作为中国发展经济学理论框架的构建主线。这既体现中国特色社会主义经济发展理论的精髓，又符合中国当前经济发展的实际情况，具有重要的理论意义和现实意义。其二，要系统总结中国在发展和崛起过程中的转型经验与发展模式，并主动向世界展示中国的成功经验与经历的各种挑战，让世界各国了解中国，增强对中国发展模式的理解。这不仅有利于世界各国尤其是发展中经济体实现有效的经济追赶，而且可以大大提高中国的软实力，提升中国在国际事务中的影响力，对中国自身发展和进一步壮大也大有裨益。其三，要用中国经济学理论更好地指导迈向第二个百年奋斗目标的新征程。当今世界正处于百年未有之大变局之中，中国既面临历史性机遇，也面临前所未有的挑战，国内外形势严峻复杂⑪。再叠加新冠肺炎疫情的冲击，全球经济增长进一步低迷，逆全球化趋势愈演愈烈等，这些因素给中国迈向第二个百年奋斗目标的新征程带来新的困难与挑战。由此，必须增强风险防范的战略意识，认清第二个百年奋斗目标在经济发展上的突出任务，预判在实现第二个百年奋斗目标过程中将会遇到的挑战，从而在发展战略上做出针对性部署，以顺利实现第二个百年奋斗目标。

中国经济学是服务于中华民族伟大复兴、实现全面建设社会主义现代化国家的理论工具和智力支持。中国在全面建设社会主义现代化国家进程中面临较为严峻的挑战，要想更好地完成建成社会主义现代化强国的核心任务，需要从学理上梳理和研究清楚如何充分发挥中国经济的特色优势和发展战略，制定好合理的规划与实施路径等关键战略性问题和难题，确保中国向着社会主义现代化目标稳步迈进。

四、构建中国经济学的新探索：以知识体系和教材体系为核心抓手

从经济理论的演变历史经验来看，理论体系的形成离不开教材体系的支撑。一方面，教材是理论的载体，是理论内核与共识的集中体现，是传播理论的重要渠道。另一方面，教材也是进一步推进理论发展的重要基础。2016年5月17日习近平总书记在哲学社会科学工作座谈会上明确指出："学科体系同教材体系密不可分。学科体系建设上不去，教材体系就

上不去；反过来，教材体系上不去，学科体系就没有后劲。"2022 年 4 月 25 日习近平总书记在视察中国人民大学时指出："加快构建中国特色哲学社会科学，归根结底是建构中国自主的知识体系。没有知识体系这个内核，学科体系、学术体系、话语体系就如同无本之木。"知识体系需要靠教材呈现；知识体系除了要明确知识点之外，还要明确知识的基本范畴、基本概念和基本问题。这几个方面都需要通过教材来承载和构建。哲学社会科学每一个学科的学科体系、学术体系和话语体系的构建，如果离开了这个学科的知识体系及其知识点、基本范畴、基本概念和基本问题，那么就难以成功。因此，知识体系和教材体系是构建哲学社会科学的学科体系、学术体系和话语体系的关键抓手。近年来教育部教材局和国家经济学教材建设重点研究基地（以下简称教材基地）大力推进中国经济学教材体系建设，以教材为载体，汇聚全国经济学重点高校和研究机构的专家学者，对中国经济学建设进行了多方面的有益探索，取得了一些重要的阶段性成果。

（一）对"中国经济学"的定义和内涵进行重新界定，凝聚了学界普遍共识并引领了全国范围内研究中国经济学的新热潮

在过去的很长一段时间里，"中国经济学"的定义和内涵并不十分清晰。有观点认为"中国经济学"是国别概念，是在中国的经济学或经济学的中国化应用。但是，回顾近百年来全世界经济学理论的发展历程可知，不管是英国古典经济学还是美国经验占主导地位的当代西方经济学，都不只是纯粹的国别概念，而是具有鲜明的历史感和时代感。与之类似，中国经济学也不是单纯的国别的概念，而是具有特殊内涵的历史概念，同样具有鲜明的时代感。

教育部教材局和教材基地以建设中国经济学教材为重要契机，通过高端论坛、研讨会与调研等多种方式组织全国范围内的权威专家学者对"中国经济学"的定义和内涵进行了深入研讨。在此基础上，对于中国经济的内涵达成了新的基本共识：中国经济学的本质在于，对新中国成立 70 多年来尤其是改革开放 40 多年来中国从落后国家建设成为小康社会的伟大成就进行系统性的理论总结，并且用来指导中国建设成为现代化强国；中国经济发展的成功实践经验以及在此基础上提炼出的中国经济学理论，不仅具有中国的根据和意义，同时也具有世界意义。

"中国经济学"这一新的定义和内涵较好地引领了全国范围内研究中国经济学的新热潮。国家自然科学基金委、清华大学、中国社会科学院、南京大学、西南财经大学等重要组织和单位，以及《经济研究》《管理世界》等重要学术刊物围绕中国经济学举办了一系列高端学术论坛与研讨会。其中，国家自然科学基金委专门设立"中国经济发展规律的基础理论与实证专项项目"，旨在通过多学科、大交叉、新范式的研究，从典型事实、基本规律、核心理论等方面系统总结改革开放以来中国经济发展的成功经验与规律，形成能够解释过去并指导未来的中国经济发展理论，包括中国经济增长与经济结构转型理论、中国特色宏观调控理论、减贫理论与乡村振兴理论等。中国社会科学院还专门创办了《中国经济学》期刊，旨在挖掘中国规律性经济现象和经济学故事，发表具有原创性的中国经济学论文，推动中国现象、中国问题、中国理论的本土化和科学化，为加快构建中国经济学理论体系贡献力量。

（二）分批推进中国经济学教材建设工程，为中国经济学理论体系和知识体系的构建和发展提供重要载体

推进中国经济学教材建设工程，是落实教材建设国家事权，切实推进习近平新时代中国特色社会主义思想进教材、进课堂、进头脑的重要举措，是构建中国经济学理论体系和知识体系的关键环节和抓手，具有非常重要的理论和现实意义。首先，中国经济学教材是中国经济学的重要载体。教材在理论中具有独一无二的作用，能够更好地梳理理论脉络、澄清学术共识、塑造学科逻辑体系。中国特色社会主义经济建设实践的成功经验和中国经济学的理论成果可以通过一套系统完备的中国经济学教材清晰呈现。通过中国经济学教材的建设，可以将中国经济发展过程中的经验性特征和重要经济学理论成果纳入统一理论框架，将共识性的理论成果以教材的形式传递。其次，中国经济学教材是落实立德树人任务的关键抓手，有助于培养将论文写在中国大地上的高素质经济学人才。长期以来，中国经济学教育面临的问题是课堂教学与现实实践脱节，广大青年学生对中国国情的了解不够充分。中国经济学教材体系的构建可以促进经济理论与中国社会经济实践的联结，增进广大青年学生对于中国国情的了解，从而为培养新时代经济学有用之才提供重要保障。最后，中国经济学教材的构建在将中国实践概念化、中国经验一般化的过程中，也能够展现中国经济的理论价值，促进政治经济学和西方经济学传统教材和理论体系的更新，使其能够更多地体现中国经济学理论要素和学术成果，从而在更广大范围内和更深入层次上促成对中国经济的理解、研究和教学。

2021年10月28日，国家教材委员会办公室正式发布了《关于公布首批中国经济学教材编写入选学校及团队的通知》。来自全国13个科研院所的25个团队获得了《中国特色社会主义政治经济学》《中国宏观经济学》《中国微观经济学》《中国发展经济学》《中国开放型经济学》《中国金融学》《中国财政学》《中国区域经济学》和《中华人民共和国经济史（1949—1978年）》首批9种中国经济学教材的编写资格。首批中国经济学教材将紧密结合改革开放和社会主义现代化建设实践，坚持问题导向，体现中国特色，以更好地解释中国经济发展的伟大成就与关键性问题为原则，系统梳理中国经济理论的独创性贡献，讲好"中国故事"，增强中国经济学教材的解释力和生命力。同时，教材编写将突破"用原有理论解释中国经济问题"或"原有课程＋中国案例（数据）"的编写形式，立足新时代，系统总结新中国成立70多年来尤其是改革开放40多年来中国经济建设发展的丰富实践，提炼具有原创性、解释力、标识性的新概念、新范畴、新表述，推动形成中国经济学理论体系，并用来指导新的伟大实践，为构建中国经济学教材体系奠定坚实理论基础。这有助于真正落实习近平总书记强调的"用中国理论阐述中国实践，用中国实践升华中国理论"的指示精神。

未来中国经济学教材建设过程中需要进一步处理好"四大关系"。一是处理好建设与规划的关系，在教材建设过程中应该遵循"边规划边建设""以规划促建设"的原则，充分尊重教材建设与理论发展的规律，及时调整规划方案，确保中国经济学教材建设工作能够持续稳步推进。二是处理好继承与创新的关系。既要继承马克思主义政治经济学及其中国化的理论成果，并较好地借鉴吸收西方经济学的有益内容，也要突出体现以中国经济伟大实践为源泉的中国经济学理论创新。而且，中国经济学理论创新应该在中国经济学教材中占据主导地位。三是处理好理论与实践的关系。既要从实践中提炼理论，也要用理论指导实践。要不断完善中国经济学理论体系与教材体系，并用来指导中国现代化建设新征程。四是处理好教材建设与理论研究、学科建设的关系。关于教材建设与理论研究的关系，应该以国家教材的严肃性和权威性，彰显中国经济理论的共识性和可推广性；同时，以理论的严谨性和中国实践的鲜活性不断充实与完善教材体系，形成知识体系与教材体系的双向互动[12]。

（三）加快推进《中国经济学研究手册》建设工程，与中国经济学教材互动互补，从而进一步完善中国经济学教材体系

中国经济学教材体系应该是多层次、全方位的体系，目前正在编写的中国经济学教材处于核心地位，是对中国经济原创性理论与标识性概念的集中体现，对中国理论、中国故事、中国智慧与中国方案进行广泛传播。在此基础上，针对经济学研究人员以及经济学高年级本科生和研究生等专业人群，还需要有相应的配套工程，从而更好地推进中国经济学理论研究。为了丰富和完善中国经济学教材体系，教材基地正在推进《中国经济学研究手册》建设工程。

在国际上，与《中国经济学研究手册》相对应的是具有广泛影响力的《经济学手册》（*Handbooks in Economics*）。《经济学手册》由 Elsevier 出版社出版，自 1981 年出版首部《数理经济学手册》以来，以学科为单位至今已经累计出版 100 余部，而且还在不断增加，它们涵盖了政治经济学、宏观经济学、微观经济学、国际经济学、金融学等经济学人类知识体系的几乎全部重要领域。《经济学手册》的目的在于为专家学者和研究生提供深度研究资料，具有鲜明特征。一是权威性。每一部《经济学手册》的每一位作者均由该领域权威专家学者（如诺贝尔经济学奖获得者）担任。二是前沿性。《经济学手册》大约每 10 年更新一次，这使得手册所涵盖的内容不仅包括学界已达成共识的成熟研究成果，还包括来自学术期刊和学术会议等的最新前沿研究成果。三是高被引性。《经济学手册》的被引率超过了绝大多数知名经济学期刊。《经济学手册》是国际经济学界运用西方经济学范式研究经济问题的重要工具书，能够为中国特色哲学社会科学体系建设提供有益参考。编制"以中国为观照、以时代为观照，立足中国实际、解决中国问题"，助力构建中国自主知识体系的《中国经济学研究手册》（下文简称《手册》）具有重要意义。

《手册》是中国经济学教材之外，中国经济学理论的又一重要载体，需要将国际学术手册的一般性与中国经济学的本质有机结合，并且突出以下四大鲜明特点：第一，紧扣中国经济学的内涵与本质。《手册》应系统总结新中国成立70年来尤其是改革开放40多年以来的伟大实践，提炼中国特有范畴与独创性理论，提炼中国经济学的核心范畴与主要理论。第二，聚焦中国经济建设与发展过程中重要领域的重大问题，充分体现中国学者的独创性贡献以及政府政策的成效。既要将中国学者提出的特色范畴、独创性理论以及相关文献等研究成果写入《手册》，又要将政府部门在中国经济发展过程中所采取的卓有成效的政策举措进行总结提炼并写入《手册》。第三，秉持权威性与客观性。为了保证《手册》的权威性，应由国内经济学界的权威学者对相关领域的现实问题、理论进展和文献脉络进行梳理，从而为经济学研究人员、高年级本科生以及研究生提供权威的研究述评、未来展望和经典参考文献。为了保证《手册》的客观性，其作者应客观总结与提炼相关领域学者的研究成果，力求把代表性的学说与观点都纳入其中，包括存在分歧的学说和观点，从而全面反映国内学者在该领域的研究成果。第四，具备可持续性与可更新性。中国经济发展过程中的重大问题处于动态变化过程中，源于实践的中国经济理论也会随之更新。与之相适应，《手册》所包含的内容应该是可持续、可更新的，这就要求《手册》所涵盖的内容和话题在过去很重要、现在也很重要，并且在可预期的未来也将保持其重要性[13]。

可以预见的是，中国经济学教材与《手册》将不断改善以往中国经济学体系中学术研究、教材编写与理论建设相互割裂的问题。聚焦于学术前沿研究的学术期刊、聚焦于归纳梳理研究动态的《手册》以及聚焦于凝练中国经济原创性理论的中国经济学教材三者之间将形成完整闭环与良性互动。学术前沿研究中基本形成共识的内容，可以不断纳入中国经济学教材之中，形成既相对稳定又能不断更新的基础教学工具。尚处于学术争论阶段但是已经形成相对稳定的分析范式的部分，则可以纳入《手册》，作为指引新进研究人员的研究指南。由此，中国经济学教材与《手册》将不断丰富中国经济学教材体系，从而大大助力中国经济学的构建和完善。

五、结语和展望

时代是思想之母，实践是理论之源。2016 年 5 月 17 日，习近平总书记在哲学社会科学工作座谈会上强调，"当代中国正经历着我国历史上最为广泛而深刻的社会变革，也正在进行着人类历史上最为宏大而独特的实践创新。这种前无古人的伟大实践，必将给理论创造、学术繁荣提供强大动力和广阔空间。"新中国成立以来，中国经济取得的举世瞩目成就更是为中国经济学的建设提供了历史性机遇。中国特色社会主义经济建设和社会主义现代化的伟大实践业已积累了丰富的成功经验，社会主义经济思想的探索和发展、马克思主义中国化也已到达了新的高度，创立中国经济学的历史条件和思想条件都已经成熟。完全有必要对中国特色社会主义经济建设和中国特色社会主义现代化伟大实践的成功经验做系统性的总结，并加以学术性的总结提炼，从而形成中国经济学，用以阐释和解决中国经济发展的问题，并指导中国迈向第二个百年奋斗目标的新实践。

虽然中国经济学已经具备必要的历史条件和思想条件，但还没有形成一个完善的理论框架与具有中国特色的理论内核。在构建过程中，还面临着中国经济学的构建原则、主体内容与实现途径等关键性问题需要回答。本文基于习近平总书记 2016 年 5 月 17 日在哲学社会科学工作座谈会上的讲话的重要指引，对于上述问题进行了一定的思考。就构建原则而言，中国经济学应当遵循三大原则，分别是以马克思主义为指导的科学性、以问题为导向的实践性和以人民为中心的价值性。就主体内容而言，中国经济学要深刻而系统地研究中国特色社会主义市场经济运行的基本规律、中国特色宏观调控和中国特色发展战略体系等重要内容。就实现途径而言，中国经济学的构建应以中国经济学教材建设工程为核心抓手，并以《手册》作为配套建设工程。聚焦于学术前沿研究的学术期刊、聚焦于归纳梳理研究动态的《手册》以及聚焦于提炼中国经济原创性理论的中国经济学教材三者之间将形成完整闭环与良性互动，以中国经济学的知识体系和教材体系作为突破口，打造由知识体系、教材体系、学科体系、学术体系、话语体系构成的完整学术生态体系，从而实质性地助力中国经济学的构建和完善。

　　新的时代赋予新的使命，经济学界应进一步凝聚共识，加快中国经济学理论的建设构建，未来应着力做好以下几方面工作：一是进一步增强中国经济学的问题导向特征。要科学阐释中国增长奇迹、减贫奇迹、经济低波动运行、经济体制平稳过渡等一系列成功实践背后的经济学逻辑，这将有助于系统性地凝练原创性的中国经济理论，为中国经济学提供重要的理论支撑。二是创新研究范式。中国经济学既不能过多地拘泥于西方经济学的研究范式，也不能过多地局限于意识形态方面的规范性研究，缺乏可实证的科学基础。需要加快构建一套可实证、可计量、可拓展、可传播、可传承、可借鉴的研究范式。三是要进行更大跨度的学科交叉研究。总结中国经济发展的典型事实并深刻剖析中国经济发展的内在规律，创新经济学理论发展，既需要经济学领域之中宏观、微观、计量等多学科进行交叉，也需要经济学与其他社会科学进行交叉与融合，更需要经济学与自然科学进行大跨度的交叉与融合。四是进一步以中国经济学教材建设为抓手，以知识体系和教材体系为突破口，加快中国经济学生态体系构建。以教材基地作为重要支撑，汇聚专业研究力量，围绕中国经济发展相关的重大理论和实践问题展开集中攻关，提炼中国特有范畴和标识性概念，深化理论研究。更好地用中国理论解读中国实践，用中国实践丰富中国理论，用中国话语阐述中国发展，推动中国经济学理论体系的不断完善。

注释

　　①习近平：《在哲学社会科学工作座谈会上的讲话》，《人民日报》，2016 年 5 月 19 日。

　　②③《中共中央关于党的百年奋斗重大成就和历史经验的决议》，《人民日报》，2021 年 11 月 17 日。

　　④习近平：《坚持用马克思主义及其中国化创新理论武装全党》，《求是》，2021 年第 22 期。

　　⑤毛泽东：《新民主主义论　在延安文艺座谈会上的讲话　关于正确处理人民内部矛盾的问题　在中国共产党全国宣传工作会议上的讲话》，人民出版社，1966 年，第 18 页。

⑥习近平：《坚持历史唯物主义不断开辟当代中国马克思主义发展新境界》，《求是》，2020年第2期。

⑦习近平经济思想研究中心：《做好新时代经济工作的根本遵循——习近平新时代中国特色社会主义经济思想的重大意义和丰富内涵》，《人民日报》，2022年2月16日。

⑧习近平：《不断开拓当代中国马克思主义政治经济学新境界》，《求是》，2020年第16期。

⑨在新民主主义时期，中国共产党创造性地提出了新民主主义经济纲领，在探索社会主义建设道路过程中对发展中国经济提出了独创性的观点，在改革开放的实践中把马克思主义政治经济学基本理论与中国改革开放新的实践相结合，不断丰富和发展马克思主义政治经济学，创立了中国特色社会主义政治经济学。1984年10月《中共中央关于经济体制改革的决定》通过之后，邓小平评价这个决定"写出了一个政治经济学的初稿，是马克思主义基本原理和中国社会主义实践相结合的政治经济学"。这个初稿，实际上就是中国特色社会主义政治经济学的初稿。改革开放40多年来，随着中国特色社会主义经济实践的蓬勃发展，中国特色社会主义政治经济学的初稿不断丰富、充实、拓展、完善，发展成为了具有鲜明主体性、原创性的系统化的经济学说。党的十八大以后，中国特色社会主义进入新时代，中国经济发展也进入新时代。2021年7月1日，在庆祝中国共产党成立100周年大会上，习近平总书记代表党和人民庄严宣告："经过全党全国各族人民持续奋斗，我们实现了第一个百年奋斗目标，在中华大地上全面建成了小康社会，历史性地解决了绝对贫困问题，正在意气风发向着全面建成社会主义现代化强国的第二个百年奋斗目标迈进。"面对新时代新实践，习近平总书记多次强调，我国经济发展进程蕴藏着理论创造的巨大动力、活力、潜力，要深入研究世界经济和我国经济面临的新情况新问题，不断完善中国特色社会主义理论体系。

⑩离散系数为标准差与平均数的比值。1992~2012年中国经济增速的离散系数使用相应期间每年GDP实际增速的标准差除以平均数计算，2013年以来中国经济增速的离散系数使用2013~2019年每年中国GDP实际增速的标准差除以平均数计算。

⑪就国内形势而言，近年来中国经济增速下滑势头有所加剧，增长动力有待增强。系统性金融风险仍处高位，高债务、高房价等问题还没有得到较好的解决，总需求结构、产业结构与收入结构等结构性问题依然突出。就国际形势而言，全球经济尚未摆脱 2008 年金融危机的深刻影响，存在长期停滞风险。

⑫在教育部教材局的统一部署下，教材基地深入开展了一系列研究工作，为教育部教材局推动中国经济学教材建设提供了重要的智库支撑。一是协助教育部教材局研制了中国经济学教材建设工作方案，论证了中国经济学教材建设总体思路。二是协助教育部教材局开展中国经济学教材建设论证和落地实施工作。基地组织专家团队论证了首批中国经济学教材建设目录、主要内容及编写要求等，研制了首批中国经济学教材建设、申报与评审工作方案，为首批中国经济学教材建设工作的启动和落地实施提供了重要支撑。三是汇聚国内一流学者深入推进中国经济学理论研究，为中国经济学教材建设提供坚实理论支撑。在此基础上，教育部教材局与教材基地正在组织专家进行第二批中国经济学教材建设论证工作，重点围绕教材建设目录、主要内容、编写难点等进行反复论证。

⑬当前教材基地正在稳步推进《手册》建设工程。一是多次组织专家论证研讨，较好地厘清了《手册》与中国经济学教材、中国经济学理论研究以及中国经济学人才培养的关系，明确了《手册》的定位和功能。二是研制并出台了《〈中国经济学研究手册〉规划方案》，论证了手册的内容体系、编写组织架构、建设方式与进度安排等重要内容。三是已组建两个研编团队，由刘伟教授、陈彦斌教授分别牵头，编写《中国特色社会主义政治经济学研究手册》与《中国宏观经济学研究手册》，并且已初步形成多个样板章节，其他章节的编写工作也在稳步推进。下一步，教材基地将在教育部教材局的统一部署下，在全国范围内凝聚更广泛的专家学者参与到《手册》建设工程中，加快《手册》编写工作，为中国经济学理论的传播与推广打造新的载体。

参考文献

[1] 陈小亮、陈彦斌：《结构政策的内涵、意义与实施策略——宏观

政策"三策合一"的视角》,《中国高校社会科学》,2022 年第 3 期。

　　[2] 陈宣明:《社会主义市场经济的本质特征、基本规律与发展趋势——从当代中国的经济发展谈起》,《经济纵横》,2018 年第 10 期。

　　[3] 黄少安:《马克思主义经济学从根本上主导了中国经济改革——对中国经济改革和发展产生重大影响的主要经济理论总结》,《中国经济问题》,2020 年第 1 期。

　　[4] 李建平:《认识和掌握社会主义市场经济三个层次的规律》,《经济研究》,2016 年第 3 期。

　　[5] 林彦虎、冯颜利:《对苏联解体教训的再认识》,《红旗文稿》,2016 年第 17 期。

　　[6] 刘伟、邱海平:《中国特色社会主义政治经济学》,《经济研究》,2022 年第 1 期。

　　[7] 刘伟:《中国经济学的探索历程、构建原则与发展方向》,《中国科学基金》,2021 年第 3 期。

　　[8] 刘伟、蔡志洲:《中国经济发展的突出特征在于增长的稳定性》,《管理世界》,2021 年第 5 期。

　　[9] 刘伟、陈彦斌:《"两个一百年"奋斗目标之间的经济发展:任务、挑战与应对方略》,《中国社会科学》,2021 年第 3 期。

　　[10] 刘伟、范欣:《党的基本纲领的政治经济学分析——学习党的十九届六中全会精神的体会》,《管理世界》,2022 年第 2 期。

　　[11] 索洛:《经济学中的科学和意识形态》,载于克伦道尔、埃考斯编《当代经济论文集》,波士顿,利特尔布朗公司,1972 年。

　　[12] 约瑟夫·熊彼特:《经济分析史(第一卷)》,朱泱、孙鸿敬、李宏译,商务印书馆,1996 年。

　　[13] 周文、司婧雯:《全面认识和正确理解社会主义市场经济》,《上海经济研究》,2022 年第 1 期。

习近平经济思想与中国特色社会主义政治经济学构建[*]

中共中央党校　王东京

摘要： 党的十九大报告全面阐释了习近平新时代中国特色社会主义思想和基本方略，也集中体现了习近平总书记的经济思想。对如何运用习近平经济思想指导中国特色社会主义政治经济学构建，笔者提出要以习近平"坚持以人民为中心"的思想为主线；以五大新发展理念为理论框架。同时笔者认为，习近平关于处理政府与市场关系的思想为中国特色社会主义政治经济学研究资源配置提供了基本范式；关于供给侧结构性改革的思想为研究经济持续健康发展提供了中国方案。

关键词： 党的十九大报告　习近平经济思想　政治经济学

习近平总书记在党的十九大报告中提出了中国特色社会主义进入新时代的政治判断，全面阐释了新时代中国特色社会主义思想和基本方略。习近平新时代中国特色社会主义思想，是马克思主义中国化的最新成果，也集中体现了习近平同志的经济思想。本文结合笔者学习党的十九大报告的体会，重点就如何用习近平经济思想指导中国特色社会主义政治经济学的构建谈几点认识。

一、习近平"坚持以人民为中心"的思想为构建中国特色社会主义政治经济学确立了主线

　　"立足我国国情和我国发展实践，发展当代中国马克思主义政治经济

＊　原载《管理世界》2017 年第 11 期。

学"，是习近平总书记对广大经济理论工作者提出的期望。构建中国特色
社会主义政治经济学，首先要解决的问题就是怎样确定这门学科的主线。
主线不明确，学科的框架体系也就无法建立。中国特色社会主义政治经济
学的主线是什么呢？研读党的十九大报告，笔者认为习近平总书记"坚持
以人民为中心"的思想就是中国特色社会主义政治经济学的主线。

对构建社会主义政治经济学的探索，最早是从苏联开始的。1951 年，
苏联召开评定《政治经济学教科书》未定稿讨论会，作为这次讨论的总
结，斯大林于 1952 年撰写出版了《苏联社会主义经济问题》。应该说，国
内学界对社会主义政治经济学的认识，最初就是来自苏联的《政治经济学
教科书》与斯大林的这本小册子。改革开放后，国内经济学界也编写过不
同版本的《政治经济学（社会主义部分）》教材。总体上来说，无论是
苏联的教科书还是国内编写的教科书，对构建社会主义政治经济学的主线
是什么并未形成一致的认识。

确立社会主义政治经济学的主线，要从政治经济学的学科性质入手。
政治经济学不同于今天的西方经济学，马克思在《资本论》序言中说"我
要在本书研究的，是资本主义生产方式以及和它相适应的生产关系和交换
关系"，并指出"政治经济学不是工艺学"；列宁也说"政治经济学决不
是研究'生产'，而是研究人们在生产上的社会关系，生产的社会制度"。
资本主义的生产关系是阶级关系，所以政治经济学要有阶级性或政治立
场。18 世纪末，一批西方学者抽象掉阶级性而研究纯经济现象，如瓦尔拉
斯的《纯粹经济学要义》、马歇尔的《经济学原理》等在名称上就试图把
经济学与政治经济学分开。他们这样做的目的是要证明经济学可以没有阶
级性或政治立场，可以像自然科学一样成为纯科学。当然这只能是自欺欺
人，西方经济学其实也是有自己的阶级立场的。

古典政治经济学研究的是生产关系，而且也有阶级立场。17 世纪中叶
以后，资本主义工场手工业逐渐发展成为工业生产的主要形式，资产阶级
为了同封建势力作斗争，必然要求从理论上说明资本主义生产、分配的规
律，论证资本主义生产的优越性，于是古典政治经济学应运而生。由于当
时的社会矛盾主要体现为资产阶级与地主阶级的矛盾，古典政治经济学的
立场明显站在资产阶级一边。马克思主义政治经济学批判地继承了古典政

治经济学,然而马克思的立场与古典政治经济学不同,马克思坚定地站在工人阶级立场上,他关心的是资本主义条件下人类的生存状况,研究的是物掩盖下资本家与工人之间的关系,目的是揭示"两个必然",实现人类的自由解放。

前面说,苏联较早地开始了对社会主义政治经济学的探索,苏联的《政治经济学教科书》虽也强调研究社会主义生产关系,而且斯大林也批评了雅罗申柯"为生产而生产"的观点,但未提出社会主义政治经济学的主线。该教科书确立的社会主义经济范式,是"公有制+计划经济+按劳分配"。斯大林在《苏联社会主义经济问题》中虽然也提出在全民所有制和集体所有制并存的条件下仍有必要保留商品生产,但他只承认消费品是商品,不承认生产资料是商品,只承认价值规律在一定范围内对商品流通有"调节"作用。他认为资本主义制度下竞争和生产都是无政府状态,而社会主义制度下国民经济可以有计划按比例发展。1959~1960年毛泽东同志研读苏联《政治经济学教科书》后,批评该书背离实际,有的观点背离了马克思主义。

由此可见,构建中国特色社会主义政治经济学不能复制苏联的教科书。党的十一届三中全会以来,我们党坚持把马克思主义政治经济学基本原理同改革开放的实践相结合,形成了中国特色社会主义经济理论。1984年10月,党的十二届三中全会通过《中共中央关于经济体制改革的决定》后,邓小平同志评价说:"我的印象是写出了一个政治经济学的初稿,是马克思主义基本原理和中国社会主义实践相结合的政治经济学。"党的十八大后,习近平同志在主持中共中央政治局第二十八次集体学习时指出,既要坚持马克思主义政治经济学的基本原理和方法论,更要同我国经济发展实际相结合,不断形成新的理论成果。在2016年7月8日召开的经济形势专家座谈会上习近平总书记又强调:"坚持和发展中国特色社会主义政治经济学,要推进充分体现中国特色、中国风格、中国气派的经济学科建设。"

习近平总书记的这一系列重要讲话,为我们寻找中国特色社会主义政治经济学的主线提供了指引,这就是:当代中国的政治经济学不仅要研究社会主义生产关系;而且要体现中国特色。概括起来讲,中国特色社会主义就是"中国共产党领导+公有制为主体+市场经济+共同富裕"的社会主义；而中国特色社会主义政治经济学，则是"中国版"的马克思主义政治经济学。既如此，我们建设中国特色社会主义政治经济学就必须坚持马克思主义的立场。

什么是马克思主义的立场？马克思主义立场当然是人民立场。1848 年马克思、恩格斯在《共产党宣言》中宣告："过去的一切运动都是少数人的或者为少数人谋利益的运动。无产阶级的运动是绝大多数人的、为绝大多数人谋利益的运动。"马克思主义政治经济学代表作《资本论》从商品的二因素和劳动二重性出发，运用劳动价值理论，分析资本主义生产、交换、分配过程，揭示剩余价值的秘密，阐明了无产阶级受剥削、受压迫的经济根源。正如列宁所说："只有马克思的经济理论，才阐明了无产阶级在整个资本主义制度中的真正地位。"习近平总书记曾明确讲："坚持以人民为中心的发展思想，是马克思主义政治经济学的根本立场。"立场决定主线，因此"坚持以人民为中心"就理所当然要成为中国特色社会主义政治经济学的主线。新中国成立后，经过社会主义改造，资产阶级作为一个阶级已不复存在，无产阶级与资产阶级的矛盾已基本解决；特别是党的十一届三中全会以后，党的工作重点转移到经济建设上来，今天中国共产党所要代表的是全国最广大人民的根本利益，所寻求的是全国人民利益的最大公约数。对此马克思曾有明确论述。马克思说，未来理想的社会是一个自由人联合体，"在那里，每个人的自由发展是一切人的自由发展的条件"。

这里有个问题要澄清，有人说西方福利经济学也主张照顾穷人，并提出过"收入均等化"原理，福利经济学是否也体现了以人民为中心的发展思想？笔者要指出的是，福利经济学的"收入均等化"与习近平总书记提出的"坚持以人民为中心"是根本不同的两回事。20 世纪初，资本主义社会由于贫富差距越来越大，阶级矛盾日益尖锐，英国经济学家庇古站在维护资产阶级统治的立场上创立了福利经济学，其出发点并不是为人民争取利益，而是为了缓解阶级对立，维护资产阶级的统治。

习近平总书记提出坚持以人民为中心的发展思想，是由我们党的性质和社会主义的本质决定的。1921 年我们党第一次代表大会通过的第一个纲领就提出"以无产阶级革命军队推翻资产阶级，由劳动阶级重建国家"，1945 年党的七大正式把"全心全意为人民服务"写进党章并作为党的根本宗旨。2015 年 11 月在主持中共中央政治局第二十八次集体学习时，习近平总书记指出："要坚持把增进人民福祉、促进人的全面发展、朝着共同富裕方向稳步前进作为经济发展的出发点和落脚点。"

从党的十八大到党的十九大，习近平总书记不断丰富和发展以人民为中心的发展思想。他指出："中国梦，归根到底是人民的梦，必须紧紧依靠人民来实现，必须不断为人民造福。""我们要随时随刻倾听人民呼声、回应人民期待，保证人民平等参与、平等发展权利，维护社会公平正义，在学有所教、劳有所得、病有所医、老有所养、住有所居上持续取得新进展，不断实现好、维护好、发展好最广大人民根本利益，使发展成果更多更公平惠及全体人民，在经济社会不断发展的基础上，朝着共同富裕方向稳步前进。"在党的十九大报告中，习近平总书记指出："必须坚持人民主体地位，坚持立党为公、执政为民，践行全心全意为人民服务的根本宗旨，把党的群众路线贯彻到治国理政全部活动之中，把人民对美好生活的向往作为奋斗目标，依靠人民创造历史伟业。"他强调："必须始终把人民利益摆在至高无上的地位，让改革发展成果更多更公平惠及全体人民，朝着实现全体人民共同富裕不断迈进。"这一科学论述延续了我们党一脉相承的政治主张，为中国特色社会主义理论赋予了新的内涵，同时也为构建中国特色社会主义政治经济学确立了主线。

二、习近平提出的"新发展理念"为构建中国特色社会主义政治经济学提供了理论框架

坚持以人民为中心的发展思想，具体体现就是五大新发展理念。习近平总书记在党的十九大报告中指出："发展必须是科学发展，必须坚定不移贯彻创新、协调、绿色、开放、共享的发展理念。"并强调要"贯彻新发展理念，建设现代化经济体系"。笔者体会，新发展理念不仅是建设现代化经济体系的总引领，同时也可作为我们构建中国特色社会主义政治经济学的理论框架。

迄今为止，国内编写的《政治经济学（社会主义部分）》教材，大多是按马克思经济学手稿提出的生产、交换、分配、消费四个环节为框架展开，而有的则是借鉴西方经济学的框架。用马克思主义分析资本主义经济的框架分析社会主义经济，难免生搬硬套。例如《资本论》中反映资本主义生产关系的基本范畴"资本"与"剩余价值"等，在"社会主义政治经济学"中就变成了"资金"与"剩余劳动"，这样处理在理论界曾引起不少争议。有学者质疑：社会主义初级阶段难道不存在资本？剩余劳动的价值形态不就是剩余价值吗？当然，用西方经济学的框架编写社会主义政治经济学教材更是牵强附会、牛头不对马嘴。

笔者主张用新发展理念作为构建中国特色社会主义政治经济学的理论框架，理由是：第一，新发展理念是习近平总书记根据我国经济发展实践总结提炼出的规律性成果，是将实践经验上升为系统化的经济学说。第二，五大发展理念是一个完整的逻辑体系，其中创新发展是动力，协调发展是原则，绿色发展是方式，开放发展是路径，共享发展是目的。我们如果把发展经济比作做蛋糕，也可以这样理解：创新发展是解决怎样将蛋糕做大；协调发展、绿色发展、开放发展是怎样不断提升蛋糕的质量，把蛋糕做好；而共享发展则是解决怎样分配蛋糕的问题。

中国特色社会主义政治经济学阐释新发展理念，笔者认为应紧紧扣住以下重点：

第一，关于创新发展。改革开放以来，我国经济发展取得了举世瞩目的成就，经济总量已跃居世界第二位，但同时必须清醒地看到，我国经济规模大而不强，经济增速快而不优，主要依靠投资驱动，这种传统的驱动方式已不可持续，必须转向创新发展。如何实施创新发展？习近平总书记提出了科技创新与体制创新"两个轮子共同转动"的思想，即既要通过体制创新推动科技创新，又要通过科技创新带动体制创新。为此我们的政治经济学必须研究体制背后的生产关系，为体制创新提供有力的理论支撑。例如我们应建立什么样的科技投入体制与科技成果转化体制，就是政治经济学要回答的重大课题。

第二，关于协调发展。过去很长一个时期，我们认为社会主义代替资本主义后，经济就能克服生产的盲目状态，可实行有计划按比例发展，既不会出现生产过剩，也不会出现供给短缺。可是实践证明，我们社会主义经济仍存在发展不协调的问题。改革开放前，经济不协调主要表现为供给短缺，匈牙利经济学家科尔内就曾用"短缺经济"概括计划经济的特征。同时我们也存在结构性问题，1956年毛泽东同志在《论十大关系》中提出要处理好农轻重、沿海与内地、经济建设与国防建设等关系，说明那时候结构问题已经显现，而所谓"三大差别"（城乡差别、工农差别、地区差别）就是当时结构不协调的反映。

改革开放以后，我国经济又出现新的不协调，主要表现是供给过剩与需求不足，而更突出的是结构性问题。2015年底中央提出去产能、去库存、去杠杆、降成本、补短板，即"三去一降一补"，就是要解决当前存在的结构问题。既然社会主义市场经济也存在经济不协调，那么研究协调发展就是中国特色社会主义政治经济学的题中之义。习近平总书记强调，必须"着力提高发展的协调性和平衡性"，"要城乡协调、地区协调"；要"实现经济发展和人口、资源、环境相协调"；要"实现工业化和资源、环境、生态的协调发展"。

怎样研究协调发展？关于经济均衡，凯恩斯曾提出过一个著名的等式："储蓄等于投资"。此等式今天已成为西方宏观经济学的基石。然而深入分析，此等式其实有诸多疑点。限于篇幅笔者仅指出一点，即储蓄等于投资虽可实现总量平衡，但却不能保证结构平衡。结构不平衡，仅总量平衡有何意义？由此看，我们研究协调发展必须坚持马克思的协调原理。马克思在《资本论》中指出，社会资本再生产运动"不仅是价值补偿，而且是物质补偿，因而既要受社会产品的价值组成部分相互之间的比例的制约，又要受它们的使用价值，它们的物质形式的制约"。显然，马克思这里讲的"两个补偿"，是要求将总量与结构统筹平衡，习近平总书记关于协调发展的思想，与马克思的协调原理一脉相承。他不仅提出要以结构调整促进总量平衡，而且提出要着力形成平衡发展结构，增强供给结构对需求结构变化的适应性与灵活性。

第三，关于绿色发展。绿色发展也涉及生产关系与利益关系的调整，当然是中国特色社会主义政治经济学的重要组成部分。众所周知，欧美国家曾走过一条"先污染后治理"的路，中国作为一个发展中大国，面临资源约束趋紧、环境污染严重、生态系统退化的严峻形势，走欧美国家的老路肯定行不通。有鉴于此，习近平总书记在党的十九大报告中指出，"建设生态文明是中华民族永续发展的千年大计"，并强调"必须树立和践行绿水青山就是金山银山的理念，坚持节约资源和保护环境的基本国策，像对待生命一样对待生态环境"。

早在150多年前马克思就曾发出警告，要解决全球性的生态危机，人类要"一天天地学会更正确地理解自然规律，学会认识我们对自然界的习常过程所做的干预所引起的较近或较远的后果"。习近平总书记当年在浙江工作时就指出："绿水青山就是金山银山。"后来他又多次讲："我们既要绿水青山，也要金山银山。宁要绿水青山，不要金山银山，而且绿水青山就是金山银山。"那么中国特色社会主义政治经济学就要研究，生产方式需要怎样调整才能将绿水青山变为金山银山。

第四，关于开放发展。传统观点认为，发达资本主义国家对外输出资本与商品，是向发展中国家转移生产过剩；而社会主义国家对外开放，实质是受发达国家的剥削。此看法曾一度成为国内《政治经济学》教材的主导观点。习近平总书记指出，要"坚持对外开放基本国策，坚定不移奉行互利共赢的开放战略"。这一论断，是基于对我国历史经验教训的深刻反思。汉朝的"丝绸之路"、唐朝的"开元盛世"、宋朝的"海上神舟"，显示了当时对外贸易的繁荣。而到了明末清初，中国开始实行"闭关锁国"，经济也就渐渐落后了。新中国成立后，特别是1978年开始改革开放后，到2010年我国就已成为全球第二大经济体。实践证明，以开放促发展是我们取得成功的基本经验。

中国特色社会主义政治经济学研究开放发展，既要揭示经济全球化的一般规律，又要重点回答我们作为社会主义国家怎样参与经济全球化，怎样发挥我们的制度优势开展与世界上不同国家的经济合作与竞争。习近平总书记在党的十九大报告中提出，"坚持引进来和走出去并重，遵循共商共建共享原则，加强创新能力开放合作，形成陆海内外联动、东西双向互济的开放格局，……加快培育国际经济合作和竞争新优势"。如何实现这一目标，我们的政治经济学要在理论上作出阐释与论证。

第五，关于共享发展。亚当·斯密说过："如果一个社会的经济发展成果不能真正分流到大众手中，那么它在道义上将是不得人心的，而且是有风险的，因为它注定会威胁到社会稳定。"我们是社会主义国家，共享发展既是社会主义的本质要求，也是坚持以人民为中心的发展思想的最终体现。改革开放之初，邓小平同志曾经讲："鼓励一部分地区、一部分人先富裕起来，也正是为了带动越来越多的人富裕起来，达到共同富裕的目的。"习近平总书记提出共享发展就是要坚持发展为了人民、发展依靠人民、发展成果由人民共享，让人民群众有更多获得感。

落实共享发展理念，我们的政治经济学就是要研究社会主义条件下如何处理公平与效率的关系。平均主义不是社会主义，收入差距过大导致两极分化也不是社会主义。在党的十九大报告中，习近平总书记强调要坚持按劳分配原则，完善按要素分配的体制机制，促进收入分配更合理、更有序；政府要履行好"再分配调节职能，加快推进基本公共服务均等化，缩小收入分配差距"。事实上，在这方面我们已经有了许多积极的探索，也取得了不少成功的经验，广大经济理论工作者要在这些成功实践的基础上进行理论总结，创造出符合我们中国特色的社会主义分配理论。

三、习近平关于处理政府与市场关系的思想为中国特色社会主义政治经济学研究资源配置确定了基本范式

中国特色社会主义政治经济学要研究资源配置，但政治经济学的研究视角却与西方经济学明显不同。西方经济学中的马歇尔局部均衡原理、瓦尔拉斯一般均衡原理、帕累托最优状态等皆侧重于技术层面研究，而政治经济学则是从生产关系与生产方式角度进行研究。换句话说，政治经济学所研究的是资源配置方式，具体讲就是研究政府与市场的关系。习近平总书记曾明确表达过这样的思想。他指出："准确定位和把握使市场在资源配置中起决定性作用和更好发挥政府作用，必须正确认识市场作用和政府作用的关系。"

要特别提出的是，党的十九大报告中强调"使市场在资源配置中起决定性作用，更好发挥政府作用"是在阐述"坚持新发展理念"时讲的。习近平总书记为何要在这部分讲？根据笔者的理解，贯彻落实新发展理念涉

及资源配置的方式改革与调整，而核心问题就是要正确处理政府与市场的关系。这是说，能否处理好政府与市场的关系，是能否贯彻新发展理念的关键所在。从这个角度看，习近平总书记上述关于政府与市场关系的思想，其实是为中国特色社会主义政治经济学研究资源配置确定了基本范式。

关于政府与市场的关系，古典政治经济学的创始人亚当·斯密曾形象地将其比喻为"两只手"。他认为增加国民财富的关键是发挥市场机制这只"看不见的手"的作用，而政府这只"看得见的手"只能履行"守夜人"的职责，主要是维护市场自由竞争。马歇尔在1890年出版的《经济学原理》中虽然指出市场有可能在某一时间偏离均衡状态，但同时又说价格机制会让经济恢复均衡，无须政府干预。到了20世纪30年代，国际上围绕计划与市场的关系展开了一场大论战。1908年意大利经济学家巴罗内论证了全部经济资源归公共所有、整个经济由国家生产部集中管理的合理性。俄国十月革命后，奥地利经济学家米塞斯于1920年发表了《社会主义制度下的经济计算》一文，指出中央计划无法确定某种产品最终是否符合需求，也无法计算某种产品在生产过程中所耗费的劳动和原材料，因此企业的经营活动不可能合乎经济原则。米塞斯的观点，得到了哈耶克和罗宾斯等学者的极力推崇。

1936年前后，波兰经济学家兰格连续撰文，论证说通过"模拟市场"可以实现资源的合理配置。同一时期，凯恩斯针对1929~1933年西方经济大萧条，出版了《就业、利息与货币通论》，指出单靠市场无法解决失业问题，主张国家干预经济。1949年，萨缪尔森对新古典和凯恩斯理论进行了综合，得出的结论是：若一国经济未实现充分就业，就适用凯恩斯理论；若已实现充分就业，国家不应对经济进行干预。20世纪70年代西方国家陷入"滞胀"后，又产生了新凯恩斯主义，认为靠价格机制不能实现市场出清，政府应通过经济政策修复市场机制。

从中国的实践看，新中国成立之初我们学习苏联模式，长期实行的是计划经济体制。改革开放之后，我们党开始对政府和市场的关系进行探索。1982年党的十二大报告提出"计划经济为主，市场调节为辅"，这个提法是对传统计划经济体制的一次重大突破。伴随农村改革的初步成功，

1987 年党的十三大报告指出"社会主义有计划的商品经济体制应该是计划与市场内在统一的体制";1992 年党的十四大报告提出"我国经济体制改革的目标是建立社会主义市场经济体制"。这说明关于市场的地位与作用,我们的认识也在不断深化。党的十五大报告提出"使市场在国家宏观调控下对资源配置起基础性作用";党的十六大报告提出"在更大程度上发挥市场在资源配置中的基础性作用";党的十七大报告提出"从制度上更好发挥市场在资源配置中的基础性作用"。

一直到党的十八届三中全会,习近平总书记明确提出"使市场在资源配置中起决定性作用"。从"基础性作用"到"决定性作用",习近平总书记解释说,这一改动"虽然只有两字之差,但对市场作用是一个全新的定位",并指出"使市场在资源配置中起决定性作用和更好发挥政府作用,二者是有机统一的,不是相互否定的,不能把二者割裂开来、对立起来,既不能用市场在资源配置中的决定性作用取代甚至否定政府作用,也不能用更好发挥政府作用取代甚至否定使市场在资源配置中起决定性作用"。

习近平总书记关于市场与政府关系的重要思想,对建构中国特色社会主义政治经济学至少有三点重要启示。

第一,计划与市场都是资源配置的机制,与社会制度无关。邓小平同志曾经说过,计划与市场都是手段,计划经济不等于社会主义,资本主义有计划;市场经济不等于社会主义,社会主义有市场。习近平总书记也强调:"市场决定资源配置是市场经济的一般规律,市场经济本质上就是市场决定资源配置的经济。"因此,中国特色社会主义政治经济学需要加强对市场经济一般规律的研究。一方面,要运用好马克思主义政治经济学关于市场规律的研究成果;另一方面,也要有批判地吸收西方经济研究市场规律的有用成果。

第二,市场并非万能,在有些领域市场可能失灵。正是由于市场会失灵,中国特色社会主义政治经济学不仅要研究市场的一般规律,也要研究市场失灵,特别是要从生产关系的角度研究市场失灵。西方经济学也承认市场失灵,但他们认为只在三种情况下才会失灵:一是信息不充分或不对称;二是经济活动有外部性;三是在公共品与公共服务领域。由此可见,西方经济学是从经济运行层面研究市场失灵。事实上,信息不充分并不单是市场失灵的原因，也是政府失灵的原因，我们计划经济时期的决策失误，大多是信息不充分所致；而且经济学家已经证明，只要产权明晰，经济有外部性，市场也不会失灵。因此我们的政治经济学研究市场失灵，要善于透过现象看本质，而且从生产关系的角度去研究。例如收入差距拉大是市场分配机制的必然结果，而一旦出现了两极分化则是严重的市场失灵，诸如此类的市场失灵我们就应重点研究。

第三，政府也并非万能，政府管理经济也可能失误。习近平总书记指出："更好发挥政府作用，不是要更多发挥政府作用，而是要在保证市场发挥决定性作用的前提下，管好那些市场管不了或管不好的事情。"并强调"发挥政府作用不是简单下达行政命令，要在尊重市场规律的基础上，用改革激发市场活力，用政策引导市场预期，用规划明确投资方向，用法治规范市场行为"。根据习近平总书记的这一思想，要更好发挥政府作用，中国特色社会主义政治经济学就要研究在社会主义市场经济条件下政府职能如何准确定位，政府与市场发挥作用的边界如何确定，政府应重点在哪些领域发挥作用以及怎样发挥作用等。对这些问题的研究，我们既要立足中国特色社会主义的国情，坚持从中国实际出发，又要尊重市场经济的一般规律。

总之，正确处理政府与市场的关系，归根到底是要不断完善社会主义市场经济体制。党的十九大报告中指出，必须以完善产权制度和要素市场化配置为重点，打破行政性垄断，防止市场垄断；放宽服务业准入限制，完善市场监管体制。通过完善市场经济体制改革，激发各类市场主体活力，最终构建市场机制有效、微观主体有活力、宏观调控有度的经济体制。习近平总书记在报告中还强调要完善公共服务体系，保障群众基本生活，不断满足人民日益增长的美好生活需要，不断促进社会公平正义，使人民的获得感、幸福感、安全感更加充实、更有保障、更可持续。

四、习近平关于"供给侧结构性改革"的思想为中国特色社会主义政治经济学研究经济持续健康发展提供了中国方案

中国特色社会主义进入新时代，中国经济也同时进入发展新常态。在

经过30多年经济高增长之后，我们要将速度从高速转为中高速；结构从中低端转为中高端；动力要从投资、出口拉动转为创新驱动。怎样成功地完成这种转型？党的十九大报告中提出要"深化供给侧结构性改革，把发展经济的着力点放在实体经济上，把提高供给体系质量作为主攻方向，显著增强我国经济质量优势"。

习近平总书记关于供给侧结构性改革的思想，是对马克思主义政治经济学的丰富和发展，也是为中国特色社会主义政治经济学研究经济持续健康发展提供的中国方案。此方案的要义是，未来中国经济要实现持续健康发展，政府管理经济的着力点应从需求侧转向供给侧，要通过改革推动结构调整。近期任务是"去产能、去库存、去杠杆、降成本、补短板；而最终目标，则是建立供给结构不断适应需求结构变化的体制机制"。

毋庸讳言，过去30年政府管理经济的着力点主要在需求侧。1998年应对亚洲金融危机、2008年应对国际金融危机，主要措施都是扩大内需。可是今天情况变了，当前我国经济发展面临的问题不仅是需求不足，更主要的是生产体系与需求结构不匹配。一方面，生产成本上升，人口红利逐渐消失，劳动力、土地、能源等要素价格上涨，生态资源和环境承载能力已经达到或接近上限；另一方面，产业升级缓慢，过剩产能累积，需求外溢较为严重，企业效益下降。面对这些问题，仅扩大内需虽能实现总量平衡，但却解决不了结构性问题。问题变了，解决问题的思路当然要变。

从经济学说史追溯，早期的古典政治经济学是重视供给管理的。萨伊在1803年出版的《政治经济学概论》中就提出"供给可以自动创造需求"的观点，这一观点被后人称为"萨伊定律"。可是1929~1933年西方国家发生了大萧条后，"萨伊定律"不攻自破。1936年，凯恩斯在《通论》中用所谓"边际消费倾向递减、资本边际收益递减和流动性偏好"三大心理规律，论证了经济大萧条的原因是由于社会有效需求不足，于是他提出政府要干预经济，主张通过刺激投资和消费扩大需求。从此，政府管理经济的重心就从供给侧转向了需求侧。

客观地讲，站在凯恩斯写作《通论》的那个时代看，凯恩斯的分析并无大错，可是当时没有错并不等于现在没有错。从今天的现实情况看，凯恩斯的立论基础大多都不存在了。例如"边际消费倾向递减规律"，凯恩斯认为当人们收入增加时消费也会增加，但消费增加却赶不上收入增加，这样就使新增消费在新增收入中的比例会不断下降。若果真如此，消费需求当然会不足。这里的关键在于，边际消费倾向递减到底是不是规律？笔者认为，在凯恩斯时代也许是，但今天却不是。"二战"后随着消费信贷的兴起，欧美国家居民储蓄率急剧下降。有数据显示，20世纪40~80年代美国居民储蓄率保持在7%~11%；到1990~2000年则降至5.12%；2001年首次出现-0.2%；2005年再次降至-2.7%。储蓄负增长说明了什么？说明消费增长已快于收入增长，边际消费倾向递减规律已不成立。

由此再想多一层，凯恩斯的投资乘数原理其实不成立。凯恩斯主张刺激投资，理由是投资有乘数效应。凯恩斯将投资乘数定义为（1-边际消费倾向）的倒数。举个例子，若边际消费倾向为80%，则投资乘数（1-80%）的倒数为5，意思是投资1元可带动5元的需求。但要指出的是，凯恩斯对投资乘数有个约定，即边际消费倾向不能等于1，否则投资乘数会无穷大。而笔者前面已用事实举证，今天的边际消费倾向不仅有可能等于1，甚至会大于1（即储蓄率为负），这说明投资乘数原理也已过时。

关于投资需求不足，凯恩斯指出有两个原因：一是投资边际收益递减；二是流动偏好（保持现金的偏好）。若其他要素投入不变，增加投资，其边际收益无疑会递减。投资边际收益递减，企业家自然会减少投资而导致投资需求不足。可流动偏好与投资需求是何关系呢？凯恩斯认为，由于投资边际收益递减，要刺激投资就得降低利率，可由于人们有保持现金的偏好，利率又不能过低，不然就会陷入流动性陷阱。如果人们真有流动偏好，那么凯恩斯的分析是对的。可凯恩斯绝对想不到"二战"后信用卡消费会悄然兴起，而且很快风靡全球。不要说西方发达国家，现在就连我们国内的年轻人也很少用现金，购物、打车一律刷卡或刷手机。可见流动偏好在今天也已不是规律。

边际消费倾向递减与流动偏好如果都不是规律，凯恩斯理论当然也就不再成立了。事实上，20世纪70年代西方国家普遍陷入滞胀后，凯恩斯理论就遭到了质疑。为摆脱滞胀，美国曾一度采用过供给学派的理论，政府管理经济的重心又从需求侧回到了供给侧。其实，供给学派与凯恩斯的理论并无大异，他们都主张刺激投资，供给学派不过是主张通过减税去刺激投资。里根主政时期曾按照供给学派的主张大量削减政府开支，降低个人所得税和企业利润税。可是从实际效果看，减税虽然降低了企业成本，在短期内也确实拉动了经济，但并没有解决美国经济的结构性问题，相反却加剧了生产过剩和结构性矛盾。

习近平总书记提出的供给侧结构性改革思想，显然不同于凯恩斯理论，也不同于西方的供给学派，更不是对"萨伊定律"的回归，而是基于我国的经济发展实践，综合研判全球经济大势和我国经济发展新常态做出的重大战略抉择，是符合中国国情的、可以保证经济持续健康发展的中国方案。从这个意义上看，习近平总书记的供给侧结构性改革思想，无疑是中国特色社会主义政治经济学的重大成果和重要组成部分，对世界上其他国家解决结构性问题也具有借鉴价值。

应该指出的是，对习近平总书记的供给侧结构性改革思想，目前理论界和实际工作部门不少人存在误解，认为供给侧结构性改革就是过去的"政府调结构"，是指政府用行政手段对产能过剩企业予以关停并转。这种理解在理论上肯定是错的。近年来有些地方按过去计划经济的老办法调结构，结果弄巧成拙，却反过来将失误归结于供给侧结构性改革，这更是错上加错。看来，全面准确地阐释供给侧结构性改革的科学内涵，是中国特色社会主义政治经济学的一项紧迫任务。

关于习近平总书记提出的供给侧结构性改革，笔者体会有三个关键词。供给侧结构性改革的第一个关键词是"改革"。结构失衡是我们长期存在的问题，20世纪60年代起政府就一直在调结构，可由于主要是用行政手段调结构，效果并不理想。基于此，党的十八大后在中央全面深化改革领导小组第二十四次会议上习近平总书记明确强调："供给侧结构性改革本质是一场改革，要用改革的办法推进结构调整。"习近平总书记这里讲的改革，强调的是改革资源配置的体制机制。具体讲：就是要通过改革要素市场体制化解产能过剩；改革要素价格形成机制引导资源优化配置；改革行政审批体制与财税体制降低企业制度性成本；改革金融体制防范和化解金融风险；改革投融资体制扩大有效投资补短板。

供给侧结构性改革的第二个关键词是"供给侧"。习近平总书记在党的十九大报告中指出："中国特色社会主义进入新时代，我国社会主要矛盾已经转化为人民日益增长的美好生活需要和不平衡不充分的发展之间的矛盾。"很显然,我国主要矛盾的主要方面是在供给侧,所以我们的改革必须坚持从供给侧发力。首先,要从生产端优化生产要素的配置,提高全要素生产率,不断扩大有效和中高端供给,减少无效和低端供给,从体制机制上解决供需错位问题。同时,还要优化现有产品和服务功能,提升供给质量,并通过培育发展新产业、新业态,提供新的产品和服务,创造新的供给,以此创造和引导新的需求。

供给侧结构性改革的第三个关键词是"结构性"。解决结构失衡既是供给侧改革的指向,也是改革所要达到的目的。在这个问题上我认为有两点要特别注意:第一,结构调整要系统推进。结构性改革的近期任务是"三去一降一补":去产能、去库存是为了调整供求关系、缓解工业品价格下行压力,同时也是为了去杠杆、防范金融风险,而降成本、补短板,则是为了提高企业竞争力、改善企业发展外部条件、增强经济增长能力。这五大任务相互关联,应注意统筹协调,不可顾此失彼。第二,要保持近期任务与长期目标的衔接。结构性改革的长期目标,是建立供给结构适应需求结构变化的体制机制。习近平总书记指出,"供给侧结构性改革是稳定经济增长的治本良药",因此"现阶段推出的短期调控手段,要注意同改革目标一致起来,推动形成完善的体制机制"。根据习近平总书记提出的要求,我们的政治经济学就要研究如何推动这种体制机制的形成,为中国经济的持续健康发展贡献智慧。

参考文献

[1] 邓小平:《邓小平文选》,人民出版社,1993年。

[2]《列宁全集(第二十三卷)》,中共中央马克思恩格斯列宁斯大林著作编译局译,人民出版社,1995年。

[3] 中共中央马克思恩格斯列宁斯大林著作编译局:《列宁选集(第一卷)》,人民出版社,1995年。

[4] 马克思:《资本论(第二卷)》,中共中央马克思恩格斯列宁斯大林著作编译局译,人民出版社,1975年。

[5] 中共中央马克思恩格斯列宁斯大林著作编译局:《马克斯恩格斯

选集（第一卷）》，人民出版社，1995年。

［6］中共中央马克思恩格斯列宁斯大林著作编译局：《马克斯恩格斯选集（第二卷）》，人民出版社，1995年。

［7］中共中央马克思恩格斯列宁斯大林著作编译局：《马克思恩格斯选集（第四卷）》，人民出版社，1995年。

［8］马歇尔：《经济学原理》，朱志泰、陈良璧译，商务印书馆，1997年。

［9］萨伊：《政治经济学概论》，陈福生、陈振骅译，商务印书馆，1963年。

［10］习近平：《关于〈中共中央关于全面深化改革若干重大问题的决定〉的说明》，《十八大以来重要文献选编（上）》，中央文献出版社，2014年。

［11］习近平：《坚定不移扩大对外开放　实现更广互利共赢》，新华网，2016年9月3日。

［12］习近平：《立足我国国情和我国发展实践发展当代中国马克思主义政治经济学》，新华网，2015年11月24日。

［13］习近平：《围绕贯彻党的十八届五中全会精神做好当前经济工作》会议上的讲话（2015年12月18日）。

［14］习近平：《习近平主持召开经济形势专家座谈会》，《人民日报》，2016年7月9日。

［15］习近平：《要随时随刻倾听人民呼声　回应人民期待》，中新网，2013年3月17日。

［16］习近平：《要用改革的办法推进结构调整》，新华网，2016年5月21日。

［17］习近平：《在十八届中央政治局第十五次集体学习时的讲话》，《人民日报》，2014年5月28日。

［18］习近平：《在中央财经领导小组第十一次会议上的讲话》，《人民日报》，2015年11月11日。

［19］习近平：《在十八届中央政治局第三十八次集体学习时的讲话》，《人民日报》，2017年1月23日。

［20］习近平：《中国梦必须紧紧依靠人民来实现》，中国新闻网，2013 年 3 月 17 日。

［21］中共中央宣传部：《习近平总书记系列重要讲话读本》，学习出版社、人民出版社，2016 年。

［22］《习近平谈"十三五"五大发展理念之二：协调发展篇》，人民网，2015 年 11 月 11 日。

［23］亚当·斯密：《国富论》，郭大力、王亚南译，上海三联书店，2009 年。

［24］新华社评论员：《坚持以人民为中心的发展思想——学习习近平总书记在中央政治局第二十八次集体学习时的重要讲话》，新华网，2015 年 11 月 25 日。

［25］严先溥：《金融危机下的消费思考——中、美消费模式的比较与启示》，《消费经济》，2010 年第 4 期。

［26］约翰·梅纳德·凯恩斯：《就业、利息和货币通论（重译本）》，高鸿业译，商务印书馆，1999 年。

［27］苏联科学院经济研究所：《政治经济学教科书》，中央编译局译，人民出版社，1959 年。

［28］习近平：《决胜全面建成小康社会　夺取新时代中国特色社会主义伟大胜利》，人民出版社，2017 年。

进入新时代的中国特色社会主义政治经济学 *

南京大学经济学院　长三角经济社会发展研究中心　洪银兴

摘要： 中国特色社会主义政治经济学反映进入新时代的时代特征，研究对象转向生产力。解放和发展生产力、达到共同富裕成为主线。财富代替价值成为经济分析的基本范畴。中国特色社会主义政治经济学的理论体系不能从先验的理论出发，只能是问题导向。作为导向的问题涉及发展阶段问题和研究层面问题。相应地，政治经济学不能只研究制度，还需要研究经济运行和经济发展的问题，由此政治经济学的理论体系就会形成经济制度、经济运行和经济发展（其中包括对外经济）三大部分。基本经济制度分析需要从共存论去认识公有制和非公有制、按劳分配和要素报酬、社会主义和市场经济，从而将制度优势转化为治理优势。经济运行分析服从于资源最优配置的目标，微观分析关注效率，宏观分析则关注经济增长和宏观经济的稳定，也就是经济安全。经济发展分析遵循生产力自身的规律研究发展的规律和相应的发展理念。创新、协调、绿色、开放、共享的新发展理念，推动了政治经济学的发展理论的创新。

关键词： 新时代　中国特色社会主义　政治经济学

理论源于实践，又要能指导实践。构建中国特色社会主义政治经济学理论体系的重要目标是增强其理论指导力，前提是增强理论对实践的解释力。习近平总书记 2016 年 5 月 17 日在全国哲学社会科学工作座谈会上指

---

* 原载《管理世界》2020 年第 9 期。

出：我国哲学社会科学应该以我们正在做的事情为中心，从我国改革发展的实践中挖掘新材料、发现新问题、提出新观点、构建新理论。这是构建具有理论指导力和实践解释力的中国特色社会主义政治经济学的指导思想。建立系统化的中国气派、中国风格、中国特色的经济学着力点在三个方面：第一，讲中国故事，把成功指导中国经济发展的经济思想、观点学理化、系统化；第二，政治经济学虽然是理论学科，但必须是致用之学，需要从研究对象、研究层面、研究方法等方面进行创新，反映进入新时代的时代特征；第三，中国特色政治经济学不仅要得到国内认同，还要走向世界，得到世界认识。

一、中国特色社会主义政治经济学的研究对象和主线

马克思主义政治经济学是关于生产力和生产关系分析的科学，政治经济学的研究对象和主线属于时代命题。因而政治经济学具有明显的时代特征。政治经济学从马克思创立开始就有所处时代的特征。面对所要分析的资本主义，使命是推翻这个社会。因此政治经济学的研究对象是生产关系，主线是揭示资本主义生产关系阻碍生产力发展。新中国成立初期，为了解决社会主义战胜资本主义问题，政治经济学在相当长的时期仍然以生产关系为研究对象，主线是社会主义生产关系的优越性。因此，政治经济学在相当长时期是批判和斗争的经济学。

1978年党的十一届三中全会以后，党的中心工作转向经济建设，同时也开启了建设中国特色社会主义的新进程。邓小平同志根据处于初级阶段的社会主义特点指出："社会主义的本质，是解放生产力，发展生产力，消灭剥削，消除两极分化，最终达到共同富裕。"这表明中国特色社会主义有两大目标，一是解放和发展生产力，二是共同富裕。这个规定对中国特色社会主义政治经济学的研究对象和主线起着决定性影响。

中国特色社会主义政治经济学是进入新时代的政治经济学，对其研究对象和主线需要明确以下几点：

第一，所要建立的社会主义政治经济学研究对象需要重点关注生产

力。马克思在《共产党宣言》中就明确提出，无产阶级夺取政权以后，任务是要"尽可能快地增加生产力的总量"①。尤其是社会主义处于初级阶段就是由其生产力水平没有达到发达的资本主义国家水平所决定的。因此，在社会主义初级阶段，政治经济学的对象不进入生产力领域，会使政治经济学研究的范围和领域越来越窄，对中国经济的解释能力及指导作用越来越小，政治经济学难以科学地指导中国特色社会主义进程。

第二，政治经济学研究的生产力指的是什么？过去理论界长期流行生产力要素是马克思在《资本论》中关于简单劳动过程三要素的观点（劳动、劳动对象、劳动资料），现在看来，这个定义的缺陷是不能完全反映提高生产力的要素。人民教育家卫兴华曾经指出这种三要素概括偏离了马克思主义的有关论述。他根据马克思在《资本论》中讲的提高劳动生产力的要素包括"工人的平均熟练程度、科学的发展水平和它在工艺上应用的程度、生产过程的社会结合、生产资料的规模和效能，以及自然条件"（马克思，2004），明确提出生产力多要素论。中国特色社会主义政治经济学对生产力的研究不是研究其技术层面，而是研究其社会层面。科学、分工协作、管理、自然力等都是生产力要素，特别是进入新时代，随着科技进步，互联网、大数据、人工智能融入生产力发展过程，政治经济学研究的重要任务是动员一切生产力要素发展生产力。

第三，政治经济学研究的生产力包含哪些层面？邓小平同志强调不能只讲发展生产力，一个是解放生产力，另一个是发展生产力，应该把解放生产力和发展生产力两个方面讲全了。习近平总书记在主持中共中央政治局第六次集体学习时强调："牢固树立保护生态环境就是保护生产力、改善生态环境就是发展生产力的理念。"这样，中国特色社会主义政治经济学对生产力有三个层次的内容：一是解放生产力，涉及的是促进生产力发展的生产关系调整和经济体制的改革；二是发展生产力，涉及的是生产力各种要素的动员和协同；三是保护生产力，涉及的是环境生态的保护和改善。中国特色社会主义政治经济学理论体系的构建，就是要建立解放、发展和保护生产力的系统化的经济学说。

第四，发展生产力的目标是满足人民美好生活的需要。改革开放以后我国曾经明确社会主要矛盾是人民群众日益增长的物质文化需要与落后的社会生产之间的矛盾，因此明确处于初级阶段的社会主义的主要任务是发展社会生产力改变社会生产的落后状态，使人民富起来，实现全面小康。现在，中国特色社会主义进入新时代，社会主要矛盾已经转化为人民日益增长的美好生活需要和不平衡不充分的发展之间的矛盾。所谓美好生活的需要，不仅涉及对物质和文化的美好生活需要，而且在民主、法治、公平、正义、安全、环境等方面的高层次美好需要日益增长。影响满足人民美好生活需要的制约因素是发展不平衡不充分。面对新时代社会主要矛盾，发展生产力的着力点是解决不能满足人民美好生活需要的发展不平衡不充分的问题，这就涉及发展的质量、效率和结构问题。

发展生产力的最终目的是达到共同富裕，这也是社会主义的本质要求。在改革开放开始以后，为了尽快使人民富裕起来，我国曾经实行允许一部分人先富起来的政策，创造了由先富到由先富帮后富最终实现共同富裕的路径。2020 年我国全面建成小康社会，人民的富裕水平大大提升，但收入差距进一步扩大。进入新时代所要解决的发展不平衡问题就包含缩小收入差距、实现共同富裕的内容。习近平总书记提出了共享发展的理念，就是要在发展中共享、在共享中发展，努力实现改革发展成果全民共享、全面共享、共建共享。在共享发展中，人民群众共同分享改革发展成果，不断得到实实在在的利益，在民生改善中有更多获得感，逐步实现共同富裕。

当然，中国特色社会主义政治经济学研究对象明确为生产力不意味着不需要研究生产关系，就像研究生产关系不能脱离生产力一样。中国的发展问题离不开生产关系分析，只有政治经济学既研究生产关系又研究生产力。两者结合在一起分析产生的理论才能准确指导中国的经济发展，尤其是需要利用社会主义经济的制度优势推动经济发展。特别需要说明的是，虽然改革不要纠缠于"姓社姓资"，但政治经济学需要分清社会主义和资本主义，分清公有和非公有，这是政治经济学学科功能使然。但分清公有和非公有的目的不是解决谁战胜谁的问题，而是服从于发展生产力的要求，公有制和非公有制经济在各自的领域各展所长，平等竞争、共同发展。

基于上述研究对象和主线的规定，中国特色社会主义政治经济学不只是在生产关系上分清社会主义和资本主义，它还要提供基本的经济学理论。政治经济学是研究一定社会经济关系下经济运行经济发展规律的科学。它所提供的经济学理论是现实的中国特色社会主义经济制度、经济发展道路的理论概括，是构建的中国特色社会主义政治经济学理论体系所要包含的内容，也就相应地提供基本的经济学知识。在经济学理论上解决社会主义的制度自信、道路自信、理论自信和文化自信是政治经济学的职责，但是它不仅仅是思想教育教材，还要为我国的经济决策和政策制定提供经济理论指导。在中国，主流经济学必须是政治经济学，它要成为主流经济学，就是要求利用政治经济学的原理，对国家的经济决策、经济发展、经济改革提供理论指导。

二、财富成为经济分析的基本范畴

习近平总书记在党的十八届三中全会上提出："我们要通过深化改革，让一切劳动、知识、技术、管理、资本等要素的活力竞相迸发、让一切创造社会财富的源泉充分涌流。"[②]这就明确了财富这一基本范畴以及创造财富的源泉研究在中国特色社会主义政治经济学中所处的重要地位。在社会主义现阶段，经济建设成为中心任务，增进社会财富成为中国特色社会主义政治经济学的目标，促进创造财富的源泉充分涌流将成为中国特色社会主义政治经济学的研究任务。

以《资本论》为代表的政治经济学不仅提供了价值创造理论，同时也提供了财富创造理论。根据马克思的分析，商品是使用价值和价值的结合，财富属于使用价值的范畴。根据马克思关于财富和价值的定义，政治经济学注重价值分析还是注重财富分析，服从于政治经济学的目标和任务。虽然劳动价值论揭示的经济学原理仍然适用于社会主义经济分析，尤其是关于市场经济的分析，但价值论对谋求增进国民财富的社会主义经济分析明显不足，财富范畴和财富分析的重要性可以从马克思关于价值和财富的区别中得到说明。

马克思主义政治经济学分析资本主义经济的基本范畴是价值。马克思依据科学的劳动价值论，不仅明确劳动是创造价值的唯一源泉，而且揭示出活劳动创造的剩余价值被资本家无偿占有，从而发现无产者是资本主义社会的掘墓人，并得出资本主义必然被社会主义所取代的科学结论。因此，价值分析的过程也是资本主义社会各种矛盾的揭示过程。而在今天进入了建设新社会的时代，政治经济学分析的目标是要建设这个社会，寻求这个社会的建设者。根据这个分析目标，更需要财富范畴和财富创造理论。

中国特色社会主义政治经济学中的财富范畴，根据马克思的政治经济学理论，有以下规定：第一，财富就是使用价值。"不论财富的社会形式如何，使用价值总是构成财富的物质内容"（马克思，2004）。第二，财富就是社会总产品。价值和财富不是同一个量。产品的价值包括转移的旧价值（C）和新创造价值（V+M）。V+M即活劳动创造的价值，也就是马克思所定义的价值产品。价值分析认为，C是转移价值，不是新创造价值。但财富分析非常重视C在财富创造中的作用，它本身是财富的一部分，新创造的财富是C+V+M。C作为劳动的物的条件对财富创造起重要作用。第三，积累的资本就是社会财富的增大。这是社会扩大再生产的源泉。"社会的财富即执行职能的资本越大，它的增长的规模和能力越大"（马克思，2004）。资本主义积累规律是：一极是财富积累，另一极是贫困积累。进入社会主义社会后，仍然需要通过资本积累来积累社会财富，以扩大再生产，其目的是为全体人民谋福祉，满足人民不断增长的物质和文化需要。第四，财富的形态。最初明确的财富是物质财富，进入现代社会，服务也由马克思时代的资本家的奢侈品成为普通民众的必需品。马克思当时还预见到，未来社会自由时间是衡量财富的重要尺度。劳动时间缩短给所有的人腾出了时间和创造了手段，个人会在艺术、科学等方面得到发展。随着工业文明时代进入生态文明时代，习近平总书记说"青山绿水也是金山银山"，干净的水、清新的空气、多样性的生物、绿色的环境是宝贵的生态财富。这种财富观体现了人与自然和谐共生。这样财富形态就由物质财富扩展到服务财富、精神财富和生态财富。

基于上述财富概念，中国特色社会主义政治经济学需要建立以人民为中心的财富观：一是明确财富增进的目的是增进人民的福祉，需要创造更多的财富以满足人民对美好生活的需要，其中包括公共财富和家庭财富的增长；二是寻求财富增进的源泉和动力，不仅要明确创造财富的要素，还需要明确资本积累对财富增长的意义，这是扩大再生产的源泉。在此基础上，财富分析进入中国特色社会主义政治经济学就会推动多方面的理论创新。

第一，与劳动是价值创造的唯一源泉不同，财富创造过程就是劳动过程本身，劳动不能孤立地创造财富，需要同其他要素结合起来创造财富，财富是劳动、资本、土地、技术、管理等要素共同创造的。特别是随着科技进步，劳动以外的要素对财富创造所起的作用会越来越大，它们直接影响劳动生产力。因此财富分析需要研究创造财富的各种要素，研究其在财富创造中的要素组合关系，以及在生产方式变迁中的历史特性和动态结合关系。从财富创造的角度看现代社会，就如马克思指出的："随着大工业的发展，现实财富的创造较少地取决于劳动时间和已耗费的劳动量，较多地取决于……科学的一般水平和技术进步，或者说取决于这种科学在生产上的应用。"[③]尤其是"随着大工业的这种发展，直接劳动本身不再是生产的基础，一方面因为直接劳动变成主要是看管和调节的活动，另一方面也是因为，产品不再是单个直接劳动的产品，相反地，作为生产者出现的，是社会活动的结合"[④]。在马克思看来，"以劳动时间作为财富的尺度，这表明财富本身是建立在贫困的基础上的"[⑤]。这个结论对新时代寻求发展的动力非常重要。

第二，由于价值和财富的源泉不尽一致，因此价值分配和财富分配不同。价值分配是指新创造价值在必要劳动价值和剩余价值之间的分配，以及剩余价值在资本家内部的分割。由于财富创造是劳动、土地、资本、技术、管理等要素的集合。财富分配是在参与财富创造的要素所有者之间按照各自对财富的贡献进行分配。其中，与资本、技术、管理并列的劳动准确地说只是指直接劳动。技术和管理、数据等要素也是劳动，属于马克思讲的复杂劳动，"比较复杂的劳动只是自乘的或不如说多倍的简单劳动，因此，少量的复杂劳动等于多量的简单劳动"（马克思，2004）。财富增进要求各种创造财富的要素充分涌流，就要使各个要素所有者各尽其能，各得其所。党的十九届四中全会提出的"由市场评价贡献，由贡献决定报酬"体现了对要素报酬的客观评价。由此产生的各种要素分配份额不是谁剥削谁的问题，而是谁贡献更大谁得到更大份额的问题。这种公平原则与资源配置的效率目标，与要素组合的效率原则是一致的。其效应就是让劳动、资本、技术和管理等各种要素创造财富的活力充分迸发，真正实现马克思所期望的社会财富像泉水一样涌流出来。

第三，生产力水平的评价标准。以价值来评价生产力水平，在同一劳动时间内不论生产力有何变化，创造的价值是不变的。特别是对科技的生产力评价，价值论只能说明首先采用先进技术的生产者比其他生产者有更高的劳动生产率，这就是马克思（2004）所说的："生产力特别高的劳动起了自乘的劳动的作用，或者说，在同样时间内，它所创造的价值比同种社会平均劳动要多。……采用改良的生产方式的资本家，比同行业的其余资本家，可以在一个工作日中占有更大的部分作为剩余劳动。"但是改良的技术被全社会采用，这种超额剩余价值就会消失。而以财富来衡量就不一样了。马克思的财富分析发现，生产力是具体劳动的生产力。生产力水平是由同一劳动时间中创造的使用价值来衡量的。就像马克思说的，"使用一架强有力的自动机劳动的英国人一周的产品的价值和只使用一架手摇纺车的中国人一周的产品的价值，仍有大得惊人的差别。在同一个时间内，中国人纺一磅棉花，英国人可以纺好几百磅"（马克思，2004）。显然科技在这里的贡献不是用价值而是用使用价值量也就是财富量来衡量的。正因为如此，"科学获得的使命是：成为生产财富的手段，成为致富的手段"[6]。显然，从劳动价值的角度已经无法充分评价科技的价值。财富分析可以准确评价科技生产力的价值。科学技术是第一生产力是基于财富分析作出的评价。

上述财富与价值的区别都涉及政治经济学的重大问题，中国特色社会主义政治经济学把财富作为基本经济范畴并注重财富分析，其理论和实践价值都是价值范畴和价值分析无法替代的。财富分析贯穿于中国特色社会主义政治经济学的始终意味着：解放、发展和保护生产力就是增进财富的过程。政治经济学所研究的生产、交换、分配和消费是财富的生产、交换、分配和消费。政治经济学的制度分析、经济运行分析和经济发展分析都是以促进财富增进为目标的。

三、问题导向推动政治经济学理论创新

坚持问题导向是马克思主义的鲜明特点，以问题导向研究现实的中国特色社会主义经济，意味着不仅要从实际出发，还要回到现实，解决实际问题。这是理论创新的源和本。只有这样，才能增强政治经济学理论对现实的解释力和指导力。

中国特色社会主义政治经济学提出问题导向有明确的针对性。第一，摆脱先验论导向。由先验的理论出发求证先验的理论，只能形成脱离实际的教条，不能解释现实的经济问题。第二，克服模型导向。模型导向是近年来出现的，模型分析实际上是方法问题。先是建立模型，然后找数据进行推导，在此基础上得出某个显而易见的结论。模型导向作为依据数学模型的抽象分析，其着力点不是针对现实经济问题的理论创新。一些学者采用西方经济学的范式，采用通用的数学模型，采用中国的数据，在国际刊物上发表论文。这种研究实际上还是西方经济学的框架，不能看作是中国特色经济学，只是西方经济学的中国案例应用。中国特色社会主义政治经济学不简单排斥模型分析方法，但否认模型导向，需要的是重大的改革和发展问题导向的理论创新。原因很简单，现阶段的中国需要的是解决人民的吃饱穿暖共同富裕问题。

问题导向同理论创新密切相关。问题是创新的起点，也是创新的动力源。对中国特色社会主义政治经济学来说，起导向作用的问题是什么？是时代问题。只有聆听时代的声音，回应时代的呼唤，认真研究解决所处时代重大而紧迫的问题，才能推动理论创新。每个时期的政治经济学都有其鲜明的时代特征。这同各个时期的理论需求相关。党的十一届三中全会召开以后，党的中心工作转向经济建设，从邓小平同志提出"发展是硬道理"到习近平总书记提出"发展是执政兴国第一要务"，以此思想为指导的中国特色社会主义政治经济学凸显了"发展"特色。进入新时代，面对发展的阶段性问题，相应地需要创新政治经济学重大理论问题。

首先是新时代社会主要矛盾导向。社会主要矛盾涉及生产力水平与社会需要之间的矛盾。每个时期的政治经济学都有其鲜明的时代特征，这同各个时期的理论需要相关。虽然中国长期处于社会主义初级阶段，但中国特色社会主义进入新时代，由富起来时代转向强起来时代。社会主要矛盾发生转化，人民日益增长的美好生活需要和不平衡不充分的发展之间的矛盾成为社会主要矛盾，影响满足人民美好生活需要的制约因素是发展不平衡不充分。面对新时代社会主要矛盾，解决主要矛盾问题就成为理论创新的导向。解决不能满足人民美好生活需要的发展不平衡不充分的问题成为政治经济学研究的重点问题。

其次是经济高质量发展问题导向。从改革开放开始中国经济持续高速增长了30多年，成为世界第二大经济体，经济发展水平由低收入阶段转到上中等收入阶段。经过这么多年的高速增长，潜在的增长要素已经得到了充分释放，主要表现是：剩余劳动力支持的低成本劳动力供给明显减少，支持高投资、高储蓄的人口红利明显减少，物质要素供给的不可持续发展问题越来越突出，能源、资源、环境的瓶颈约束正在制约经济增长。由此，发展的难题凸显：传统的依靠资源投入的发展动力衰减，资源环境供给达到极限，经济结构严重失衡，处于全球价值链低端的开放质量不高，收入差距严重扩大导致人民对经济发展的获得感不足。在此背景下，经济发展就要由高速增长转向高质量发展。相关的重大政治经济学理论问题就是经济发展方式转变和高质量发展问题，既涉及制度创新，又涉及运行和发展等方面的理论创新。

问题导向的进一步问题是创新中国特色社会主义政治经济学理论体系。能否仿照《资本论》的抽象分析方法来建理论体系呢？这需要研究《资本论》抽象法的客观条件在现阶段是否具备。

首先，马克思讲的研究方法，有两条道路：第一条道路是研究方法，由具体到抽象；第二条道路是叙述方法，由抽象到具体。马克思把抽象出的最本质的范畴商品作为写作的起点，然后循着由抽象到具体的逻辑一步步地建立起严密的理论体系。研究现实的社会主义经济的时候，不能像《资本论》中分析资本主义那样抽象出一个像商品那样的基本的范畴，从它开始来分析现阶段的社会主义经济。因为处于初级阶段的社会主义经济还是一个不成熟的社会形态，还在完善和发展中。

其次，马克思在分析资本主义社会时面对多种生产关系存在，抽象出占支配地位的资本主义生产关系。这就是马克思（1995）所说的："在一切社会形式中都有一种一定的生产决定其他一切生产的地位和影响，因而它的关系也支配着其他一切关系的地位和影响。这是一种普照的光，它掩盖了一切其他色彩，改变着它们的特点。"面对处于社会主义初级阶段的生产关系，不只是公有制为主体，多种非公有制经济充满活力，而且多种所有制经济的混合也成为基本经济制度的实现形式。在此背景下，公有制经济不可能成为掩盖其他所有制色彩的"普照之光"。因此，中国特色社会主义政治经济学对生产关系的研究就不能限于对公有制的研究，其他非公有制经济和混合所有制经济也应成为政治经济学研究的对象。

这样，对政治经济学的学科体系建设来说，问题导向涉及研究层面问题。问题导向提出中国特色社会主义政治经济学对现实经济的解释力问题。所谓解释现实，就是要对现实问题进行理论分析，而不是越来越深入到抽象的象牙塔中去。

分析某个经济体通常涉及四个层面：一是生产关系即经济制度层面；二是经济运行层面，即资源配置层面；三是经济发展层面，即从落后状态向现代化状态的研究；四是对外经济层面。长期以来，经济学科似乎有一种分工：政治经济学的研究限定在生产关系上，经济运行问题研究交给西方经济学，经济发展的研究交给发展经济学（也主要是西方的），这样，政治经济学就只剩下几个干巴巴的关于生产关系的原则性规定和教条。实践证明，这种学科分工是不准确的。马克思当时创立政治经济学时有6册计划，包括资本、地产、雇佣劳动、国家、对外贸易、世界市场。可见政治经济学涉及的内容非常广泛，既涉及制度分析，也涉及经济运行和发展分析。《资本论》只是马克思6册计划的第1册。这意味着不能把《资本论》看作其政治经济学的全部。

既然中国特色社会主义政治经济学是以经济建设为中心的经济学，上述四个层面都是要分析的。不仅要研究社会主义经济关系的本质和规律，阐述社会主义经济制度的质的规定性，指出社会主义代替资本主义，向共产主义发展的必然趋势。同时还要提供在社会主义市场经济条件下的经济运行的理论，以及以建设社会主义现代化强国为目标的经济发展理论。进入新时代，经济全球化和逆全球化交织，中国经济需要在开放中实现发展，世界经济问题也就成为中国经济问题。经济运行、经济发展和对外经济同制度分析是不可分割的整体。其中，经济制度分析涉及的重大理论问题是基本经济制度三个方面，即公有制为主体、多种所有制经济共同发展、社会主义市场经济；经济运行分析涉及的重大理论问题是经济运行的效率和国家安全问题；经济发展分析涉及的重大理论问题是将新发展理念融入经济发展的全过程；对外经济分析涉及的是在人类命运共同体中发展中国经济问题。

四、关注基本经济制度优势的制度分析

中国特色社会主义政治经济学研究毫无疑问要从基本经济制度开始分析。公有制为主体多种所有制经济共同发展，按劳分配为主体多种分配方式并存，社会主义市场经济体制分别从生产、分配和交换三个方面构成社会主义基本经济制度。根据邓小平同志关于社会主义本质的规定，社会主义基本经济制度的制度优势就表现在从各个方面体现社会主义本质要求。多种所有制经济共同发展、多种分配方式并存和市场经济体制反映社会主义初级阶段的社会生产力发展水平，在制度上解放和发展了生产力。公有制为主体、按劳分配为主体和社会主义同市场经济结合反映社会主义的制度要求，在消除两极分化最终达到共同富裕方面体现社会主义制度的优越性。

社会主义基本经济制度的每个方面都涉及过去所认为的对立的两个方面制度安排，如公有制和多种非公有制经济、按劳分配和要素报酬、社会主义和市场经济。市场化改革放出的非公有制、要素报酬和市场经济对经济发展功不可没，但对其同公有制、按劳分配、社会主义的关系，人们往往是从对立论去想方设法限制。社会主义基本经济制度确认后就需要从共存论去认识两个方面的制度共存，只有这样才能充分显示基本经济制度的优势。

从共存论认识公有制为主体和多种所有制经济共同发展的制度优势。一是多种所有制经济的发展动员了一切发展生产力的资源和活力。尤其是外资的进入，民资的迅猛发展。单就民营经济来说，现在90%以上的企业

是民营企业，贡献了50%以上的税收，60%以上的国内生产总值，70%以上的技术创新成果，80%以上的城镇劳动就业，随着改革的深入，其进入的领域和范围进一步扩大。不仅打破了民营经济只能进入社会化水平低层次领域的教条，在竞争性领域所能进入的领域只以其竞争力为限，而且正在进入国民经济命脉部门和公益性领域。二是与非公有制经济主要在竞争性领域、追求利润目标不同，公有制经济主要在公益性和自然垄断性领域，虽然也有效率的要求，但更为关注公益性方面的目标。公有制为主体不再是指公有企业为主，而是指公有资产在社会总资产中占优势，国有经济控制国民经济命脉。国有经济可以从制度上体现以人民为中心的发展思想，贯彻社会主义公平正义要求，实现全体人民共享发展成果。三是多种所有制经济之间的竞争，促使国有制经济改革自身的体制、有进有退，完善公有制的实现形式，从而增强公有制经济的竞争力、创新力、控制力和抗风险能力。显然，公有制经济和非公有制经济虽然存在竞争关系，但是可以在各自见长的领域各展其长，各自发挥自己的优势。

从共存论认识按劳分配为主体和多种分配方式并存的制度优势。多种分配方式并存是要使一切创造财富的劳动、知识、技术、管理、资本和数据的活力竞相迸发，充分释放了发展经济的潜力，同时又促进勤劳致富，逐步实现共同富裕。这种分配制度的实现形式是各种生产要素参与收入分配的机制。其内容包括：劳动、资本、技术、管理等要素参与收入分配的原则（按投入、按贡献、按市场供求）。党的十九届四中全会概括为：市场评价贡献，贡献决定报酬，这体现了分配的效率原则。生产要素参与收入分配同按劳分配为主体是否冲突？关键是科学判断按劳分配收入的内涵和外延。在参与收入分配的要素中的劳动收入，不只是指生产一线的劳动者的收入，即直接劳动收入，参与收入分配的要素中技术和管理要素实际上也是劳动收入。根据马克思对"总体生产劳动"的定义，技术人员和管理人员的劳动属于总体生产劳动，他们得到的收入也是劳动报酬。技术要素、管理要素的报酬是复杂劳动的报酬。如果这部分劳动报酬得到承认，并计入劳动报酬总量，按劳分配为主体应该是有保证的。

从共存论认识社会主义同市场经济结合的制度优势。在市场化改革初期，经济学界（尤其是国外经济学界）有一种教条，认为公有制不能与市场经济结合。中国的市场化改革打破了这种教条，在所有制领域成功地实现了社会主义经济制度和市场经济的有机结合。第一，公有制经济被明确为公有资产，包括国有资产和集体资产。在此基础上明确公有制可以有多种实现形式，股份制企业是公有制的重要实现形式。通过这种方式改制国有企业，实现了与市场经济的结合。第二，在政企关系改革中，一方面实行政企分开，将政府职能和公有制企业职能分开；另一方面实行政资分开，将行政管理同国有资产管理分开，国家对国资的管理由管企业转向管资产并进而转向管资本。这样就消除了公有制企业与市场经济结合的制度性障碍。这就是习近平总书记指出的：经过多年改革，国有企业总体上已经同市场经济相融合。第三，所谓社会主义市场经济指的是市场决定资源配置和更好发挥政府作用的结合。两者各司其职，互相配合。

显然，从共存论说明的基本经济制度中包含的两种制度安排，不存在对立的此消彼长的关系，而是各展其长的关系。因而没有必要谁限制谁，更不能说谁优谁劣。进一步需要研究的是将社会主义基本经济制度的制度优势转化为现实的治理优势问题，关键是解决其实现形式问题。这意味着经济制度分析不能停留在对基本经济制度的分析，还需要拓展到其实现形式的分析。

公有制为主体、多种所有制经济共同发展的主要实现形式是混合所有制，以股份制为代表。混合所有制的实质是多种所有制经济在同一个企业内共同发展。混合所有制以现代产权制度为基础，产权理论是所有制理论的拓展。企业市场主体地位不只是自主经营自负盈亏，还要成为产权主体。对企业来说，最致命的风险是产权丧失，最重要的收益是财产增值。把人们经济活动的努力和财产权利紧密地联系在一起，是稳定持久的激励。现代产权制度不仅要求明晰产权归属，从而明晰产权收益和受损，还使产权激励成为市场经济最强大的动力源，产权的界定、配置和流转把人们经济活动的努力和财产权利紧密联系在一起，是稳定持久的激励。党的十九大提出，完善产权制度是要突出产权的有效激励功能，为各类企业增强活力、做强做优做大国有资本和民营资本提供产权动力和机制。国资管理也相应地转向管资本为主。此外，产权制度还有结构问题，如股份制中出资者产权和法人财产权的分离，农地制度中所有权、承包权和经营权的三权分置。所有这些制度安排进一步放大了所有制安排的制度优势。

按劳分配为主体多种分配方式并存的主要实现形式是各种要素参与收入分配，关键在两个方面制度安排。一方面，明确各种生产要素参与收入分配的原则，即由市场评价各种要素的贡献，按贡献决定要素报酬。这样既促进了企业对要素的有效组合，提高了全要素生产率，又促进了贡献大的优质要素的供给。另一方面，根据按劳分配为主体的要求提高一线劳动者的收入，存在于三次分配中，在初次分配阶段就要处理好公平和效率的关系，提高劳动报酬在初次分配中的比重，实现劳动报酬和劳动生产率的提高同步增长；再分配阶段更要讲公平，健全税收、社会保障和转移支付等再分配机制；重视发挥第三次分配作用，发展慈善等社会公益事业，建立先富帮后富的机制。不仅如此，增加直接劳动者的要素供给，通过加大劳动者的人力资本投资，多渠道增加居民的财产性收入，使劳动者也能拥有非直接劳动生产要素从而获得非劳动要素的收入。这也进一步说明了要素报酬同按劳分配的相容性。

社会主义市场经济的实现形式涉及的是经济运行问题，是下一部分的内容。

五、关注效率和均衡的经济运行分析

经济制度分析是经济运行分析的起点。政治经济学分析经济运行的任务是根据所揭示的经济规律，寻求经济制度的具体形式。服从于资源最优配置的目标，经济运行的微观分析关注效率，宏观分析则关注经济增长和宏观经济的均衡。

推动中国特色社会主义政治经济学中经济运行理论建立和发展的中国实践主要有两个：一是确认社会主义市场经济；二是供给侧结构性改革。前者明确了经济运行的体制背景，后者明确了在供给端解决质量、效率和结构问题，寻求发展的新动能。据此，政治经济学对经济运行的研究突出在以下四个方面：

第一，从要素配置和组合两个方面明确经济运行的效率目标。这就是习近平总书记所说的，"优化现有生产要素配置和组合，提高生产要素利用水平，促进全要素生产率提高，不断增强经济内生增长动力"（中共中央文献研究室，2017）。马克思理论中有要素生产率的概念，如劳动生产率、土地生产率、资本生产率。全要素生产率最早是诺贝尔经济学奖得主索罗提出的，意思是各种要素集合所产生的生产率之和大于各单个要素投入的生产率之和。将全要素生产率概念引入中国特色社会主义政治经济学，并作为经济运行所要追求的目标表明其开放性，是对西方经济学概念的正确运用。推动全要素生产率提高的市场的决定性作用，不仅涉及市场决定资源流到哪里（部门、企业）去，还涉及市场决定各种要素（资源）的组合。各种要素在企业中、在行业中集合，以各种要素市场上由供求关系决定的价格为导向，形成最有效率的要素组合。这种要素组合需要相应的分配方式相配合。其效果是：各种生产要素得到最有效的利用，从而提高全要素生产率。

第二，从供给和需求两侧寻求经济运行的动力。习近平总书记说："供给和需求是市场经济内在关系的两个基本方面，是既对立又统一的辩证关系，二者你离不开我、我离不开你，相互依存、互为条件。""供给侧和需求侧是管理和调控宏观经济的两个基本手段。"[⑦]需求侧管理重在解决总量性问题，注重短期调控。在需求侧明确消费、投资和出口"三驾马车"对经济的协调拉动。这是转向市场经济以后宏观拉动经济增长的机制。其中尤其要重视消费对经济发展的基础性作用。供给侧管理重在解决结构性问题，注重长期发展。供给侧结构性改革的最终目的是满足需求，主攻方向是提高供给质量，根本途径是深化改革。既要解决有效供给不足和无效产能过剩并存的结构性问题，又要解决供给侧的动力不足问题。与需求侧突出的市场选择不同，供给侧则突出经济激励，突出的是对市场主体的激励：一是降低企业税、费、利息和社会负担，降低企业成本，使企业轻装上阵；二是保护企业家财产，激励企业家精神。

第三，从政府和市场的关系中研究经济调节机制。政府和市场的关系是经济体制改革的核心内容，也是政治经济学研究经济调节机制的核心内容。市场调节即依据市场规则、市场价格、市场竞争配置资源，实现效益最大化和效率最优化。政府作用不只是在克服两极分化、外部性和宏观失衡等方面的市场失灵，还在市场经济运行中体现社会主义的制度要求，保证经济稳定增长及宏观总量均衡，因此所要建立的经济调节机制是强政府和强市场的协同。主要涉及两个方面的制度安排：其一，明确宏观经济的合理区间，给市场调节资源配置足够的空间，相应地，宏观调控转向区间调控，以逆周期调控方式，防范系统性宏观风险。政治经济学所论证的合理区间是指，宏观经济的主要指标处在失业率的上限和通货膨胀率的下限之间。区间调控把经济增长率、通货膨胀率和失业率三个重要的宏观经济指标组合起来，分别作为经济运行的"上限"和"下限"。明确守住稳增长、保就业的"下限"和防通胀的"上限"，集中精力转方式调结构。其二，要使市场有效配置资源，就要完善市场机制。其内容包括：建设高标准的市场体系、完善公平竞争制度、建设法治化的营商环境。各类市场主体平等地进入各类市场并平等地获取生产要素，要素自由流动，企业自由流动，产品和服务自由流动，市场规则公平开放透明。

第四，处理好虚拟经济与实体经济的关系。虚拟经济是在虚拟资本基础上产生的投机性经济。实体经济是一国经济之本。一国的经济最终是由实体经济支撑的，一国的财富是由实体经济的增长实现的。根据马克思的虚拟资本理论，虚拟经济在实体经济基础上产生，并且服务于实体经济。虚拟经济的存在为投资者提供了一种投资选择机制，从而存在进入实体经济的通道。银行信用直接为实体经济不是虚拟经济服务，利用信用机制进行投机就是虚拟经济；企业通过发行股票筹集资金不是虚拟经济，以股票在股票市场投机就是虚拟经济；购买房产用于居住不是虚拟经济，购买房产用于投机就是虚拟经济；外汇用于进出口不是虚拟经济，利用外汇进行投机套利就是虚拟经济。现代经济不可能没有虚拟经济。经济发展到现阶段，虚拟资本的范围大大扩大，收入可以资本化的不仅包括马克思当时所指出的债券、股票，还有外汇和金融衍生工具，如金融期货、股票指数、期权等。这些既是现代经济进步的说明因素，也是现代经济矛盾和危机的说明因素。经济周期在很大程度上可以用虚拟经济的膨胀和紧缩来说明。虚拟经济领域中的过度投机可能产生越来越多的资本不是直接投入实体经济而是投入股市、汇市和房地产市场之类的投机性市场，其结果是在实体经济部门资本投入严重不足，同时在投机性市场上投资过度而出现泡沫经济。现阶段对实体经济的最大冲击是虚拟经济。脱实向虚会使经济成为无本之木。从供给侧结构性改革角度振兴实体经济主要从两个方面入手：一是确保对实体经济足够的投资；二是给实体经济企业足够的激励，特别是降低其运行成本。

六、体现新发展理念的经济发展分析

经济发展也就是发展生产力。中国特色社会主义政治经济学研究经济发展也就是遵循生产力自身的规律发展生产力涉及发展的规律和相应的发展理念。经济发展进入新时代所要遵循的规律就是习近平总书记指出的，"发展必须是遵循经济规律的科学发展，必须是遵循自然规律的可持续发展"（中共中央文献研究室，2017）。发展理念就是习近平总书记关于创新、协调、绿色、开放、共享的理念。发展中国家发展的核心问题是现代化。政治经济学提出的发展理论既要从实际出发，也要反映中国的制度特征。我国在 2020 年全面建成小康社会后，紧接着进入现代化建设阶段。在此背景下提出的发展理论就是依据新发展理念建立现代化理论。

第一，依据共享发展理念研究现代化目标。现代化与全面小康相比，不是简单的数量评价指标上的改变，而是质的提升。这就涉及现代化的目标和参照系的设定和基本现代化评价指标的确定。政治经济学贡献的现代化理论体现以人民为中心的发展观。现代化进程指的是进入现代增长阶段。大致包括科学技术的现代化、经济结构的现代化、人的现代化。根据"两步走"现代化方案，基本实现现代化是要使人民生活更为宽裕，而到全面现代化时人民生活更加幸福安康。共同富裕是中国特色社会主义现代化的主要特征。基本实现现代化阶段，城乡区域发展差距和居民生活水平差距显著缩小，到全面现代化阶段，全体人民共同富裕基本实现。显然，社会主义现代化是共享发展成果的现代化，可以有效避开"中等收入陷阱"。

第二，依据创新发展理念研究现代化战略。创新是发展的第一动力。创新驱动不仅可以解决效率问题，更为重要的是依靠无形要素实现要素的新组合，是科学技术成果在生产和商业上的应用和扩散，是创造新的增长要素。核心技术是国之重器。在全球价值链竞争的背景下，不仅要鼓励自由探索的创新，更要明确创新的国家目标导向，围绕产业链部署创新链。在新科技革命条件下技术创新的源头转向了来自大学和科学院的科学技术的新突破，知识资本和人力资本在创新驱动和现代经济增长中起着决定性作用。需要关注科技成果的转化，知识创新和技术创新的衔接和集成，产学研的深度融合就成为创新研究的重点。

第三，依据绿色发展理念研究现代化道路。西方发达国家当年推进现代化时处于工业文明时代，资源环境的供给相对宽松，它们可以无所顾忌、无障碍地高排放并掠夺国外资源来支持其粗放方式的现代化。由此产生的后果就是习近平总书记所说的，"从工业文明开始到现在仅三百多年，人类社会巨大的生产力创造了少数发达国家的西方式现代化，但已威胁到人类的生存和地球生物的延续"（习近平，2013）。新时代的现代化是在生态文明时代的现代化，已经没有先行国家当时那种资源、环境。因此中国的现代化道路需要由高消耗、高污染转向绿色发展之路。所要建设的现代化是人与自然和谐共生的现代化，既要创造更多物质财富和精神财富以满足人民日益增长的美好生活需要，也要提供更多优质生态产品以满足人民日益增长的优美生态环境需要。

第四，依据协调发展理念研究二元结构现代化。二元结构现代化问题是发展的基本问题。进入新时代，传统意义的工业化、城镇化任务已经基本完成。二元结构现代化突出需要补农业现代化和农业转移人口的城市化（市民化）两块短板。这是实现协调发展的重要领域。就补农业现代化短板来说，我国已有的"三农"发展是在"三农"以外解决"三农"问题，即以非农化解决农业问题，以城镇化解决农村问题，以市民化解决农民问题。现在"三农"问题进入了新的起点，需要直面"三农"来解决"三农"问题：推进农业现代化，实现农业强，需要构建与居民消费快速升级相适应的高质高效的现代化农业产业体系，提高农业全要素生产率。农民现代化，实现农民富，不仅要富裕农民的口袋（物质），还要富裕农民的头脑（精神）。农村现代化，实现农村美，在发展绿色农业、生态农业基础上建设美丽农村。乡村振兴需要着力解决农村的最基层乡村的振兴问题，即产业、人才、文化、生态、组织振兴。再就新型城镇化来说，有两方面新内容，一方面推进人的城镇化，突出在市民化，不仅是进城的转移人口，还要求留在农村的农民都能与城市人享有平等的市民权利；另一方面推进城市发展要素进入农村，实现城乡深度融合一体化发展。

第五，依据开放发展理念研究对外开放。在现代社会中，任何一个国家的经济发展都有其国际背景。在经济全球化和中国开放 40 多年的背景下，中国需要由对外开放提升到开放发展的新理念，相应地有两个重要转型，一是建设人类命运共同体，参与全球经济治理；二是开放要同提高自己的经济发展水平，增强自己的国际竞争能力结合起来，建设内需型开放型经济。这样，开放发展与已有的对外开放相比有如下提升：一是以出口导向和吸收外资为主转向进口和出口、吸收外资和对外投资并重。二是参与全球化经济由突出禀赋的资源和劳动力的比较优势转向谋求竞争优势，培育国际竞争优势从而提高开放效益就成为新的开放战略。三是引进国外要素的重点由物质要素转向创新要素。现代经济增长的重要特点是广泛利用世界范围内的技术和知识存量。前一时期我国主要通过引进外资来引进国外先进技术。现在实施创新驱动发展战略，引进的重点转向国际创新要素，特别是高端创新人才，国际合作也重点转向科技合作。四是对外开放与扩大内需的战略基点结合。其中包括扩大内需市场对外开放。外资准入的范围由制造业扩大到金融、教育、文化、医疗等服务业领域。五是在更大范围、更高层次上建立开放型经济新体制，涉及金融、外贸、外汇等体制全面开放，人民币汇率市场化，人民币自由兑换，资本国际流动等制度性建设，自由贸易试验区成为构建开放型经济新体制的载体。

基于上述新时代经济发展的新思想开启现代化的行动，就是建设现代化经济体系，其中与经济发展相关的经济体系就涉及：创新引领、协同发展的产业体系；彰显优势、协调联动的城乡区域发展体系；资源节约、环境友好的绿色发展体系；多元平衡、安全高效的全面开放体系。这些将成为政治经济学经济发展理论的主要内容。

注释

①中共中央马克思恩格斯列宁斯大林著作编译局：《马克思恩格斯文集》，人民出版社，2009 年，第 52 页。

②习近平：《习近平谈治国理政》，外文出版社，2014 年，第 93 页。

③中共中央马克思恩格斯列宁斯大林著作编译局：《马克思恩格斯文集（第八卷）》，人民出版社，2009年，第195页。

④⑤中共中央马克思恩格斯列宁斯大林著作编译局：《马克思恩格斯文集（第八卷）》，人民出版社，2004年，第200页。

⑥中共中央马克思恩格斯列宁斯大林著作编译局：《马克思恩格斯文集（第八卷）》，人民出版社，2009年，第356页。

⑦《习近平关于社会主义经济建设论述摘编》，中央文献出版社，2017年，第99页。

参考文献

［1］马克思：《〈政治经济学批判〉导言》，转引自《马克思恩格斯选集（第二卷）》，人民出版社，1995年。

［2］马克思：《资本论（第一卷）》，中共中央马克思恩格斯列宁斯大林著作编译局译，人民出版社，2004年。

［3］卫兴华：《中国特色社会主义经济理论体系研究》，中国财政经济出版社，2015年。

［4］卫兴华：《中国特色社会主义政治经济学的主线和逻辑起点》，《人民日报》，2019年10月14日。

［5］习近平：《之江新语》，浙江人民出版社，2013年。

［6］中共中央文献研究室：《习近平关于社会主义经济建设论述摘编》，中央文献出版社，2017年。

中国特色社会主义政治经济学对
西方经济学理论的借鉴与超越[*]

——学习习近平总书记关于中国特色社会主义
政治经济学的论述

中央党校"中国特色社会主义政治经济学研究"课题组^{**}

摘要： 坚持和发展中国特色社会主义政治经济学，要以马克思主义政治经济学为指导，同时借鉴西方经济学的有益成分。西方经济学中的市场经济理论、现代产权理论、政府干预理论、经济增长与发展理论、收入分配理论、国际经济理论等，在一定程度上对于我们研究中国改革发展以及社会主义市场经济的建立和完善具有重要借鉴意义。在借鉴西方经济学的过程中，我们也要坚决摒弃其庸俗成分，避免照搬照抄，关键是要紧密结合中国实际，具有敏锐的中国问题意识，聚焦中国改革和发展的重大理论和现实问题，着力提出能够体现中国立场、中国智慧、中国价值的理念、主张、方案。只有在比较、对照、批判、吸收、升华的基础上，才能真正构建起科学的中国特色社会主义政治经济学理论体系。

关键词： 中国特色社会主义政治经济学　西方经济学　借鉴　超越　创新

习近平总书记指出："坚持和发展中国特色社会主义政治经济学，要以马克思主义政治经济学为指导，总结和提炼我国改革开放和社会主义现

---

* 原载《管理世界》2017 年第 7 期。

** 课题组负责人：韩保江；课题组成员：曹立、李鹏、张慧君、张开、周跃辉；执笔人：韩保江、张慧君。

代化建设的伟大实践经验，同时借鉴西方经济学的有益成分。"①广义来讲，西方经济学涵盖了从 17 世纪中叶以来流行于西方资本主义国家的主要经济学理论和研究范式②，主要包括古典经济学、新古典经济学、凯恩斯主义经济学、新古典综合派、新自由主义经济学、新制度经济学等多种流派。从研究内容看，西方经济学既包括研究市场经济运行的一般规律和资源配置的内在机制的微观理论，也包括研究一国的整体经济运行状况、经济增长和经济发展，以及开放条件下的国际贸易、国际金融、国际投资等问题的宏观内容。在数百年的发展历程中，西方经济学已经形成一个理论观点丰富、学术流派众多、研究方法多样的理论体系。无疑，西方经济学具有两面性。一方面，它包含了体现社会化大生产和市场经济一般规律的经济学范畴和理论，对宏观经济进行政府干预的政策和经验总结，以及一些现代经济学分析方法，这些内容作为人类文明的共同成果对于社会主义市场经济的理论研究和中国特色社会主义政治经济学的建构具有借鉴意义。另一方面，西方经济学也有从意识形态角度出发，着力论证资本主义制度合理性和永恒性的庸俗成分，这是我们要坚决摒弃的。因此，"取其精华而去其糟粕"应该成为我们对待西方经济学的科学态度。本文通过对改革开放以来我们党关于社会主义市场经济体制建立和中国特色社会主义经济建设等方面理论创新中曾经运用过的"西方经济学理论"的梳理，就市场经济运行理论、现代产权理论、政府规制与干预理论、经济增长与发展理论、按生产要素分配理论、国际经济学理论等重点方面，系统阐述了中国特色社会主义政治经济学理论对西方经济学有益成分的借鉴与超越。

一、关于西方经济学中的市场经济运行理论

西方经济学把现代市场经济作为主要研究对象，并着力从理论和实践上证明，市场经济是迄今为止最有效率的经济活动组织形式和资源配置方式。综观西方经济学对市场经济的研究，其核心观点可以归纳为以下四个方面：第一，稀缺性假定与优化资源配置。由于经济资源的有限性与人的需求无限性之间存在矛盾，经济活动的最终目的就是如何有效配置稀缺资源，以最小成本使社会获得最大收益；在资源配置方面，市场是比计划更

为有效的手段（曼昆，2015）。第二，市场主体的经济利益属性与能动性。西方经济学假定参与市场活动的主体是理性的，即在既定约束条件下用最优的方式追求自身利益最大化。理性人假定并非主张每个人"自私自利"，而是强调参与市场活动的主体（个人或企业）具有独立的经济利益属性，可以对自身经营活动的盈亏结果完全负责，能够对市场机制和信号做出灵敏反应，这是市场经济建立的基本前提。第三，分析和论证市场机制在组织经济活动和优化资源配置中的优势和内在机理。萨缪尔森从如何解决"经济组织的三个问题"入手，对市场的资源配置功能做出简明概括，即消费者的货币选票诱导厂商生产最有利可图的产品，进入最能盈利的行业，从而解决"生产什么"的问题；市场竞争压力驱使生产者使用效率最高的生产技术，以便将成本降到最低，从而解决"如何生产"的问题；生产要素市场上的供求关系决定工资、地租、利息和利润等要素价格，进而决定不同要素所有者的收入水平和购买力，从而解决"为谁生产"的问题（萨缪尔森、诺德豪斯，1999）。换言之，通过供求、价格、竞争等机制的作用，市场发挥了提供激励、传递信息、发现知识、鼓励创新、优胜劣汰、促进要素流动的功能。第四，限定政府在市场经济中发挥作用的领域。由于存在不完全竞争、外部性、公共产品供给不足、收入分配不公、经济周期波动等问题，政府要在一定限度内发挥弥补市场失灵的作用，主要包括：通过促进竞争、控制诸如污染等外部性问题以及提供公共产品来提高效率；通过税收和转移支付等手段进行收入再分配，增进平等；通过财政和货币政策保证宏观经济稳定和增长（萨缪尔森、诺德豪斯，1999）。

社会主义市场经济体制将社会主义的制度优势与市场经济的资源优化配置功能有机结合，在实践中展现出蓬勃生机和活力。在建立和完善社会主义市场经济体制过程中，我们对西方经济学中的市场经济思想既有借鉴，更有结合中国国情的超越，从而形成具有中国特色的社会主义市场经济理论。

第一，明确了建立社会主义市场经济是经济体制改革的必然选择。自20世纪80年代以来，关于改革的目标模式，中国共产党曾先后提出五种构想："计划经济为主，市场调节为辅"（1982年）；"在公有制基础上的有计划的商品经济"（1984 年）；"计划与市场内在统一的体制""国家引导市场，市场引导企业"（1987 年）；"计划经济与市场调节相结合"（1989 年）；党的十四大确立"社会主义市场经济体制"（1992 年）（刘树成、吴太昌，2008）。改革目标模式的演进表明，经过实践和理论的不懈探索，我们党最终认识到改革不是对计划经济体制进行局部的、细枝末节的修补，而是在改革计划体制的基础上建立现代市场经济体制，这是解放和发展社会主义生产力，促进经济高效持续发展和增进社会整体福利的必然选择。

第二，明确了健全社会主义市场经济体制的核心是使市场在资源配置中起决定性作用。早在 1992 年，党的十四大明确提出，社会主义市场经济体制要使市场在社会主义国家宏观调控下对资源配置起基础性作用，并强调市场发挥作用的主要方式就是"使经济活动遵循价值规律的要求，适应供求关系的变化；通过价格杠杆和竞争机制的功能，把资源配置到效益好的环节中去，并给企业以压力和动力，实现优胜劣汰；运用市场对各种经济信号反应比较灵敏的优点，促进生产和需求及时协调"（江泽民，2008）。2013 年党的十八届三中全会将市场在资源配置中的"基础性"作用修改为"决定性"作用，标志着我们党对市场规律的认识和驾驭能力不断提高。习近平总书记指出："市场决定资源配置是市场经济的一般规律，市场经济本质上就是市场决定资源配置的经济。"健全社会主义市场经济体制必须遵循这条规律（习近平，2014a）。要把市场机制能有效调节的活动交给市场，把政府不该管的事交给市场，让市场在所有能够发挥作用的领域都发挥作用，推动资源配置实现效益最大化和效率最大化，让企业和个人有更多活力和更大空间去发展经济、创造财富（习近平，2014b）。这一对市场作用的全新定位和论述，为我国在全面深化改革阶段正确处理政府和市场关系，促进社会主义市场经济体制不断完善指明了方向，因而成为中国特色社会主义政治经济学的重要理论创新之一。

第三，重视培育市场发挥资源配置作用的条件。从西方市场经济发展实践看，市场在资源配置中发挥作用首先要形成多元化的、具备独立经济利益的市场主体。对我国建立社会主义市场经济体制而言，关键是通过深化国有企业改革，使其真正成为"自主经营、自负盈亏、自我发展、自我约束的法人实体和市场竞争主体"（江泽民，2008）。同时，通过鼓励、支持和引导个体、私营及外资等非公有制经济发展，形成多元竞争的市场格局。其次，建立现代市场体系，为市场机制发挥作用搭建平台。党的十四届三中全会提出，发挥市场在资源配置中的基础性作用，必须培育和发展市场体系，形成统一、开放、竞争、有序的大市场[③]。党的十八届三中全会进一步强调，建设统一开放、竞争有序的市场体系，是使市场在资源配置中起决定性作用的基础。必须加快形成企业自主经营、公平竞争，消费者自由选择、自主消费，商品和要素自由流动、平等交换的市场体系，着力清除市场壁垒，提高资源配置效率和公平性[④]。现代西方经济学在市场竞争、产业组织、政府规制方面已经形成了一套比较成熟的理论体系和政策实践，对于健全我国现代市场体系、形成有效的市场竞争秩序无疑具有重要借鉴意义。

第四，注重处理好政府与市场的关系，发挥好政府弥补市场失灵的作用。西方经济学的"市场失灵"理论为政府介入经济运行提供了理论依据。在建设社会主义市场经济过程中，我们党深刻认识到市场有其自身的弱点和消极方面，强调必须发挥好国家的宏观调控功能和微观规制职能，引导市场经济健康发展。党的十八届三中全会进一步对政府的职责和作用进行了明确界定，即保持宏观经济稳定，加强和优化公共服务，保障公平竞争，加强市场监管，维护市场秩序，推动可持续发展，促进共同富裕，弥补市场失灵。

与西方经济学对于市场经济的认识相比，中国特色社会主义政治经济学在社会主义市场经济的许多理论研究和现实问题探索上取得了重大突破，实现了对西方市场经济理论的重要超越。因此，习近平（2014c）总书记认为："提出建立社会主义市场经济体制的改革目标，这是我们党在建设中国特色社会主义进程中的一个重大理论创新和实践创新。"

首先，关于社会主义与市场经济可结合性的认识。对于"社会主义能否与市场经济结合"这一问题，西方经济学总体上持质疑甚至是否定的态度。早在20世纪20~30年代发生的那场关于社会主义能否完成合理经济计算的大论战中，新奥地利学派的代表人物米塞斯、哈耶克就明确指出，社会主义条件下不存在进行合理经济计算的可能性，要把市场同以生产资料私有制为基础的社会分离开来是不可能的。因此，市场是资本主义制度的核心，在社会主义条件下，市场是不可以被人为仿制的（张军，1999）。从20世纪50年代到80年代末，东欧"市场社会主义"改革的失败以致最终走向资本主义的历史经历，进一步强化了西方经济学否定社会主义与市场经济结合可行性的观念；20世纪90年代建立在新自由主义经济学基础上的"华盛顿共识"更是将推行"私有化、自由化、去规制化"看作是社会主义国家建立市场经济的唯一路径。中国的社会主义市场经济的成功实践则打破了西方经济学关于"市场＝资本主义""计划＝社会主义"的教条，通过稳健有序的渐进式改革，在社会主义基本制度框架内逐步植入市场机制，最终建立起真正能够发挥社会主义制度和市场经济"双重优势"的社会主义市场经济体制。正如邓小平（1993）指出的那样："计划多一点还是市场多一点，不是社会主义与资本主义的本质区别，计划经济不等于社会主义，资本主义也有计划；市场经济不等于资本主义，社会主义也有市场。计划和市场都是经济手段。"这一关于社会主义市场经济的重要思想，从根本上破除了把社会主义与市场经济对立起来的观念束缚，成为中国共产党建设社会主义市场经济的基本理论依据（郑必坚等，2001）。

其次，关于政府与市场关系的认识。西方经济学虽然认识到由于存在市场失灵问题，政府需要发挥补救的功能，但总体上对政府介入市场经济持消极甚至是否定的态度，把市场和政府看作是"此消彼长""你弱我强"的零和博弈关系，力求将政府这只"看得见的手"牢牢绑住，从而构建理想化的"自由竞争的市场经济"模式。这种观念推至极端有可能形成盲目推崇市场而排斥政府的"市场原教旨主义"，在实践中也的确给发展中国家、转型国家甚至发达国家自身带来严重危害。中国特色社会主义政治经济学则更加全面和动态化地看待和处理政府与市场的关系。习近平（2014b）总书记强调："在市场作用和政府作用的问题上，要讲辩证法、两点论，'看不见的手'和'看得见的手'都要用好，努力形成市场作用和政府作用有机统一、相互补充、相互协调、相互促进的格局，推动经济社会持续健康发展。"社会主义市场经济的制度优势之一就是在党发挥总揽全局、协调各方的领导核心作用条件下，统筹协调政府和市场的关系，形成科学的宏观调控体系，有效的政府治理结构，构建政府和市场互惠共生的正和博弈模式。同时，根据经济发展和市场化的推进程度，对政府的角色和职能进行动态调整，不断深化行政体制改革，创新行政管理方式，加快转变政府职能，使政府既要放权到位，又要管理到位，坚决克服政府职能错位、越位、缺位的问题，防止出现"政府失灵"。这是中国特色社会主义政治经济学需要深入研究的重大理论和现实问题。

最后，关于市场经济体制制度属性的认识。市场经济体制是一般性和特殊性的统一体。一方面，市场机制存在于多种社会形态之中，因而具有某些一般的、普遍性的特征和运行规律；另一方面，市场经济体制又与特定的社会制度相结合，因而具有了特殊的制度属性（张宇，2016）。这就决定了：①在中国发展市场经济体制不能脱离社会主义制度的基本框架，而是要将社会主义与市场经济有机融合。因此，"'社会主义'这几个字是不能没有的，这并非多余，并非画蛇添足，而恰恰相反，这是画龙点睛。所谓'点睛'，就是点明我们的市场经济的性质"（江泽民，2006）。②在中国发展市场经济必须使全体人民受益，必须符合实现共同富裕这一社会主义的本质要求。因此，既要充分发挥市场经济的效率优势，更好地解放和发展生产力，又要充分利用社会主义的制度优势矫正市场经济运行中出现的发展失衡和贫富分化，促进社会公平正义。③推进市场化改革必须符合中国的国情，不能脱离特定的历史时空背景和制度环境，盲目移植西方所谓的"最优"市场经济制度；不能采取割断历史、推倒重来的方式实施激进变革，而是要充分认识制度变迁的"路径依赖"性，在综合考虑历史和现实的约束条件下，选择最适宜的改革方式，创新最有效的制度安排，而决不能在根本问题上犯颠覆性的错误。

二、关于西方经济学中的现代产权理论

现代产权理论属于西方新制度经济学的一个重要分支，它是在批判和修正新古典经济学一些前提假设的基础上逐步形成的（吴宣恭等，2000）。新古典经济学假定，在经济人完全理性、市场完全竞争、信息完备对称、不存在不确定性和外部性的条件下，市场行为主体之间的交易边

界明确，交易成本为零，市场主体可以通过自愿交易增进各自福利，因而产权的界定和归属不影响资源配置效率（杨瑞龙，1995）。但现实中的市场经济难以具备这些条件，如何界定产权将会对社会的交易成本和资源配置状况产生重要影响，因而必须将产权纳入经济学的分析视野。产权理论把"交易成本"作为基本分析工具，研究产权结构及其制度安排对市场运行和资源配置效率的影响（吴宣恭等，2000）。最终目的就是通过界定和变更产权结构，降低市场运行的制度成本，提高运行效率，优化资源配置，促进创新与经济增长。在产权理论发展过程中，一些学者从微观角度研究了企业的起源、性质和边界，企业的产权结构和治理结构，从而形成企业性质理论、现代公司理论和委托代理理论；另一些学者从宏观角度研究产权与资源配置及社会制度的关系，形成制度变迁理论（吴宣恭等，2000）。

从一定意义上讲，中国的经济体制尤其是国有企业改革就是一个产权结构不断调整并释放产权活力的过程。在中国的所有制结构调整和国有企业改革过程中，现代产权理论的引入对于改革的理论研究和政策实践产生了重要影响。

第一，深化了对社会主义市场经济条件下产权关系及产权价值的认识。传统所有制理论主要从宏观和静态角度看待一个国家的所有制结构，以公有和私有的二分法区别所有制的优劣，忽视了不同所有制内部复杂的产权关系，以及所有制之间进行产权结合的可能。而现代产权理论则更加注重从微观和动态视角分析现实中复杂多样的产权关系。由于产权由一组权利构成，包括所有权、使用权、用益权、让渡权等，因而可以根据经济活动的需对这些权利进行动态的分拆、重组，从而提高产权的配置效率。产权的这一特性意味着一种所有制经济可以存在多种实现形式。例如，对公有制经济而言，可以采取所有权与经营权分离的形式，克服传统体制下国有企业政企不分的问题，提高企业经营效率；同样，也可以使国有资本、集体资本、各种非公有资本通过交叉持股、相互融合，形成混合所有制经济，使不同所有制资本之间实现优势互补，促进共同发展。因此，产权理论的引入有助于我们深化对市场经济条件下产权关系的认识，为推动产权制度改革、股份制改造、企业重组、资本的市场化配置创造条件。此外，产权理论认为产权的流动和重组可以带来价值增值，可以为产权主体带来收益，因而可以利用市场机制，通过资本市场的产权交易，实现资本的有效配置，促使资本更快增值。这一产权价值观的确立，也有助于进一步深化国有资产管理体制改革，促进其从以实物形态的"管资产""管企业"为主的传统管理方式，向以价值形态的"管资本"为主的新型监管方式转变，从而实现国有资本更快更好的保值增值。总之，自20世纪80年代以来，现代产权理论的引入，确实对中国改革的理论和实践发展产生了重要影响，其中一些理论成果进一步被党和政府的重要文献所吸纳（曹钢，2002）。

第二，明确了产权在所有制改革中的核心地位，把健全现代产权制度作为建立和完善社会主义市场经济的基础性制度构建。产权是所有制关系的具体法律表现形式。产权理论认为，产权只有具备排他性、可分割性、可转让性、持久性（安全性）这些基本属性，才能在交易活动中通过各项财产权利的自由流动和组合，促进财产的价值增值，实现资源优化配置。实现这一目标的基本前提就是形成一整套能够有效界定、实施、保障财产权利的法律法规和制度安排，即产权制度。经历了理论界的广泛争论和实践中的不懈探索，2003年召开的党的十六届三中全会首次提出"产权是所有制的核心和主要内容"，并且明确了产权包括物权、债权、股权和知识产权等各类财产权。在此基础上提出建立以"归属清晰、权责明确、保护严格、流转顺畅"为核心特征的现代产权制度。建立现代产权制度不仅是市场经济存在和发展的基础，而且是完善社会主义基本经济制度的内在要求，它不仅有利于维护公有财产权，巩固公有制主体地位，也有利于保护私有产权，促进非公有制经济发展，而且有助于推动各类资本流动和组合，增强企业和公众创业创新的动力[⑤]。这一重要改革举措的提出，进一步强化了产权在社会主义市场经济中的重要地位，促进了我国产权制度环境的不断完善。2004年，国家通过《宪法修正案》，将"公民的合法私有财产不受侵犯""国家依照法律规定保护公民的私有产权和继承权"写入宪法。2007年《物权法》颁布实施，为社会主义市场经济条件下的产权保护提供了更为坚实的法律制度保障。2013年，党的十八届三中全会将完善产权保护制度作为坚持和完善基本经济制度的第一项改革任务，在强调健全现代产权制度基础上，进一步提出"公有制经济财产权不可侵犯，非公有制经济财产权同样不可侵犯，国家保护各种所有制经济产权和合法权益，保证各种所有制经济依法平等使用生产要素、公开公正参与市场竞争、同等受到法律保护"。2016 年，中共中央和国务院印发了《关于完善产权保护制度依法保护产权的意见》，强调"产权制度是社会主义市场经济的基石，保护产权是坚持社会主义基本经济制度的必然要求"，在此基础上明确了完善对公有制经济和非公有制经济产权进行平等保护、全面保护的基本原则和具体措施。这些重要论述和举措对于丰富和发展中国特色社会主义政治经济学的产权理论提供了重要理论支撑和实践支持。

第三，推动国有企业改革不断深化和公司法人治理结构不断完善。在经历了 20 世纪 80 年代以"放权让利""扩大企业自主权"为核心的国有企业改革"受困"后，我们党认识到，不推进产权制度改革这一深层的制度变迁，就难以将国有企业塑造为真正适应市场竞争的主体。国有企业产权制度改革的目标在党的十四届三中全会上被确立为建立现代企业制度，它的基本特征体现为"产权明晰、权责明确、政企分开、管理科学"，其实质就是对大型国有企业进行公司化改造，建立现代公司制企业，以促进国有企业的所有权与经营权分离、政企职责分开，建立权责对称的激励约束结构，从而推动国有企业真正走向市场，成为具有活力和竞争力的市场主体。与产权制度改革并行的是如何建立有效的公司法人治理机制。产权理论认为，现代公司制企业形成了所有权与经营权分离的格局。由于所有者和经营者在关于企业经营状况、经营者努力程度等信息的占有上存在信息不对称，必然产生委托—代理问题，即在代理人与委托人的目标相互冲突的条件下，代理人可能利用信息优势为自己谋利，甚至损害委托人的利益。克服委托—代理问题，确保经营者的行为符合所有者利益的一个关键举措就是建立一套有效的公司治理结构，以明确界定股东大会、董事会、监事会、经理层之间的权责关系，形成有效的权力制衡与监督机制。1999 年，党的十五届四中全会通过《中共中央关于国有企业改革和发展若干重大问题的决定》，进一步明确了国有企业改革和建立现代企业制度的要求，标志着国有大中型企业正式进入公司化改制并建立规范的公司法人治理结构的阶段（吴敬琏，2004）。自 20 世纪 90 年代以来，以产权改革和建立现代企业制度为核心的国有企业改革取得了重要进展，国有企业总体上已经同市场经济融合，运行质量和效益得到明显提升，但是仍然存在一些亟待解决的矛盾和问题，因此，党的十八届三中全会对深化国有企业改革提出了新的战略部署，其中推动国有企业完善现代企业制度，健全协调运转、有效制衡的公司法人治理结构，仍然是其中的一个关键改革任务。

第四，推动社会主义市场经济运行环境的不断完善，降低制度性交易成本。在产权理论中，交易成本最初是指利用价格机制完成交易所花费的成本，包括发现相对价格的成本、交易的谈判和签约成本、契约的履行成本等，后来这一概念的内涵被不断扩展，以致经济学家阿罗将其看作是"经济制度的运行成本"。由于交易成本是一种非生产性的资源耗费，交易成本过高则会降低制度运行效率、削弱经济主体的动力和社会创造财富的能力。因此，如何降低交易成本就成为评价制度变迁是否有效的一个重要标准。中国的市场化和产权制度改革可以视为旨在降低交易成本、提高制度运行效率的制度变迁过程。在改革进程中，由于市场体系不健全、法律制度不完善、政府职能转变不到位等因素的综合作用，经济运行中存在的各种交易成本依然高昂，从而在很大程度上抑制了市场主体的活力，削弱了经济增长的内在动力。有鉴于此，2015年底召开的中央经济工作会议，特别提出要通过转变政府职能、简政放权、清理规范中介服务等手段降低企业面临的"制度交易性成本"，并通过财税、金融、社保、能源、流通等领域的体制改革降低企业的综合成本，从而推进供给侧结构性改革、矫正资源配置扭曲，为新常态下的中国经济发展培育新的动能。

在肯定产权理论对我国改革理论和实践的借鉴意义的同时，我们也应看到，西方产权理论的形成植根于资本主义市场经济的制度环境，其理论体系中存在着一个根深蒂固的观念，那就是私有产权是比公有产权更有效率的产权制度安排。这一观念推崇到极致就不免会推导出市场化改革的核心就是将公有产权转变为私有产权，以致主张通过私有化来推动所有制改革。显然，我们要坚决摒弃西方产权理论的这一错误观念，避免将中国改革的理论和实践引向歧途。实际上，中国的所有制结构调整和产权制度改革在实践中探索出一条既不同于传统社会主义计划经济，也不同于西方资本主义市场经济的具有中国特色的所有制改革与产权制度变迁模式，即在公有制为主体、多种所有制经济共同发展的基本经济制度下，实现了公有制经济与非公有制经济、国有企业与民营企业互为补充、相互促进、共同发展的格局。

首先，坚持公有制为主体，毫不动摇地巩固和发展公有制经济，不仅有利于消灭剥削，消除两极分化，实现共同富裕的社会主义目标，而且有利于宏观效益与微观效益、长期利益与短期利益的协调和统一。尤其是通过国有资本向关系国家安全和国计民生的自然垄断行业、军工行业、公共产品、支柱产业等领域集中，为其他所有制经济发展提供有力的物质支撑和安全保障，进而有利于促进非公有制经济的充分发展。其次，非公有制经济是社会主义市场经济的重要组成部分，是为社会主义服务的经济成分，具有不可替代的积极作用。一方面，非公有制经济的发展使得市场主体多元化，形成了多元竞争格局，有利于促进各类主体降低经营成本，节约社会资源，提高经济效率；有利于促进各类主体加快技术创新，提高自主创新能力。另一方面，非公有制经济的发展促进了公有制企业特别是国有企业的改革和发展。非公有制经济的发展不仅对国有企业形成了加快改革和发展的压力，而且成为国有企业实施混合所有制改革、实现投资主体多元化、真正建立现代企业制度的必要条件。最后，发展国有资本、集体资本、非公有资本等交叉持股、相互融合的混合所有制经济。混合所有制经济作为基本经济制度的重要实现形式，有利于国有资本放大功能、保值增值、提高竞争力；有利于各种所有制资本取长补短、相互促进、共同发展；有利于形成公有资本与非公有资本、资本与劳动"双重联合"的利益共同体，进而最大限度地克服或减少公与私、劳与资的内在冲突。

由此可见，丰富发展中国特色社会主义政治经济学，需要对中国所有制改革和产权制度变迁的实践和经验进行深入研究和系统总结。不仅要研究公有制经济与非公经济在基本经济制度层面"合理分工、良性互动、共同发展"的内在权利关系和内在规律，而且要从现代企业制度和财产组织形式层面研究混合所有制经济内部公有资本与非公有资本、资本与劳动联合的权利关系和内在规律（韩保江，2016）。

三、关于西方经济学中政府规制与干预理论

在西方经济学中，宏观规制与干预理论通常是指为解决微观领域"市场失灵"问题而采取政策干预和为实现宏观领域的总供给与总需求平衡，进而实现促进经济增长、实现充分就业、保持物价稳定、实现国际收支平衡等宏观经济运行目标而采取宏观政策干预，最典型的政策工具是财政政策和货币政策。市场规制理论来源于新古典经济学和福利经济学的政策主张，宏观干预的理论基础则主要来源于凯恩斯的宏观经济学理论。新古典经济学和福利经济学认为，市场机制无法解决由于市场垄断、外部性、公共产品、信息不对称、"搭便车"行为而导致的"市场失灵"，需要政府通过制定产业政策、税收政策等进行"规制"，以实现"社会利益最大化"。凯恩斯的宏观经济理论否定了"供给会自动创造需求"的"萨伊定律"，认为社会的总产出会偏离潜在产出水平，从而引发经济周期性波动和失业。这种对潜在产出水平的偏离源自社会的有效需求不足，因此，凯恩斯主义者认为能够通过财政政策和货币政策改变总需求，进而影响实际经济活动，"熨平"经济周期（萨缪尔森、诺德豪斯，1999）。由于从 20世纪 60 年代末到 80 年代初西方国家的经济普遍陷入"滞涨"状态，以现代货币主义、新古典宏观经济学、供给学派为代表的"新自由主义经济学"掀起了一场反凯恩斯主义的"革命"。尽管这些经济学流派大多反对政府干预，拥护自由放任的市场经济，但是他们的许多理论观点无疑对西方国家的宏观经济政策产生了重要影响。现代货币主义认为，名义总需求主要受货币供给量的影响，而财政政策对产出和价格的影响微不足道，因此，宏观经济政策的核心就是采取以控制货币供应量为核心的"单一规则"，即根据长期的经济增长率确定稳定的货币供应量增长率；新古典宏观经济学引入"理性预期"概念，认为由于人们可以利用所有可获得的信息做出无偏的经济预测，政府不可能通过经济政策来影响经济活动，由此引申出的政策含义是政府应避免采取相机抉择的宏观经济政策，而固定的、可以预见的规则更有利于保持宏观经济稳定。供给学派认为，凯恩斯主义过分强调需求管理，而忽视了税率和激励对总供给的影响。因此，政

府应当从供给侧入手，通过减税、放松规制等政策改善对微观经济主体的激励，从而增加储蓄和投资，提高经济潜在增长率（萨缪尔森、诺德豪斯，1999）。西方经济学中的宏观经济政策思想是对发达国家市场经济运行规律和政府干预经验的理论总结，对于中国在改革与发展进程中搞好宏观调控，促进经济稳定发展同样具有重要借鉴意义。

首先，在理念层面，我们逐步接受了西方宏观经济学中"政府干预"及其宏观政策目标理论，形成了符合我国国情的宏观调控目标和手段。1984年，党的十二届三中全会首次使用了"宏观调节"这一概念，提出"越是搞活经济，越要重视宏观调节"，要综合运用价格、税收、信贷等经济杠杆，调节社会供应总量和需求总量、积累和消费等重大比例关系，调节财力、物力和人力的流向，调节产业结构和生产力的布局，调节市场供求，调节对外经济往来[⑥]。1988年，党的十三届三中全会正式提出"宏观调控"这一概念，提出治理经济环境，整顿经济秩序，必须同加强和改善新旧体制转换时期的宏观调控结合起来[⑦]。1993年，党的十四届三中全会对健全社会主义宏观调控体系的内容进行了概括，强调宏观调控的主要任务是：保持经济总量的基本平衡，促进经济结构的优化，引导国民经济持续、快速、健康发展，推动社会全面进步。宏观调控主要采取经济办法，同时要在财税、金融、投资和计划体制改革方面迈开步伐，形成综合协调的宏观调控体系。2002年，党的十六大首次明确提出了"要把促进经济增长，增加就业，稳定物价，保持国际收支平衡作为宏观调控的主要目标"。2003年，党的十六届三中全会强调，进一步健全国家计划和财政政策、货币政策等相互配合的宏观调控体系，并规定了国家计划、财政政策、货币政策在宏观调控中的定位与职能。2007年，党的十七大进一步强调，发挥国家发展规划、计划、产业政策在宏观调控中的导向作用，综合运用财政、货币政策，提高宏观调控水平。

由于中国是一个典型的发展中大国，并且处于从计划经济向市场经济转型过程中，因此，在宏观调控的目标、思路和手段上也更具自身的特色。从宏观调控目标看，除了与西方宏观调控相似的"促进经济增长、增加就业、稳定物价、保持国际收支平衡"这四大总量调控目标外，中国的宏观调控还涵盖了许多结构调整和促进经济发展的任务，如推动需求结构、产业结构、区域结构、收入分配结构的优化升级等内容。尤其是伴随着经济的快速增长，经济结构失衡问题凸显，宏观调控与结构调整的联动性更加明显。党的十八大就特别强调把宏观调控与经济结构调整与转变发展方式有机结合起来，"以改善需求结构、优化产业结构、促进区域协调发展、推进城镇化为重点，着力解决制约经济持续健康发展的重大结构性问题"（胡锦涛，2012）。党的十八届三中全会进一步强调，宏观调控的主要任务是"保持经济总量平衡，促进重大经济结构协调和生产力布局优化，减缓经济周期波动影响，防范区域性、系统性风险，稳定市场预期，实现经济持续健康发展"⑧。从宏观调控的方式和手段看，也更加强调传统的财政、货币政策与国家发展规划、产业政策等相互协调，形成以国家发展战略和规划为导向，以财政政策、货币政策等为主要手段的宏观调控体系，同时加强财政政策、货币政策与产业、价格等政策手段协调配合，增强宏观调控前瞻性、针对性、协同性。

其次，在宏观调控实践中，不断探索总结经验，改善宏观调控方式，保持宏观经济总体稳定。20世纪80年代，我国正处于改革计划经济体制阶段，经济总体上处于"短缺"状态，因此这一时期宏观调控面临的主要任务是抑制周期性经济过热和通货膨胀，调控手段也主要采取计划和行政的方式，通过"关停并转"来强行压缩总需求。1992年以后，随着社会主义市场经济体制改革目标的确立，国家宏观调控的工具日益丰富，调控方式更加符合市场经济规律，尤其注重综合运用税收、价格、产业、信贷、汇率、利率等多种手段调控经济，并注重政策间的搭配协调（国家发改委宏观经济研究院，2008）。从1998年开始，中国告别短缺经济进入过剩经济，加之亚洲金融危机的冲击，经济中出现通货紧缩现象。因此，从1998年开始，中国采取了以扩大内需为导向的扩张性宏观经济政策，党的十六大报告还进一步提出，"扩大内需是我国经济发展长期的、基本的立足点。坚持扩大国内需求的方针，根据形势需要实施相应的宏观经济政策"。因此这一时期的宏观调控具有明显的凯恩斯主义刺激和扩张总需求政策的特征。2008年，由美国次贷危机引发的全球金融危机爆发。面对严峻的外部冲击，中国政府的宏观经济政策也由防止经济增长过热和通胀转变为实行积极的财政政策和适度宽松的货币政策。在"扩内需、保就业"的目标指引下，国务院出台了投资 4 万亿元的经济刺激计划，同时扩大商业银行的贷款数量，从而促使中国率先走出金融危机的冲击，实现经济复苏。国际金融危机的爆发，也暴露出中国经济发展过程中出现的一系列不协调、不平衡和不可持续性问题。因此，在后危机时代，中国政府把加快转变经济发展方式，对经济结构进行战略性调整作为宏观调控的重点，调控方式也从侧重需求管理转向更加注重供给管理。

在改革开放进程中，我国的宏观调控在很大程度上确保了经济的平稳发展，使经济波动幅度不超过社会可以承受的底线。在不断探索和调适过程中，宏观调控手段日益娴熟、灵活，更加符合市场经济的运行规律。从调控取向来看，宏观调控逐步实现了从直接调控到间接调控转变。从调控手段来看，逐步实现从行政手段向经济手段的转变，更加注重运用经济和法律手段，特别是通过规则的调整改变微观行为主体的利益结构和心理预期，从而使其行为符合国家调控目标。从调控方式来看，从注重总量调控向总量和结构并重转变。总量调控主要关注经济总量、投资规模、信贷规模等指标，运用财政、货币政策调节总供求关系，"熨平"经济周期；结构调控则更加注重需求结构、产业结构、区域经济结构等方面的比例关系，并通过产业政策、收入分配政策、区域经济发展政策对经济结构进行调整（万勇，2008）。此外，宏观调控与体制改革相互协调、相互促进。在宏观调控的同时更加坚持深化企业、价格、财税、金融、收入分配、社会保障、政府行政管理等领域的改革，以消除产生经济波动的体制根源。

最后，在经济新常态下创新宏观调控理念和方式。在经济新常态下，中国经济呈现增速换挡、结构调整、动力转换三大特征。如何在保持经济中高速增长势头的同时，稳步有效推进经济结构调整和发展方式转换，是宏观调控面临的一个重要挑战。为适应和引领新常态，努力实现稳增长、促改革、调结构、惠民生、防风险的多元平衡，我国在宏观调控领域实施了一系列重要的制度和政策创新。

一是创新宏观调控思路和政策，提出"区间调控""定向调控"。2015 年，党的十八届五中全会提出"在区间调控的基础上加大定向调控的力度，增强针对性和准确性"[⑨]。区间调控是指经济增速目标不再简单盯住一个绝对数字，而是在一定区间范围内可以灵活调整，区间的下线瞄准

"稳增长、保就业"，区间的上线设定为"防通胀"。所谓定向调控是指对不同部门和人群实施差异化的、有针对性的调控政策，如对小微企业、"三农"采取降税、降费、降准、降息等优惠政策，以减轻其发展中遇到的困难。区间调控和定向调控进一步拓宽了宏观调控目标，兼顾增长、就业、通胀等多元目标，增加了对经济波动的容忍度，避免宏观调控政策频繁变动，促进市场主体形成稳定预期。同时，这些新的措施提高了宏观调控的精准度，尤其针对国民经济发展的短板和薄弱环节实施精准调控，避免"大水漫灌"式的强刺激带来的宏观调控低效率和"刺激后遗症"（马建堂，2015）。

二是在宏观调控中加强预期管理。为适应和引领经济新常态，2014年底召开的中央经济工作会议首次提出"更加注重引导社会预期"；2015年底召开的中央经济工作会议进一步强调"实施宏观调控，要更加注重引导市场行为和社会心理预期"。由此可见，加强预期管理和引导成为经济新常态下宏观调控的一个重要手段。如前所述，新古典宏观经济学十分注重"预期"对宏观经济政策效果的影响，认为市场预期如果不稳定，就会诱发各种短期的投机行为，引发经济秩序紊乱，并会削弱政府调控的有效性，因而预期管理日益受到各国宏观调控当局的重视。与西方国家相比，我国的预期管理形式和手段更为多样化。例如，通过全面客观地分析宏观经济形势，阐明我国经济持续增长的良好支撑基础和条件没有变，经济发展长期向好的基本面没有变，从而稳定和提振市场信心。通过及时准确地发布经济信息，科学解读国家各项经济政策，使公众理解国家改革举措和发展政策的意图，稳定预期。当市场出现突发性事件可能引发社会恐慌时，通过多种措施对非理性预期进行规范、引导和控制，防止出现经济大起大落和社会失序等（刘满平，2016）。总之，将市场和社会预期纳入政府决策和宏观调控成为经济新常态下宏观调控方式的一个重要创新。

三是加强供给管理和结构性改革。长期以来，我国在宏观调控方面比较善于使用凯恩斯主义的需求管理政策，但需求管理在确保短期经济增长的同时，也催生了产能过剩加剧、企业和地方政府债务上升、房地产泡沫膨胀、经济结构调整拖延等问题。因此，必须转变宏观调控理念，在适度扩大总需求的同时，着力加强供给侧结构性改革，解决中国经济中长期积累的结构性、体制性和素质性矛盾和问题，加快培育形成新的增长动力。中国的供给侧结构性改革与西方供给学派存在本质上的不同。西方供给学派在调控思路和方法上只强调供给而忽视需求，只强调市场而盲目排斥政府。此外，奉行供给学派思想的西方政府还采取了诸如偏向富人的减税，大规模私有化、去规制化，打击工会组织等措施，"修复"资本的盈利能力。从实践来看，西方供给学派的调控效果不仅饱受争议，而且其带来了许多消极后果，包括使政府财政赤字不断扩大、社会贫富分化日益加剧、金融自由化无序发展、虚拟经济和实体经济结构严重失衡。中国的供给侧结构性改革既强调供给又关注需求，既注重发展社会主义生产力又注重完善生产关系，既发挥市场在资源配置中的决定性作用又更好发挥政府作用，既着眼当前又立足长远。其根本目的是使供给能力更好满足广大人民日益增长的物质、文化、生态需要，从而实现社会主义生产目的。重点是用改革的办法推进结构调整，消除因体制机制障碍带来的资源配置扭曲，减少无效和低端供给，增加有效和中高端供给，增强供给结构对需求结构的适应性和灵活性。具体政策表现为有效化解产能过剩，促进产业结构转型升级，降低企业综合成本，发展战略性新兴产业和现代服务业，增加公共产品和服务供给力度，即"去产能、去库存、去杠杆、降成本、补短板"（中共中央宣传部，2016）。供给侧结构性改革是对传统宏观经济调控理论的重大超越和创新，也是中国特色社会主义政治经济学需要深入研究的重大理论问题。

四、关于西方经济学中经济增长与发展理论

在西方经济学中，经济增长理论主要关注决定一国经济增长的因素；什么样的增长是理想的经济增长，以及如何实现这一增长。经济发展理论则更加关注发展中经济体如何实现从贫困到富裕、从欠发达状态走向发达状态的路径和战略，以及在此过程中发生的经济结构和制度结构的变迁。经济增长和发展理论在三个方面对于中国特色社会主义政治经济学的构建具有重要借鉴意义。第一，经济增长的因素分析。现代西方经济学经过凯恩斯主义的经济增长理论、新古典增长理论、新增长理论的研究和发展，

归纳出驱动增长的四大要素：一是人力资源，主要包括劳动力数量及其人力资本水平；二是自然资源，包括土地、森林、能源、矿产等；三是资本形成，既包括私人资本积累，也包括政府投入的社会基础资本；四是技术变革和创新，即生产过程中的变革或新产品和新服务的引入等（萨缪尔森、诺德豪斯，1999）。在这四大要素中，经济学家更加重视技术变革和创新对现代经济增长的决定性作用。第二，经济发展的结构分析。发展经济学认为，制约发展中经济体发展的因素主要来自结构层面，如经济结构刚性、短缺、过剩、滞后、低供求弹性等，这些因素使得市场机制不能自动调节经济结构，需要发挥国家在推动经济发展中的作用。其中，二元经济结构理论在经济发展理论中具有独特地位。在存在二元经济的国家中，发展的核心在于经济重心逐渐由传统的农业部门转移到现代工业部门，最终消除二元结构，实现全面的现代化（陈宗胜，2006）。第三，经济发展的制度分析。当代发展经济学充分吸收了新制度经济学的研究成果，把制度视为促进发展的关键变量。一套有效的制度、组织和治理机制，能够创造强有力的激励结构促使人们将资源禀赋投入创造财富的活动中，促进经济发展。而发展中国家往往由于制度和组织方面的缺陷长期陷入欠发达状态。因此，只有"矫正制度"，才能真正完善市场机制、降低交易成本、提高分配效率、扩展经济机会，从而培育发展的内生动力。

对中国30多年来经济持续快速发展的原因进行深入分析，并构建理解中国经济增长与发展的理论框架，是中国特色社会主义政治经济学的重要组成部分。从已有的研究看，学者们普遍认为，中国将既有的"人口红利"、经济转型的"结构红利"、改革开放带来的"制度红利"汇聚、叠加，形成促进经济持续快速发展的强大动力。从影响增长的因素看，劳动投入、自然资源、资本积累和创新都是推动中国经济持续快速增长的重要因素，尤其是随着经济发展，创新对中国经济增长促进作用日益凸显。西方经济增长理论认为，创新最重要的作用就是可以提高一国的全要素生产率，使其在不过多投入劳动、资本、自然资源等生产要素的条件下，也能够提高产出水平，从而将其生产可能性边界向外大幅度推移。对中国而言，进入21世纪以来，随着劳动力成本上涨、资源环境约束加剧、资本投入边际效率递减状况的出现，原有的推动经济增长的要素红利正在衰减，经济增长的可持续性面临严峻挑战。有鉴于此，我们党强调要把经济增长的动力从要素驱动、投资驱动转向创新驱动，为中国经济发展培育新的动力。党的十八届五中全会将创新列为五大发展理念之首，提出"创新是引领发展的第一动力"的科学论断，并强调必须把创新摆在国家发展全局的核心位置，必须把发展基点放在创新上，形成促进创新的体制架构，塑造更多依靠创新驱动、更多发挥先发优势的引领型发展⑩。

从结构因素看，中国经济发展是一个经济结构不断优化的过程。改革开放以来，市场化、工业化和城镇化的推进，促进了农村剩余劳动力向城市和工业部门转移，不仅为现代产业部门发展提供了重要动力，而且促进农民收入水平不断提高，也为农业部门实现更为集约的增长、推进农业现代化创造了条件。随着经济发展，如何克服二元结构制约，进一步缩小城乡发展差距，成为促进中国经济协调发展面临的一个重要任务。2002年，党的十六大报告提出，"统筹城乡经济社会发展，建设现代农业，发展农村经济，增加农民收入，是全面建设小康社会的重大任务"。此后，国家推出了一系列统筹城乡经济社会发展、缩小城乡二元结构的改革措施和政策，主要包括：改革粮食补贴制度、取消农业税、建立"三农"投入稳定增长机制、扩大公共财政覆盖面、推进城乡公共服务均等化等。2006年发布了《关于推进社会主义新农村建设的若干意见》，提出实行工业反哺农业、城市支持农村和"多予少取放活"的方针，努力改善农村生产生活条件，提高农民生活质量，促进农村整体面貌改善。同时，加快建立有利于改变城乡二元结构的体制机制，促进农业不断增效、农村加快发展、农民持续增收。2013年，党的十八届三中全会则进一步指出，"城乡二元结构是制约城乡发展一体化的主要障碍"，必须健全体制机制，形成以工促农、以城带乡、工农互惠、城乡一体的新型工农城乡关系，让广大农民平等参与现代化进程、共同分享现代化成果。从发展经济学的角度看，推动城乡二元结构转变，不断缩小城乡发展差距，是促进中国经济持续、平衡发展，最终实现国家整体现代化的必然选择。

无论是要素投入、创新驱动还是结构变迁，没有体制机制的变化，这些因素都无法汇聚成促进发展的强大动能。改革开放无疑是一场大规模的制度变迁，尤其是通过体制机制的变革，为经济主体创造了强有力的激励结构，促使他们将劳动、资本、土地、技术、管理等要素投入到生产、交易、创新等活动中去，形成促进发展的多元动力。随着经济发展阶段的转换，原有的改革红利逐步释放完毕，更加需要通过进一步深化改革，突破思想观念障碍，打破利益格局藩篱，消除体制机制障碍，为中国经济保持长期稳定发展提供新的制度红利。

由此可见，中国改革开放以来的经济增长和发展在一定程度上印证了现代经济增长和经济发展理论揭示的一般规律。但与此同时，中国在发展实践中也形成了一套具有中国特色的经济发展理念和经济发展道路，从而丰富和发展了中国特色社会主义政治经济学的经济发展理论。首先，在理念层面，中国共产党经过坚持不懈的探索，确立了以人民为中心的发展思想，形成了"发展是硬道理""发展是执政兴国的第一要务""科学发展观"，以及"创新、协调、绿色、开放、共享"的新发展理念等，进而使中国经济始终在科学发展理念引领下健康发展。其次，中国在 20 世纪 80年代所确立的实现社会主义现代化"三步走"战略的基础上，经过持续探索，最终形成了全面建成小康社会和实现中华民族伟大复兴的"中国梦"的发展战略。同时还制定了涉及各领域的更为具体的发展战略，作为实现经济社会发展长远目标的重要战略支撑，如科教兴国战略、人才强国战略、可持续发展战略、创新驱动发展战略、西部大开发战略、中部崛起战略、东北老工业基地振兴战略、京津冀协同发展战略、"一带一路"倡议等。同时，国家还以制定和实施国民经济和社会发展五年规划的方式，进一步对重大建设项目、生产力分布和国民经济重要比例关系等做出规划，综合运用政府和市场"两只手"的力量，推动经济社会发展战略的有效实施。最后，在科学的发展理念、行之有效的发展战略引导下，中国走出了一条具有自身特色的经济发展道路，即坚持走中国特色新型工业化、信息化、城镇化、农业现代化道路，推动信息化和工业化深度融合、工业化和城镇化良性互动、城镇化和农业现代化相互协调，促进工业化、信息化、城镇化、农业现代化同步发展。总之，对中国经济发展理念、发展战略、发展道路进行深入研究和系统总结，无疑会深化经济增长理论、经济发展理论对多样化的增长与发展路径的研究，同时也有助于为构建中国特色社会主义政治经济学的经济发展理论做出重要学术贡献。

五、关于西方经济学中的按生产要素分配理论

西方经济学的收入分配理论大致可以分成两个组成部分：一是要素市场理论，主要研究各种生产要素的价格如何在要素市场的供求机制作用下得到确定，核心是解决初次收入分配中的效率问题；二是国民收入分配的调节理论，主要研究一个国家的收入分配是否公平，如何认识效率和公平的关系，以及采取什么样的调节方式矫正收入分配不公。

西方经济学的要素市场理论是一种按生产要素贡献分配的理论，即认为劳动、资本、土地等生产要素都为价值和财富创造做出贡献，因此，这些要素的所有者应当根据这些要素的贡献获得相应的报酬。按要素分配理论的最终确立经历了一个长期演变的过程。在经济学说史上，亚当·斯密的价值和收入分配理论中就隐含着按要素分配的思想。由于亚当·斯密的价值理论具有二重性，导致其收入分配理论也具有二重性特征。一方面，他从劳动价值论出发，认为利润和地租都是劳动者生产出的产品的一种扣除；另一方面，他又认为"工资、利润和地租是，是一切收入和一切可交换价值的三个根本源泉"（亚当·斯密，1972），因而，把劳动、资本、土地都看作是创造价值的源泉，进而成为收入分配的依据。亚当·斯密的这一思想后来被法国经济学家萨伊所继承并进一步发展。萨伊认为，劳动、资本和土地都为财富创造提供了生产性服务，因而三种要素的所有者可以按照各自的要素贡献获得相应报酬，这就最终形成了马克思所批判的关于收入分配的"三位一体"公式，即资本、土地、劳动分别是利润（利息）、地租和工资的源泉（马克思，2004）。19世纪末兴起的新古典经济学派进一步发展了要素分配论，其中，最具代表性的是克拉克的边际生产力理论和马歇尔的以要素均衡价格为基础的分配理论，两者互为补充，奠定了现代西方经济学收入分配理论的基础。边际生产力理论认为，要素的收入是由其边际生产力决定的，即最后追加一单位生产要素所获得的边际产出，因此工资由劳动的边际生产力决定，利息由资本的边际生产力决定。克拉克认为地租是利息的特殊形式，企业家的工资也由边际生产力决定。由此得出，劳动、资本、土地、企业家的经营能力分别根据其边际生

产力获得相应的收入。马歇尔则把生产要素划分为劳动、资本、土地和企业组织四种形式，认为这些要素的均衡价格就是各自的收入，即工资、利息、地租和利润。生产要素的供给和需求均衡时的价格就是要素的均衡价格，就是要素所有者所获得的报酬（张作云，2001）。

西方经济学的要素分配论显然存在着一定的庸俗成分，尤其是这一理论试图论证资本主义社会各阶级按照各自提供的生产要素贡献大小获得相应报酬，因而抹杀了其分配制度导致的各阶级间的利益冲突和矛盾。但我们也应看到，在市场经济条件下，非劳动要素参与分配具有一定的必然性。首先，虽然劳动是创造价值的唯一源泉，但是资本、土地等非生产要素也是商品生产和价值形成过程中不可缺少的必要条件。没有生产资料的使用，没有资本、土地等物质承载物，无形的抽象劳动无法凝结为商品的价值。在现代社会，生产要素的种类更加多样，技术、管理、信息等要素参与生产过程能够大大提高劳动凝结为价值的效率，提升产品的附加值。由于在市场经济条件下，不同要素所有者都是独立的经济主体，在产权关系上具有排他性，任何生产要素的配置都要通过市场交换来进行，因而各种要素必然在供需关系的作用下形成各自的"价格"，进而转化为要素所有者的收入。其次，在社会主义市场经济条件下，存在多种所有制形式，既有公有制经济，也有各种非公有制经济，这就决定了收入分配方式不可能是单一的，而是多种分配方式并存。在公有制经济中采取按劳分配形式，在非公有制经济中，由于生产资料为私人所有，必然会采取按要素分配的形式来体现生产要素所有权的经济利益（张宇，2016）。基于上述原因，在我国的改革开放进程中，随着市场化程度的提高，按要素分配逐步被纳入社会主义的收入分配制度。

党的十四届三中全会提出了社会主义市场经济条件下收入分配体制的框架，明确指出"个人收入分配要坚持以按劳分配为主体、多种分配方式并存的分配制度"，"国家依法保护法人和居民的一切合法收入和财产，鼓励城乡居民储蓄和投资，允许个人的资本等生产要素参与收益分配"。党的十五大在强调坚持按劳分配为主体、多种分配方式并存的分配制度的同时，首次提出"把按劳分配和按要素分配结合起来"，"允许和鼓励资本、技术等生产要素参与收益分配"。党的十六大正式提出"确立劳动、资本、技术和管理等生产要素按贡献参与分配的原则"，完善按劳分配为主体、多种分配方式并存的分配制度。也就是说，要素参与分配正式成为我国收入分配制度中必须坚持的一个重要原则。党的十七大强调，"要坚持和完善按劳分配为主体、多种分配方式并存的分配制度，健全劳动、资本、技术、管理等生产要素按贡献参与分配的制度"。党的十八大提出，"完善按劳分配为主体、多种分配方式并存的分配制度"，"完善劳动、资本、技术、管理等要素按贡献参与分配的初次分配机制"。党的十八届三中全会则进一步强调，"健全劳动、资本、技术、管理等由要素市场决定的报酬机制"。实践证明，坚持按劳分配为主体、多种分配方式并存的分配制度，把按劳分配与按生产要素分配结合起来，极大地改善了各种要素所有者的激励结构，激发了不同要素所有者的积极性、主动性和创造性，有利于使一切劳动、知识、技术、管理和资本的活力竞相迸发，让一切创造社会财富的源泉充分涌流，为增进社会整体福祉奠定坚实的物质基础。

在市场经济条件下，虽然按要素分配可以提高经济效率，但不可避免会带来收入分配差距扩大的问题。对此，西方经济学也形成了相应的收入分配调节理论。以阿瑟·C.庇古为代表的福利经济学派认为，由于货币也存在边际效用递减的特点，将收入从富人向穷人转移有助于提高社会整体的福利。收入转移的方式包括：自愿转移，即富人自愿从事慈善事业；强制性转移，即政府向富人征收所得税、遗产税等；直接转移，如建立社会保险；间接转移，如对生产穷人必需的食品、住宅等商品的企业给予一定补贴（孙祖芳，2002）。凯恩斯认为收入分配差距扩大是导致有效需求不足的一个重要原因，要扩大有效需求、实现充分就业必须调节收入分配。一种方式是对富人征收直接税，以增加社会的消费倾向；另一种方式是食利者阶级的消亡，"一旦它的食利者阶级的方面消失掉，资本主义的其他方面会有重大的改变"（约翰·梅纳德·凯恩斯，1999）。福利经济学和凯恩斯主义经济学为"二战"后西方国家对收入分配进行调节提供了重要理论支撑。但也有西方学者从效率和公平的内在矛盾角度出发，质疑政府进行收入再分配的有效性。美国经济学家阿瑟·奥肯（1987）认为，在市场经济条件下，追求平等和效率两者之间存在矛盾。要提高经济效率，必然要使收入有差别，但这将扩大收入分配差距；要实现收入的均等化，则会降低经济效率。如何在政府制定公共政策时，平衡好收入分配效率与公平的关系，成为西方收入分配理论和实践中一个争论不休的难题。

在中国市场化进程中，由于多种分配方式并存，不同所有者凭借要素所有权参与分配，也产生了收入分配差距扩大的趋势，面临如何处理好效率和公平关系的挑战。有鉴于此，我们党也在持续不断地对收入分配制度进行适应性调整。党的十四届三中全会在个人收入分配制度方面确立了"效率优先、兼顾公平"的原则，坚持鼓励一部分地区一部分人通过诚实劳动和合法经营先富起来的政策，提倡先富带动后富，逐步实现共同富裕。党的十五大重申了这一原则并指出，坚持效率优先、兼顾公平，有利于优化资源配置，促进经济发展，保持社会稳定。党的十六大再次强调效率优先、兼顾公平，并提出初次分配注重效率，发挥市场的作用，再分配注重公平，加强政府对收入分配的调节职能。为遏制收入分配差距过分扩大的趋势，从党的十七大开始，我们党更加注重深化收入分配制度改革，相应地在处理效率和公平的关系上提出了新的主张，强调初次分配和再分配都要处理好效率和公平的关系，再分配更加注重公平，尤其是针对居民收入和劳动报酬在收入分配比重过低的问题，提出逐步提高居民收入在国民收入分配中的比重，提高劳动报酬在初次分配中的比重。党的十八大则进一步强调，实现发展成果由人民共享，必须深化收入分配制度改革，努力实现居民收入增长同经济发展同步、劳动报酬增长和劳动生产率提高同步，提高居民收入在国民收入分配中的比重，提高劳动报酬在初次分配中的比重。初次分配和再分配都要处理好效率和公平的关系，再分配更加注重公平[①]。收入分配政策的上述调整，不仅反映出随着经济的发展，我们党更加注重公平的收入分配对于经济持续健康发展与社会和谐稳定的重要意义，更体现出我们党对收入分配中的效率和公平观念认识的不断深化，即超越了西方经济学中关于效率和公平此消彼长的传统观念，而深刻认识到效率和公平具有内在的统一性。因此，如何在理论和实践上处理好效率和公平的关系，是中国特色社会主义政治经济学需要研究的重大问题。

六、关于西方国际经济学理论

20世纪70年代兴起的国际经济学从开放视角出发，研究商品、服务、资本、技术等要素在全球的配置以及各国之间的相互依赖关系，其主要研究内容涉及国际贸易理论与政策、国际金融、国际投资、开放的宏观经济均衡等。其中，国际贸易的比较优势论和要素禀赋论认为，由于国际分工的存在以及不同国家的要素禀赋不同，一个国家应当利用其相对丰裕的生产要素生产其相对成本较低的商品并进行出口，而进口其生产要素相对匮乏且生产成本较高的商品，这样各国都能从国际贸易中获益。因此，自由贸易是"经济增长的发动机"。20 世纪 70 年代兴起的新贸易理论将规模经济和不完全竞争引入国际贸易分析，解释了发达国家之间普遍存在的产业内贸易和世界市场上的寡头垄断格局；同时，主张一国政府应当采取战略性贸易政策，通过采用补贴和出口鼓励等措施扶持特定产业的发展，以扩大本国企业在国际市场上的份额，增加本国经济福利以及企业在国际竞争中的战略优势（樊永明，2006）。从国际间的要素流动看，国际经济学着重研究了资本、劳动力、技术等生产要素在各国之间流动的原因及其影响，跨国公司的海外投资行为、国际投资对全球产业分工和贸易的影响。国际经济学认为，外国直接投资（Foreign Direct Investment，FDI）可以发挥弥补资本短缺、促进出口、优化贸易结构、引导技术转移与外溢、促进竞争和产业升级等重要作用。

1978 年以来，中国的改革发展与对外开放和融入国际经济体系密不可分。早在改革开放初期，邓小平（1993）就指出："对外开放具有重要意义，任何一个国家要发展，孤立起来，闭关自守是不可能的，不加强国际交往，不引进发达国家的先进经验、先进技术和资金，是不可能的。"从国际经济学的角度看，对外开放对中国的改革发展发挥了以下积极作用：一是利用发达国家产业转移的契机，利用自身较为低廉的劳动力成本优势，发展劳动力密集型产业，增强出口创汇能力，促进经济增长并创造大量就业机会；二是通过吸引外国直接投资，缓解了经济发展初期资本短缺的状况，促使社会投资不断扩张，促进经济持续快速增长，增加财政收入，同时，外国直接投资给中国带来不少先进技术和管理经验，推动产业结构的不断优化升级；三是对外开放还对经济体制改革产生了重要的促进作用，它促使经济体制按照经济全球化和国际市场竞争的共同游戏规则，进行更深层次的改革和调整，从而形成中国市场化改革不可逆转之势。总之，实行对外开放，积极融入全球经济体系，使中国经济发展充分享受了"全球化红利"。

中国对外开放战略的成功在印证国际经济学一些基本理论判断的同时，也提出了重要的理论反思：尽管全球化和对外开放能够为一国经济发展发挥巨大促进作用，但是为何大多数发展中经济体并未享受到全球化红利，而是陷入由经济增长停滞、国际分工依附、债务危机、金融动荡、社会分裂构筑而成的"全球化陷阱"。中国对外开放的经验则为破解这一理论悖论提供了重要借鉴。首先，在改革进程中，中国采取积极主动、渐进可控的方式，稳步推进对外开放进程。从空间开放格局看，最初建立经济特区，然后开放沿海港口城市，建立沿海经济开放区，再到开放沿边、沿江地区，最终向内陆地区开放，从而形成多层次、全方位的对外开放格局。从开放领域看，采取先开放货物贸易等非敏感的部门，再分阶段、有控制地开放服务贸易、金融市场等重要部门的战略，以降低对外开放带来的潜在风险。从开放政策看，初期主要采取管制型政策，随着开放程度扩大，逐步转向激励型政策，同时强化对外资的法治化监管（张宇，2008）。中国的渐进式对外开放模式，适应了政府治理能力和国内市场的承受度及其动态变化，避免了像拉美国家、苏东国家采取激进的全方位开放政策给本国经济造成的严重冲击，从而确保对外开放健康有序发展。

其次，从开放发展战略看，实现了从内向封闭型的进口替代工业化战略（1949~1978年）向进口替代与出口导向并存战略转变（20世纪80年代），再向出口导向战略转变（从20世纪90年代开始）的递进式转变过程。在此过程中，中国充分将自身的人口红利与国外的资本、技术、管理等要素相结合，不仅注重通过出口产品带动增长、就业，增加政府收入和资本积累，而且注重技术进步和工业升级。一是通过购买先进设备，实现技术引进、消化、吸收和再创新；二是通过开放国内市场，吸引外商直接投资，引导外资企业进行技术转移，并利用拥有大规模市场产业化的优势，促进新技术的传播；三是通过本土企业与跨国公司采取合作、合资、合营等方式，扩大各国公司对本国的技术外溢效应，提高本国市场的竞争度和提升本土企业的学习能力；四是在具备一定技术水平的基础上，加大企业研发投入力度，逐渐实现从技术引进、模仿到自主创新的转变；五是推动有实力的企业以及拥有自主知识产权的技术和产品"走出去",融入全球产业链,利用国际市场的竞争压力促进技术和产业升级换代(周天勇,2017)。总之,通过多种渠道和手段,中国将自身比较优势与对外开放的有利机遇紧密结合,不断实现了产品升级、技术升级、产业升级、要素升级和综合竞争力升级。

最后,中国在对外开放过程中,较为清醒地认识到对外开放所具有的双重效应,因而充分权衡对外开放的利弊得失,积累了一系列成功的经验。一是在对外开放中确保国家的自主性,始终坚持维护国家的经济发展自主权和经济安全,保持对关键行业和重点领域的控制力,降低世界经济波动对本国经济的负面冲击。二是在对外开放过程中坚持"互利共赢"的原则,使中国的对外开放既符合自身利益,又符合合作方的利益,不断拓展和深化与其他国家和地区的合作关系,为中国经济发展营造良好的国际环境。三是统筹国内发展和对外开放。对外开放的目的是促进国内经济的持续快速发展,因此,中国注重在对外开放中提高自主创新能力,将引进、开发和创新有机结合起来,不断增强自身经济的国际竞争力,为经济的全面持续发展奠定坚实基础。与此同时,基于本国经济的承受能力,中国坚持积极稳妥、渐进有序的开放策略,以降低对外开放带来的潜在风险。

当前,中国面临的国际国内发展环境发生了许多重要变化。一方面,在后国际金融危机时代,全球经济复苏曲折,各国围绕市场、资金、资源的争夺加剧,贸易保护主义再度抬头;发达国家实施再工业化战略,试图抓住第四次科技革命的契机,继续主导国际产业分工格局;同时,由于全球化进程中收益分布不均衡,加之地缘冲突和难民问题的冲击,欧美国家掀起一股"逆全球化"的浪潮。全球经济政治格局的复杂重构,使得中国融入全球化过程中面临的风险和不确定性增加。另一方面,中国在国际经济和全球治理中的地位迅速上升,中国已成为全球第二大经济体、最大货物出口国、第二大货物进口国、第二大对外直接投资国、最大外汇储备国,成为影响世界政治经济版图变化的一个主要因素。尽管如此,中国经济大而不强问题依然突出,将经济实力转化为国际制度性权力仍需付出艰苦努力(习近平,2016)。面对内外发展环境变化带来的机遇和挑战,中国也在逐步调整自身的对外开放战略，在增强发展的内生动力的同时，不断开拓新的外部发展空间。一是在对外贸易方面，正在加快外贸优化升级、提质增效，实现从外贸大国向外贸强国转变；二是在投资方面，正在完善投资布局，在积极有效吸引外资和先进技术的同时，推动本国企业和装备"走出去"；三是在开放体制方面，通过不断完善法制化、国际化、便利化营商环境，推进自贸区建设，来不断优化对外开放的制度环境；四是在开放的空间格局方面，通过推进"一带一路"建设，打造陆海内外联动、东西双向开放的全面开放格局[12]。如何在总结既有的对外开放经验基础上，顺利实施对外开放方式的战略转变，实现从开放大国向开放强国转变，无疑是中国特色社会主义政治经济学需要研究的重要问题。

七、结论与建议

建构中国特色社会主义政治经济学理论体系，既要坚持好马克思主义政治经济学的指导地位，又要借鉴西方经济学的有益成分，更要从中国改革开放和社会主义现代化建设的伟大实践出发，切实提炼出既有中国特色又符合经济学逻辑的中国特色社会主义政治经济学"新范畴"和"新理论"。

中国改革开放和社会主义现代化建设伟大实践中探索出许多具有本国特色的行之有效的改革方式、制度安排、发展路径，积累了许多推动经济社会持续健康发展和社会民众福利水平不断提高的成功经验，同时也面临着许多发达国家在现代化进程中未曾遭遇的挑战。这些理论和实践中的新命题，显然已经超越西方经济学已有理论和研究范式的涵盖范围和解释能力，例如关于社会主义与市场经济可结合性的理论内涵与实践路径；关于社会主义市场经济条件下政府和市场关系的协调模式；关于中国所有制改革与产权制度变迁的路径、模式和经验；关于新常态下宏观调控方式创新与供给侧结构性改革的实践和经验；关于中国的发展理念、发展战略和发展路径；关于社会主义市场经济条件下收入分配效率与公平的关系；关于中国对外开放与参与国际经济治理体系重建；关于中国共产党领导经济建设的方式与机制；等等。都为丰富和发展中国特色社会主义政治经济学提供了重要的理论创新点，需要我们进行深入研究，并将其上升为系统化的理论。

总之，在发展中国特色社会主义政治经济学的过程中，我们既要秉持开放包容的态度，积极借鉴西方经济学的有益成分，又不能不加辨别地照搬照抄；既要学习吸收西方经济学中具有普遍适用性的理论、概念和方法，又要紧密结合中国实际，尤其是要具有敏锐的"中国问题意识"，着力研究中国改革和发展中的重大理论和实践问题，着力提出能够体现中国立场、中国智慧、中国价值的理念、主张、方案。只有在比较、对照、批判、吸收、超越、创新的基础上，才能真正构建起科学的中国特色社会主义政治经济学理论体系。

注释

①习近平主持召开经济形势专家座谈会，新华网，2016 年 7 月 8 日，http：//news. xinhuanet. com/politics/2016-07/08/c_1119189505. htm。

②马克思将古典政治经济学形成的起始时间划定为 17 世纪中叶。

③《中共中央关于建立社会主义市场经济体制的决定》，转引自中共中央党校教务部编：《十一届三中全会以来党和国家重要文献选编（1978 年 12 月~2007 年 10 月）》，中共中央党校出版社，2008 年。

④《党的十八届三中全会〈决定〉学习辅导百问》，学习出版社、人民出版社，2013 年。

⑤⑦⑧《改革开放以来历届三中全会文件汇编》，人民出版社，2013 年。

⑥《中共中央关于经济体制改革的决定》，转引自中共中央党校教务部编：《十一届三中全会以来党和国家重要文献选编（1978 年 12 月~2007 年 10 月）》，中共中央党校出版社，2008 年。

⑨⑩⑪《〈中共中央关于制定国民经济和社会发展第十三个五年规划的建议〉辅导读本》，人民出版社，2015 年。

⑫《中国共产党第十八次全国代表大会文件汇编》，人民出版社，2012 年。

参考文献

［1］阿瑟·奥肯：《平等与效率——重大的抉择》，王奔洲译，华夏出版社，1987 年。

［2］曹钢：《产权理论的历史发展与西方产权经济学在中国改革中的价值》，《陕西师范大学学报（哲学社会科学版）》，2002 年第 2 期。

［3］陈宗胜：《发展经济学——从贫困走向富裕》，复旦大学出版社，2006 年。

［4］邓小平：《在武昌、深圳、珠海、上海等地的谈话要点》，转引自《邓小平文选（第三卷）》，人民出版社，1993 年。

［5］邓小平：《政治上发展民主，经济上实行改革（1985 年 4 月 15 日）》，转引自《邓小平文选（第三卷）》，人民出版社，1993 年。

［6］樊永明：《西方国际政治经济学（第 2 版）》，上海人民出版社，2006 年。

［7］国家发改委宏观经济研究院：《改革开放 30 年宏观调控的经验、问题和理论探索》，《中国经济时报》，2008 年 4 月 10 日。

［8］韩保江：《中国特色社会主义政治经济学研究关键是揭开“六个结合”之谜》，《理论视野》，2016 年第 5 期。

［9］胡锦涛：《坚定不移沿着中国特色社会主义道路前进　为全面建成小康社会而奋斗——在中国共产党第十八次全国代表大会上的报告》，转引自《中国共产党第十八次全国代表大会文件汇编》，人民出版社，2012 年。

［10］江泽民：《加快改革开放和现代化建设步伐，夺取有中国特色社会主义事业的更大胜利——在中国共产党第十四次全国代表大会上的报告》，转引自中共中央党校教务部编：《十一届三中全会以来党和国家重要文献选编（1978 年 12 月～2007 年 10 月）》，中共中央党校出版社，2008 年。

［11］江泽民：《论社会主义市场经济》，中央文献出版社，2006 年。

［12］李佐军：《更加注重引导社会预期》，《经济日报》，2015 年 2 月 7 日。

［13］刘满平：《新常态下宏观调控新思路、新特点》，《上海证券报》，2016 年 2 月 17 日。

［14］刘树成、吴太昌：《中国经济体制改革 30 年研究》，经济管理出版社，2008 年。

［15］卢现祥、朱巧玲：《新制度经济学》，北京大学出版社，2007 年。

［16］马建堂：《新常态下我国宏观调控思路和方式的重大创新》，《行政管理改革》，2015 年第 11 期。

［17］马克思：《资本论（第三卷）》，中共中央马克思恩格斯列宁斯大林著作编译局译，人民出版社，2004 年。

［18］曼昆：《经济学原理（第 7 版）：微观经济学分册》，梁小民、梁砾译，北京大学出版社，2015 年。

［19］萨缪尔森、诺德豪斯：《经济学（第十六版）》，萧琛等译，华夏出版社，1999 年。

［20］孙祖芳：《西方收入分配理论与实践的发展与启示》，《同济大学学报（哲学社会科学版）》，2002 年第 5 期。

［21］万勇：《30 年来我国宏观调控：经验、趋势与完善路径》，《南京财经大学学报》，2008 年第 4 期。

［22］吴敬琏：《当代中国经济改革》，上海远东出版社，2004 年。

［23］吴宣恭等：《产权理论比较——马克思主义与西方现代产权学派》，经济科学出版社，2000 年。

［24］习近平：《关于〈中共中央关于全面深化改革若干重大问题的决定〉的说明》，转引自《习近平谈治国理政》，外文出版社，2014 年。

［25］习近平：《"看不见的手"和"看得见的手"都要用好》，转引自《习近平谈治国理政》，外文出版社，2014 年。

［26］习近平：《切实把思想统一到党的十八届三中全会精神上来》，转引自《习近平谈治国理政》，外文出版社，2014 年。

［27］习近平：《在省部级主要领导干部学习贯彻党的十八届五中全会精神专题研讨班上的讲话（2016 年 1 月 18 日）》，人民网，2016 年 5 月 10 日，http：//cpc. people. com. cn/n1/2016/0510/c64094 - 28337020 -

4. html。

［28］亚当·斯密：《国民财富的性质和原因的研究（上卷）》，郭大力、王亚南译，商务印书馆，1972 年。

［29］杨瑞龙：《交易费用理论与现在产权经济学》，《世界经济研究》，1995 年第 1 期。

［30］约翰·梅纳德·凯恩斯：《就业、利息和货币通论（重译本）》，高鸿业译，商务印书馆，1999 年。

［31］张军：《比较经济模式：关于计划与市场的经济理论》，复旦大学出版社，1999 年。

［32］张宇：《中国特色社会主义政治经济学》，中国人民大学出版社，2016 年。

［33］张宇：《中国模式：改革开放三十年以来的中国经济》，中国经济出版社，2008 年。

［34］张作云：《评西方收入分配理论》，《高校理论战线》，2001 年第 12 期。

［35］郑必坚等：《邓小平理论基本问题》，中共中央党校出版社，2001 年。

［36］中共中央文献研究室：《习近平总书记重要讲话文章选编》，中央文献出版社、党建读物出版社，2016 年。

［37］中共中央宣传部：《习近平总书记系列重要讲话读本》（2016 年版），学习出版社、人民出版社，2016 年。

［38］周天勇：《国外形势变化与中国对外开放战略调整》，《当代世界与社会主义》，2017 年第 2 期。

论构建中国特色社会主义政治经济学 *

中共中央党校（国家行政学院）　张占斌

南京航空航天大学　钱路波

摘要：中国特色社会主义政治经济学作为马克思主义经济学中国化的最新成果，深刻回答了实践和时代提出的新课题，有力地指导了我国经济发展实践，开拓了马克思主义政治经济学的新境界，丰富了人类经济思想宝库，具有重大的理论价值和实践意义。中国特色社会主义政治经济学呈现出自身的理论特性，表现在：紧扣发展的时代性、保障发展方向的准确性、凸显发展目的的人民性以及彰显发展眼光的世界性。随着中国特色社会主义发展进入新时代，中国特色社会主义政治经济学也形成了适应我国社会主要矛盾转化、贯彻新发展理念、建设现代化经济体系、转向高质量发展等核心内容的完整理论体系。坚持和发展中国特色社会主义政治经济学，必须在把握其政治原则、根本原则、核心原则、基础原则、价值原则的基础上，不断开拓中国特色社会主义政治经济学的发展路径：一是要坚持以习近平新时代中国特色社会主义经济思想为指导；二是进一步拓展中国特色社会主义政治经济学的研究对象范围；三是把体系创新与运用创新有机结合起来；四是对中国特色社会主义经济建设的重大历史经验进行总结；五是充分吸收并合理借鉴西方经济学的科学成分。

关键词：中国特色社会主义政治经济学　新时代　马克思主义　党的十九大

中国特色社会主义政治经济学是我们党将马克思主义政治经济学的基

---

* 原载《管理世界》2018 年第 7 期。

本原理与我国社会主义经济建设的具体实践相嵌合，不断推动马克思主义政治经济学中国化在时代累进下的最新硕果，也是习近平新时代中国特色社会主义思想的重要有机组成部分。随着中国特色社会主义发展进入新阶段，习近平总书记结合我国经济建设实践发展的总体性和阶段性深刻指出："要立足我国国情和我国发展实践，揭示新特点新规律，提炼和总结我国经济发展实践的规律性成果，把实践经验上升为系统化的经济学说，不断开拓当代中国马克思主义政治经济学新境界"[①]。这一论断揭示了坚持好、发展好中国特色社会主义政治经济学的重要遵循，它表明以习近平同志为核心的党中央，将我国改革开放的经济发展实践和思想理念，上升到了理论层面和学科高度，是对马克思主义政治经济学说的巨大创新，极大丰富了中国特色社会主义理论体系。

一、中国特色社会主义政治经济学形成的理论来源与实践基础

历史上任何一个创造奇迹的国家都形成过自己的经济理论，中国作为有世界影响力的大国更不能例外。改革开放 40 多年来，尤其是党的十八大以来，我国经济实力不断增强，经济发展质量不断提升，为推动世界经济发展所作出的贡献也不断增多，进而创造了享誉全球的"中国奇迹"。在此情形下，中国特色社会主义政治经济学顺势而生，这既是马克思主义政治经济学谱系的最新版本，也是中国特色社会主义经济建设的理论结晶。可以说，中国特色社会主义政治经济学的形成是理论创新和实践呼唤的必然要求。

（一）理论母体：马克思主义政治经济学

早在 170 多年前，马克思和恩格斯通过对资本主义生产方式及其发展趋势的历史考察，揭示了未来共产主义社会的基本经济特征。尤其是在《资本论》中，马克思和恩格斯将唯物史观贯穿于该经典著作分析的全过程，从分析商品开始，借助对资本主义生产方式全方位的解剖来揭示其生产关系的本质和运动规律，并对未来社会经济关系的基本特征作了描述。在此基础上，马克思还对商品生产和市场经济的一般规律作了深刻论证，

认为"如果我们把工资和剩余价值，必要劳动和剩余劳动的独特的资本主义性质去掉，那么，剩下的就不再是这几种形式，而只是它们的为一切社会生产方式所共有的基础"②。马克思的这些重要论述，从经济哲学层面揭示了市场经济的逻辑规律，说明商品经济，市场经济本身并不具有任何社会性质，可以和不同的社会制度结合在一起，这对我国建立和发展社会主义市场经济、探索公有制与市场经济的对接、结合、磨合、兼容融合和亲和这一世纪性和世界级的难题而言，具有重要的思想启迪。因此，习近平指出："有人说，马克思主义政治经济学过时了，《资本论》过时了。这个说法是武断的。……国际金融危机发生后，不少西方学者也在重新研究马克思主义政治经济学、研究《资本论》，借以反思资本主义的弊端。"③此外，习近平总书记先后多次强调："坚持和发展中国特色社会主义政治经济学，要以马克思主义政治经济学为指导。"④

（二）基础来源：毛泽东社会主义经济思想

中华人民共和国成立后，毛泽东对我国如何进行大规模的社会主义经济建设展开了积极探索，提出了建设和发展社会主义经济的一系列开创性观点，如"提出社会主义社会的基本矛盾理论，提出统筹兼顾、注意综合平衡，以农业为基础、工业为主导、农轻重协调发展等重要观点。这些都是我们党对马克思主义政治经济学的创造性发展"⑤。1959 年底，毛泽东还明确提出"社会主义政治经济学教科书，究竟怎样写才好？"⑥这一重大的现实问题，开启了对我国社会主义政治经济学的最初探索。同时，毛泽东在借鉴苏联经验教训的基础上，结合新中国成立 10 年来我国在社会主义经济建设过程中所取得的成就及出现的失误，初步探讨了社会主义政治经济学研究的对象和研究方法，指出："政治经济学研究的对象主要是生产关系，但是，政治经济学和唯物史观难得分家。不涉及上层建筑方面的问题，经济基础即生产关系的问题不容易说得清楚。"⑦毛泽东的这一重要论述表明生产力与生产关系、经济基础与上层建筑是有机统一、密不可分的，对生产关系的研究不能脱离生产力的发展水平，强调要从发展生产力的角度来研究生产关系，这就避免了对生产关系孤立、静止的研究，从而突破了苏联《政治经济学教科书》的局限性，拓展了政治经济学的研究范围和视野；从而为我们构建中国特色社会主义政治经济学提供了基础性思路。

（三）有益借鉴：国外经济学理论中的有益成分

中国特色社会主义政治经济学既具有中国特色、中国风格、中国气派的特殊性，也具有人类文明的一般性。世界各国经济学长期的探索和取得的成果，虽然都具有各自具体条件的适应性，但也包含人类文明的一般性，借鉴和吸收世界各国经济学的有益成分，为我所用，对构建中国特色社会主义政治经济学是大有裨益的。对此，习近平总书记在哲学社会科学工作座谈会上明确指出："国外哲学社会科学的资源，包括世界所有国家哲学社会科学取得的积极成果，这可以成为中国特色哲学社会科学的有益滋养。"[⑧]以西方发达国家的经济学为例，它的许多概念、论点、观念有助于说明建立在社会化大生产基础上的商品经济的某些一般的共同性的特征，尤其是西方微观经济学对商品的供给与需求、价格与销量、竞争和垄断等有关市场机制的分析，这对我们研究如何发挥市场对经济生活的调节作用，显然具有参考价值。同时，西方宏观经济学对总供给与总需求均衡条件、经济增长、财政与货币政策的分析，及其所得出的有关经济变量之间的相互关系的研究、经济调节手段和管理方法的研究等，都具有一定的合理因素，这对于我国发展完善社会主义市场经济，丰富和发展中国特色社会主义政治经济学理论是有益的。

（四）丰厚滋养：中国传统文化中的优秀经济思想

我国是有着数千年悠久历史的文明古国，曾经有过经济繁荣发展的辉煌，特别是农耕文明长期居于世界领先水平。在经济发展的基础上，我国产生了富有中国特色的丰硕经济思想，体现了中华民族几千年聚集的知识和智慧。早在春秋战国时期，诸子百家争鸣就在各自的学说中杂糅着富有针对性的经济思想，比如在《论语》《老子》《孟子》《墨子》《管子》《韩非子》等著作中，关于人性论、义利观、奢俭论、轻重论、富国强民论等思想就有专段论述。西汉初期，推行"无为而治"的"与民休息"政策，主张自由放任的经济思想，反映了封建经济上升时期的积极要求，对此，司马迁在《史记》中提出了"善因论"，主张"善者因之，其次利道之，其次教诲之，其次整齐之，最下者与之争"，反对封建国家对国民经济的过多干预和控制；西汉中后期，桓宽写就的《盐铁论》反映了自由放任主义与政府干涉主义两大经济思想的争锋。总之，中华民族的深厚文化传统是我国的独特优势。继承优秀的历史文化遗产，"是发展民族新文化提高民族自信心的必要条件"⑨。构建中国特色社会主义政治经济学，要加强对中华优秀传统文化中经济思想的挖掘与阐发，弘扬具有当代价值的经济思想，从而不断增强文化自信。

（五）实践基础：改革开放以来中国特色社会主义经济建设实践

"时代是思想之母，实践是理论之源"。当代中国社会主义经济建设的伟大实践，是不断开辟中国特色社会主义政治经济学新境界的广阔历史舞台与动力源泉。改革开放以来，以邓小平同志为代表的中国共产党人在推进马克思主义经济学中国化的历史进程中，创立了社会主义市场经济理论，标志着马克思主义经济学中国化的一次重大突破，实现了对中国特色社会主义政治经济学的破题。以江泽民同志为代表的中国共产党人在领导我国进行社会主义经济建设和改革的过程中，提出了"三个代表"重要思想，强调了建立和完善中国市场经济体制的历史任务，促进了中国特色社会主义政治经济学在理论和实践上的深化。以胡锦涛同志为代表的中国共产党人提出了科学发展观，创造性地回答了如何驾驭和发展社会主义市场经济这一重大历史课题，使我国社会主义政治经济学的研究视域大大拓展。党的十八大以来，随着中国经济发展进入新常态，为有效应对我国发展起来以后新出现的风险和挑战，以习近平同志为代表的中国共产党人提出了一系列重大论断⑩。党的十八大以来的成功实践，体现着当代中国社会主义经济建设实践发展的新要求，为促进中国特色社会主义政治经济学的形成奠定了深厚的实践基础。

二、中国特色社会主义政治经济学的重大的理论价值和实践意义

中国特色社会主义政治经济学是适应新时代中国国情和时代特征的政治经济学，是习近平新时代中国特色社会主义思想的重要组成部分，它有力指导了我国经济发展实践，开拓了马克思主义政治经济学的新境界，丰富了人类经济思想宝库。

（一）理论意义：拓展了马克思主义政治经济学在 21 世纪发展的新视野和新境界

习近平总书记指出："我们要以更加宽广的眼界审视马克思主义在当代发展的现实基础和实践需要，……不断开辟 21 世纪马克思主义发展新境界，让当代中国马克思主义放射出更加灿烂的真理光芒。"[①]发展 21 世纪马克思主义，开辟 21 世纪马克思主义新境界，是哲学社会科学的重要任务，政治经济学作为马克思主义的重要组成部分，应该为发展 21 世纪马克思主义，开辟 21 世纪马克思主义新境界作出新贡献。中国特色社会主义政治经济学体现了社会经济发展的一般规律，同时又超越了传统社会主义政治经济学的理论框架，积极应对 21 世纪全球经济发展的时代挑战，主动回应了发展 21 世纪马克思主义政治经济学的现实基础和实践需要。尤其是在经济全球化深入发展，世界各国应对新挑战的关键时刻，中国特色社会主义政治经济学主张"一带一路"倡议，建立人类命运共同体，改善全球经济治理模式，推动世界和平、发展、互利、共赢，这是马克思主义经济全球化思想在新时代背景下的现实体现，反映了全世界人民的共同心声。可以说，中国特色社会主义政治经济学，在继承马克思主义政治经济学固有立场的基础上，反映了 21 世纪经济发展的本质要求，揭示了 21 世纪全球经济发展的共同规律，形成了 21 世纪马克思主义政治经济学的最新成果。

（二）时代意义：坚定了中国特色社会主义政治经济学的理论自觉和理论自信

在推进马克思主义经济学中国化的过程中，中国经济总量已跃居世界第二，人均 GDP 迈进中等收入国家；工业规模跃居世界第一，成为制造业第一大国；成功融入世界经济主流，"中国声音"在国际舞台上更加响亮……这一系列重要成就表明，中国 40 多年来所走的改革开放道路是正确的，中国的发展之所以成功最重要的是有自己的理论，这个理论就是中国特色社会主义理论。我们要构建自己的经济学话语体系，首先要增强中国特色社会主义政治经济学的理论自觉与理论自信。一方面，中国经济社会的发展需要马克思主义经济学的指导；另一方面，马克思主义经济学又需要中国经济社会的实践去检验和发展，这就需要在新时期进一步推进马克思主义经济学中国化，进一步增强我们的理论自觉与理论自信，从而增进我们的制度自信及道路自信。中国特色社会主义政治经济学作为马克思主义政治经济学中国化、时代化的最新成果，它既超越了传统社会主义政治经济学的理论范式，又突破了西方政治经济学理论，解决了社会主义与市场经济兼容结合后的理论难题，使中国社会主义市场经济体制改革在基本理论及其合法性上彰显了马克思主义的理论自觉与理论自信，成为中国特色社会主义道路最鲜明的理论诠释。

（三）实践意义：为新时代中国特色社会主义经济建设提供理论指引和方向遵循

中国特色社会主义政治经济学系统总结了新时代实践经验，揭示了经济建设的规律性，为加快新时代中国特色社会主义经济建设、推动我国经济从高速增长阶段转向高质量发展阶段提供了科学的理论指引。党的十九大报告明确指出，我国经济已由高速增长阶段转向高质量发展阶段。随着中国经济发展进入新常态，迫切需要通过转化经济增长动力，优化经济结构、提高发展的质量和效益，这也是适应新常态、引领新常态的内在要求。可见，促进我国经济转向高质量发展阶段，需要准确把握我国社会主要矛盾的转换，紧紧围绕供给侧结构性改革这条主线，充分发挥市场在资源配置中的决定性作用，通过市场的力量淘汰落后过剩产能，推进"三去一降一补"，使生产要素在各部门之间自由流动，调动微观市场主体的活力和创造力，使创新驱动成为经济发展的内生动力，同时更好发挥政府作用，不断创新和完善宏观调控，为实现我国经济高质量发展保驾护航。上述重要举措，本身就是中国特色社会主义政治经济学的有机组成部分。在决胜全面建成小康社会和开启全面建设社会主义现代化国家新征程中，中国特色社会主义政治经济学作为习近平新时代中国特色社会主义思想的重要组成部分，是我们在经济建设领域的理论指引和行动指南。

（四）国际意义：为世界经济发展、经济学发展贡献了中国方案和中国智慧

党的十九大报告指出："中国共产党是为中国人民谋幸福的政党，也是为人类进步事业而奋斗的政党。中国共产党把为人类作出新的更大的贡献作为自己的使命。"[12]从这一使命的世界意蕴来看，中国特色社会主义政治经济学包含着人类共同的价值追求，具有世界范围经济学理论一般性和普遍性。具体而言，中国特色社会主义政治经济学坚持以人民为中心的发展思想，以每个人的自由而全面的发展为根本目的，坚持把增进人民福祉、促进人的全面发展作为经济发展的出发点和落脚点，这反映了人类对美好生活的共同向往。同时，中国特色社会主义政治经济学致力于解放和发展生产力，消除贫困，消除两极分化，朝着共同富裕的方向稳步迈进，而消除贫困，消除两极分化，是当代人类面临的突出问题之一，解决这些问题是人类追求的共同目标。尤其是中国特色社会主义政治经济学重视对经济全球化正负效应的分析，反对贸易保护，倡导互利共赢的开放战略，发展更高层次的开放型经济，致力于和平发展，强调互利互惠，积极参与全球经济治理，构建人类命运共同体，这反映了人类和平发展、平等发展、共同发展的共同心声。

三、中国特色社会主义政治经济学的时代特征和突出特色

中国特色社会主义政治经济学是马克思主义经济学中国化的最新理论成果，它植根于中国现代化进程的现实土壤，承继社会主义事业发展的历史大逻辑，开拓了马克思主义政治经济学的新境界。尤其是党的十八大以来，习近平总书记关于中国特色社会主义政治经济学的重要论述和在实践中形成的以新发展理念为主要内容的习近平新时代中国特色社会主义经济思想，内在地彰显了中国特色社会主义政治经济学的理论特性。

（一）紧扣发展主题的时代性：从"站起来""富起来"到"强起来"

政治经济学本质上是一门历史的科学[13]，它在反映时代和实践发展要求的同时，也必然随着时代和实践发展的步伐而不断发展变化。中国特色社会主义政治经济学作为"系统化的经济学说"，是以中国社会主义经济建设和现实经济关系为基础的，是在中国从"站起来"到"富起来"再到"强起来"的历史进程中逐渐形成的。也就是说，中华人民共和国成立以来，以1956年中国社会主义经济制度确立为标志，与大规模的社会主义经济建设相联系，构成中国特色"站起来"为主题的政治经济学发展时

期；以 1978 年党的十一届三中全会为起点，与我国改革开放实践过程相
联系，构成中国特色"富起来"为主题的政治经济学发展时期；以 2012
年党的十八大后提出实现中华民族伟大复兴的"中国梦"的奋斗目标为界
标，进入中国特色"强起来"为主题的政治经济学发展时期。这是以"站
起来"和"富起来"为主要内容的中国特色社会主义政治经济学在新时代
的发展和创新，是中国特色社会主义发展的必然结果，意味着中国特色社
会主义发展进入了新时代，对促进当代中国马克思主义政治经济学的重大
发展具有划时代的历史意义。

（二）保障发展方向的正确性：坚持和完善党对经济工作的集中统一
领导

习近平总书记在党的十九大报告中明确指出："中国特色社会主义最
本质的特征是中国共产党领导，中国特色社会主义制度的最大优势是中国
共产党领导。"[14]这一重要论述深刻揭示了党的领导与中国特色社会主义的
关系，反映了"坚持加强党对经济工作的集中统一领导"，是"中国共产
党的领导是中国特色社会主义最本质特征和最大优势"这一质的规定性在
经济工作中的具体要求和生动体现。可以说，坚持党对经济工作的集中统
一领导，是当代中国发展进步的根本保障，也是中国特色社会主义政治经
济学最核心、最本质的特征。对此，习近平总书记指出："能不能驾驭好
世界第二大经济体，能不能保持经济社会持续健康发展，从根本上取决于
党在经济社会发展中的领导核心作用发挥得好不好。"[15]党的领导的优越性
在哪里？就在于它的先进性和统一性，集政治、思想、组织等一系列优势
于一身。中国特色社会主义市场经济的发展历程表明，"坚持党的领导，
发挥党总揽全局、协调各方的领导核心作用，是我国社会主义市场经济的
一个重要特征"[16]。

（三）凸显发展目的的人民性：坚守以人民为中心的发展思想

习近平总书记指出："坚持以人民为中心的发展思想，这是马克思主
义政治经济学的根本立场。"[17]这一重要论述表明，坚持以人民为中心是中
国特色社会主义政治经济学的根本立场，意味着中国特色社会主义政治经
济学要坚持人民在经济建设中的历史主体地位，把人民作为经济建设的动
力源泉，要以实现最大多数人的利益为目标，切实保障人民群众在经济、

政治、文化、社会、生态等各方面的基本权益，不断增强人民群众在新时代的获得感、幸福感。在此基础上，习近平总书记在纪念马克思诞辰 200 周年的大会上进一步强调："我们要始终把人民立场作为根本立场，把为人民谋幸福作为根本使命。"[18]这是由"人民性"这一马克思主义最鲜明的品格所决定的。如果说"富起来"的政治经济学强调效率优先，兼顾公平，先富带后富，那么"强起来"的政治经济学则是强调全体人民的共同富裕，让人民共享改革发展的全部成果。与此相反，西方主流经济学过于看重资本的力量和价值，单纯片面强调和追求利润最大化，从而忽视了普通劳动者的真实情况和感受。这一发展观既没有立足于满足人的需求，也没有着眼于充分发挥人的积极性，虽然能在一定程度上促进经济增长，但这样的增长是不健康、不可持续的，经常被经济危机打断。法国学者托马斯·皮凯蒂写的《21 世纪资本论》用翔实的数据证明："美国等西方国家的不平等程度已经达到或超过历史最高水平，认为不加制约的资本主义加剧了财富不平等现象，而且将继续恶化下去。"

（四）彰显发展眼光的世界性：在全面开放新格局的基础上积极参与全球经济治理

习近平总书记在党的十九大报告中明确指出："中国开放的大门不会关闭，只会越开越大。"坚持打开国门搞建设，是改革开放 40 多年来我国实现历史性发展的基本经验，是面对经济全球化大潮的正确选择。在当今世界面临的主要问题中，南北发展差距和数字鸿沟局限了人类发展潜力的发挥，是全球需求不足、国际投资和贸易萎缩的重要根源。为此，中国将加大对发展中国家的援助力度，促进缩小南北发展差距，推动实现共同发展。经济全球化失速是作为第一轮经济全球化主要动力的发达国家政策逆转的负效应，不仅拖累世界经济恢复增长，而且助推保护主义、孤立主义、民粹主义和反全球化思潮泛滥。针对这种情况，中国坚持打开国门搞建设，支持多边贸易体制，促进自由贸易区建设，推动建设开放型世界经济，推动经济全球化朝着开放、包容、普惠、平衡、共赢的方向发展。各国经济政策失调，关键在于各国面临的经济形势和难题出现分化，政策内顾倾向上升。为此，我国就实现各国政策沟通、促进世界经济增长、推动区域合作、完善全球经济治理先后提出了"一带一路"倡议、创建亚投行、推动 G20 转型、构建人类命运共同体等系列"中国方案"，促进了中国参与国际合作和全球治理的历史进程。

四、中国特色社会主义政治经济学在新时代发展的核心内容与总体架构

党的十八大以来，以习近平同志为核心的党中央立足于马克思主义政治经济学的基本原理，始终把以人民为中心的发展思想摆在治国理政的突出位置，强调"人民对美好生活的向往，就是我们的奋斗目标"，并认为"坚持以人民为中心的发展思想，这是马克思主义政治经济学的根本立场"。以人民为中心的发展思想把增进人民福祉、促进人的全面发展、朝着共同富裕方向稳步前进作为经济社会发展的出发点和落脚点，既凸显了中国特色社会主义政治经济学的时代特征，也是中国特色社会主义政治经济学在新时代发展的核心内容。因为中国特色社会主义政治经济学关键词是中国特色和社会主义，而社会主义的本质就是要"解放生产力，发展生产力，消灭剥削，消除两极分化，最终达到共同富裕"[19]。可见，中国特色社会主义政治经济学强调社会效益和经济效益的统一，其本质属性就是以人民为中心，这个属性与社会主义的本质要求具有内在的逻辑统一性。围绕"坚持以人民为中心"这一核心内容，中国特色社会主义政治经济学紧扣解放、发展和保护生产力，从社会主要矛盾的变化、贯彻新发展理念、推动高质量发展等多个方面赋予了马克思主义政治经济学崭新的中国因素，促进了中国特色社会主义政治经济学在新时代背景下形成系统完整的理论体系。

（一）要回答：新时代我国社会主要矛盾的变化，满足人民日益增长的美好生活需要

随着中国特色社会主义发展进入新时代，中国特色社会主义政治经济学的构建也进入一个新的阶段。对此，习近平总书记在党的十九大报告中指出，"我国社会主要矛盾已经转化为人民日益增长的美好生活需要和不平衡不充分的发展之间的矛盾"[20]。我国社会主要矛盾的转化，不仅是中国特色社会主义进入新时代的理论依据，而且也是中国特色社会主义政治经

济学有了新发展的标志。因为新时代我国社会主要矛盾的变化是关系全局的历史性变化，处理和解决好这一矛盾，已是新时代中国特色社会主义的主要任务，关涉中国特色社会主义建设的"五位一体"总体布局和"四个全面"战略布局，是对党和国家各方面工作提出的新要求。尤其是"人民日益增长的美好生活需要"，这不仅反映了人民对物质文化生活提出更高要求，而且在民主、法治、公平、正义、安全、环境等方面的要求日益增长，昭示着人民对未来中国社会发展的需求和期待将日益提高。站在新的历史起点，面临新的矛盾，承担新的时代任务与历史使命，这些都涉及重大的政治经济认识与战略安排问题，需要新的政治经济学思想作为指导。可见，我国社会主要矛盾的变化是新时代中国特色社会主义政治经济学的理论新起点，是理论变革的新征程。

（二）要回答：怎样贯彻新发展理念，建设什么样的现代化经济体系

发展是解决中国一切问题的"金钥匙"。中国特色社会主义政治经济学所包含的新发展理念为我国社会主义现代化拓展了新的实现路径，既拓宽了马克思主义政治经济学的研究对象，也丰富发展了以《论十大关系》为代表的毛泽东社会主义经济建设思想。创新、协调、绿色、开放、共享，体现了新时代的新问题和新发展方向。贯彻新发展理念，建设现代化经济体系，需要推动生产力与生产关系的良性互动，并从这一社会基本矛盾的视角来把握。具体而言，在生产力视角下，现代化经济体系要以现代化生产力为支柱。因而，建设现代化经济体系，核心载体是"四个协同"的产业体系，即实体经济、科技创新、现代金融和人力资源协同发展的产业体系。这就需要将生产要素与经济增长或实体经济发展协同起来，通过每一种生产要素质量的提高、配置结构的优化，从而提高经济增长的质量和效益。生产关系视角下，现代化的经济体系意味着国家治理体系和治理能力的现代化，这就要求构建市场机制有效、微观主体有活力、宏观调控有度的经济体制。以上建设现代化经济体系的基本要求对经济的发展动力、发展领域、供给体系、体制保障等方面的理论贡献，涉及现阶段经济发展理论的核心部分，具有深厚的马克思主义政治经济学的理论基础。因而，"新时代中国特色社会主义政治经济学要加强对现代化经济体系的研究"[20]。

（三）要回答：如何推动经济从高速增长转向高质量发展，建设社会主义现代化强国

我国经济发展进入了新时代的基本特征是：我国经济已由高速增长阶段转向高质量发展阶段。从高速增长转向高质量发展，这意味着今后不仅要重视量的增长，更要重视结构的优化，不仅要重视经济的增长，更要重视环境的保护、社会文明的提升以及社会治理的完善等。实现我国经济的高质量发展，必须加强国家创新体系建设，建立以企业为主体、市场为导向、产学研用深度融合的技术创新体系，倡导创新文化，强化知识产权保护，支持大众创业、万众创新，使科技创新成为产业升级的持续驱动力，从而推动经济发展质量变革、效率变革、动力变革，提高全要素生产率。在新时代背景下，我国经济由高速增长转向高质量发展，是进一步推进我国现代化进程、实现现代化战略目标的必然要求。在现代化建设的新部署中，明确提出了建设社会主义现代化强国的目标。与之前提出的"建设社会主义现代化国家"的目标相比，这一目标更突出了"强国"的建设。中国是一个人口大国，相比建成经济大国，建设成为经济"强国"则更为艰难。目前，中国已经是全球第二大经济体，换言之，中国已经是名副其实的经济大国。但是由经济大国变为经济强国，道路更为坎坷，任务更为艰巨。因此，我们需要培育新的经济增长点，形成发展的新动能和新优势；需要优化经济结构，在全球价值链体系分工中，占领越来越多的制高点。可见，按照总任务的战略安排，新时代中国特色社会主义政治经济学的主线是建设社会主义现代化强国。

（四）要回答：如何认识、适应、引领经济发展新常态，推进供给侧结构性改革

习近平指出："认识新常态，适应新常态，引领新常态，是当前和今后一个时期我国经济发展的一个大逻辑。"[②]经济新常态的提出，既是马克思主义政治经济学的新论断、新成果、新范畴，也为我们分析和研判未来中国经济发展趋势提供了新的理论根据和框架。新常态下，我国经济发展呈现出速度变化、结构优化、动力转换三大新特征，增长速度从高速转向中高速，发展方式从规模速度型转向质量效率型，经济结构调整从增量扩能为主转向调整存量、做优增量并举，发展动力从主要依靠资源和低成本劳动力等要素投入转向创新驱动。可见，随着中国经济发展进入新常态后所面临的一系列突出矛盾和问题，表面上看是速度问题，根本上看是结构问题。经济问题的主要原因已经不在需求侧，而是要抓住供给侧做文章，着力通过推进供给侧结构性改革来破解当前中国经济面临的难题。对此，习近平总书记深刻指出："供给侧结构性改革，重点是解放和发展社会生产力，用改革的办法推进结构调整，减少无效和低端供给，扩大有效和中高端供给，增强供给结构对需求变化的适应性和灵活性，提高全要素生产率。"[23]供给侧结构性改革的提出，是中国特色社会主义政治经济学的重要成果，丰富了政治经济学中关于社会主义宏观经济运行的理论范畴，也为中国未来一个时期如何抓好经济工作指明了方向。习近平总书记还强调："从政治经济学的角度看，供给侧结构性改革的根本，是使我国供给能力更好满足广大人民日益增长、不断升级和个性化的物质文化和生态环境需要，从而实现社会主义生产目的。"[24]这表明供给侧结构性改革的关键是推进供给的结构性调整，即通过创新供给结构引导需求结构调整与升级，形成优质高效多样化的供给体系，提供更多优质产品和服务，使供给和需求在新的水平上实现均衡，进而更好地满足人民对美好生活的需要，促进我国经济持续健康发展。

（五）要回答：如何正确处理政府与市场的关系，不断完善社会主义市场经济体制

政府与市场作为配置资源、发展经济的两种手段，随着社会生产力、生产关系和上层建筑的发展而变化，处于动态的变化过程之中。从"计划经济为主、市场调节为辅"到"社会主义有计划商品经济"再到"使市场在国家宏观调控下对资源配置起基础性作用"最后到"发挥市场配置资源的决定性作用，更好发挥政府作用"，可见，正确处理好政府与市场的关系，一直贯穿于中国特色社会主义政治经济学形成与发展的始终。把市场在资源配置中的"基础性作用"修改为"决定性作用"，标志着我们党对现代市场经济建设规律的深刻把握，把对市场作用的认识提高到了一个新高度，是结合我国国情书写的新版马克思主义政治经济学。当然，市场在资源配置中起决定性作用是有明确限定范围的，即市场起决定性作用的范围领域只是在资源配置中，并不是在分配等其他一切社会经济活动中都能起决定性作用；同时，市场在资源配置中只是起决定性作用，而不是起全部作用，更不是不要政府的作用。发展和完善我国的市场经济体制，还需要更好地发挥政府的作用。因为科学的宏观调控，有效的政府治理，是发挥社会主义市场经济体制优势的内在要求。因此，要不断创新和完善宏观调控体系，进一步推进"放管服"改革，打造一个服务型的廉洁政府，积极构建"亲""清"新型政商关系，实现政府和市场"两只手"的协调配合。

（六）要回答：如何大力发展混合所有制经济，不断完善社会主义基本经济制度

习近平总书记在党的十八届三中全会上指出："要积极发展混合所有制经济，强调国有资本、集体资本、非公有资本等交叉持股、相互融合的混合所有制经济，是基本经济制度的重要实现形式。"[⑤]这一重要论述，既是对经典社会主义的继承、坚持、创新和发展，同时又规定了我国新时代经济建设的发展方向和路径。一方面，大力发展混合所有制经济，必须在坚持"两个毫不动摇"的基础上，坚持权利平等、机会平等、规则平等，加强产权保护制度建设，保证各种所有制经济依法平等地使用生产要素、公开公平公正地参与市场竞争，尤其要加大知识产权保护力度，提高知识产权侵权成本，完善涉外知识产权执法机制。另一方面，混合所有制经济作为我国基本经济制度的重要实现形式，它的发展完善亟须激发和保护企业家精神，壮大企业家队伍，增强企业家信心，要通过各种方式支持实体经济，充分调动民营企业的投资积极性，大力促进民营经济健康发展。总之，积极发展混合所有制经济，能够促进不同性质的所有制资本交叉持股、相互融合，尤其是促进公有制经济资本与非公有制经济资本相互渗透融合，改善公有制企业的产权结构，增强公有制企业的市场竞争力，促进公有制实现形式的多样化，进而不断完善以公有制为主体、多种所有制经济共同发展的基本经济制度，更加夯实社会主义市场经济体制的根基。

（七）要回答：如何促进"一带一路"国际合作，推动形成全面开放新格局

推进"一带一路"建设是习近平深刻思考中国及世界发展大势所提出的宏伟构想和中国方案。2013年9月和10月，习近平在出访中亚和东南亚国家期间，先后提出共建"丝绸之路经济带"和"21世纪海上丝绸之路"的重大倡议，得到了国际社会的高度关注和积极回应。习近平指出："以'一带一路'建设为契机，开展跨国互联互通，提高贸易和投资合作水平，推动国际产能和装备制造合作，本质上是通过提高有效供给来催生新的需求，实现世界经济再平衡……有利于稳定当前世界经济形势。"[26]推进"一带一路"建设既是中国扩大和深化对外开放的需要，也是加强和亚欧非及世界各国互利合作的需要。因此，共建"一带一路"倡议的核心内涵，就是促进基础设施建设和互联互通，加强经济政策协调和发展战略对接，促进协同联动发展，实现共同繁荣。为更好地促进"一带一路"建设，"中国人民将继续扩大开放、加强合作，坚定不移奉行互利共赢的开放战略，坚持引进来和走出去并重，推动形成陆海内外联动、东西双向互济的开放格局，实行高水平的贸易和投资自由化便利化政策，探索建设中国特色自由贸易港"[27]。在此基础上，中国将继续秉持共商共建共享的全球治理观，打造开放型合作平台，加快实施自由贸易区战略，逐步构筑起立足周边、辐射"一带一路"、面向全球的自由贸易区网络，积极同"一带一路"沿线国家和地区商建自由贸易区，支持多边贸易体制，共同反对贸易保护主义，真正把"一带一路"建成和平之路、繁荣之路、开放之路、创新之路、文明之路。

（八）要回答：如何积极参与全球经济治理，构建人类命运共同体

随着全球化的深入发展，全球经济治理在实现稳定全球经济、促进全球经济长期可持续发展上的重要作用已经受到广泛的重视。对此，中国通过G20、国际货币基金组织、世界银行、世界贸易组织等国际组织和国际机制，获得更多参与国际事务的机会以及与其他国家在各个领域合作共赢的机遇，以此推进与世界各国共同发展，推动世界经济实现平衡、可持续发展。尤其是党的十八大以来，习近平主席在不同场合多次提出构建人类命运共同体的理念，体现了新时期中国参与全球治理的原则立场。中国提出构建"人类命运共同体"，并以诸多实际行动践行这一理念，比如中国坚定维护以联合国为核心的国际体系，设立中国—联合国和平与发展基金，设立"南南合作援助基金"，为世界和平与发展作出新贡献；中国主张通过对话协商共担责任，促进不同安全机制间协调包容、互补合作，实现普遍安全和共同安全；中国发起建立亚洲基础设施投资银行和设立丝路基金，积极推动"金砖+"合作模式，让更多新兴市场国家和发展中国家参与到共同合作、互利共赢的事业中来。总之，中国发挥负责任大国作用，积极参与全球治理体系改革和建设，将构建人类命运共同体理念通过新的国际合作机制转化为实际行动，扩大了各国利益交汇点，有力推动着世界共同发展。正如习近平主席在博鳌亚洲论坛 2018 年年会开幕式上的主旨演讲中指出的那样："我希望，各国人民同心协力、携手前行，努力构建人类命运共同体，共创和平、安宁、繁荣、开放、美丽的亚洲和世界。"[28]

（九）要回答：如何坚持问题导向部署经济发展新战略，坚持稳中求进的工作总基调

习近平总书记强调："我们共产党人干革命、搞建设、抓改革，从来都是为了解决中国的现实问题。可以说，改革是由问题倒逼而产生，又在不断解决问题中得以深化。"[29]从"问题意识"到"问题倒逼"，既是解决中国现实经济发展问题的科学方法，也是中国经济改革的现实路径，同时也彰显了中国发展的政治经济学的重要特色。习近平凸显"问题意识"，直面我们经济发展中面临的一系列突出矛盾和问题，深刻回答了新的历史条件下坚持和发展中国特色社会主义的一系列重大理论和现实问题。尤其是实施京津冀协同发展、长江经济带以及乡村振兴战略，根本目的是促进区域协调发展，解决发展不平衡不充分的问题。针对我国经济发展中存在的不少突出矛盾和问题，这就需要坚持稳中求进的工作总基调。"稳中求进工作总基调是我们治国理政的重要原则，也是做好经济工作的方法论"[30]，稳中求进，稳和进都是主基调，都是大局。稳和进是辩证统一的，要作为一个整体来把握，把握好工作节奏和力度。要实现经济发展稳中求进，必须统筹各项政策，加强政策协同。一是宏观政策要稳，二是产业政策要准，三是微观政策要活，四是改革政策要实，五是社会政策要托底。稳中求进同样意味着要更加积极主动地按照党的十九大要求，今后要重点抓好决胜全面建成小康社会的防范化解重大风险、精准脱贫、污染防治三大攻坚战，推动高质量发展。

（十）要回答：如何加强党对经济工作的领导，保证我国经济沿着正确方向发展

坚持党对经济工作的集中统一领导，这是中国特色社会主义政治经济学最核心、最本质的特征。首先就必须坚持全面从严治党，永葆党的生机与活力。如果纵容腐败盛行，我们党就会变质，经济制度也必然变质。其次要坚持党对国有企业的领导不动摇，发挥企业党组织的领导核心和政治核心作用，把党的领导融入公司治理各环节，把企业党组织内嵌到公司治理结构之中，保证党和国家方针政策、重大部署在国有企业贯彻执行。这是国有企业的"根"和"魂"，是我国国有企业的独特优势。再次要在民营企业中建立、加强党的组织建设，通过党建工作的开展，宣传党的新经济政策，保证民营企业沿着社会主义的方向发展，真正成为中国特色社会主义市场经济的重要组成部分。最后要"加强领导干部能力建设，提高领导经济工作科学化水平"[①]。各级领导干部要围绕经济社会发展重大问题加强学习和调研，提高科学决策、民主决策能力。要从选拔、任用、考核、培训等多方面入手，在各级班子中配备懂经济特别是具备领导科学发展能力的干部。

五、构建中国特色社会主义政治经济学的政治立场和重大原则

中国特色社会主义政治经济学的重大原则，是从新时代政治经济学理论原理中概括出来的抽象性准则，体现了中国特色社会主义政治经济学的内涵实质和根本属性，蕴含着探索中国特色社会主义经济运行规律和发展道路的理论逻辑。

（一）政治原则：不断改善党对经济工作的集中统一领导

列宁指出："一个阶级如果不从政治上正确地看问题，就不能维持它的统治，因而也就不能完成它的生产任务。"[②]坚持党对经济工作的集中统一领导，为经济社会发展提供有力政治保障，这是当代中国社会主义市场经济体制改革成功的根本经验所在。在领导社会主义市场经济方面，党统揽全局、协调各方，既能充分发挥市场机制的积极作用，又能矫正、弥补它的缺陷。我国社会主义市场经济的建立和发展，就是在党的领导下、在

社会主义宪法制度基础上对传统计划经济体制进行改革的结果。中国共产党全心全意为人民服务的根本宗旨，能够在生产力迅速发展的基础上使经济社会发展成果由全体人民所共享，消灭资本主义市场经济由于资本的逐利性所诱致的两极分化，从而确保市场经济的发展方向朝着共同富裕不断趋近，以体现社会主义的本质要求。可以说，离开党的领导，离开社会主义基本制度，就必然改变自身的性质，就不是社会主义市场经济了。

（二）核心原则：坚持以人民为中心的发展思想

以人民为中心，为人民谋利益，是我们党的宗旨和目标，是支配中国特色社会主义经济发展过程、反映中国特色社会主义经济发展趋势的理论原则。这一重大原则，反映了中国特色社会主义政治经济学的研究立场。以人民为中心，就是要坚持人民主体地位，顺应人民群众对美好生活的向往，"把增进福祉、促进人的全面发展、朝着共同富裕方向稳步前进作为经济发展的出发点和落脚点"[③]。这反映了中国特色社会主义政治经济学研究的方向和重点，体现在基本理论、结构体系、现实问题等方面。因而，以人民为中心研究中国特色社会主义政治经济学，既是把马克思主义经济学原理与当代中国具体实践结合起来，科学解答我国经济发展中的重大理论和实践问题的过程，也是立足于我国国情和发展实践，把人民群众的实践经验上升为系统化的经济学说的过程。由此可见，以人民为中心作为中国特色社会主义政治经济学的重大原则，其科学性就在于它把当代中国马克思主义经济学的政治性，具体化为实现好、维护好、发展好最广大人民根本利益的理论和实践。

（三）根本原则：不断解放和发展生产力

马克思主义认为，生产力是生产中最活跃、最革命的因素，生产力的发展是人类社会发展的最终决定力量。以社会主义初级阶段经济关系为研究对象的中国特色社会主义政治经济学，是尊重经济社会发展客观规律，深化人类社会发展一般规律和生产力发展规律认识的结果。随着中国特色社会主义发展进入新时代，为更好地解放和发展生产力，就需要坚定不移地贯彻新发展理念，建设现代化经济体系，推动我国经济发展从高速增长阶段转向高质量发展阶段，为我国从经济大国走向经济强国、实现新时代中国特色社会主义新征程的宏伟目标打下坚实物质基础。习近平总书记深刻指出：“全面建成小康社会，实现社会主义现代化，实现中华民族伟大复兴，最根本最紧迫的任务还是进一步解放和发展社会生产力。”㉚党的十九大报告也强调：“解放和发展社会生产力，是社会主义的本质要求。我们要激发全社会创造力和发展活力，努力实现更高质量、更有效率、更加公平、更可持续的发展。”可见，解放和发展生产力犹如一根红线贯穿于新时代中国特色社会主义政治经济学的始终。

（四）基础原则：坚持社会主义市场经济的改革方向

在改革开放的伟大实践中，我们党创造性地提出“社会主义也可以搞市场经济”，逐步实现了从高度集中的计划经济向社会主义市场经济的华丽转身。实践也表明，现阶段在经济建设过程中发挥市场机制的积极作用符合我国经济社会发展实际，也符合经济社会发展的客观规律。发展和完善社会主义市场经济，公有制的主体地位不能削弱，这是体现我国市场经济的“社会主义”属性，否则就会沦为市场原教旨主义，滑向彻底私有化的迷途。因而，中国特色社会主义政治经济学的研究应着力于使公有制与市场经济有机结合起来，努力发挥好这两方面的优势。当然，统一开放、竞争有序的现代市场经济体系的形成，离不开为数众多、富有活力的各种非公有制经济的积极参加。这就需要改进金融服务，拓宽融资渠道，降低融资成本，坚决取消对民间资本单独设置的附加条件和歧视性条款，切实营造权利平等、机会平等、规则平等的投资环境，从而不断促进民营企业的持续健康发展，充分激发各类市场主体活力，切实夯实我国市场经济活动的微观主体。

（五）价值原则：坚持按劳分配和实现共同富裕

劳动价值论是马克思主义政治经济学的基石，它揭示了价值的真正来源。对此，党的十九大报告指出，要“使人人都有通过辛勤劳动实现自身发展的机会”，要“坚持按劳分配原则”，要“鼓励勤劳守法致富”，要“坚持在经济增长的同时实现居民收入同步增长、在劳动生产率提高的同时实现劳动报酬同步提高”。但由于每个人的工作能力、家庭状况存在差异，因而按劳分配“这种平等的权利，对不同等的劳动来说又是不平等的权利”，即存在事实的收入差距。加之我国在社会主义初级阶段还存在按生产要素分配等多种分配方式，使得社会成员间的收入差距不断扩大。这就必须按照共同富裕这一社会主义的本质要求，深入推进收入分配制度改革，从制度上防止两极分化的出现。习近平总书记指出："消除贫困、改善民生、实现共同富裕，是社会主义的本质要求，是我们党的重要使命。"⑤共同富裕作为社会主义制度区别于其他社会制度的一个根本特征，是我们党在带领全国人民发展生产力的过程中坚持客观性与价值性的统一。它的实现离不开生产力的高度发达，离不开人人参与、人人尽力、人人共享。坚持按劳分配和共同富裕重大原则，才能使经济社会发展成果惠及全体人民，体现新时代中国特色社会主义政治经济学的本质属性。

（六）重要原则：坚持并扩大对外开放

马克思主义政治经济学认为，人类社会最终将从各民族的历史走向世界历史。中国特色社会主义政治经济学中对外开放原则是根源于事实和发展过程的，是从我国基本国情和经济发展实践中提炼和总结的规律性成果。从创建经济特区到开放沿海地带，从"引进来"到"走出去"，从加入世界贸易组织到共建"一带一路"，整个实践发展历程既是马克思经济全球化思想中国化的具体体现，又是中国特色社会主义政治经济学开放观的创新过程。随着资源全球配置的纵深发展，世界各国越来越多地参与到全球产业分工之中，在此情形下，"中国将在更大范围、更宽领域、更深层次上提高开放型经济水平。中国的大门将继续对各国投资者开放"⑧。"人类命运共同体"、"一带一路"建设、"自由贸易区战略"等成为中国实施新一轮高水平对外开放的重大战略构想。"实践证明，过去40年中国经济发展是在开放条件下取得的，未来中国经济实现高质量发展也必须在更加开放条件下进行"⑨。这深刻反映了对外开放已经深入到中国特色社会主义经济发展的实践之中，中国的经济发展、社会进步，中国对世界的贡献，都和实行对外开放分不开。只有坚持对外开放，中国特色社会主义经济才能得到真正发展；统筹国内国际两个大局，利用国际国内两个市场、两种资源，发展更高层次的开放型经济，积极参与全球经济治理才有可能。

六、坚持和发展中国特色社会主义政治经济学的基本路径

时代主题的发展变化，迫切要求我们不断推进理论创新。坚持和发展

中国特色社会主义政治经济学，要立足于新时代中国特色社会主义经济建设的伟大实践，围绕建设社会主义现代化强国的重大理论及其实践问题，深刻揭示社会主义经济发展的内在规律，从而不断开拓马克思主义政治经济学中国化的新境界。

（一）指导思想：习近平新时代中国特色社会主义经济思想

党的十八大以来，以习近平同志为核心的党中央致力于坚持和发展中国特色社会主义，在应对中国经济经过多年高速发展进入新常态的现实过程中，把马克思主义政治经济学的基本原理和新时代中国特色社会主义经济发展变革的伟大实践相结合，不断提炼和总结我国经济发展实践的规律性成果，把实践经验上升为系统化的经济学说，形成了以"一个理念+七个坚持"为主要内涵的经济思想理论体系——习近平新时代中国特色社会主义经济思想。作为习近平新时代中国特色社会主义思想在经济建设方面的系统化思想理论和系列化重要论述，习近平新时代中国特色社会主义经济思想是基于中国经济发展现实问题的思考而形成的思想精华，也是马克思主义政治经济学中国化的最新理论成果，更是开启全面建设社会主义现代化国家新征程的行动指南。可以说，习近平新时代中国特色社会主义经济思想的提出，极大地拓展了中国特色社会主义政治经济学的研究视域，成为引领"强起来"阶段中国特色社会主义政治经济学理论创新和体系完善的核心指南。

（二）重要举措：进一步拓展中国特色社会主义政治经济学的研究对象范围

随着中国特色社会主义发展进入新时代，我国社会主要矛盾的变化，决定了把"着力发展，满足人民需要"作为中国特色社会主义政治经济学的主线[⑧]。因而，对于新时代中国特色社会主义政治经济学的发展来说，我国社会主要矛盾的变化意味着"新时代中国特色社会主义政治经济学要'与时俱进'，把研究范围从经济领域拓宽到社会领域，从生产力、生产关系、经济基础拓宽到上层建筑的各个领域，不仅研究生产力、生产关系，而且研究经济制度和经济体制、经济运行、经济改革、经济发展、对外经济关系等，研究它们的相互关系及其在社会再生产中表现的规律性，从而把中国特色社会主义政治经济学建设成为真正为中国特色社会主义发展提供理论基础的科学。新时代中国特色社会主义政治经济学要'敞开胸怀'，以中国特色社会主义生产方式及与之相适应的生产关系和交换关系为重点，与社会学、政治学、生态学等多学科交叉、融合，吸收相关学科的研究成果，不断丰富自己的研究内容和理论"[39]。

（三）创新机制：把体系创新与运用创新有机结合起来

推进"体系创新"，就是要在马克思主义政治经济学的基本理论与中国社会主义经济建设的具体实践之间搭建桥梁纽带，推动形成当代中国马克思主义政治经济学的理论体系，创造具有中国特色的经济学说，与这种理论体系相适应，还需要不断完善当代中国马克思主义政治经济学的学科体系、学术体系、话语体系和教材体系，从而不断推动中国特色社会主义经济建设中的一些重大理论研究走向深入，以更好地指导新时代的经济发展问题。在注重体系创新的同时，还要与运用创新有机结合起来。习近平总书记指出：各级党委和政府要学好用好政治经济学，自觉认识和更好地遵循经济发展规律。这里的"用好"就是要不断推进运用创新，不断创新马克思主义经济学基本原理的具体运用方式，这就需要坚持马克思主义的本源，把马克思主义政治经济学的基本原理和方法与新时代中国特色社会主义经济建设的具体实践相结合，注重运用马克思主义中国化的最新理论成果指导新时代的经济发展及其经济学科的构建，使马克思主义政治经济学作为基础学科的关键地位不断得到巩固加强。

（四）基本策略：对中国特色社会主义经济建设的重大历史经验进行总结

随着中国特色社会主义的发展进入新时代，中国特色社会主义政治经济学的构建也进入到一个新的阶段，在这一重大历史阶段，需要注重对一些重大历史经验的总结，并"把实践经验上升为系统化的经济学说"。一是要注重对改革开放40年来的经验总结，把我国在建设和发展社会主义市场经济过程中的一些重大理论和实践问题进行系统研究，并上升为系统化的经济学范式，为坚持和发展中国特色社会主义政治经济学提供重要支撑；二是要注重对新中国成立70年来我国社会主义经济建设的经验总结，进一步深化对中国发展道路的政治经济学解析，不断增强道路自信；三是进入新时代后，我们即将迎来中国共产党成立100周年，在这100年的发展历程中，我们党的历代领导人结合各自面临的历史任务，提出了适应不同历史阶段的经济思想，这些经济思想是马克思主义经济学中国化的重要组成部分，需要对建党 100 年来不同时期的经济思想加以概括总结，从而为坚持和发展中国特色社会主义政治经济学提供丰厚的历史养分。

（五）兼容并包：充分吸收并合理借鉴西方经济学的科学成分

坚持和发展中国特色社会主义政治经济学，在纵向上要做好追本溯源工作，在横向上则要处理好同其他经济学流派的关系，这其中最为重要的是既要立足于建立在中国历史与文化基础上的中国现实，也要吸收借鉴西方主流经济学的理性基因，如西方主流经济学关于供给与需求的理论、垄断与竞争的分析，以及实证方法、统计方法、数学分析方法的运用，对于中国特色社会主义经济的生产、交换和分配过程的完善显然有其借鉴价值。此外，不少西方经济学所揭露的西方工业化社会的种种弊端和缺陷，如资源枯竭、环境污染、生态失衡、分配不均、社会危机等问题，从反面告诫我们，在经济建设过程中必须采取措施，及时预防和消除这些弊端。

总之，坚持和发展中国特色社会主义政治经济学，必须在坚持一分为二的基础上，实现对西方主流经济学进行借鉴和批判的辩证统一，从而建立"面向世界、面向未来的，民族的、科学的、大众的"中国特色社会主义政治经济学理论体系。

注释

①《习近平在中共中央政治局第二十八次集体学习时强调立足我国国情和我国发展实践发展当代中国马克思主义政治经济学》，《人民日报》，2015 年 11 月 25 日。

②《马克思恩格斯全集（第四十六卷）》，中共中央马克思恩格斯列宁斯大林著作编译局译，人民出版社，2003 年，第 992 页。

③习近平：《在哲学社会科学工作座谈会上的讲话（2016 年 5 月 17 日）》，《人民日报》，2016 年 5 月 19 日。

④习近平：《在经济形势专家座谈会上的讲话（2016 年 7 月 8 日）》，《人民日报》，2016 年 7 月 9 日。

⑤习近平：《在十八届中央政治局第二十八次集体学习时的讲话（2015 年 11 月 23 日）》，《人民日报》，2015 年 11 月 25 日。

⑥中共中央文献研究室：《毛泽东文集（第八卷）》，人民出版社，

1999 年，第 137 页。

⑦中共中央文献研究室：《毛泽东文集（第八卷）》，人民出版社，1999 年，第 138~139 页。

⑧习近平：《习近平谈治国理政（第二卷）》，外文出版社，2017 年，第 339 页。

⑨《毛泽东选集（第二卷）》，人民出版社，1991 年，第 707~708 页。

⑩《习近平关于社会主义经济建设论述摘编》，中央文献出版社，2017 年，第 1~2 页。

⑪习近平：《习近平谈治国理政（第二卷）》，外文出版社，2017 年，第 34 页。

⑫习近平：《决胜全面建成小康社会　夺取新时代中国特色社会主义伟大胜利——在中国共产党第十九次全国代表大会上的报告（2017 年 10 月 18 日）》，转引自《中国共产党第十九次全国代表大会文件汇编》，人民出版社，2017 年，第 46 页。

⑬中共中央马克思恩格斯列宁斯大林著作编译局：《马克思恩格斯文集（第九卷）》，人民出版社，2009 年，第 153 页。

⑭习近平：《决胜全面建成小康社会　夺取新时代中国特色社会主义伟大胜利——在中国共产党第十九次全国代表大会上的报告（2017 年 10 月 18 日）》，转引自《中国共产党第十九次全国代表大会文件汇编》，人民出版社，2017 年，第 16 页。

⑮习近平：《以新的发展理念引领发展，夺取全面建成小康社会决胜阶段的伟大胜利（2015 年 10 月 29 日）》，转引自《习近平关于社会主义经济建设论述摘编》，中央文献出版社，2017 年，第 325 页。

⑯习近平：《习近平谈治国理政》，外文出版社，2014 年，第 118 页。

⑰习近平：《在十八届中央政治局第二十八次集体学习时的讲话（2015 年 11 月 23 日）》，《人民日报》，2015 年 11 月 25 日。

⑱习近平：《在纪念马克思诞辰 200 周年大会上的讲话》，《人民日报》，2018 年 5 月 5 日。

⑲邓小平：《邓小平文选（第三卷）》，人民出版社，1993 年，第

373 页。

⑳习近平：《决胜全面建成小康社会　夺取新时代中国特色社会主义伟大胜利——在中国共产党第十九次全国代表大会上的报告（2017 年 10 月 18 日）》，转引自《中国共产党第十九次全国代表大会文件汇编》，人民出版社，2017 年，第 9 页。

㉑张占斌：《为中国"强起来"贡献智慧》，《经济参考报》，2018 年 5 月 16 日。

㉒习近平：《中央经济工作会议在北京举行》，《人民日报》，2014 年 12 月 12 日。

㉓㉔习近平：《习近平谈治国理政（第二卷）》，外文出版社，2017 年，第 252 页。

㉕习近平：《习近平谈治国理政》，外文出版社，2014 年，第 78 页。

㉖习近平：《习近平谈治国理政（第二卷）》，外文出版社，2017 年，第 504 页。

㉗㉘习近平：《开放共创繁荣　创新引领未来——在博鳌亚洲论坛 2018 年年会开幕式上的主旨演讲（2018 年 4 月 10 日）》，《人民日报》，2018 年 4 月 11 日。

㉙习近平：《习近平谈治国理政》，外文出版社，2014 年，第 74 页。

㉚习近平：《在中央经济工作会议上的讲话（2016 年 12 月 14 日）》，转引自《习近平关于社会主义经济建设论述摘编》，中央文献出版社，2017 年，第 325 页。

㉛习近平：《在中央经济工作会议上的讲话（2012 年 12 月 15 日）》，转引自《习近平关于社会主义经济建设论述摘编》，中央文献出版社，2017 年，第 315~316 页。

㉜中共中央马克思恩格斯列宁斯大林著作编译局：《列宁选集（第四卷）》，人民出版社，1995 年，第 408 页。

㉝习近平：《在十八届中央政治局第二十八次集体学习时的讲话（2015 年 11 月 23 日）》，转引自《习近平关于社会主义经济建设论述摘编》，中央文献出版社，2017 年，第 31 页。

㉞习近平：《习近平谈治国理政》，外文出版社，2014 年，第 92 页。

㉟《习近平在贵州调研时强调　看清形势适应趋势发挥优势　善于运用辩证思维谋划发展》，《人民日报》，2015 年 6 月 19 日。

㊱习近平：《在同出席博鳌亚洲论坛二〇一三年年会的中外企业家代表座谈时的讲话（2013 年 4 月 8 日）》，转引自《习近平关于社会主义经济建设论述摘编》，中央文献出版社，2017 年，第 287 页。

㊲习近平：《开放共创繁荣　创新引领未来——在博鳌亚洲论坛 2018 年年会开幕式上的主旨演讲（2018 年 4 月 10 日）》，《人民日报》，2018 年 4 月 11 日。

㊳逄锦聚：《新时代新课题与中国特色社会主义政治经济学的新使命》，《经济纵横》，2018 年第 1 期。

㊴张占斌：《为中国"强起来"贡献智慧》，《经济参考报》，2018 年 5 月 16 日。

参考文献

［1］中共中央马克思恩格斯列宁斯大林著作编译局：《马克思恩格斯选集（第一卷）》，人民出版社，2012 年。

［2］《马克思恩格斯全集（第四十四卷）》，中共中央马克思恩格斯列宁斯大林著作编译局译，人民出版社，2001 年。

［3］中共中央马克思恩格斯列宁斯大林著作编译局：《马克思恩格斯选集（第四卷）》，人民出版社，1995 年。

［4］中共中央文献研究室：《毛泽东文集（第八卷）》，人民出版社，1999 年。

［5］邓小平：《邓小平文选（第三卷）》，人民出版社，1993 年。

［6］习近平：《习近平谈治国理政》，外文出版社，2014 年。

［7］习近平：《习近平谈治国理政（第二卷）》，外文出版社，2017 年。

［8］《习近平关于社会主义经济建设论述摘编》，中央文献出版社，2017 年。

［9］《中国共产党第十九次全国代表大会文件汇编》，人民出版社，2017 年。

［10］《新时代中国特色社会主义政治经济学》，人民出版社，2018 年。

历史脉络与实践视野下的有为政府 *

——中国特色社会主义政治经济学的核心命题

江西财经大学　卢福财　王守坤

摘要： 政府本身是一个国家发展过程中最重要的制度条件，我国经济社会发展离不开有为政府在培育市场环境、实施产业政策、促进微观市场主体发展、推动科技创新以及完善宏观治理等层面的主导和引领作用。依托于中国特色社会主义基本经济制度，我国开创了有效市场与有为政府相结合的中国特色社会主义市场经济。有效市场和有为政府相互依存共生、相互协调促进的状态，是中国特色社会主义市场与我国基本经济制度相结合的伟大实践成果。为了服务于中华民族伟大复兴的战略全局和当前世界百年未有之大变局的内在要求，不仅需要加强有效市场对于配置资源所起到的决定性作用，而且还需要克服政府自身职能发挥可能存在的部分短板因素，并以设定增长目标、实施五年规划、坚持试点机制等制度工具为"抓手"，从深化生产要素市场改革、发展现代化产业体系、依托新型举国体制寻求技术突破、提升现代化国家治理能力四个方面，主动构建新发展格局。

关键词： 中国特色社会主义政治经济学　有为政府　有效市场　经济发展

---

* 原载《管理世界》2021年第9期。

一、引言

改革开放 40 余年来,我国经济年均实际增长率达到了 9% 以上,堪称"世界奇迹"。当前,我国国内生产总值已经突破 100 万亿元,对世界经济增长贡献率达到 30%,人均国内生产总值超过 1 万美元,常住人口城镇化率超过 60%,中等收入群体超过 4 亿,科技人力资源总量超过 1 亿,高速铁路和公路里程、万吨级码头泊位数量已然居于世界第一位,超大规模市场的整体化优势得到了充分体现。这些成绩的积累,为全面建设社会主义现代化国家新征程奠定了坚实基础,并进一步向全世界展示了高质量中国特色社会主义市场经济的旺盛生命力。

来之不易的优势局面,离不开我们对于西方主流经济学中政府作用理论的拓展性应用,离不开我国独特的政治优势和制度优势,而这其中最为重要的,则是我国政府所扮演的角色。作为一类组织形式,政府本身就是一个国家发展过程中最重要的制度条件。政府发挥其职能作用的主导性、引领性、全局性,天然地会塑造其他经济主体的激励结构,并影响它们的收益和成本。世界范围内,没有一个国家像我国各级政府一样,具备如此强烈的经济发展热情,拥有如此广度和深度的发展资源调度空间,以及通过各项政策性工具对经济活动进行调节的能力。

实际上,之所以需要充分而持续地发挥我国政府职能,是因为社会主义物质文明、政治文明、精神文明与和谐社会建设,并不会在无序过程中自动地实现,而是始终需要依赖马克思主义执政党和政府,在政治制度、组织管理等方面的领导和组织(负杰,2005)。没有社会主义国家政府基于顶层设计的有效治理,既无法实现消除贫困、维护公平、保障人民根本权益等目标,甚至无法保证现代化建设的社会主义方向。洪银兴(2011)以实现我国科技创新目标为例,指出市场可以通过资源配置方式推动创新、提高创新效率,但是这个过程并非一定要排斥政府积极合理地介入企业研发过程。

改革开放的实践经验告诉我们,中国特色社会主义市场经济是可以将有效市场与有为政府逐步进行有机统一的经济形态。当然,在 20 世纪 90

年代，围绕政府与市场关系问题，学界也曾出现应该保留更多还是更少的政府干预之争。随之，这轮关于政府作用和职能的争论在政治、经济和社会生活等各个领域陆续展开（负杰，2005）。进入 21 世纪，邹文杰和侯宪坤（2009）已经比较早地将有为政府定位成我国政府改革的基本取向。特别是自 2013 年以来，以有为政府为主题的学术论著迅速增加（林毅夫，2013，2014）。实践中，从 1992 年党的十四大到 2012 年党的十八大，虽然对于市场发挥基础性作用的强调越来越深化，但是在此期间并未特别在党的关键表述中强调政府作用[①]。

2013 年党的十八届三中全会通过了《中共中央关于全面深化改革若干重大问题的决定》，该会议不仅将市场在资源配置中的"基础性作用"修改为"决定性作用"，而且对于政府作用的权威表述开始出现，即"使市场在资源配置上起决定性作用和更好发挥政府作用"。进一步地，2020年 10 月召开的党的十九届五中全会，审议通过的《中共中央关于制定国民经济和社会发展第十四个五年规划和二〇三五年远景目标的建议》提出，"坚持和完善社会主义基本经济制度，充分发挥市场在资源配置中的决定性作用，更好发挥政府作用，推动有效市场和有为政府更好结合"。这些论断是对科学把握市场与政府关系进行的升华性总结，是在实践中破解市场与政府关系这道世界性难题的优秀答案。有效市场和有为政府之间相互依存共生、相互协调促进的状态，是中国特色社会主义市场经济与我国基本经济制度相结合的伟大实践成果。市场有效是提升经济运行质量、效率与动力的必需，而更有效市场则需要一个与之匹配的有为政府对其进行培育。

为了统筹中华民族伟大复兴的战略全局，应该如何继续发挥有为政府因地制宜、因时制宜、因结构制宜，更好解决发展中的不平衡不充分问题，大力提升经济和社会发展质量和效益？进一步地，有为政府如何主动加快构建新发展格局，妥善应对明显增加的不稳定性和不确定性？这是本文在理论上阐述有为政府的基本属性之后所要关注的关键问题。本文剩余内容结构安排如下：第二部分总结西方主流经济学对于政府作用的论述及其认知局限；第三部分总结归纳改革开放以来我国政府作用的实践表现；第四部分论述中国特色社会主义政治经济学对政府作用的理论阐释；第五部分是对于有为政府职能发挥的未来展望。

二、西方主流经济学对于政府作用的论述及其认知局限

经济学研究中，市场与政府关系一直是重要主题，并积累了大量的学术文献。西方主流经济学一般以繁荣于 18 世纪的古典经济学为开端，并视亚当·斯密（Adam Smith）在 1776 年发表《国富论》为标志。在历史传承层面，西方主流经济学大体经历了古典经济学、新古典经济学、凯恩斯主义经济学、新古典综合经济学等多个研究范式和阶段更替。下面我们依据历史脉络对西方主流经济学中政府作用的论述进行概括。

（一）古典和新古典经济学对于政府作用的定位

古典经济学是在西欧资本主义萌芽产生时期，资本主义市场经济取代封建主义自然经济的伴生物，它随着资本主义市场经济发展而被推崇（方福前，2019）。在政治体制层面，无政府状态是西欧封建社会的重要特征。西欧封建社会中等级森严的"金字塔"式领主统治，造成了国家分裂割据。被层层分封的领主在领地内享有政治、经济、司法等独立权力，各自为政，王权不得干涉领主权力，故而封建王权政府只是形式上的统治者，统治权仅限于自己的领地。在领地内部，西欧封建统治者拥有土地所有权，通过剥夺农民迁徙自由以及部分人身自由，将资本主义市场经济发展所需要的劳动力束缚在土地之上，形成了诸多分散隔离的自然经济系统，阻碍了资本主义生产方式的扩散和发展。在个体思想层面，宗教系统通过推崇禁欲主义和蒙昧主义，对农业劳动者的个性思想进行禁锢、束缚，进而使得以雇佣、商业和交易等形态存在的资本主义经济形式被封建主义制度压制。宗教统治体系是西欧封建制度的重要组成部分，西欧各国教会享有独立的行政、司法、财政等权力，国家内部甚至还存在一套与其封建政府行政体系并行的宗教系统。彼时，作为封建主义生产方式的对立面，资本主义制度在解放和发展社会生产力方面的优越性尚未获得充分发挥，资本主义生产方式并未真正得到历史承认，资产阶级也并未取得稳定的社会统治地位。因此，资产阶级经济学者倾向于向社会展示资本主义市场经济

制度的存在意义，竭力论证资本主义生产方式的优越性。这样，古典经济学自然也就附着了维护资本主义生产方式的目的，并给自身烙上了自由主义的烙印（刘伟，2016a）。

到了19世纪，资本主义国家政府已经让农民摆脱了土地束缚，劳动者获得了出卖劳动力的自由。同时，通过代议制立法限制了政府对于资产阶级利益的剥夺，保护了其私人财产权，支持商品贸易和流通，主动适应了生产关系的历史发展。此时，资本主义制度的历史地位已经获得阶段性认可，第一次工业革命也为资本主义制度的存在提供了物质条件。资产阶级作为统治阶级，也不再需要分析封建主义制度的缺陷，或者去宣扬资本主义制度代替封建主义制度的必要性。资产阶级经济学者意识到需要把更多努力放在如何依赖于资本主义制度实现资产阶级的利益最大化方面。此时，以阿尔弗雷德·马歇尔（Alfred Marshall）为代表的新古典经济学应运而生。借助于边际革命（Marginal Revolution）的推动，新古典经济学形成了以均衡价格为核心的理论体系。边际分析方法是新古典经济学者依托数学工具，用以证明资本主义经济主体可以实现利益最优化的方法。对于新古典经济学家而言，构造经济主体的收益函数并求解最优状态，便是整个经济学分析的基本问题。

在西方主流经济学中，进行优化分析是从市场经济活动所发生的机械式环境出发，对人的行为做出完美性和理想性假设，即假定人或企业的决策目标是效用或收益最优化。相互独立的微观理性主体可以自行决策，进而在类似于牛顿力学体系的市场中，发生各种供求活动关系。在理性人假说之下，自由竞争的市场，可以兼容经济主体的利己本性，并形成优胜劣汰的竞争秩序。资本主义市场自带调节功能，可以实现个体利益和社会利益的最大化，因而具有最优的效率。不仅如此，理性个人或企业依据自己权衡成本和收益的最优决策，还可以自动达成整体社会利益的最优目标，市场机制这只"看不见的手"在这个利益协调的过程中，发挥着原始驱动力的作用。由此，西方主流经济学者推论，政府不应当干预市场运行，这会破坏自由市场机制（逄锦聚，2020）。

那么，新古典经济学是不是认为政府没有存在的必要呢？当然也不是。西方主流经济学承认，由于信息不充分或不对称、经济行为的外部性，以及在公共产品或公共服务提供领域，市场也会有失灵。在市场失灵的地方，政府可以加以补充。西方主流经济学明确地界定了政府的角色定位，包括国防安全、社会安全，以及建设一些私人没有能力或不愿承担的公共基础设施。在西方主流经济学视野中，最小的政府就是最好的政府，政府在市场运行与社会发展中只是一个"守夜人"。这种学术范式是有意无意地沿着牛顿力学或机械论②的框架发展起来的，也将经济运行系统和市场主体决策体系设定为机械装置，或者类似于自然科学所理解的物理世界（金碚，2019）。在这个机械式经济世界中，西方主流经济学主要研究经济体的构成、运转、动力以及传导特征，着重解析这个机械装置实现内部均衡的条件（方福前，2020）。

（二）凯恩斯理论及后续西方主流经济学派对于政府作用的拓展

秉持自由主义至上的资本主义市场经济，也带来了经济危机的周期性发生，并让西方国家付出了较大的社会代价。自1825年英国发生第一次经济危机以来，经济危机就始终伴随着西方社会，直至1929~1933年，发源于美国的资本主义国家大萧条（The Great Depression）爆发。经济危机在实践逻辑上否定了新古典经济学的自信。西方主流经济学者认为，市场经济运行过程中，理想的满足数学优化条件的均衡状态，往往会由于边际消费倾向递减、资本边际效率递减等一些运行的阻碍因素而无法达到。大萧条之后，西方主流经济学出现了"凯恩斯革命"。1936年，约翰·梅纳德·凯恩斯（John Maynard Keynes）出版《就业、利息和货币通论》，对大量的宏观概念进行了归纳和整合总结，使西方主流经济学在微观研究范式之外增加了宏观范式，从而翻开了崭新一页（陈云贤，2019；金碚，2019）。

西方主流经济学的宏观范式，同样假定各微观经济活动主体具有完美的理性计算能力，因而个体是宏观变量的线性组成部分，可以共同塑造加总而成的宏观变量。资本主义社会的运行实践展示出，市场运行对于经济资源的配置作用并非畅通无阻，市场机制调节的自发性、盲目性和滞后性，会导致产业结构比例扭曲、资源投入过剩、收入分配失衡等严重问题。面对这样的现实问题，凯恩斯指出实现经济增长的关键，是政府作为首要主体采取财政政策而非货币政策对经济进行干预。干预的目的是解决失业、促进增长，干预的领域是公共工程、公共物品和基础设施投资。

凯恩斯之后，20世纪50年代保罗·萨缪尔森（Paul Samuelson）对新古典经济学和凯恩斯主义进行了理论综合，形成了更具微观基础的新古典综合经济学派（洪永淼、汪寿阳，2020）。新古典综合经济学对于政府作用的界定更加具有层次感，即当经济没有实现充分就业时，可以在凯恩斯理论的指导下加强政府干预；若已实现充分就业，政府就不应当再对经济进行干预。到了20世纪60~80年代，西方资本主义社会普遍陷入"滞涨"泥潭，这也导致政府是否继续干预市场运行出现了理论上的自相矛盾问题。此后，以现代货币主义和新古典宏观经济学分别论述了反对凯恩斯式政府干预主义的理由。现代货币主义认为，财政政策对产出和价格的影响较弱，社会总需求主要是受到货币供给量的制约，由此，政府干预的核心是稳定货币供应量及其增长率；新古典宏观经济学通过纳入"理性预期"概念，指出经济主体有能力通过获得信息而判断政府调控后的经济状态，这使得政府无法再通过干预来改变经济总量。由此，新古典宏观经济学推崇政府执行稳定且可预见的经济规则。

（三）西方主流经济学派对于政府作用认识的局限

经过漫长的时间沉淀，西方主流经济学的研究内容既涵盖了市场经济运行的一般化规律和经济资源配置的微观机制，也包括研究整体经济结构、经济增长的促进要素和经济周期的阶段特征等宏观内容。总体而言，当前西方主流经济学一直致力于通过限制政府对经济运行的干预范围，来寻求个人权利与政府权力之间界限分明的平衡关系，其底色是基于私有制的自由主义理论（贠杰，2005；杨春学，2018）。虽然西方学者认识到政府需要发挥市场失灵时的补救功能，但是对政府介入市场经济始终持有消极甚至是否定态度。他们认为政府的作用与市场作用这两者之间是相互排斥、此消彼长的零和博弈关系，认为只有将政府这只"看得见的手"加以捆绑，才能构建高效率的自由市场经济（中央党校"中国特色社会主义政治经济学"课题组，2017；方福前，2019）。

以生产资料私有制为基础的资本主义经济制度，决定了西方经济发展模式无法逃离自由主义的藩篱，其进行经济决策的动力是资产阶级利益，并维护资本雇佣劳动的基本法则，这也导致了资本主义市场经济仅能兼容分散化的个体决策行为。囿于其基本经济制度的局限，资本主义政府无法合乎逻辑地将经济发展作为其根本职能，无法形成"发展是第一要务"的举国凝聚力，同时也无法具备像我国一样以"五年规划"描绘连贯性的发展目标和蓝图、以政策试点和绩效考核调动地方发展积极性、以国有企业承载关系国计民生的战略性经济发展任务等具有中国特色的经济促进手段。实际上，西方国家政府在很大程度上不得不依赖市场经济的自我调节，缓解生产力与生产关系之间的矛盾。在需要向其他国家提出经济发展政策建议时，也仅能提出减少政府干预、促进自由贸易和金融自由化等已然被证明失效的"华盛顿共识"。

上述分析也意味着，西方主流经济学在对待政府作用层面，无法真正做到将市场与政府的作用进行辩证统一的有机组合。对待西方主流经济学，尤其是其中所涉及的政府作用论述，应该以马克思主义政治经济学为导向，摈弃这些理论中为资本主义意识形态辩护的糟粕，突破政府仅能作为市场运行"背景墙"角色的局限性，充分挖掘其有益成分，进而为社会主义现代化建设服务，为完善中国特色社会主义市场经济理论以及中国特色社会主义政治经济学服务（中央党校"中国特色社会主义政治经济学"课题组，2017）。当然，在借鉴吸收西方主流经济学过程中，我国政府需要深刻理解其理论假设前提、参数范围、影响变量等因素的局限性，即厘清市场经济运行一般共性规律与中国特色社会主义市场经济个性表现之间的差异（洪永淼，2014）。

三、改革开放以来我国政府作用的实践表现

1978 年改革开放以来，我国维持了年均 9% 以上的实际经济增长率，而且在每次外部经济危机发生时，都能采取恰当措施降低社会损失。取得这一令世界瞩目的发展成绩，离不开我国政府所发挥的主导和引领作用。我国改革开放的起点是计划经济，其本质是政府指令性经济。改革开放就是经济领域从计划导向转变为市场导向。改革开放以来 40 余年的建设历程，可以为实现中华民族伟大复兴贡献丰富的物质基础，也可以为全面建设社会主义现代化国家新征程提供经验保障。实践已经证明，在中国特色

社会主义制度下，历史脉络与实践视野下的有效市场与有为政府的关系可以实现有机统一，我们既可以充分利用有效市场配置资源的高效率，又可以发挥有为政府的制度优越性，最终成功使市场经济这一优秀的人类文明成果绽放出更加令世界瞩目的生命力（樊纲，2019；逢锦聚，2019）。

以市场和政府之间关系探索为主线，不断向经济主体释放改革红利和制度红利，是改革取得巨大发展成就的关键因素。我国政府并非像西方主流经济学理论所界定的那样，局限于一般性市场经济所要求的功能，而是还承担着培育市场体系、实施产业政策、促进微观市场主体发展、推动科技创新以及完善宏观治理等广泛职责。在经济转型与体制转轨过程中，我国政府不断破除改革"堵点"，兜底外部性成本，进而取得了堪称"世界奇迹"的发展成就，这是其他国家政府没有意识、没有能力，同时也没有足够可供调动的资源能够加以实现的。当然，这些更加多样和复杂的政府功能，是在以社会主义基本经济制度为依托、以社会主义现代化国家建设根本目标为驱动的背景下，才最终得以充分而高效的实现。综合而言，我国政府在整个改革开放过程中所发挥的职能作用，具有极其重要的主导和引领意义。接下来，我们从实践表现方面，对我国改革开放过程中的政府作用发挥提供现实注脚，具体而言包括以下几个方面：

（一）培育市场体系

改革开放伊始，我国政府就开启了解放思想、实事求是的思想征程，推行了符合自身比较优势的渐进式转型战略，为发展中国特色社会主义市场经济创造了空间（林毅夫，2017）。一方面，当时对于已存的资本密集型大型企业，虽然其效率低下，但是却关系着国防安全和国计民生。故而，不仅不适合完全取消，而且还需要给予保护性补贴，以维护社会经济稳定和发展起步动力。另一方面，中央政府不断下放经济决策权，放松民营和外资企业准入，通过培育计划体制外的市场规模，逐步形成了符合国家发展阶段特征的竞争优势。进一步地，在市场获得边际发展的基础上，中央政府发挥因势利导作用，对各级地方政府进行经济绩效考核，加快了克服体制激励不足和硬件基础设施薄弱的瓶颈限制，很快就通过塑造地区间政府竞争的内在动力而获得了经济快速发展。

改革开放初期至21世纪初，我国政府培育市场体系的着眼点在产品市场和物价管理方面。1983年，国务院发布了《关于加强市场和物价管理的通知》，对国营、集体和个体商业的经营范围、价格权限进行了规定。该文件有效促进了商品生产规模，扩展了市场流通渠道。1994年，我国发布了《全国商品市场规划纲要》，该文件确立了发展商品市场的基本思路、原则、目标和建设程序，同时指出商品市场是市场体系的重要基础，统筹规划商品市场体系的重点是统筹好全国性、区域性重要商品市场的建设和管理。2005年，又进一步发布了《全国商品市场体系建设纲要》，倡导各级政府着眼于建立统一开放、竞争有序、布局合理、结构优化的现代商品市场体系，提高商品市场在国民经济中的地位。同时，该纲要也确定了当时商品市场体系建设的三个重点领域，即大力发展消费品市场、推进生产资料流通方式的创新，以及加快农产品流通体系建设。2005年以后，伴随着一系列政策文件与培育措施的推动，我国商品市场建设日趋完善，商品和服务价格中97%以上已由市场定价。

除了商品市场外，我国土地、劳动力、资本等生产要素市场的培育也取得了巨大成就。对于土地市场而言，20世纪80年代开始通过土地所有权与使用权的分离形式，创造了优化配置土地要素的先决条件，之后陆续发布了《城镇国有土地使用权出让和转让暂行条例》（1990）、《关于加强国有土地资产管理的通知》（2001）、《招标拍卖挂牌出让国有土地使用权规定》（2002）、《关于继续开展经营性土地使用权招标拍卖挂牌出让情况执法监察工作的通知》（2004）以及《关于深化改革严格土地管理的决定》（2008）。这些文件有效地规范了地方政府土地出让行为，提高了土地资源配置效率。对于劳动力市场而言，1980年发布了《进一步做好城镇劳动就业工作》，1981年发布了《关于广开门路，搞活经济，解决城镇就业问题的若干决定》，这两个文件提出的"三结合就业方针"[③]，成为刺激城镇劳动力市场发育的重要推动力。与此同时，农民变成了自营劳动者，农村劳动力开始流动，限制城乡之间劳动力流动的政策也开始松动。1992年党的十四大明确我国经济体制改革方向是建立社会主义市场经济之后，国企改革和民营经济发展推动了劳动力市场迅速发育，大量非农就业机会被创造出来。为了保证劳动者权益，规范劳动力市场秩序，1994年我国颁布了《中华人民共和国劳动法》，2008年颁布了《中华人民共和国劳动合同法》。对于资本市场而言，1992 年国务院发布了《关于进一步加强证券市场宏观管理的通知》，2004 年发布了《关于发展资本市场的九条意见》，2008 年发布了《关于推进资本市场改革开放和稳定发展的若干意见》，2014 年进一步发布了《促进资本市场健康发展的若干意见》（又称"国六条"）④。这些文件通过构建多层次资本市场体系，不断拓宽了我国企业和居民的投融资渠道，积极促进了实体经济发展。

党的十九大之后，我国关于建立现代要素市场特别是新型要素市场的基本指导思想，即要素价格市场决定、流动自主有序、配置高效公平被确定下来。2020 年，国务院发布了《关于构建更加完善的要素市场化配置体制机制的意见》，这是我国首次发布关于要素市场化配置的文件。该文件在推进土地与资本要素市场化配置、引导劳动力要素合理畅通有序流动以及加快发展技术和数据要素市场方面，提供了具体可操作的指导意见。紧接着，2021 年国务院又发布了《建设高标准市场体系行动方案》，提出了基本建成统一开放、竞争有序、制度完备、治理完善的高标准市场体系战略目标。该方案从完善产权保护、实施市场准入负面清单、破除区域分割和地方保护等市场体系基础制度层面，对《关于构建更加完善的要素市场化配置体制机制的意见》进行了更加全面细致的说明。

此外，对政府自身进行行政制度改革，是"刀刃向内"地减少不合理干预、推动政府职能转变，并主动培育市场体系的战略措施。简政放权改革的目标是通过构建更加高效的治理体系，服务于中国特色社会主义市场经济发展大局。我国政府已经先后进行了 10 轮以上的简政放权改革，国务院和地方部门不断大幅度取消和下放行政审批事项比例、削减职业资格限制、减少投资项目核准。简政放权可以为企业"松绑"，显著降低企业税费负担；可以为群众"解绊"，推动创业创新热潮持续高涨；可以为市场"腾位"，培育经济新业态、新模式蓬勃发展。以培育数据要素市场为例，为了更好地发挥数据在推动社会经济发展中蕴含的生产能力，为数字经济发展提供强大支撑，我国政府已经积极从构建规范化数据开发场景、破解数据要素定价难点、推动数据流通共享等方面进行了有效扶持。

（二）实施产业政策

明确国民经济各个领域中需要加以支持或限制的重点产业领域，是推进中国特色社会主义市场经济发展的重要依据。改革开放以来，我国各级政府制定并实施的产业政策广泛存在于经济各个领域，且大体经历了由计划管理与选择性产业政策相融合的产业导向，逐步过渡到以选择性产业政策为主体、以功能性政策为辅助的产业政策体系（江飞涛、李晓萍，2018）。虽然对于产业政策实施的效果存在部分争议，但是，总体而言，我国产业政策在相当大程度上实现了引导投资路径、理顺产业关联、扩大技术竞争，进而推动产业结构升级的不可替代作用。

在 20 世纪八九十年代，政府主要是从国民经济中挑选重点产业或支柱产业进行支持，采用了目录指导、市场准入、项目审批与核准、供地审批、贷款核准、强制清理等多样化手段。1989 年，国务院发布了《关于当前产业政策要点的决定》，这是第一部以产业政策命名的政府文件。该文件设置了产业发展序列，并在之后两年里，有 27 个行业主管部门、15 个经济综合部门提出了具体实施办法（江飞涛、李晓萍，2018）。2000 年以来，产业政策扩大到几乎所有产业，这时政府更多地对产业内特定企业、特定技术、特定产品进行选择性辅助，对产业组织形态和产业内结构进行调整。到了 2012 年党的十八大之后，产业政策实施更加注重如何实现经济、社会及环境的协调发展，并突出地采用了环境税、排污权交易、绿色金融等市场化规制工具进行产业调控。

需要指出的是，在产业政策实施的整个过程中，中央政府始终居于更加核心的地位。针对地方政府在探索产业发展策略时，可能会存在的不合规、不统一、不完善等短期机会主义倾向，中央政府往往并不会急于"一刀切"地杜绝，而是创造制度弹性空间，最高程度地保持各级政府发展地方经济的内在积极性。在一定程度上讲，这才是真正做到了"以经济建设为中心"。当然，当地方政府采取的不规范行为大大增加了全国层面改革成本，出现了地方不顾及全国"一盘棋"的政策实施进度时，中央政府也会及时进行调整约束，引导地方产业发展的不合规行为逐步转向规范化。

（三）促进微观市场主体发展

企业是最基本的市场活动主体，是市场机制运行的微观基础和"造血细胞"。增强微观主体活力的关键是要增强企业发展的内生动力，让企业走入具有自生能力的良性发展轨道。我国公有制为主体、多种所有制经济共同发展的基本经济制度框架，决定了公有制企业和非公有制企业都是中国特色社会主义市场经济的重要组成部分，通过改革措施不断释放两者的经营活力，可以构成经济社会发展的重要驱动力。

在公有制企业改革方面，我国政府通过内部层面的制度创新和整体层面的战略重组，国有经济布局和结构得到了有效升级。该历程可以概括为：1978~1984 年以"放权让利"为重点，积极扩大国有企业自主权，实施了两步"利改税"、拨改贷等措施；1985~1992 年以所有权与经营权相分离为特征，目标是使国有企业真正成为相对独立的经济实体，采用了承包经营责任制、利税分流改制、股份制试点等具体形式；1993~2002 年以推动国有企业建立现代企业制度目标，实行"抓大放小"、战略重组；2003~2013 年以国有资产监管体制改革为主线，成立国有资产监督管理委员会，实行股权分置改革和董事会制度；2014 年至今强调坚持政企分开和政资分开，发展混合所有制企业，并对国有企业进行分类，提出了公益性国企与竞争性国企的区分。在支持非公有制企业发展方面，2008 年发布了《关于鼓励支持和引导个体私营等非公有制经济发展的若干意见》，这是第一次以中央政府名义颁发促进非公有制经济发展的专门文件。2020 年发布的《关于新时代加快完善社会主义市场经济体制的意见》，也对非公有制企业发展的相关政策支持作了系统性论述。概括而言，我国政府始终努力消除影响非公有制企业发展的体制性因素，在要素获取、准入许可、审批许可、经营运行、政府采购和招投标等方面，大幅度破除了制约其参与市场竞争的各类障碍和隐性壁垒，包括支持引导非公有制企业进入电力、油气等领域，并参与国家重大战略实施和重大项目建设。同时，我国政府也从减轻非公有制企业负担入手，通过"营改增"改革、降低增值税税率、提高个税减除费用标准等方式逐步减税降费。尤其是对小微企业、科技型初创企业，还实施了普惠性税收免除政策。国家税务总局统计数据显示，"十三五"时期我国新增减税降费累计超 7.6 万亿元。

有恒产者有恒心，产权制度是中国特色社会主义市场经济的运行基石，保护产权是培育中国特色社会主义市场经济的必然要求。通过不断明晰产权，活跃微观市场主体赖以存在的亲清政商关系，优良营商环境才能得以形成。改革开放以后，我国政府推进农村家庭联产承包责任制、乡镇企业集体所有制以及国有企业放权让利等产权制度改革，基本形成了归属清晰、权责明确、保护严格、流转顺畅的现代产权制度体系。在此过程中，政府始终坚持毫不动摇地巩固和发展公有制经济，毫不动摇地鼓励和支持非公有制经济发展，持续监测对非公有制经济各种形式的不合理约束，消除各种隐性存在的市场分割壁垒。2016年，国务院发布了《关于完善产权保护制度依法保护产权的意见》，成为我国完善产权保护制度的纲领性文件，这也是我国政府保护各种所有制经济组织和公民财产权的重大宣示。当前，各种所有制经济主体已越来越平等地使用各类生产要素，进而越来越公平地参与市场竞争。

（四）推动科技创新

创新是驱动发展的第一动力，是建设现代化经济体系的技术支撑，而政府是科技创新的外在"推进器"。长期以来，从我国中央到地方政府均实施了以鼓励技术创新为目标的追赶战略和资金扶持政策，包括财政补贴、税收减免、信贷优惠等方式。

实际上，早在20世纪80年代中期，我国国内专利数量就一直呈几何级数增加。以此为基础，2006年我国制定并推行了《国家中长期科学和技术发展规划纲要（2006—2020年）》，针对企业创新制定了客观清晰且可度量的绩效指标，以及在科技投入、税收激励、金融支持等全方位的配套政策，也采用实地调研、座谈访谈、专题研讨等方式进行了实施情况调查。这些政策显著促进了我国自主创新能力的提升，使得我国在2011年超过美国和日本成为全球最大的专利申请国。2014年，我国政府开始倡导"大众创业、万众创新"，本质上这是倡导一种尊重创新和参与创新的内在激励。凭借其强大的动员和宣传教育能力，我国政府有效促进了创新理念的培育与普及，为创新发展营造了有利的社会氛围。

近年来，我国政府发布的推动科技创新政策文件较为密集。2016年发布了《国家创新驱动发展战略纲要》，提出了实施创新驱动发展战略三个阶段的目标，即2020年进入创新型国家行列，2030年跻身创新型国家前列，2050年建成世界科技创新强国。2018年，国务院颁布了《关于推动创新创业高质量发展打造"双创"升级版的意见》，提出了许多推动科技创新的具体措施，如将企业研发费用加计扣除比例提高到75%的政策由科技型中小企业扩大至所有企业，加大了对重大创新产品和服务、核心关键技术的采购力度，编制了重大技术装备创新目录等。2021 年在《中华人民共和国国民经济和社会发展第十四个五年规划和 2035 年远景目标纲要》中，也专辟一章论述了以创新驱动发展的实现路径，再次明确了创新在我国现代化建设全局中的核心和支撑地位。

（五）完善宏观治理

宏观经济稳定运行是经济增长的必要条件。政府进行宏观治理的目标，在于修正市场经济自发调节经济活动的偏误，稳定社会经济主体预期，最终实现可持续的经济增长。通过创新宏观治理方式，调节宏观经济政策的方向、力度和节奏，我国政府牢牢把握住了经济增长的主脉络。在2015 年末供给侧结构性改革提出之前，很长一段时间我国政府采取了西方主流经济学所倡导中的政府干预及调控政策，并依据具体国情发展出了更加丰富的调控组合方式（中央党校"中国特色社会主义政治经济学"课题组，2017）。1984 年，我国提出"越是搞活经济，越要重视宏观调节"，尝试通过价格、税收、信贷等途径调节社会供需总量，以及积累和消费、三次产业结构等重大比例关系。1992 年，社会主义市场经济体制改革目标确立以后，政府进行宏观调控的工具更加多样化，同时也注重税收、价格、产业、信贷、汇率、利率等不同调控方式之间的综合协调。1998 年，为了应对亚洲金融危机可能导致的通货紧缩，我国采取了以积极增加投资、扩大内需为核心的宏观调控政策，国债和信贷发行明显放宽。这一阶段我国政府的经济调控，具有更加符合刺激总需求的凯恩斯主义特征。2007 年，我国政府对于宏观调控体系的定位中，虽然依然保留着国家计划与财政政策和货币政策的配合作用，但是着重强调了国家发展规划的指导作用。2008 年，美国次贷危机引起的国际金融危机发生之后，我国经济增长速度放缓，对外出口甚至出现了负向增长，故而政府实施了以"四万亿投资"为代表的经济刺激计划。

无论是遇到经济过热、通货膨胀，还是遇到经济萧条、通货紧缩时，我国政府往往从总需求决定供给的凯恩斯主义视角制定宏观调控政策，以削弱经济波动，维持物价水平稳定。这种基于凯恩斯主义总需求管理理论的干预行为，一定程度上使得我国经济不时地出现投资和消费过热、通货膨胀和经济结构失衡等问题。鉴于此，2015年末，我国在继续重视扩大内需的前提下，提出了供给侧结构性改革。这也将我国政府调控经济的理念和水平系统性地提高到了一个新的高度。我国政府意识到，制约经济获得长期稳定增长的产能过剩、结构重复，以及与人民生活休戚相关的住房、教育、医疗和养老等问题，不仅涉及需求层面，而且也与高质量产品或服务供给的相对不足紧密相关。

改革开放进程中我国政府采取多种手段进行经济调控，总体上有效保持了经济平稳健康发展。在不断摸索和调整过程中，政府调节手段逐步稳健，行政干预方式更多地过渡到了经济和法律调节方式，从注重规模性的总量指标向结构性比例类指标转变（中央党校"中国特色社会主义政治经济学"课题组，2017）。同时，我国政府也常常将具体的经济干预与所需的制度变革两者协调共进、相互配套地进行，这些措施很好地符合了中国特色社会主义市场经济的运行规律。

四、中国特色社会主义政治经济学对政府作用的理论阐释

中国特色社会主义政治经济学，是马克思主义政治经济学与我国发展实践相结合的优秀成果（逄锦聚，2016）。中国特色社会主义政治经济学需要研究政府作用，但研究视角却比西方主流经济学更丰富、更综合，从而也不适宜直接用其刻画我国所面临经济制度环境。详细而言，西方经济理论以完美的自由市场竞争环境为参照点，侧重在最优化均衡的技术求解层面，展开对于市场经济运行规律的分析。中国特色社会主义政治经济学则是从生产关系与生产方式角度进行政府作用研究，具体讲就是研究政府与市场的关系（田国强，2015；王东京，2017）。

中国特色社会主义市场经济，是能将有效市场与有为政府逐步进行有机统一的经济形态。自党的十一届三中全会开始，我国由计划经济体制向商品经济体制转型、商品经济到社会主义市场经济体制的初步建立与逐渐完善，就已经表现出了鲜明的政府主导特征（李兰冰、刘秉镰，2020）。从党的十二大到十三大，虽然我国政府对于经济建设的计划控制角色在逐

渐转变，然而却并未打破原有计划体制的桎梏。这具体表现在，1982 年党的十二大提出的社会主义市场经济建设，需要遵循"计划经济为主、市场调节为辅"的原则；1987 年党的十三大定义了社会主义有计划商品经济的体制，即计划与市场内在统一的体制。彼时，如何转变计划经济时期政府的大一统角色，并探寻对于政府和市场之间关系的新定位，开始成为一个关键议题（顾海良，2016）。

到 1992 年，邓小平同志指出"计划多一点还是市场多一点，不是社会主义与资本主义的本质区别"，"计划和市场都是经济手段"。这些论述一举打破了政府在处理计划与市场关系中意识形态方面的束缚（谢伏瞻，2019）。同时，上述论述也促进了一个社会共识的形成，即对于我国这样规模大、人口多、地区差异广泛存在的发展中国家，政府承担更多的职能将更有利于经济社会的持续发展（陈东琪，1999）。从 1992 年党的十四大到 2012 年党的十八大，虽然对于让社会主义市场发挥资源配置基础性作用的认识越来越深化，但是在这一时期并未出现对于政府作用的权威表述。

值得注意的是，2013 年党的十八届三中全会通过了《中共中央关于全面深化改革若干重大问题的决定》，该会议不仅将市场在资源配置中的"基础性作用"修改为"决定性作用"，而且对于政府作用的权威表述开始出现，即"使市场在资源配置上起决定性作用和更好发挥政府作用"。从此，学者们对于将市场的决定性作用和更好发挥政府作用这两者视为一个有机整体的认识，得到了凝练、确认与强化（刘国光、程恩富，2014）。正如习近平总书记所言，"在市场作用和政府作用的问题上，要讲辩证法、两点论，'看不见的手'和'看得见的手'都要用好，努力形成市场作用和政府作用有机统一、相互补充、相互协调、相互促进的，推动经济社会持续健康发展"（习近平，2014）。实际上，与社会主义市场经济的经济基础相适应的上层建筑结构之中，最重要的内容正是政府职能（刘灿，2016）。在市场经济前面加上社会主义，也具有实实在在的内涵，这个内涵的核心内容就是政府积极发挥作用（洪银兴，2016）。继而，2020 年召开的党的十九届五中全会，在《中共中央关于制定国民经济和社会发展第十四个五年规划和二〇三五年远景目标的建议》进一步提出："坚持和完善社会主义基本经济制度，充分发挥市场在资源配置中的决定性作用，更好发挥政府作用，推动有效市场和有为政府更好结合。"一方面，市场从"基础性作用"转变为"决定性作用"，使我国市场化程度的加深进程从之前的量变升级为质变。这是具有里程碑意义的理论创新，是对市场经济运行规律的认知突破。另一方面，对于政府作用的权威表述，是对市场与政府关系进行的升华性总结，是在实践中破解市场与政府关系这道世界性难题的优秀答案。

党的十九届五中全会提出，"充分发挥市场在资源配置中的决定性作用，更好发挥政府作用，推动有效市场和有为政府更好结合"。这一新论述的提出，将政府与市场的关系研究提升到一个新的理论高度。我国社会主义市场经济体制改革已然进入到深水区和攻坚区，深层利益调整和权力重构时有发生。这就需要我国政府从以前的"摸着石头过河"过渡到"搭起桥梁过河"，不断优化高屋建瓴的顶层设计，降低改革成本和风险（王东京，2018）。在新时代国家发展实践过程中，我国政府充分认识到，以人民为中心这一发展思想和执政理念，是中华民族伟大复兴的初心和使命，它可以迸发出本源性的发展驱动力，这也决定了我国政府能够在此理念指引下履行好自己的职能。有为政府的以人民为中心，与西方国家的以资本所有者为中心相比，体现出了鲜明差异。可以说，以人民为中心是有为政府的本质特征。此外，依据上层建筑反作用于经济基础的马克思主义基本原理，属于我国思想上层建筑范畴的这一执政理念，可以作为一种能动力量，完善我国社会主义经济基础，并进而再遵循生产关系反作用于生产力这一规律，更大程度地解放蕴含于人民群众之中的生产力，最终更加充分地适应新时代的社会化大生产。

与上述逻辑一致，在中国特色社会主义政治经济学思想中，以人民为中心也居于基础性的突出位置。有为政府会将人民群众对切身利益的不断追求、对美好生活的期盼向往，视为推动社会历史发展的最高价值，居于至高无上的地位；也会将满足人民日益增长的美好生活需要，进而使人民获得幸福感和安全感，作为促进社会发展的根本目的，努力让改革发展成果更多、更公平地惠及全体人民，朝着实现全体人民共同富裕的方向不断迈进，不断把为人民谋福利的事业推向前进。自然地，在以人民为中心发展思想的引领下，深入研究如何将市场有效性和政府有为性分析有机结合在一起，探索市场与政府的最佳结合或最佳匹配方式，也正是中国特色社会主义政治经济学的核心命题（洪银兴，2016；杨瑞龙，2016；张宇，2016；洪银兴，2020）。

经济发展是一个技术水平不断革新，产业结构不断升级，以及相应的公共基础设施和制度配套安排不断健全的过程。在此过程中，有效市场与有为政府是不断进行动态磨合的两种力量（黄庆华，2020）。有为政府合理发挥作用时，就具备了构建有效市场的空间和前提；有效市场能够正常运转时，有为政府就实现了自身的角色职能。整体而言，政府和市场并不是相互争利或尖锐对立的分歧力量；相反，在越来越复杂的现代化经济发展过程中，两者可以做到相互补充、彼此配合、相辅相成，并呈现出融洽协调的统一格局（中国社会科学院理论写作组，2016；谢伏瞻，2019）。

有效市场是重要的。在有效市场中，要素价格信号才可以正确反映各投入要素的相对稀缺程度，也才有培育与市场发挥资源配置决定性作用相适应的微观主体的可能性，这已经被我国改革开放以来的发展实践所证实。只有在一个生产要素积极流动、要素收益分配合适恰当的社会主义市场经济体系之下，市场主体才能完成各自的经济决策，公平公正地参与市场竞争，进而才能形成整个国家的竞争优势。市场在资源配置中起决定性作用，并非是指全部作用，更加不是不要政府作用（张占斌、钱路波，2018）。实际情况是，市场在资源配置中起决定性作用的必要条件，恰恰是政府具备对市场经济运行规律的驾驭能力。有效市场并不会排斥市场与政府的统一协调，而是使有效市场和有为政府这"两只手"可以各司其职、相互配合，塑造政府和市场之间互惠共进的兼容状态。

有为政府的作用发挥是社会主义现代化国家建设的应有之意。市场主体的决策是否具有效率，除了与市场价格信号相关之外，还与其所处市场经济的交易成本、营商环境、产权制度等宏观因素相互关联。生产环节越迂回复杂，参与进来的生产要素越多样化，这些市场宏观因素也就越重要，这时也就更加需要有为政府发挥因势利导、组织协调的作用。在一些风险不确定情形下，政府还需要适当对冲市场主体投入巨大成本进行技术创新的风险。有为政府的功能不是与市场博弈，而是需要最大程度地削减政府对市场资源进行直接或间接干预的激励，既做到简政放权不越位，又做到服务管理不缺位，避免出现"政府失灵"（中央党校"中国特色社会主义政治经济学"课题组，2017）。

根据中国特色社会主义市场经济的动态推进程度，我国政府的构成和职能应当进行战略性调整。在不同产业结构、基础设施水平，甚至国内外形势下，可以因地制宜、因时制宜、因结构制宜地坚持以经济建设为中心，高效率地培育、保护、监管市场，弥补市场主体的信息不对称和不完全，纠正"市场失灵"，全面促进全社会的长期福利水平和人民日益增长的美好生活需要（王勇、华秀萍，2017）。当前，我们正在进行专注于优化升级经济结构、提高资源配置效率的供给侧结构性改革，同时也面临着发达经济体更加严峻的外部竞争压力，甚至是一些刻意打压与扼制。这就更加要求有为政府在调配资源方面，发挥更加重要的作用（谢伏瞻，2019）。

为了实现与有效市场的协调统一，更好地实现其在培育市场环境、实施产业政策、促进微观市场主体发展、推动科技创新以及完善宏观治理等层面的职能，从而最终实现经济高质量发展，我国政府至少拥有三个卓有成效的制度工具，分别是：①持续设定增长目标。为了更好地激励经济增长，我国中央政府每年末都会为下一年经济增长制定总目标，再以该目标为导向和牵引激发各类经济主体活力和发展积极性[5]。为了确保既定增长目标可以完成，各级政府会相应地将经济发展资源配置到能够高效获得经济增长的领域中去（徐现祥、刘毓芸，2017）。当然，在2020年，由于突发的新冠疫情影响，为了优先保障人民群众的生命健康，当年并未设定经济增速目标。随着我国突出的抗疫表现和有效、有力、有度的宏观调控，2021年又恢复了GDP增长目标的设定。②连续实施五年规划。采用五年规划纲领性文件描绘发展蓝图，是政府治理体系的重要环节，已经与我国基本经济制度融为一体。从1953年开始的"一五"计划到从2021年开始的"十四五"规划[6]，跨越了近70年。五年规划的编制方式、决策模式、指导思想、框架体系，均可以在不同侧面阐释我国经济发展模式。恰如习近平总书记所言，用五年规划引领经济社会发展，已经成为我们党治国理政的一个重要方式。可以说，五年规划这一治理方式，与新中国国家制度和治理体系同步而生，是在中国共产党执政之初就已经证明效能和威力的制度性工具（王文，2020）。③坚持试点推广机制。试点机制是指将一个具有创新意义的改革思想，先在某一地区或时点上试验突破，然后进行提炼和总结形成一套改革方案，再扩大范围进行复制试点，最后逐步推向全国的渐进式改革路线（Zheng and Li，2020）。在新发展格局背景下，我国不同地区地理位置、经济结构和发展程度的差异性，可以依托试点机制更加有效地、有针对性地解决发展堵点。

需要注意的是，政府能够调动使用的经济资源不是无限的。在完善中国特色社会主义市场经济体制过程中，面对各种新困难、新问题时，不假思索地提出有为政府应该增加相应的资源投入这样的政策建议，常常并没有抓住问题的要害。有为政府应该善于集中优势资源打攻坚战，根据我国已经具有比较优势的战略性产业要求，聚集优势基础设施和营商环境支持，尽快在国内国际市场上形成竞争优势（林毅夫，2017，2020）。当然，健全完善中国特色社会主义市场经济的过程是一项没有现成经验进行借鉴的伟大创举，许多政策制定与执行过程具有一定的探索性。然而，这种探索性不会降低有为政府对于经济社会发展质量的严格要求，而是意味着对于关系国家大计方针的政策制定，更加需要在事前获得广泛客观的论证，在事中进行各层级政府执行效率的监管，在事后针对政策实施效果进行科学评估。

当然，有为政府也必须在法治框架下发挥作用，法治引领是有为政府治国理政的理性选择和基本遵循。法治之下，权自法授，居于法治化轨道中的权力配置，是良好政府治理结构的构建依据（石佑启、杨治坤，2018）。如果缺少法治，政府失灵的后果往往会较为严重（文贯中，2002；张明军、陈朋，2014）。2012 年党的十八大提出，"依法治国是党领导人民治理国家的基本方略，法治是治国理政的基本方式"。2013 年 2 月 23 日，习近平总书记在主持十八届中央政治局第四次集体学习时指出，"各级领导机关和领导干部要提高运用法治思维和法治方式的能力，努力以法治凝聚改革共识、规范发展行为、促进矛盾化解、保障社会和谐"。2017 年党的十九大报告进一步指出，"全面依法治国是国家治理的一场深刻革命"，并将基本建成法治国家、法治政府、法治社会确立为到 2035 年基本实现社会主义现代化的重要目标。在实现该重要目标的过程中，建设中国特色法治政府是其中一项最为宏大、最为关键的子工程（姜明安，2018）。对以上表述和观点加以逻辑延伸就能够发现，有效市场和有为政府更好地结合中国特色社会主义市场经济，在本质上必然是法治经济，同时，依法治国也是有为政府必然选择的执政方式（马建堂，2020）。

有为政府需要为经济社会发展提供高质量的治理效能和制度供给，其基础也是法治政府（时和兴，2020）。有为政府可以通过推进多层次多领域的依法治理，运用法治思维和法治方式深化改革、化解矛盾、维护稳定，不断推进国家治理体系和治理能力现代化（王伟光，2017）。通过法治建设，有为政府可以保障社会主义市场经济贯彻法权原则，塑造非人格化的价格形成机制，维护市场契约的权威性，从而降低整个社会的制度性交易成本。凡是市场能够处理或者可以处理得更好的事务，必须交还给市场这只"无形之手"，政府需要从那些竞争性领域真正抽身出来（石佑启、杨治坤，2018）。在法治供给层面，我国政府越来越有决心、能力和资源支撑更多的高质量执法人员，为其配备先进的执法设备，以有效实现法律供给的充分性和有效性，提高立法效率和质量（刘伟，2016b；王勇、华秀萍，2017）。可以预期，在我国有为政府推动和建设下，社会主义法治精神终将内化于日常生活与行为之中。

五、对于有为政府职能发挥的未来展望

我国已经开启了全面建设社会主义现代化国家的新征程，正在稳步实现中华民族伟大复兴的目标。在当前这个历史节点，世界正经历百年未有之大变局，新一代科技革命和产业变革方兴未艾，经济全球化新格局加速演进（王一鸣，2020）。虽然改革开放以来我国已经积累了丰富的物质基础，获得了社会主义现代化建设的诸多经验，但是不得不说，当前人民日益增长的美好生活需要和不平衡不充分的发展之间的矛盾比较突出，技术能力不能合理匹配高质量发展需求，产业链、创新链的稳定性和竞争力不强，城乡一体化建设和收入分配差距缩小任务仍然任重道远。

2020 年以来，习近平总书记多次针对如何科学认识国内外形势、深刻

把握发展规律作出了重要论述，继而形成了加快构建以国内大循环为主体、国内国际双循环相互促进的新发展格局理论。这是党和政府着眼于我国远景发展和人民福祉提出的重大战略部署，对于我国实现更高质量、更有效率、更加公平、更可持续的经济发展，无疑会产生根本性影响（马建堂、赵昌文，2020；江小涓、孟丽君，2021）。在上述背景下，有为政府的作用应该更加稳健积极，统筹谋划中华民族伟大复兴战略全局和世界百年未有之大变局的内在要求，不仅需要继续加强有效市场对于资源配置所起到的决定性作用，而且还需要克服政府自身职能发挥可能存在的部分短板因素。我们认为，可以在下述四个方面继续加深有效市场和有为政府的融合统一，以持续推动新发展格局的形成：

第一，有为政府需要通过继续深化生产要素市场改革，加快完善可以体现新型生产要素实际价值的有效市场体系。对于有为政府而言，需要继续秉持符合价值规律和供求规律的竞争性市场规则，最大程度削减政府对生产要素市场微观运行节奏的直接或间接干预，尤其是对符合未来产业变革趋势的数据、企业家精神等新型生产要素，进行重点培育和包容性审慎监管。随之，有效市场对于配置各类生产资源的决定性作用，就会在运转有序的生产要素市场中得以充分展示，进而决策主体配置自身所拥有生产要素的能力也将得到强化。

第二，有为政府需要通过加快发展现代化产业体系，提升有效市场中产品和服务的附加值和抗压性。有为政府需要努力保持制造业比重基本稳定，奠定实现制造强国目标的经济基础，促进先进制造业和现代服务业有机融合，统筹推进传统基础设施和数字、信息等新型基础设施相互融通改造，培育出链条完备、协同高效的现代化产业体系。与此同时，在有效市场中，市场主体才能够充分消化产业发展前沿信息，主动进入先导性和支柱性产业，并在全方位产业生态体系的配合下提高全要素生产率，获得产品和服务质量的提升。

第三，有为政府需要通过发挥新型举国体制优势进行技术攻关，缩短有效市场中科技先锋企业打通技术堵点的时间周期。新型举国体制与市场化、全球化和数字化紧密结合，树立了有为政府在促进创新方面的优势地位。有为政府需要实施以增加知识价值为导向的生产要素收益分配政策，由此，在有效市场中才更有可能涌现出众多具有基础性和原创性研发能力的科技先锋企业。依托于有为政府在关键核心领域的支持，这些企业才可能与政府部门相互配合协调，以"十年磨一剑"的精神关注技术创新的长期市场回报，努力将"卡脖子"变成"杀手锏"。

第四，有为政府需要通过提升现代化国家治理能力，维护有效市场发挥作用的体制环境。有为政府需要不断深化简政放权改革进程，实现精准高效联动和扁平化管理，从而才能突破重大利益关系和深层次矛盾对于国家治理能力建设的阻碍。同时，健全重大民生政策的事前客观评估、事中审慎监管和事后多元绩效评价制度，畅通社会各界参与政策制定的渠道，提高决策科学化、法治化水平。最终，依托上述能够持续提升国家治理能力的制度性顶层设计，有效市场的活力和潜力才能充分被激发，人民群众的满意度和获得感也将不断提升。

注释

①1992年召开的中共十四大，我国确立了建立社会主义市场经济体制的目标；1997年党的十五大提出"使市场在国家宏观调控下对资源配置起基础性作用"；2002年党的十六大提出"在更大程度上发挥市场在资源配置中的基础性作用"；2007年党的十七大提出"从制度上更好发挥市场在资源配置中的基础性作用"；2012年党的十八大提出"更大程度更广范围发挥市场在资源配置中的基础性作用"。

②在古典经济学兴起的时代，当然也产生了生物进化论，然而却没有像自然科学理论那样对古典经济学产生深刻影响。

③"三结合就业方针"是指在国家统筹规范和指导下，实行劳动部门介绍就业、自愿组织起来就业和自谋职业结合的方针。

④资本市场健康发展的"国六条"的措施要点包括：推进股票发行注册制改革，鼓励市场化并购重组，完善退市制度；规范发展债券市场；培育私募市场，对依法合规私募发行不设行政审批；继续推出大宗资源性产品期货品种，发展国债期货；促进中介机构创新发展，放宽业务准入，促进互联网金融健康发展；扩大资本市场开放，便利境外主题跨境投融资。

⑤2020年因为新冠肺炎疫情和经贸形势不确定，当年未设置GDP增

速预期目标。

⑥从"十一五"起，"五年计划"改为"五年规划"。

参考文献

［1］陈云贤：《中国特色社会主义市场经济：有为政府＋有效市场》，《经济研究》，2019 年第 1 期。

［2］陈东琪：《现代市场经济为什么需要政府——对经济学中老问题的新思考》，《财贸经济》，1999 年第 6 期。

［3］樊纲：《中国 70 年的发展实践与发展经济学理论的发展》，《经济研究》，2019 年第 10 期。

［4］方福前：《论建设中国特色社会主义政治经济学为何和如何借用西方经济学》，《经济研究》，2019 年第 5 期。

［5］方福前：《新时代借用西方经济学的几个重大理论问题》，《管理世界》，2020 年第 9 期。

［6］顾海良：《开拓当代中国马克思主义政治经济学的新境界》，《经济研究》，2016 年第 1 期。

［7］洪银兴：《科技创新与创新型经济》，《管理世界》，2011 年第 7 期。

［8］洪银兴：《以创新的理论构建中国特色社会主义政治经济学的理论体系》，《经济研究》，2016 年第 4 期。

［9］洪银兴：《进入新时代的中国特色社会主义政治经济学》，《管理世界》，2020 年第 9 期。

［10］洪永淼：《现代经济学的十个理解误区》，《经济资料译丛》，2014 年第 3 期。

［11］洪永淼、汪寿阳：《数学、模型与经济思想》，《管理世界》，2020 年第 10 期。

［12］黄庆华：《推动有效市场和有为政府更好结合》，《光明日报》，2020 年 11 月 20 日。

［13］江飞涛、李晓萍：《改革开放四十年中国产业政策演进与发展——兼论中国产业政策体系的转型》，《管理世界》，2018 年第 10 期。

［14］姜明安：《论新时代中国特色法治政府建设》，《北京大学学报（哲学社会科学版）》，2018 年第 1 期。

［15］江小涓、孟丽君：《内循环为主、外循环赋能与更高水平双循环——国际经验与中国实践》，《管理世界》，2021 年第 1 期。

［16］金碚：《试论经济学的域观范式——兼议经济学中国学派研究》，《管理世界》，2019 年第 2 期。

［17］李兰冰、刘秉镰：《"十四五"时期中国区域经济发展的重大问题展望》，《管理世界》，2020 年第 5 期。

［18］林毅夫：《经济转型离不开"有为政府"》，《人民日报》，2013 年 11 月 26 日。

［19］林毅夫：《新经济发展中的有为政府和有效治理》，《新经济导刊》，2020 年第 1 期。

［20］林毅夫：《中国经验：经济发展和转型中有效市场与有为政府缺一不可》，《行政管理改革》，2017 年第 10 期。

［21］林毅夫：《转型国家需要有效市场和有为政府》，《中国经济周刊》，2014 年 2 月 17 日。

［22］刘灿：《关于中国特色社会主义政治经济学研究的几点认识》，《南京大学学报（哲学·人文科学·社会科学版）》，2016 年第 2 期。

［23］刘国光、程恩富：《全面准确理解市场和政府的关系》，《毛泽东邓小平理论研究》，2014 年第 2 期。

［24］刘伟：《在马克思主义与中国实践结合中发展中国特色社会主义政治经济学》，《经济研究》，2016 年 a 第 5 期。

［25］刘伟：《经济新常态与供给侧结构性改革》，《管理世界》，2016 年 b 第 7 期。

［26］马建堂：《新时代全面深化经济体制改革的纲领性文件》，《管理世界》，2020 年第 7 期。

［27］马建堂、赵昌文：《更加自觉地用新发展格局理论指导新发展阶段经济工作》，《管理世界》，2020 年第 11 期。

［28］逢锦聚：《破解政府和市场关系的世界性难题》，求是网，2019 年 8 月 26 日。

［29］逄锦聚：《中国特色社会主义政治经济学的民族性与世界性》，《经济研究》，2016 年第 10 期。

［30］逄锦聚：《在世界百年未有之大变局中坚持和发展中国特色社会主义经济发展道路》，《经济研究》，2020 年第 8 期。

［31］时和兴：《从治理效能意义上理解有为政府》，《学习时报》，2020 年 11 月 27 日。

［32］石佑启、杨治坤：《中国政府治理的法治路径》，《中国社会科学》，2018 年第 1 期。

［33］田国强：《经济学在中国的发展方向和创新路径》，《经济研究》，2015 年第 12 期。

［34］王东京：《习近平经济思想与中国特色社会主义政治经济学构建》，《党政干部参考》，2017 年第 24 期。

［35］王东京：《中国经济体制改革的理论逻辑与实践逻辑》，《管理世界》，2018 年第 4 期。

［36］王伟光：《当代中国马克思主义的最新理论成果——习近平新时代中国特色社会主义思想学习体会》，《中国社会科学》，2017 年第 12 期。

［37］王文：《编制和实施五年规划是我们党治国理政的重要方式》，《红旗文稿》，2020 年第 23 期。

［38］王一鸣：《百年大变局、高质量发展与构建新发展格局》，《管理世界》，2020 年第 12 期。

［39］王勇、华秀萍：《详论新结构经济学中"有为政府"的内涵——兼对田国强教授批评的回复》，《经济评论》，2017 年第 3 期。

［40］文贯中：《市场机制、政府定位和法治——对市场失灵和政府失灵的匡正之法的回顾与展望》，《经济社会体制比较》，2002 年第 1 期。

［41］《习近平总书记在 2014 年 5 月 26 日主持十八届中央政治局第十五次集体学习时的讲话》，《人民日报》，2014 年 5 月 28 日。

［42］谢伏瞻：《中国经济学的理论创新：政府与市场关系的视角》，《经济研究》，2019 年第 9 期。

［43］徐现祥、刘毓芸：《经济增长目标管理》，《经济研究》，2017 年第 7 期。

［44］杨春学：《新古典自由主义经济学的困境及其批判》，《经济研究》，2018 年第 10 期。

［45］杨瑞龙：《中国特色社会主义政治经济学逻辑下政府与市场之间的关系》，《政治经济学评论》，2016 年第 4 期。

［46］贠杰：《有限政府论：思想渊源与现实诉求》，《政治学研究》，2005 年第 1 期。

［47］张明军、陈朋：《中国特色社会主义政治发展的实践前提与创新逻辑》，《中国社会科学》，2014 年第 5 期。

［48］张占斌、钱路波：《论构建中国特色社会主义政治经济学》，《管理世界》，2018 年第 7 期。

［49］张宇：《社会主义政治经济学的历史演变——兼论中国特色社会主义政治经济学的历史贡献》，《中国特色社会主义研究》，2016 年第 1 期。

［50］中国社会科学院理论写作组：《正确认识和运用"看不见的手"和"看得见的手"》，《经济研究》，2016 年第 3 期。

［51］中央党校"中国特色社会主义政治经济学"课题组：《中国特色社会主义政治经济学对西方经济学理论的借鉴与超越——学习习近平总书记关于中国特色社会主义政治经济学的论述》，《管理世界》，2017 年第 7 期。

［52］邹文杰、侯宪坤：《有为政府：当代中国政府改革的取向》，《山东行政学院山东省经济管理干部学院学报》，2009 年第 4 期。

［53］Zheng, S. L. and Li, Z. C., 2020, "Pilot Governance and the Rise of China's Innovation", *China Economic Review*, Vol. 63, 101521.

赋能型政府[*]

——新一代政府和市场关系的理论建构

浙江大学　黄先海　宋学印

摘要：政府和市场的分工及交互关系研究，是整个经济学理论发展的主题与主线。市场在资源配置中发挥决定性作用已形成广泛共识，但如何更好发挥政府作用仍处于现代经济学的研究前沿与争议焦点。本文在对工业革命起始至今250余年世界经济发展历程中出现的守夜型政府、规制型政府以及发展型政府的理论成果与政策经验吸收基础上，提出赋能型政府即在社会主义市场经济体制的基本框架下，对市场主体资源配置和动态竞争能力进行中立赋能，实现市场增进、分配优化与整体可持续增长的政府行为理论。赋能型政府具有三大特征：①规避知识约束和俘获困境，提升政府介入效率；②增进市场主体的资源横向配置能力与代际更新能力，提升资源配置效率；③在跨期福利最大化条件下提高社会加总技术进步率，提升动态增长效率。赋能型政府是对改革开放以来中国特色政府和市场关系理论与实践的贯通与升华，形成立足中国特色、兼容世界共性的新一代政府和市场关系理论框架，推进中国特色社会主义市场经济思想与理论创新。

关键词：赋能型政府　市场配置　竞争增进　动态效率

政府和市场关系问题是一个世界性难题，既是经济学理论研究的焦点，世界经济发展实践的难点，也是国际经贸和体制摩擦中的潜在争议

---

* 原载《管理世界》2021年第11期。

点。改革开放 40 多年来的中国经济增长奇迹，得益于在社会主义市场经济体制下对政府和市场关系的不断调试和完善。党的十八届三中全会提出使市场在资源配置中起决定性作用和更好发挥政府作用，市场发挥"决定性作用"已为广泛共识，而学理化、体系化建构更好发挥政府作用的领域、方法、机理、效应与政策方案，仍具有重大理论创新空间。在全面吸收世界各国政府经济行为理论与实践基础上，本文对中国特色政府和市场关系理论进行了新的阐释与创新，提出赋能型政府的理论基础、效应机制与政策体系。

一、引言

基于历史与国际的视角，经济发展中的政府和市场关系具有演化性质，在不同国家不同时代动态变迁。自英国工业革命起始至今 250 余年的现代经济增长历程中，政府和市场关系经历过三次大的形式变革，从政府功能一侧划分，可分别称为基于古典经济学的守夜型政府、基于新古典经济学的规制型政府以及基于发展经济学的发展型政府。古典主义经济学家斯密于 1776 年出版的开创性著作《国富论》，为第一代政府和市场关系结构奠定了理论基础，其关于市场原理及政府定位的分析，对后期的政府行为研究形成"定调性"的深远影响。直到 20 世纪 20 年代末全球性经济大萧条的爆发，纠正"市场失灵"成为迫不得已的现实需求，第二代政府和市场关系即规制型政府上升为主流模式。在随后的半个世纪中，欧美发达国家政府对宏观领域的失业现象、微观领域的垄断现象进行干预的功能大幅扩张。在发达国家之外，广大发展中国家从 20 世纪 50 年代起逐渐采纳基于结构主义和赶超发展导向的发展型政府，并在日本、韩国等东亚地区取得举世瞩目的增长奇迹。但是，由于 20 世纪 70 年代欧美发达地区普遍出现滞胀困境以及 20 世纪 90 年代亚洲金融危机的冲击，政府和市场关系结构中的市场力量普遍回归和增强，无论规制型还是发展型的政府干预行为均明显收缩。直到 2008 年国际金融危机的爆发，特别是在面向新一轮科技与产业革命的国际竞争环境下，政府力量在世界主要大国中再次出现反弹。

　　经济学理论对政府和市场关系的认识同样遵循一个迭代深化过程。在古典经济学刻画的市场原理中，市场在短期经济运行与长期财富增长中均处于核心地位，政府自然被定性为"守夜人"的角色。后续研究认识到不完善信息、不完全市场、非足够理性以及外部性的存在将导致"市场失灵"。"非分散化基本定理"认为，一般而言如果没有政府干预的补充，市场就不能实现有效配置（Greenwald and Stiglitz，1986）。但是，产生"市场失灵"的不完善信息等机制也对政府干预绩效形成严重约束，并且政府面临的俘获困境还将对市场机制产生额外的竞争损害效应（Stigler，1971；Posner，1974）。因此，近期快速发展的新规制经济学，旨在探索政府制定何种最优的制度方案，实现与不完全信息、不完全竞争兼容的市场最优配置。比较制度理论提出政府通过相机性租金设计、发展协商委员会等方式可增强市场自我解决自身失灵的能力，为东亚经济发展中的政府和市场关系带来新的认识（青木昌彦等，1998）；基于要素禀赋的产业动态理论为发展中经济体产业升级中的政府介入行为提供了新的参考（林毅夫，2010）；公共选择理论从"社会共同需要"视角对政府和市场关系进行了重新阐释（李俊生、姚冬旻，2018）。不同理论分支的共同点是在静态资源配置与动态增长中，市场具有基础地位，政府的作用不可或缺，但在政府如何发挥作用方面，如应"守夜"，抑或外生制度设计，还是嵌入干预等存在较大分歧。

　　上述新近发展的经济理论，为推动构建立足中国特色、兼容世界共性的新一代政府和市场关系研究提供了有益启示与理论资源。中国改革开放40多年来政府经济行为与绩效的丰富经验，提供了难得的实验观察窗口与理论创新土壤。基于对政府和市场关系研究的有益理论成果吸收，本文探索构建新一代政府和市场关系理论框架，推动形成赋能型政府。基本的理论研究成果，体现在以下几个方面：

　　新功能定位。新一代政府和市场关系中的政府——赋能型政府，既是对在后发经济体特别是东亚经济体广泛实施的传统发展型政府的超越，也是跳出在欧美发达经济体长期实施的"守夜型"或规制型政府的理论束缚。相对于规制型政府，赋能型政府在确保建立基本的市场竞争制度框架之外，还对市场中的主体行为实施并非限于"规制"的影响，但相对于传统发展型政府的有偏干预，赋能型政府下的经济介入行为模式是对市场微观主体进行中立的竞争赋能，优化经济个体的能力累积及分布结构，激励创新，增进市场资源配置能力，在兼容效率机制下改善分配，实现供需可持续循环扩张的经济动态发展。

新理论空间。现代经济的两个重要方面，在当前主流经济学理论视野下的政府和市场关系研究中未得到有效建构。第一，经济循环动态最优均衡。现代经济学分析的"经济"是一个向量过程——从生产要素配置、生产、消费者偏好得到满足以及市场出清即结束，而真实的经济则是一个往复再生产的循环过程，要求生产、流通、分配、消费、再生产的可持续循环。在所有权、人力资本分布异质性及代际固化等动态能力约束下，自由市场竞争规则下的社会需求侧存在累积加剧的内部结构失衡压力，对再生产循环扩张形成负面效应。关于这一循环扩张过程的最优均衡条件及其中的政府和市场关系，长期处于现代经济学理论边缘，也是规制型政府与发展型政府行为实践的薄弱之处。第二，阶梯形技术进步条件下非充分创新。现代技术创新遵循阶梯形技术进步路径，新近有关创新的微观大数据揭示出一个典型化事实，即创新分布高度扭曲，大量企业偶尔或从未进入创新领域（Klette and Kortum，2004；黄先海等，2015）。在阶梯形技术进步模式中，产业中的潜在创新者往往站在"削低的肩膀"上，未有足够的潜在创新者越过创新能力门槛与创新领导者形成充分创新竞争，使得创新市场成为政府失灵与市场失灵的交集区域。在福利最大化情景（跨期）下，通过政府介入，优化企业创新机会与能力分布，增进充分创新，实现生产可能性边界更快拓展，为构建新型政府和市场关系研究形成重要理论空间。

新理论路径及效应机制。政府经济介入行为面临的主要约束是因信息不对称、有偏选择导致的价格扭曲和竞争损害。赋能型政府通过如下机制途径规避约束：第一，非价格扭曲的要素供给扩张，即在构建要素自由流动环境基础上，扩大人力资本公共投资，吸引国外技术、人才等要素流入，在供给侧使所有企业面对统一的、扩大的、更高质量的要素供给市场，在需求侧则在未影响效率导向分配规则下，通过人力资本累积能力提升、质量分布优化，实现经济可持续循环扩张。第二，非有偏选择的分散化创新激励。分散化激励，使处于准技术前沿阶段与不确定性加大情景下政府失灵的可能性降低（黄先海、宋学印，2017），同时规避政府俘获困境。在严格知识产权制度环境下实施分散化的创新激励，为企业事前试错创新行为、事后创新收益提供双重激励，可以竞争增进的方式实现更高均衡的技术进步率。第三，降低信息不对称的信息赋能。数字经济条件下企业生产、创新、价格以及消费者决策、收入分配均与数据息息相关，通过公共信息赋能行为，使信息收集、拥有、处理以及分享能力的分布结构在低成本条件下趋于优化。

新政策体系。依据新理论空间与理论路径，构建赋能型政府的政策应用体系。第一，体现为面向劳动力赋能的人力资本政策，将经济参与者即人的能力的全面高质量发展，放在宏观经济发展政策体系的基础地位，对人力资本的质量、流动性及代际更新进行全面赋能。第二，体现在面向前沿产业与技术边界的供给侧创新政策，即聚焦对市场主体在产业和技术边界上的探索拓展进行无偏、中立的知识创新激励，对边界内的产业演进则由市场发挥决定性作用，边界上的干预方式也由有偏的选择转向中立的赋能，保障更多具有创新思想但面临能力约束的企业进入市场，提高在位企业的竞争压力与潜在企业的颠覆性创新能力，加快匹配市场前景的技术创新到达率，进而实现前沿产业和技术以更快的速率先发增长和商业化应用。第三，体现在激活大国规模优势的需求政策。在打破地方分割形成自由统一市场基础上，通过优化政府采购内容和方式，扩大与新兴技术和产品消费配套的基础设施公共品供给，营造新技术、新产品、新服务的早期市场和应用场景，同时培育更大规模的中等收入群体，形成可持续高质量的消费增长。第四，体现为面向数字经济时代的公共数据政策。通过提高互联网基础设施在不同区域、不同群体之间的低成本可及性，建设开放共享的"公共数据池"，扩大数字技术公共培训，优化市场个体的数据要素处置权限，增强企业、居民对数据信息的获取、处理、配置与竞争共享能力。

本文以下内容组织：第二部分全面回顾政府和市场关系这一世界性难题的理论研究成果及其演变过程；第三部分总结中国特色社会主义政府和市场关系的历史演进；第四部分从理论依据、介入路径、效应机制等方面，给出新一代政府和市场关系的基本原理与基本框架，并梳理赋能型政府理论近期的重点研究领域；第五部分结合全球主要大国的最新政策变化趋势，尝试构建具有世界共性、中国特色的新一代赋能型发展政策体系；第六部分为简单的结束语。

二、政府和市场关系：世界性难题的经济学理论探索

基于理论史的视角，政府和市场关系的研究及论争，是透视和贯穿整个经济学发展历程的一条主线。经济发展中的政府和市场关系具有演化性质，在不同国家不同时代动态变迁。自英国工业革命起始至今250余年的现代经济增长历程中，政府和市场关系经历过三次大的形式变革，从政府角色一侧看，可划分为19世纪以前的守夜型政府、20世纪以来欧美经济体实施的规制型政府，以及"二战"后以东亚经济体为代表的发展型政府。

（一）基于古典经济学的第一代政府和市场关系：守夜型政府

守夜型政府在斯密的古典经济学开山之作《国富论》中得到开拓性论述，即政府严格不干预市场主体的自由经济活动，行为边界仅限于征税并提供国防、司法及部分公共产品。斯密关于市场原理及政府定位的分析，对迄今为止的政府和市场关系研究形成了导向性、定调性的深远影响。斯密探究的核心问题是如何增进国家富裕，其关于市场原理最重要的发现可归结为两点：一是侧重静态资源配置的被称之为"无形之手"原理；二是侧重动态与发展的分工原理。市场既可在静态下通过"无形之手"协调资源配置实现福利最大化，又能在动态下充当经济持续增长的原动力，市场分工深化可提高劳动生产率，进而使市场规模扩大和再深化。因此，在斯密刻画的古典经济学环境中，市场在全部经济运行与国民财富增长中处于核心地位，政府的经济角色自然被定性为"守夜人"。

守夜型政府建立在由"无形之手"隐喻的竞争性市场自动调节机制和一般均衡理论基础之上，这一理论依赖于一组远离现实的假设条件，并且直到20世纪50年代才以阿罗-德布鲁一般均衡模型形式得到纯粹的数学意义的证明。斯密之后，在经济学理论发展的百余年间，除了西斯蒙第从

化解供给过剩危机出发提出政府应对生产消费等比例关系进行宏观调节、李斯特（1961）从落后国家追赶视角提出政府应实施关税保护以优先促进工业发展等个别学说之外，守夜型政府处于主流地位。从李嘉图、萨伊到穆勒等古典主义经济学家，均秉承市场"无形之手"原理以及供给自动创造需求理念，政府对市场发挥极为有限的补充作用（蒋自强等，2003；蒋自强等，2008）。有关政府行为的经济学研究类同于交通、学校、国防等公共产品供给的成本收益分析。实际上，直到20世纪初叶，政府的经济学研究领域并不单纯存在。在古典经济学所处的历史时期，之所以在守夜型政府情景下，市场经济仍能运行大体良好，主要与当时经济发展阶段相对应的"市场失灵"不显著有关。即使周期性发生过剩危机，但中小企业在市场中处于主导地位，普遍缺乏市场势力，市场自身盲目性、外部性、垄断势力等"市场失灵"程度并不突出，政府保持较低限度下的经济介入行为即可维持市场经济正常运行。

（二）基于新古典经济学的第二代政府和市场关系：规制型政府

规制型政府是指建立在新古典经济学理论基础之上，旨在通过为市场主体提供有效规制以矫正"市场失灵"的政府行为理论及政策体系。规制型政府的产生具有深刻的历史背景。到19世纪下半叶，全球市场规模的持续扩张和垄断力量的业已形成，守夜型政府及其依托的自由主义市场调节机制逐渐暴露严重不足。特别是1929年爆发的全球性经济大萧条，对欧美经济体经济运行从实践到理论均构成一次历史性冲击，政府对"市场失灵"实施规制成为迫不得已的现实需求。与此同时，福利经济学、宏观经济学等经济理论迅速形成（Pigou，1928；Keynes，1936），为政府对垄断、失业等微观和宏观"市场失灵"问题进行规制提供了理论依据，特别是《通论》的诞生，为政府的经济管理行为提供了一整套新的经济学理论框架。1933年的罗斯福"新政"及战后欧美经济体普遍采取的财政、金融等经济政策，正是凯恩斯主义宏观经济学理论的应用产物。此后的将近半个世纪，政府对经济运行的规制与调控作用大幅提升，政府规模普遍增加（Stiglitz，1989）。

规制型政府是现代欧美经济体政府和市场关系的主流形式，其理论基础不断深化、扩展并活跃于当前经济学研究前沿。在（新）凯恩斯主义宏观经济学以及新规制经济学分析框架下，规制型政府作用的范围、方式、效率得到深入研究。从应用层次看，可将规制型政府行为总体划分为两个类别。第一类特别关注政府的宏观经济管理行为，集中表现为政府通过税率、利率、政府支出等短期的相机调节工具，对企业的投资、产出及工资调整决策产生影响，进而纠正失业等宏观失灵，促进市场出清。在1930~1970年，由汉森、萨缪尔森、希克斯、奥肯、巴罗等组成的新古典综合派以及由罗宾逊夫人、斯拉法、卡尔多等为代表的新剑桥学派，均提出政府应对失业、分配失调等现象实施宏观干预的政策主张（蒋自强等，2003）。第二类则聚焦微观层面，政府通过"最优"机制或政策设计对外部性、垄断以及信息不对称施加规制（Becker，1983；Stiglitz，1989；Laffont and Tirole，1991；Laffont，1994），以克服市场失灵，恢复市场竞争有效性，实现社会福利最大化。例如，强制市场主体披露关于产品质量信息、拆分垄断企业集团、对具有负外部性的生产污染行为征收环保税，以及对正外部性的企业研发创新行为予以补贴或其他优惠等。

相比守夜型政府，规制型政府经济介入的领域与深度明显扩张，但是其总体特征并不是超越市场，而是对微观的、宏观的"市场失灵"施加规制与管理。规制型政府认为通过诸如垄断管制、收入调节以及相机型需求管理政策可以恢复市场在短期配置与长期增长中的有效性。然而，从历史现实看，资源错配广泛存在，周期危机频繁波动。从1970年起，凯恩斯主义宏观经济学在货币学派、理性预期革命等新自由主义冲击下式微（吴易风，1993），政府的微观规制功能也因"寻租"、规制俘获、信息不完全等干扰而面临广泛的"规制失灵"困境（Stigler，1971；Laffont，1994）。特别是，规制型政府无法回答发展中经济体面临的一个关键问题：在相似的自由市场规则环境下，落后经济体为什么迟迟不能实现快速的经济增长和产业升级进程？也无法给出有效的发展方案。

（三）基于发展经济学的第三代政府和市场关系：发展型政府

基于众多发展中经济体加快后发赶超的现实诉求，自20世纪50年代起发展经济学理论迅速崛起。发展型政府是指建立在发展经济学基础之上，通过引导市场甚至直接替代市场进行资源配置，以加速结构变迁与增长收敛的政府行为理论及政策体系。与规制型政府一致，市场失灵同样是发展型政府实施干预的理论基础。不同的是，发展型政府认为多样、复杂的市场失灵和市场缺失问题在发展初期的经济体广泛存在，特别是基于结构主义的理解，诸如要素流动、投资调整等领域均面临显著的"结构刚性"，以至于必须通过外界干预才能克服结构性障碍。因此，发展型政府的经济介入行为在推动结构变迁、促进赶超增长过程中具有不可或缺的地位。

发展型政府演化出均衡结构主义与非均衡结构主义两大理论支流及政策主张。"大推进"学说（Big Push）最早为发展型政府均衡的经济介入行为提供一个理论依据，该学说从现代生产方式有赖于大规模市场的视角出发，认为政府需要促进相互关联的产业进行同步大规模投资，进而为每家企业营造出足够规模的市场以实现经济起飞（Rosenstein - Rodan，1943）。Murphy 等通过严格的数理分析将市场可能存在的协调失败及相应的福利效应模型化，指出当市场主体未能通过自发谈判达成投资协调时，经济将进入低效率均衡；此时，政府可通过外部干预，促进产业上下游关联领域的协调投资超过一定门槛实现"门槛外部性"，从而推动经济起飞和工业化进程（Murphy et al.，1989）。与此对应，非均衡结构主义发展理论在认同结构刚性基础上，从发展中国家资本、外汇、企业家才能的稀缺性出发，认为应该采取一种"倾斜型增长"，即投资不应平均用力，而应聚焦产业前后关联度强的关键产业部门（Hirschman，1958）。自 20 世纪50 年代起非均衡结构主义发展理论及其政策建议在中东欧、拉美等地区得到广泛采用。出于向发达经济体产业结构看齐与赶超的战略目标，政府选择优先发展的部门往往是资本密集型的重化工业，这与发展中经济体要素禀赋结构严重脱节，政府不得不对要素市场实施强有力的价格扭曲，或直接代替市场对资源进行大范围的行政配置，不可避免地引致严重的"X 效率"损失与资源错配效应。到 20 世纪 70 年代，实施结构主义发展战略的经济体普遍陷入了增长困境，人均收入水平、产业竞争力与国际前沿的距离甚至出现倒退扩大。

与拉美经济体相比，发展型政府在东亚经济体取得显著不同的干预绩效。东亚经济体政府也普遍实施非均衡结构主义的干预行为，包括培育和保护幼稚产业，通过信贷、补贴等手段有意识地扶持特定产业发展

（World Bank，1993）。不过，东亚经济体政府还同时选择一种称之为"摆正基础"的基础性政策，如保障宏观价格稳定、扩大人力资本投资以及吸收国外技术溢出与产业转移。这种"基础性政策与干预性政策的混合体"被认为是"东亚奇迹"的关键（World Bank，1993；青木昌彦等，1998）。但是，在非均衡结构主义干预下，竞争障碍、价格扭曲和贸易保护在东亚经济体客观上广泛存在，基于创新的内生增长动力薄弱。特别是，当政府对市场失灵的纠偏能力随着技术收敛、信息不确定性约束增强而趋弱时，东亚经济体发展型政府的干预绩效明显下滑。从 20 世纪 70 年代到 90 年代，日本、韩国等东亚经济体增速先后出现断崖式下跌，并进入持久性低速发展阶段。

鉴于结构主义发展型政府理论面临的困境，一批拉美经济学者在 20 世纪 90 年代起开始吸收新古典主义经济理论关于市场资源配置地位的有益观点，对上一代结构主义发展思路进行了系统反思，并提出"从内部发展"的新结构主义战略思想（Sunkel and Zuleta，1990；Rosenthal，1996），指出应争取建立起与本国的具体缺陷和实际潜力相适应的产业结构。在政府和市场关系上则指出政府应通过积极、有活力的行为补充市场，厘清政府与市场的分工边界以及有效的干预方式的重要性。林毅夫在其正式提出的新结构经济学理论中，认为经济发展是一个产业结构沿着产业谱系渐次升级的动态转型过程，该过程受限于要素禀赋结构提供的基本约束，同时受制于软、硬基础设施供给，后者的有效供给面临"市场失灵"，因而政府可采取因势利导措施，以恢复市场有效，促进产业动态升级（林毅夫，2010）。与新古典主义经济学相比，新结构经济学强调政府在可支配资源有限条件下，需要有选择性地提供与每个阶段具有潜在比较优势产业相匹配的软硬基础设施。

三、中国特色社会主义政府和市场关系的历史演进

中华人民共和国的成立，为中国探索社会主义国家经济发展道路中的政府与市场关系提供了历史起点与历史平台。由于受历史局限、经验约束、国际关系条件影响，中国选择了苏联模式的计划经济，主张政府对资

源配置的全面计划和主导控制。纵观中华人民共和国成立后 30 年的经济发展，在推动国家工业化这一战略目标导向下，为加速资本积累，突破工业资本稀缺约束，政府不得不压缩消费品生产资源配置比例，控制劳动力等要素价格，以获得远高于自由市场情景下的资本积累率。到 20 世纪 70 年代，中国初步完成了国家工业化的资本积累，形成相对独立完善的国民经济工业体系。历史地看，计划经济条件下的政府替代市场的关系结构，实际上是与中华人民共和国第一阶段战略目标相嵌套的、必然的资源配置方式选择，同时也为下一阶段政府和市场关系转型创造了经济基础：工业体系的建构完成，使全面满足人民日益增长的物质文化需要成为经济发展的中心任务，而在满足复杂的、异质的、变化的需求信息方面，市场化的资源配置方式具有比较优势。

党的十一届三中全会拉开了中国改革开放的历史序幕，开启了构建中国特色社会主义市场经济体制下的政府和市场关系探索历程。最早在 1979年，邓小平同志指出"社会主义为什么不可以搞市场经济，这个不能说是资本主义，我们是计划经济为主，也结合市场经济，但这是社会主义的市场经济"[①]。邓小平同志这一思想，是对当时经典社会主义经济理论的重大思想突破，具有深远的历史穿透力，这一理论实际上已将计划和市场界定为两种具体的资源配置"手段"，从根本上摆脱了把计划经济和市场经济当作社会基本制度范畴的思想束缚和理论困境。基于这一思想发轫，市场化导向的政府和市场关系起初形式探索形成：计划经济为主市场调节为辅（洪银兴，2014，2018）。20 世纪 80 年代的市场化改革带来了超预期的经济绩效，短短十年便基本结束了普遍的商品短缺经济局面。市场在提高资源配置效率、激励市场主体动力、提高居民收入方面展现的巨大能量，有力呼应并推进了政府和市场关系认识的进一步深化。1992 年，党的十四大第一次明确提出中国经济体制改革的目标是建立社会主义市场经济体制，并将社会主义市场经济界定为"使市场在社会主义国家宏观调控下对资源配置起基础性作用"，相应的政府和市场关系可概括为"国家调节市场，市场引导企业"。这是政府与市场关系在社会主义市场条件下的一次重大理论突破。

从 1992 年到 2012 年这一跨世纪的历史时期，沿着健全"使市场在国家宏观调控下对资源配置起基础性作用"的政府和市场关系主线，中国经济产生跨越式发展奇迹，产业结构快速迭代，技术水平迅速收敛，居民收入普遍增长，开创出一条无衰退、低误配、快升级的中国特色社会主义经济发展道路。这一时期的中国政府宏观调控行为，不仅克服了欧美主流经济学理论框架中的一般意义的"市场失灵"，还包括制定规划、培育市场、调整经济结构、促进区域经济协调等。总的来看，资源配置市场化程度大幅提高，国家同时运用"看不见的手"和"看得见的手"实施经济治理能力显著提升。但与此同时，社会主义市场经济体制仍然不够完善，尚未形成统一、高效、充分的市场竞争机制，存在生产要素市场发展滞后、市场主体创新能力薄弱等问题。

党的十八大在开拓政府和市场关系新定位方面迈出新的步伐。党的十八届三中全会指出："经济体制改革是全面深化改革的重点，核心问题是处理好政府和市场的关系，使市场在资源配置中起决定性作用和更好发挥政府作用。"[2]提出市场在资源配置中起"决定性"作用，是社会主义市场经济体制理论的重大突破（洪银兴，2018），标志着新一代中国特色社会主义政府和市场关系的创立与发轫。"决定性"作用表明市场在整个资源配置中发挥自主的、规定性的作用，市场资源依据市场规则、市场价格、市场竞争实现效率最优的市场配置，最大程度减少政府对非公共资源配置领域的干预，将政府作用聚焦于"管好市场管不了、管不好"的领域。目前，市场发挥"决定性作用"已为广泛共识，更好发挥政府作用既是改革枢纽也是研究前沿，学理化和体系化建构更好发挥政府作用的领域、方法、机理、效应与政策方案，仍具有重大理论创新空间。

四、新一代中国特色社会主义政府和市场关系

政府和市场关系问题是经济学研究的永恒议题。有效的市场经济离不开强大的政府，而强大的政府可能又带来新问题（North，1987，1990）。中国特色社会主义市场经济体制下政府经济行为的丰富实践，为中国学者提供了难得的经济实验观察与理论前沿探索窗口。基于对政府和市场关系研究的有益理论成果，特别是吸取包括中国在内的发展中经济体政府经济

行为经验基础上，构建新一代政府和市场关系研究框架。

（一）政府发挥作用的前置挑战与中国特色社会主义国家的制度超越

1. 寻租与俘获困境

无论是规制型政府还是发展型政府，有关政府行为的经济学效应分析存在一个理论前提——假定政府不是最大化自身利益而是中立地将社会福利最大化视为既定目标的决策机构，其主张的政策是纠正市场的不完美行为，如垄断定价、环境外部性以及追求快速发展的产业政策等。20世纪70年代以来，这一理论假定受到公共选择理论、利益集团规制俘获理论等新政治经济学的严重挑战。多重委托人的性质以及资源分配权，使政府介入行为往往偏离社会福利最大化预期目标，无论规制政策还是产业政策，被认为是在对效率的扭曲效应和租金分配之间进行权衡的结果（Stigler，1971），进而产生规制俘获问题，不仅损害公平竞争，也产生无谓损失和社会成本（Peltzman，1976；Becker，1985；Laffont and Zantman，2002；Acemoglu，2009）。实践中看，新政治经济学提到的寻租、规制俘获问题与欧美国家政府所处的政治制度环境息息相关。欧美多党政治选举制度与多元利益集团内生关联。资本利益集团通过影响特定政治团体选举进而影响后期公共决策过程，形成一种缪尔达尔刻画的"软政权"政体，公共选择转为有偏的同意的计算（布坎南、塔洛克，2017），使政策红利偏向特定的利益集团或产业类型，形成内生的资本俘获——政治权力寻租机制，阻碍以保护和促进社会整体利益最大化为目标的有效制度及政策供给。

与产生俘获问题的欧美国家多党政治环境存在根本不同，中国特色社会主义政党制度的鲜明特征是坚持中国共产党的集中统一领导。中国共产党的集中统一领导和以人民为中心始终体现"中国最广大人民的根本利益"的执政诉求，从根本超越了特定利益集团寻租对更好发挥政府作用构成的俘获困境。"我们党没有自己特殊的利益，党在任何时候都把群众利益放在第一位。这是我们党作为马克思主义政党区别于其他政党的显著标志。"[③]党始终代表中国最广大人民的根本利益，党的一切工作的出发点都是为了实现好、维护好、发展好最广大人民根本利益。从组织机制看，经历40余年的改革开放，中国社会和经济阶层发生巨变，党向各个阶层的优秀人士敞开大门。通过党内的民主集中过程，中国共产党本身成为最广大人民利益最大化的加成机制与实现机制（姚洋，2021）。中国共产党不再是西方意义上仅代表部分利益集团的政党，而是成为代表中国最广大人民根本利益的新型执政党。

2. 信息与知识约束

政府对协调失灵的处理，不仅受决策动机、协调制度及其与市场部门相互作用的影响，还受到其有限的信息处理能力的制约（青木昌彦等，1998）。信息不完善、信息不对称不仅导致市场对资源配置的失灵，也是政府介入行为有效性的主要挑战。无论是规制型政府还是发展型政府，信息约束将使政府介入可能存在的负面作用如资源误配效应进一步放大。以发展型政府为例，旨在推动快速发展的诸如选择重点产业、新兴技术给予政策激励等选择性干预行为，势必面临知识和信息约束。这里的关键权衡是，选择正确产业的信息成本、被选择产业的外部溢出效应与因有偏选择带来的资源误配效应之间的比较及其动态变迁。在远离技术前沿阶段，政府甄别出信息约束小的目标产业/技术，选择性介入的资源误配效应弱，追赶效应强，这使得即使政府有偏介入，但其创造的动态溢出效应与增长效应仍可覆盖静态的资源误配效应。但是，当发展中经济体逐渐靠近国际技术前沿，新技术新产业前景和市场机会不确定性增大，事前甄选出正确方向的信息的成本递增，传统政策工具进入信息"盲区"，这是更好发挥政府作用面临的严重挑战。

中国具有的地方信息试错与中央信息加总机制，为政府最大限度扩展有关市场的知识与信息能力提供了新环境。在40余年改革开放实践过程中，中国逐渐形成发挥"中央—地方"双重发展激励和"试点—推广"渐进改革路径。中央政府鼓励多个地方政府对同一或不同的特定领域的经济政策大胆改革试验，随后对不同地方的改革绩效信息进行多元汇聚、多方比较和多维集成，加总形成面向未来一个阶段的整体远景规划与政策导向，进而反馈又成为地方政府推动下一阶段改革试验的更高水平知识信息基础。中国发挥"中央—地方"双重发展激励和"试点—推广"渐进改革路径，实际上形成一种"试验—纠错—加总—推广"的政府决策信息与知识生产路径，构成支撑更好发挥政府作用的信息生产、知识产生与理性共识扩大的生产供给机制。

（二）更好发挥政府作用暨赋能型政府的理论提出与理论内涵

改革开放 40 多年来，在逐渐完善的社会主义市场经济体制框架下，中国经济走出一条无衰退、低误配、快升级的跨越式增长奇迹之路（黄先海等，2018），产业结构快速迭代，居民收入普遍增长，技术水平迅速收敛。特别是，进入 21 世纪后在新一轮科技革命与产业变革条件下，中国部分新兴产业技术已逼近国际前沿甚至实现局部超越。这一非典型化的增长事实，超出了结构主义发展型政府的理论预期和历史绩效记录，建立在新古典经济学基础上的规制型政府理论更是无法给出合理解释，推动政府和市场关系理论创新具有重大内生需求与经验条件。

纵观中国跨越式发展历程中的政府和市场关系实践，其基本的世界共性特征是在深化改革建立市场发挥决定性作用的资源竞争性配置市场体系与市场制度框架之外，还存在着中国特有特征，即内嵌着政府对市场主体的资源配置能力以及经济动态循环发展能力进行广泛的赋能行为，后者可简称为赋能型政府。规范地讲，赋能型政府是指在社会主义市场经济体制框架下，对市场主体资源配置和动态竞争能力进行中立赋能，实现市场增进、分配优化与整体可持续增长的政府行为理论及政策体系。赋能型政府的行为内容包含上层的市场规制体系和底层的市场公共服务体系两个界面。市场规制体系是以降低交易成本、克服信息不完全条件下的资源配置效率为核心，包括市场竞争秩序、市场体系、产权激励机制的完善，释放价格灵活性与有效性，增进市场配置资源决定性作用的范围、规模与效率。市场公共服务体系则是以市场主体活力与竞争能力为核心，包括市场主体的人力资本累积与更迭、信息知识扩展、技术进步与创新能力培育、收入创造与分配等，促进供需循环与可持续整体发展，提高市场的能级、质量与长期动态效率。

从效应机制看，赋能型政府是以经济主体动态能力累积及分布作为起点，通过对市场进行中立的要素赋能、创新赋能和信息赋能，跳出政府在信息约束和俘获挑战下的有偏选择及价格扭曲效应，实现竞争增进、分配优化与可持续增长循环的长期动态效率。

相对于在当代欧美经济体处于主流地位的规制型政府，基于社会主义市场经济体制框架的赋能型政府，在确保建立一般范畴的竞争型市场规制之外，还对市场主体实施并非限于"规制"的影响；相对于传统发展型政府的干预行为，赋能型政府的介入行为是对市场主体进行中立、普惠的赋能，推动市场主体充分有效竞争，增进市场的信息发现和资源配置功能。如表1所示，在新一代政府和市场关系结构中，市场在资源配置中起决定性作用，政府发挥市场赋能作用，两者有机统一、相互协调，整合于经济增长与发展过程。

表1　赋能型政府中的政府角色及其理论内涵比较

代际形式	政府和市场关系			
	第一代：守夜型	第二代：规制型	第三代：发展型	第四代：赋能型
内涵界定	不干预市场主体自由经济活动，严格限制政府行为的理论主张	为市场主体行为提供有效规制以矫正"市场失灵"的政府行为理论及政策体系	引导甚至直接替代市场进行资源配置以加速结构变迁与增长收敛的政府行为理论及政策体系	对市场主体资源配置和动态竞争能力进行中立赋能以实现市场增进、分配优化与整体可持续增长的政府行为理论及政策体系
功能定位	仅限于少量征税并提供国防、司法及部分公共产品	重在提供保障自由竞争的规制框架	承认市场地位，但存在直接干预，并有偏选择	供给市场规制，赋能市场主体，促进共同富裕
目标取向	静态配置效率		赶超过程效率	长期动态效率
理论基础	古典经济学理性预期学派公共选择学派	新古典经济学新政治经济学	结构主义发展经济学	中国特色社会主义政治经济学古典经济学新古典经济学

注：赋能型政府的理论基础依赖于马克思主义中国化最新成果即中国特色社会主义政治经济学理论。

资料来源：作者自制。

（三）赋能型政府的理论创新空间

1. 动态能力约束与可持续循环的最优均衡

市场竞争机制在资源配置环节是有效的，但资源配置并非经济的全部。现代经济学分析的"经济"是一个向量过程——从生产要素配置、生产、消费者偏好得到满足到市场出清，即表示经济过程的结束。真实的经济则是一个往复再生产的循环过程，要求生产、流通、分配、消费、再生产的可持续循环。在从分配到再生产的关键环节，效率导向型的竞争性市场机制可使不同的生产参与者按边际生产力规则获得相应报酬，但在所有权差异、人力资本禀赋异质性及代际固化等因素影响下，市场主体在要素配置、知识增加、信息获得等方面将产生纵向的能力累积约束和横向的不平衡分布，使边际生产力分配规则下的社会需求侧存在累积加剧的内部结构失衡压力，导致一方面与供给侧构成失调张力，另一方面是对再生产的循环扩张构成损失。由于动态能力具有不可交易、外部性以及长周期投资性，市场机制存在内生局限，自由市场机制与经济最优循环均衡存在不相适应的循环堵点。关于这一经济循环扩张过程的最优均衡分析，长期处于现代主流经济学理论研究框架的边缘，实践中也是规制型政府和发展型政府的薄弱之处，为开拓政府市场关系研究特别是更好发挥政府作用研究提供了新的理论空间和理论依据。

2. 阶梯形技术进步条件下的非充分创新

创新是促进市场分工深化、能级扩张、产业迭代与经济增长的基本动力。新增长理论的一个基本共识是，创新异质性（含原始创新以及技术吸收扩散能力）是国与国之间、企业与企业之间存在经济绩效差异的决定性解释因素。鉴于落后经济体/企业与前沿技术水平之间长期存在未收敛甚至扩大的技术差距现象，有关创新发生的机制研究，成为熊彼特创新理论以来特别是内生增长理论研究的焦点，并主要在两个方面取得进展：一是竞争因素，二是技术外部性以及两者存在的复杂交互效应。传统上主流的观点揭示，由于创新的产品——新知识、新技术存在的外溢性以及使用的非竞争性，私人企业不能完全占有创新的收益（Arrow，1962；Romer，1990），使市场机制下企业自发的创新投入与社会最优水平出现偏离即未充分创新。新近研究表明，合宜的知识产权制度设计特别是多企业之间研发溢出反射性的存在，外部性这一因素对创新偏离的影响可以得到控制。但是，从新近有关创新的企业微观数据所揭示的典型化事实来看，行业内创新分布高度扭曲，极少比例的企业具有创新行为并处于创新垄断地位，大量企业偶尔或从未进入创新领域（熊彼特，1990；Baumol，2004；Klette and Kortum，2004；黄先海等，2015），这一事实对外部性的传统理解提出挑战，自然的外部溢出具有选择性且是有限的，技术差距以及吸收能力将阻碍知识溢出，因此，因外部性导致的创新损失对企业创新决策影响并不严重。技术创新领域的真正市场失灵是在当代阶梯形技术进步范式下，竞争性市场机制并不能确保潜在创新者获得足够的创新能力与在位创新者展开充分的创新竞争。当前无论在规制型还是发展型的政府和市场关系结构下，产业中的潜在创新者往往并未站在"巨人的肩膀"（Shoulders of Giant）上，高不确定性导致的金融市场抑制加剧未充分创新程度，并且使选择性介入的政府行为面临困境，信息成本与政府失灵代价巨大。在跨期福利最大化条件下增进市场充分创新，为更好发挥政府作用即赋能型政府研究形成重要的理论空间。

（四）赋能型政府的行为路径与效应机理

1. 非价格扭曲的要素（存量/质量）扩张

一个经济体的要素供给水平如存量、质量、分布形态、累积动态及配置效率等方面是发展绩效的基本面因素。基于新古典主义的规制型政府侧重建构基本的要素自由流动制度，基于结构主义的发展型政府为实现向发达经济体快速收敛，往往采取价格扭曲甚至直接行政配置方式，以实现与特定赶超战略（如发展资本密集型产业）匹配的稀缺要素供给结构，导致严重的价格失真与资源错配效应。对此，赋能型政府主张除建立统一的要素交易市场，确保企业面临的要素供给具有竞争性和价格有效性之外，特别强调在供给侧对要素质量、流动进行普惠式赋能，主要表现在两个方面：在封闭条件下，政府扩大对通用、专用人力资本（Heckman et al.，2006）的公共投资，推动高能级要素供给曲线右移，降低要素自由流动成本；在开放条件下，同时扩大面向国外人力资本、技术要素的进口和引入激励。上述中立、普惠型的要素赋能行为产生两大效应：第一，短期内促使所有企业面对统一的、扩大的、更高质量的要素供给市场，特定企业、特定行业层面的价格扭曲效应得以消除；第二，长期内在未影响边际生产力分配规则下，优化人力资本质量分布，普遍扩大微观个体的收入创造与分配能力，优化经济动态能力分布结构，促进经济可持续循环均衡。

2. 非有偏选择的分散化创新激励

现代技术进步的阶梯形创新性质，要求具有足够创新能力的企业站立在"巨人的肩膀"上，与在位领导企业在事前同步实施面向下一代前沿的高不确定性的试错创新竞争，事后再由市场决定创新成功者，进而提升面向下一代技术前沿的创新到达率和生产可能性曲线扩张速率（黄先海，2005；江飞涛、李晓萍，2010；黄先海等，2018；吴晓波等，2021）。规制型政府对垄断企业的拆分，并不足以保证创新市场中潜在企业与技术领导者展开充分创新竞争；发展型政府的选择性干预政策，如选择对在位大企业给予超额创新补贴，不仅可能导致企业内的"创新挤出"，损害企业间公平竞争，更重要的是在准技术前沿阶段事前选择正确企业（或正确技术）给予补贴的"政府失灵"风险趋高（黄先海、宋学印，2017）。针对市场中真实创新行为面临的前沿技术垄断、知识获得成本、融资约束等问题，赋能型政府主张政府除了实施严格的知识产权制度确保创新成功的事后激励之外，同时对事前特别是新生企业的试错创新给予中立、分散化的赋能，如以间接方式扩大"公共知识池"，提供低成本、可得的共性科技创新实验室，或直接发放离散型创新补贴。在中立的分散化原则下实施创新激励具有多重效应：第一，降低单家企业俘获的租金激励，规避政府俘获困境；第二，分散化激励使政府失灵可能性随之降低；第三，所有潜在企业的创新成本减小，激励企业展开充分创新竞争。在严格知识产权制度环境下，政府实施分散化的创新赋能，实际上将增强市场的创新发现功能：为企业事前试错创新行为、事后创新收益提供双重激励，因而是在以一种在非损害竞争的即竞争增进的方式下实现更高均衡的技术进步率。可以预见，当经济体具有足够的未来偏好时，政府实施分散化的创新赋能将使更快的技术进步与跨期福利最大化同时实现。

3. 改进信息不对称的数字信息供给

信息的完善性及其分布对市场效率、政府介入效率均至关重要。私有信息的存在将造成交易双方的信息不对称，导致逆向选择等问题出现（Akerlof，1970）。特别是，信息优势方如生产者存在内生动机力图利用消费者可得到的有限信息实施价格歧视进而转移福利（Stiglitz，1989）。信息不对称是劳动复杂分工的必然代价，如果用以改进信息不对称的信息作为一个产品对消费者有益，私人企业可以专门生产信息并向市场提供（Simpson，2000）。但是私人企业提供真实信息的成本极大（如辟谣），且因信息产品的外部性导致激励不足。信息不对称对市场造成的抑制在数字经济条件下发生新的变化，之前分散的线下交易市场被集结在一家或少数几家数字平台上实现（谢富胜等，2019），数字平台企业演化为掌握市场交易参与者大数据信息的垄断者，这使得市场中的平台企业与其他参与者的信息不对称程度随着数据累积动态扩大。特别是，数字经济条件下企业生产、创新、定价以及消费者的消费决策、收入分配均与数据息息相关，由数据导致的信息不对称对微观主体的创新竞争、资源分配能力带来的潜在影响更大。目前关于数字反垄断处于规制理论及政府实践研究的前沿，赋能型政府除通常的平台数据开放共享规制设计之外，更强调通过诸如数字技术公共培训、扩大交易者个体数据要素处置权限（如携带权、收益权等）等行为，从而增进企业数字竞争创新能力以及消费者动态能力。

（五）赋能型政府的理论拓展

1. 赋能型政府视角的发展经济学理论：以产业动态与后发追赶理论为例

发展中经济体存在远比发达经济体更为广泛的市场失灵，这是早期发展经济学认为政府应当进行直接干预甚至替代市场的理论依据，但是直接干预往往存在严重的资源错配和不可持续的赶超即"政府失灵"。林毅夫（2010）构建的基于要素禀赋结构的产业动态理论，为发展中经济体合宜的产业战略选择提供了要素比较优势视角的理论基础，但可能低估了技术变迁在后发经济体增长与跳跃式发展中的"历史窗口"效应。一个新兴的技术可能改变经济体基于要素积累与禀赋结构方面的比较劣势：与传统技术匹配的"劣势"要素结构可"逆转"为与新技术匹配的"优势"要素结构，此时推动新兴技术的快速迭代与市场应用就成为国际竞争力变革的关键因素（Brezis et al.，1993）。赋能型政府认为，当技术变革及其匹配的要素使用结构与要素禀赋积累态势一致时，要素禀赋动态便是产业战略的决定因素；而当技术变革可能逆转先前的要素结构优势时，激励企业创新竞争、加快技术进步、培育市场率先获得规模经济便成为产业战略的关键因素。由此角度看，新结构经济学的政府作为与赋能型政府作为存在一个交集，两者的共同之处在于强调不扭曲要素价格和避免对市场竞争的损害。

2. 赋能型政府视角的新政治经济学理论：以寻租规制及补贴设计理论为例

企业建立政商关系网络的现象在世界上很多国家普遍存在（Krueger，1974；Shleifer and Vishny，1994；Faccio，2006；余明桂等，2010）。即使在市场经济制度体系相对完善的发达经济体，企业同样存在强烈动机与政府官员结成联系同盟以获得某种"租金"（Shleifer and Vishny，1998；罗党论、唐清泉，2009；杨其静，2011）。一个主要原因是政府部门通过财政支出向企业提供补贴，是出于政治家对资源配置的控制权条件以及政企之间的双向寻租活动。与此同时，在信息不对称条件下，企业利用自身信息优势，通过刻意隐瞒、虚假申报等信号传递方式获得补贴扶持或税收优惠，真正具有潜在创新能力的企业获得补贴的概率下降，导致出现"逆向选择"和"道德风险"问题，进而形成政策效果扭曲（Dasgupta and Stiglitz，1980；Spencer and Brander，1983；Leahy and Neary，1997；陈林、朱卫平，2008）。显然，当政府对经济的介入行为越有偏、寻租空间越大，那么双向寻租活动的激励越强，资源误配效应就会越显著，反而则相反。因此，基于赋能型政府的基本内涵，讨论在保持政府介入行为但同时以竞争中立型的介入机制设计，如由集中型向分散型补贴方式转型，对私营企业的寻租动机、政企关系投资以及企业间创新竞争的影响，将形成新政治经济学的一个重要拓展方向。

3. 赋能型政府视角的收入分配理论：以收入差距及共同富裕理论为例

增长与分配、效率与公平的权衡是经济学理论研究面临的一个世界性难题。一种收入分配模式的优劣主要看能否有效处理效率与公平的关系，找到公平与效率的最佳平衡点。经典的收入分配理论一般从劳资关系、公共权力、隐性经济以及城乡分割等制度性因素入手，讨论分配秩序的紊乱与矫正对共享发展与共同富裕的影响（杨灿明等，2014；李实、朱梦冰，2018）。此外，市场垄断不仅会造成效率损失也会恶化收入分配，亦会对劳动所得税和货币政策的最优设计产生重要影响。在垄断市场条件下，最优劳动所得税的累进性较弱且随垄断加剧而减弱但倾向于存在一个下限，致使居民收入差距先是不断增大而后较稳定，但这是以名义利率增加进而以较大的效率损失为代价的；而在完全竞争市场条件下，Friedman 规则仍然成立且最优劳动所得税为累进的，故可促进经济效率提升和基尼系数下降的同步实现（贾俊雪、孙传辉，2019）；赋能型政府理论认为，在初次分配、再分配以及第三次分配结构中，初次分配对收入分配的差距以及收敛具有基础性作用。在既定社会分配制度框架下，劳动力的横向流动能力及含代际更迭的人力资本垂直累积能力对收入分配结构具有关键作用。赋能型政府主张强调预分配（Predistribution）理念，通过以普惠、中立的公共服务供给，为所有市场微观个体从生命周期开始阶段就可以低成本获得良好的体质、智力及认知能力接口，阻断低人力资本恶性循环与阶层固化（Heckman et al.，2006），由此推动劳动力流动能力和垂直累积能力的人际分布结构优化。其中，适宜于收入创造及分配的最优社会人力资本分布形态、共享与增长动态效应，以及相应的赋能型服务的能级、方式将具有重大理论拓展空间。

赋能型政府研究与现有经济学研究分支还有其他融合拓展之处，如国际经济学中的对外投资理论。东道国吸收外资企业的理论基础在于吸收其溢出效应，但实践中的"超国民待遇"使外资企业获得外生的附加的竞争优势，损害了国内企业的公平竞争，而市场竞争本身是溢出效应的一种扩散机制，因此"超国民待遇"实际上可能导致溢出效应的下降。赋能型政府认为应同时对进入市场的国内、国外企业构建中立的优惠环境，既可在国际层面构成外资企业进入的优先选择，获得溢出效应，同时在国内层面获得有效的市场竞争效应。赋能型政府理论近期可能做出拓展的其他领域还包括与产业组织理论的应用，分析不同产业组织结构下政府的规制行为与赋能行为组合干预的市场结构与福利效应。

五、基于赋能型政府理论的中国新型发展政策体系导向

过去20年特别是全球金融危机后，加速新兴技术和产业崛起的非均衡发展主义政策重新受到世界各主要大国的关注，政府和市场关系结构中政府力量出现普遍强化与回归。美国、欧盟、日本等发达经济体亦纷纷出台形式多样的产业政策以抢占下一轮经济制高点。以美国为例，2008～

2020 年，美国针对量子通信、大数据、生物医药、人工智能等战略性新兴产业领域出台的各类政策法案达到 30 余项，是美国历史上少有的具有明确结构导向、任务导向的产业政策与创新政策密集出台期。欧美发达国家已逐渐走出 1980~2000 年广为流行的"华盛顿共识"框架，在政府经济角色定位上形成新的共识。政府的经济角色，不再仅仅是弥补市场或矫正市场失灵，而是在不损害企业竞争这一原则的基础上，通过战略性投资与政策，塑造乃至创造新技术、新产业、新市场。世界主要大国间的政府和市场关系结构出现融合趋势，政策交集日益扩大。基于当前新发展阶段，我国应加快构建发挥中国特色优势、兼容世界共识的赋能型发展政策体系。

（一）面向劳动力供给质量的人力资本政策

将市场参与者，即人的能力的全面高质量发展，放在宏观经济发展政策体系的基础地位。劳动力贯穿经济循环全过程，既是供给侧的技术创新者、生产投入者，也是需求侧的收入分配者、产品消费者。人力资本在社会群体中的质量、流动性、分布结构是关联经济竞争力、就业配置、收入分配差距的枢纽。在保持市场对个体人力资本投资决策自主性与收益激励的同时，政府在增进人力资本平均质量特别是分布结构动态优化方面具有不可替代的并随着技术差距收敛产生愈加凸显的综合作用。劳动力政策是赋能型政府经济介入行为的起点和落脚点，重点围绕三个方向展开。第一，进入劳动力市场之前学习和能力提升的机会均等，主要体现为扩大高质量普惠化的学前教育、义务教育供给，侧重降低中低收入群体的学习成本，促进人力资本整体质量提升与代际升级。第二，进入劳动力市场后的适应性能力增进。人力资本具有时间和路径惯性，与相对快速转型的技术动态、产业结构不可避免地存在适应性摩擦问题，导致结构性失业和劳动力供给下降，因此，需扩大政府主导、社会参与的终身学习优质资源和服务能力供给，提升学习资源供给精准效率。第三，跨地区迁移的劳动力人力资本服务均等化，即扩大对区域外人口、不同户籍人口的无差别学习服务供给能力，不仅将促进人力资本质量融合，也将同时形成大国劳动力统一市场竞争与城市化效率升级的巨大效应。

（二）面向前沿产业与技术边界的供给侧创新政策

扩大知识技术的创新、扩散及应用，是全球不同类型政府的功能交集,差异在于介入的方向与方式。赋能型政府聚焦对企业在产业和技术边界上的探索拓展进行激励,对边界内的产业演进则由市场发挥决定性作用,边界上的干预方式也由有偏的选择转向中立的赋能。其具体体现在两大方面,形成前后衔接的知识创新链生态系统,加速试错创新。第一,增强并依托国家战略科技力量,扩大基础知识、未来知识、关键共性知识的创新供给,推动国家重点实验室、技术中心等重大科技基础设施向市场低成本、非歧视地开放共享使用,降低全社会知识创新成本,密切国家战略科技机构与企业间的创新知识溢出与合作链接。第二,对于新技术新产品的应用开发创新,在严格知识产权保护制度环境下,政府介入的重心在于对行业内的中小企业、潜在企业进行中立普惠式的赋能,即通过将税收优惠、金融扶持、财政补贴等激励资源以更加无偏化、离散型、揭榜式的方法实施,赋能更多具有创新思想但面临能力约束的企业进入市场,扩大在位大企业的竞争压力与潜在企业的颠覆性创新能力,提高不同技术路线的行业加总试错创新密度,加快匹配市场前景的技术创新到达率,进而实现前沿产业和技术边界以更快的速率先发增长和商业化应用。

(三) 面向大国规模优势的需求升级政策

释放大国规模需求优势,需要首先打破体制约束,形成自由统一市场,在此基础上,赋能型政府还强调通过优化政府采购等行为,培育创新导向型、竞争增进型的高质量高能级的需求市场。第一,优化政府购买市场的结构、方式与制度,中立无偏地提升政府采购力度,既定总量下优化创新偏好,营造新技术、新产品、新服务的早期市场与迭代场景。第二,动态扩大与新兴技术和产品消费配套的基础设施公共品供给,如与新能源汽车密切相关的智慧公路、公共充电桩网络等。基础设施产品可由第三方企业提供,但应确保面向终端企业的竞争性使用。第三,更为根本的是,通过人力资本赋能、收入调节等方式,培育更大规模的中等收入群体,形成可持续高质量的消费增长。第四,进一步降低关税与非关税壁垒,同步扩大出口与进口市场,促进国有、民营与外资企业公平透明竞争。

(四) 面向数字经济时代的公共数据政策

在数字经济条件下,数据不仅成为新的生产要素,实际上还成为企业竞争力、消费者决策的关键要素,进而又与福利分配密切关联。"数字鸿沟"和数据信息不对称对市场竞争结构、收入分配差距带来的影响及治理，是数字经济时代政府介入的前沿领域。除数字平台垄断治理、数据开放共享规则设计之外，赋能型政府介入的重点在于：第一，提高互联网基础设施在不同区域不同群体之间的无差异可及性，推进数字接入机会均等，降低数字使用成本。第二，建设开放共享的"公共数据池"，优先推动政府数据合理安全开放，扩大数字技术公共培训，增强企业、居民基于公共数据的信息获取、处理与配置能力，政府引导提供准确及时有效的市场信息。第三，优化市场个体的数据要素处置权限（如隐私权、携带权、收益权等）结构，塑造数据市场环境，推进数据要素产生者与数据使用者共享发展。

六、结语

合宜的政府和市场关系结构对静态资源配置与动态经济增长绩效至关重要。关于政府与市场的功能分工及交互作用研究，是纵贯整个经济学理论发展的主题与主线。市场机制可对个人进行激励以及对分散信息的最小成本最大化使用，因此在以效率导向的资源配置中发挥决定性作用，这一共识并不存在争议，存在分歧的是如何更好发挥政府作用。特别是当经济体具有不同的禀赋结构起点以及不断变化的经济发展阶段环境，政府的功能定位及效率存在显著差异：一些发展中经济体虽然已经构建类似发达国家的政府和市场关系框架，但它们与前沿的差距迟迟未收敛，另一些经济体则相反。

本文在社会主义市场经济体制框架下提出的赋能型政府理论，尝试建构新一代政府和市场关系分析框架，增进理解和启示现实世界中的政府经济行为实践。赋能型政府理论从可持续的经济是一个循环扩张过程而非向量过程这一基本特征出发，以经济参与者的动态能力累积及分布作为分析起点，通过非价格扭曲、非有偏选择的介入方式，对企业或个体的市场竞争进行要素赋能、创新赋能以及信息赋能，跳出政府行为面临的信息约束和俘获困境，增进市场主体的资源配置能力与人力资本代际更新能力，在兼容效率机制下促进分配优化，在跨期福利最大化条件下获得更快技术进步与增长，实现经济可持续循环扩张。

赋能型政府并不是规制型政府、发展型政府的完全替代，而是整合吸收了它们的有益理论基础。在确保建立基本的市场竞争制度框架之外，赋能型政府对市场中的主体实施并非限于"规制"的影响，但相对于传统发展型政府的有偏干预，赋能型政府下的经济介入行为模式是对市场主体的企业与个体进行中立的普惠的竞争赋能，是对市场功能的完善和增进。在当前新一轮科技革命与产业变革冲击下，世界主要大国的政府和市场关系结构出现一定融合趋势。在社会主义市场经济体制框架下，赋能型政府是一次立足中国特色、兼容世界共性的政府和市场关系理论探索，有待未来进一步深入研究。

注释

① 邓小平：《邓小平文选（第二卷）》，人民出版社，1994 年。

② 习近平：《习近平谈治国理政（第一卷）》，外文出版社，2018 年。

③《党在任何时候都把群众利益放在第一位》，央广网，http：//news. cnr. cn/dj/20201115/t20201115_525329930. shtml。

参考文献

［1］布坎南、塔洛克：《同意的计算：立宪民主的逻辑基础》，陈光金译，上海人民出版社，2017 年。

［2］陈林、朱卫平：《出口退税和创新补贴政策效应研究》，《经济研究》，2008 年第 11 期。

［3］弗里德里希·李斯特：《政治经济学的国民体系》，陈万煦译，商务印书馆，1961 年。

［4］洪银兴：《关于市场决定资源配置和更好发挥政府作用的理论说明》，《经济理论与经济管理》，2014 年第 10 期。

［5］洪银兴：《市场化导向的政府和市场关系改革 40 年》，《政治经济学评论》，2018 年第 6 期。

［6］黄先海、宋学印、诸竹君：《中国产业政策的最优实施空间界定——补贴效应、竞争兼容与过剩破解》，《中国工业经济》，2015 年第

4 期。

　　［7］黄先海、宋学印：《准前沿经济体的技术进步路径及动力转换》，《中国社会科学》，2017 年第 6 期。

　　［8］黄先海、宋学印等：《产业转型升级：浙江的探索与实践》，中国社会科学出版社，2018 年。

　　［9］黄先海：《后发国的蛙跳型经济增长：一个分析框架》，《经济学家》，2005 年第 2 期。

　　［10］贾俊雪、孙传辉：《公平与效率权衡：垄断、居民收入分配与最优财政货币政策》，《管理世界》，2019 年第 3 期。

　　［11］江飞涛、李晓萍：《直接干预市场与限制竞争：中国产业政策的取向与根本缺陷》，《中国工业经济》，2010 年第 9 期。

　　［12］蒋自强、史晋川等：《当代西方经济学流派》，复旦大学出版社，2008 年。

　　［13］蒋自强、张旭昆等：《经济思想通史》，浙江大学出版社，2003 年。

　　［14］李俊生、姚东旻：《财政学需要什么样的理论基础——兼评市场失灵理论的"失灵"》，《经济研究》，2018 年第 9 期。

　　［15］李实、朱梦冰：《中国经济转型 40 年中居民收入差距的变动》，《管理世界》，2018 年第 12 期。

　　［16］李实、赵人伟：《中国居民收入分配再研究》，《经济研究》，1999 年第 4 期。

　　［17］林毅夫：《新结构经济学——重构发展经济学的框架》，《经济学（季刊）》，2010 年第 1 期。

　　［18］罗党论、唐清泉：《政治关系、社会资本与政策资源获取：来自中国民营上市公司的经验证据》，《世界经济》，2009 年第 7 期。

　　［19］青木昌彦、金滢基、奥野-藤原正宽：《政府在东亚经济发展中的作用——比较制度分析》，张春霖等译，中国经济出版社，1998 年。

　　［20］吴晓波、张馨月、沈华杰：《商业模式创新视角下我国半导体产业"突围"之路》，《管理世界》，2021 年第 3 期。

　　［21］吴易风：《市场经济与政府干预——评西方经济学新古典学派和

新凯恩斯学派的论战》，《中国社会科学》，1993 年第 2 期。

［22］谢富胜、吴越、王生升：《平台经济全球化的政治经济学分析》，《中国社会科学》，2019 年第 12 期。

［23］杨其静：《企业成长：政治关联还是能力建设?》，《经济研究》，2011 年第 10 期。

［24］杨灿明等：《规范收入分配秩序研究》，经济科学出版社，2014 年。

［25］姚洋：《马克思主义中国化与现代中华文明的建构》，《文化纵横》，2021 年第 3 期。

［26］余明桂、回雅甫、潘红波：《政治联系、寻租与地方政府财政补贴有效性》，《经济研究》，2010 年第 3 期。

［27］约瑟夫·熊彼特：《经济发展理论——对于利润、资本、信贷、利息和经济周期的考察》，何畏等译，商务印书馆，1990 年。

［28］Acemoglu, D., 2009, *Introduction to Modern Economic Growth*, Princeton：Princeton University Press.

［29］Akerlof, G. A., 1970, "The Market for 'Lemons': Quality Uncertainty and the Market Mechanism", *The Quarterly Journal of Economics*, Vol. 84, No. 3, pp. 488-500.

［30］Arrow, K. J., 1962, "The Economic Implication of Learning by Doing", *Review of Economic Studies*, Vol. 29, No. 3, pp. 155-173.

［31］Baumol, W. J., 2004, *The Free Market Innovation Machine：Analyzing the Growth Miracle of Capitalism*, Princeton：Princeton University Press.

［32］Becker, G., 1983, "A Theory of Competition Among Pressure Groups for Political Influence", *Quarterly Journal of Economics*, Vol. 98, No. 8, pp. 176-234.

［33］Becker, G., 1985, "Public Policies, Pressure Groups, and Dead Weight Costs", *Journal of Public Economics*, Vol. 28, No. 3, pp. 329-347.

［34］Brezis, E. S., Krugman, P. R. and Tsiddon, D., 1993, "Leapfrogging in International Competition: A Theory of Cycles in National Technological Leadership", *The American Economic Review*, Vol. 83, No. 5, pp. 1211-1219.

[35] Dasgupta, P. and Stiglitz, J., 1980, "Uncertainty, Industrial Structure, and the Speed of R&D", *Bell Journal of Economics*, Vol. 11, No. 1, pp. 1-28.

[36] Faccio, M., 2006, "Politically Connected Firms", *American Economic Review*, Vol. 96, No. 1, pp. 369-386.

[37] Greenwald, B. and Stiglitz, J. E., 1986, "Externalities in Economics with Imperfect Information and Incomplete Markets", *Quarterly Journal of Economics*, Vol. 101, No. 2, pp. 229-264.

[38] Heckman, J. J., Stixrud, J. and Urzua, S., 2006, "The Effects of Cognitive and Noncognitive Abilities on Labor Market Outcomes and Social Behavior", *Journal of Labor Economics*, Vol. 24, No. 3, pp. 411-482.

[39] Hirschman, A., 1958, *The Strategy of Economic Development*, New Haven, Conn: Yale University Press.

[40] Keynes, J., 1936, *The General Theory of Employment, Interest Rate and Money*, London: Macmillan.

[41] Klette, T. J. and Kortum, S., 2004, "Innovating Firms and Aggregate Innovation", *Journal of Political Economy*, Vol. 112, No. 5, pp. 986-1018.

[42] Krueger, A. O., 1974, "The Political Economy of the Rent-Seeking Society", *American Economic Review*, Vol. 64, No. 3, pp. 291-303.

[43] Laffont, J. J. and Tirole, J., 1991, "The Politics of Government Decision Making: A Theory of Regulation Capture", *Quarterly Journal of Economics*, Vol. 106, No. 4, pp. 1089-1127.

[44] Laffont, J. J. and Zantman, W., 2002, "Information Acquisition, Political Game and the Delegation of Authority", *European Journal of Political Economy*, Vol. 18, No. 3, pp. 407-428.

[45] Laffont, J. J., 1994, "The New Economics of Regulation: Ten Years After", *Econometrica*, Vol. 62, No. 3, pp. 507-537.

[46] Leahy, D. and Neary, J. P., 1997, "Public Policy Towards R&D

in Oligopolistic Industries ", *American Economic Review*, Vol. 87, No. 4, pp. 642-662.

[47] Murphy, K., Shleifer, A. and Vishny, R., 1989, "Industrialization and the Big Push", *Journal of Political Economy*, Vol. 97, No. 5, pp. 1003-1026.

[48] North, D. C., 1990, *Institutions, Institutions Change and Economic Performance*, Cambridge: Cambridge University Press.

[49] North, D. C., 1987, "Institutions, Transaction Costs and Economic Growth", *Economic Inquiry*, Vol. 25, No. 3, pp. 419-428.

[50] Peltzman, S., 1976, "Toward a More General Theory of Regulation", *Journal of Law and Economics*, Vol. 19, No. 2, pp. 211-240.

[51] Pigou, A. C., 1928, *Public Finance*, London: Macmillan.

[52] Posner, R. A., 1974, "Theories of Economic Regulation", *Bell Journal of Economics*, Vol. 5, No. 2, pp. 335-358.

[53] Romer, P. M., 1990, "Endogenous Technological Change", *The Journal of Political Economy*, Vol. 98, No. 5, pp. S71-S102.

[54] Rosenstein-Rodan, P., 1943, "Problems of Industrialization of Eastern and Southeastern Europe", *Economic Journal*, Vol. 53, No. 210-211, pp. 202-211.

[55] Rosenthal, G., 1996, "Development Thinking and Policies: The Way Ahead", *Cepal Review*, Vol. 60, pp. 7-20.

[56] Shleifer, A. and Vishny, R. W., 1998, *The Grabbing Hand: Government Pathologies and Their Cures*, Cambridge MA: Harvard University Press.

[57] Shleifer, A. and Vishny, R. W., 1994, "Politicians and Firms", *Quarterly Journal of Economics*, Vol. 109, No. 4, pp. 995-1025.

[58] Simpson, D., 2000, *Rethinking Economic Behaviour: How the Economy Really Works*, London: Macmillan.

[59] Spencer, B. J. and Brander, J. A., 1983, "International R&D Rivalry and Industrial Strategy", *Review of Economic Studies*, Vol. 50, No. 4,

pp. 707-722.

[60] Stigler, G. J. , 1971, "The Theory of Economic Regulation", *The Bell Journal of Economics and Management Science*, Vol. 2, No. 1, pp. 3-21.

[61] Stiglitz, J. E. , 1989, *The Economic Role of the State*, London: Blackwell.

[62] Sunkel, O. and Zuleta, G. , 1990, "Neo-Structuralism Versus Neo-Liberalism in the 1990s", *Cepal Review*, Vol. 42, pp. 35-51.

[63] World Bank, 1993, *The East Asian Miracle: Economic Growth and Public Policy*, Washington, DC: The World Bank.

试论经济学的域观范式*

——兼议经济学中国学派研究

中国社会科学院　金　碚

摘要： 在学术范式上，现代经济学在很大程度上是沿着牛顿力学或机械论的隐喻发展起来的，即有意无意地将经济体和市场体系想象为某种程度上同牛顿所理解的物理世界相类似，终而形成了微观经济学和宏观经济学的学术范式体系的基本构架。现代经济学的主流学术范式的缺陷或局限性，主要体现在两个方面：第一，关于经济活动的空间性质的假定；第二，关于人的行为的个人主义抽象目标假定。在现代主流经济学的微观—宏观范式中，引入域观范式，可以形成微观经济学、宏观经济学、域观经济学三大体系构架。其中，微观经济学和宏观经济学主要以经济理性为范式支柱，而域观经济学则以经济理性、价值文化和制度形态三维框架为范式支柱。中国的独特国情，可以有力助推经济学的范式创新，使商域经济学得以建立和发展。而且，中国所面临的需要解决的经济发展问题，也对经济学范式创新提出了紧迫性需要。中国经济学的升华可以有两个主要的突破方向，获取高水平经济学成就的学术路线可以有两种现实选择：攀登经济学的高地山巅和开拓经济学范式变革的创新蓝海，都是中国经济学发展需要努力的方向。而对于经济学的经世济民使命而言，后一个努力方向恐怕更具现实紧迫性和更可能做出重大学术贡献。

关键词： 域观　范式　商域经济学　中国学派

＊　原载《管理世界》2019 年第 2 期。

经济学是社会科学中最显耀的学科之一，她的辉煌很大程度得益于其学术底层逻辑的抽象思维特征，以此支撑了其学术范式的严谨性，从而构架起庞大的学科体系。在经济学界，存在各派经济学家们所持的不同理论观点、分析意见和对策主张。对于同样的现象，经济学家们会形成不同的甚至是完全对立的意见和主张。不过，哪怕是持完全不同立场和主张的经济学家也可以同时获得同一种学术大奖，表明其成果都具有值得重视的学术价值。例如，弗里德里希·奥古斯特·冯·哈耶克[1]与冈纳·缪尔达尔[2]是两位学术立场完全不同的经济学家，但却可以在 1974 年同时获得瑞典皇家科学院颁发的诺贝尔经济学奖，他们甚至因观点对立而不愿意同台领奖。既然完全对立的学术理论都可以被同一个评审委员会认可，并都获得极高评价，那么，经济学的真理性还有客观标准吗？这样的奇异现象为其他学科所少见，但并没有因此而使人们怀疑经济学的科学性和影响其受尊崇的地位。其实，对于许多现实经济问题，经济学家们真正能做出准确判断和预测的把握也不是很大，重大经济危机的发生大都在经济学家们的意料之外，甚至被认为，恰恰是实行了一些经济学家们所主张的经济政策才诱发了经济危机。经济学家们依据自己所精通的经济学知识去从事实际经济活动，如办企业或从事各种交易活动，成功概率也并不一定就比其他人更高。那么，经济学究竟是一门什么样的学科呢？如果她的实际成就其实并不特别值得夸耀，那么，为什么还能享有如此高的声誉？经济学真的担得起"社会科学皇冠上的宝石"这份荣耀吗？她的未来将走向何方？中国经济学家有可能对经济学的发展做出自己的独特贡献吗？

一、现代经济学的微观—宏观范式及其局限性

现代经济学诞生于 18 世纪，一般认为可以亚当·斯密《国富论》发表的 1776 年为标志。那也是近现代自然科学产生的时代，其最伟大代表艾萨克·牛顿（1643~1727 年）爵士，作为英国皇家学会会长和英国著名的物理学家，是一名百科全书式的"全才"科学家，他甚至对经济学也有所贡献，曾提出了金本位制的主张。现代经济学的产生和发展深受以牛顿为代表的现代自然科学思想的影响。在学术范式上，现代经济学在很大

程度上是沿着牛顿力学或机械论的隐喻发展起来的，即有意无意地将经济体和市场体系想象为某种程度上同牛顿所理解的物理世界相类似，终而形成了微观经济学和宏观经济学的学术范式体系。在那个时代也产生了达尔文的生物进化论，其中的生存竞争和自然选择理论对经济学发展也有所影响，但远不及牛顿理论对经济学的影响。

本文先从简要讨论经济学的微观范式开始，来观察现代经济学的基本特质。现代经济学的研究和分析以至表述方式都倾向于希望按照体现逻辑一致性的思维，形成抽象的概念体系和学术范式。其逻辑起点是从假定经济活动的"原子"出发，视其为最基本的"微观主体"。最直观地看，经济活动的主体就是自然人或家庭，所以，现代经济学首先要对人的行为做出基本假设。这样，经济学的观念就基于个人主义之上，即假定人的行为目标是个人效用最大化。进而假定，这样原子般的微观主体可以自主决策，而且是在没有任何其他因素干扰的如同空盒子般的牛顿空间中自由运行，用经济学的语言来表达就叫"假定其他条件不变"，而其实质含义则是，假定微观主体的活动不受其他因素影响。于是，在这个空无、匀质的被称为"市场"的绝对空间中，采用机械力学的隐喻，就可以想象为：在不存在其他影响因素的绝对空间中，原子般的微观主体自主决策并发生相互间的各种供求活动关系，在价格信号体系引导下为追求"最大化"行为目标而进行竞争，达到局部均衡和一般均衡。其可以想象为，"市场"中的价格信号如同"看不见的手"调节着原子般的经济主体的行为。

按照这样的思维方式，经济学虽然被归之为"社会科学"，其实是非常不"社会"的，经济学所设想的人是完全没有社会特性的。例如，著名德国学者诺贝特·埃利亚斯所说："把个人看作完全自由、完全独立的人，看作在'内心'完全独立自主的、与其他人相隔离的'封闭的个性'，这样一种个人观在欧洲社会的发展史上有着悠久的传统。""这个观点是某个发展阶段上人的自我认识的一个特点。这部分是因为人们错把理想当作事实，部分则是因为把人的自我控制机制物化了，把人的情感与人的行为机制相隔绝，把人的情感与行为以及与对行为的直接控制相隔绝的缘故。"[③]这一认识传统在经济学发展中越来越被强化，并且形式化和数量化，从而使经济学所描绘的图景高度理想化。可见，经济学的世界实际上是经济学家定义和想象的完美世界。

当然，偏离完美世界的均衡状态的情况是可能发生的，经济学称之为存在"未出清"现象。不过，这种偏离如果只是偶然的，并且可以通过自发调整而趋向均衡，实现"出清"，那么，经济体系仍然可以算是完美的，大体符合"理想"。但是，如果会发生系统性的非偶然（周期性）的不均衡现象，则经济体系的完美性就成为需要专门研究的问题，这就涉及"总量"均衡与否的讨论。于是，形成了经济学的宏观范式。

经济学的宏观范式，假定各微观经济活动的个量都是同样具有理性的人的行为表现，因而是可以加总的，即加总是有意义的，所以可以定义各种经济总量概念，如总供给、总需求、价格总水平、总收入、总产值等。另外，可以在实际经济活动的某个环节上，定义（实际上是假定）各种可以计量的概念或指标数的意涵。这些概念的意涵同实际生活的真实过程不同，而只不过是可以以货币单位来计量的某个可观察的"瞬间"（或短期发生）值，这就是所谓"流量"，如"投资""消费"等。被定义的这些概念，并非常识概念所表达的那种真实的生产活动行为或真实的吃穿用等消费行为，而只是供需双方发生的买卖即支付行为中的"支付"量，所以被定义为"需求"量，并可以加总为"总需求"。其实，人们可以追问：既然将其定义为交易流量，那么，"买"和"卖"、"需求"与"供给"总是同时发生的，对一方是买，对另一方就是卖；对一方是需求，对另一方就是供给，因而总是相等的。既然这样，宏观经济概念有什么意义呢？怎么可能会发生"不均衡"或"失衡"呢？按照定义，它们不都是"恒等"的吗？为此，经济学就把各概念都分别定义为"事前"意义和"事后"意义的量，"事前"就是"想要"，"事后"就是"实际发生"。所以，在"事后"意义上供需永远相等，而只有在"事前"意义上供需才可能不等。但是，既然是"事前"的"想要"，在流量上并没有实际发生，那么，没有发生的流量如何计算呢？这成为宏观经济范式的一个软肋。主流的宏观经济分析总是偏重于需求（流量）分析，而通常忽视"存量"因素和供给因素。因为"存量"是没有发生的流量，因此，其"价格"不是客观的，而是估值的。可见，按照宏观经济学的学术范式，由于局限于流量分析，其假设的经济空间仍然是（或可以是）具有空无、匀质特征的牛顿式绝对空间，在这个空间中，能够观察的是"流量"现象，而"存量"因素则被观察者尽可能地"抽象"掉了，视而不见，尽管"存量"现象才是经济活动的实际内容和目的所在（如衣食住行均为存量现象），而"流量"不过是工具性的"走过场"环节（衣食住行物品的买卖过程）。

当然，以上所述仅为当代经济学学术范式的底层逻辑构架的概念假设。在这一范式构架上，经济学体系可以进行大量的拓展延伸，并产生经济学的各种衍生性学科。例如，产业组织理论、产业经济学、能源经济学、贸易经济学等；数理经济学、计量经济学、技术经济学；交易费用理论、制度经济学、产权经济学等；区域经济学、国际经济学等。用经济学方法研究社会问题，还产生了社会经济学、家庭经济学、民族经济学，等等，不一而足。这些衍生性学科，尽管各有其研究对象和专门方法，但其学术范式的底层逻辑特性仍然服从于经济学主流体系的"微观—宏观"范式，基本上是"万变不离其宗"。

马克思研究政治经济学，创造了自己的学术范式体系，但也没有离开"人类文明的大道"。马克思经济学的方法论，基于唯物史观，也具有高度的逻辑抽象性，其叙述体系以"商品"为逻辑起点，假设其为经济体中的"细胞"。马克思政治经济学体系也具有演绎逻辑性质，即可以从商品及其二重性的假设出发，推演出整个学术体系框架。但马克思坚持历史唯物论世界观，不承认抽象的人性，而认为现实的人性是社会关系的总和，这区别于西方主流经济学的"经济人"假设。在马克思的学术范式中，一定的社会关系决定了经济"原子"（或"细胞"）的社会性质。在资本与雇佣劳动关系中，资本家是人格化的资本，工人是人格化的劳动。他们的"人性"和行为特征是由其在社会关系中的地位决定的。这一理论显然更具有现实性。抽象人的行为，在马克思那里变为现实人的关系。马克思的理论对不同社会形态的经济关系及经济现象具有时代性的解释力。

不过，对不同时代不同条件下的经济现象和经济行为进行研究，不符合西方主流经济学派的范式承诺，他们所承诺的学术范式，是从抽象的人和抽象的人性出发的。所以，按照上述经济学的主流学术范式，其自身的学术发展偏向于竭尽所能地追求更高程度的抽象性。抽象化程度成为学术水平高低的标志之一，认为那才是"严谨"科学的体现。由于数学具有最高的逻辑抽象性，所以，艰深的经济学推理和分析越来越倾向于采用数学方法。这样，经济学几乎发展为可以被称为"第二数学"的严谨科学体系，各种经济关系都被表达为数学关系，经济研究最重要的方法就是"建模"和"推导"。人们认为，这样才可以达到精致、严谨和没有概念歧义的高水平境界，而如果不用数学形式来表达，则几乎任何经济概念都被认为是不严谨的，即其内涵都是难以精确定义的。但是，经济学概念和模型的抽象性越高必然离真实现实越远。所以可以看到，经济学的无数论文和学术成果几乎同现实世界无关，而完全是在自己定义的抽象世界中自言自语，自成一体，经济学家们则在此过程中自娱自乐。尽管如此，也不能否认经济学研究的学术价值，"高深"的经济学成果还是可以得到很高的学术评价，其对启发思想和梳理思路不乏积极意义。但是，人们也不能不质疑：建立了如此庞大复杂的学术体系，经济学真的能够被用来解释现实世界吗？要不就是，我们本来就不应该要求经济学解释现实世界，经济学根本就没有解释现实世界的使命？

需要说明的是，本文这里所说的"主流"经济学范式，在当代西方经济学界，一般认为是"新自由主义"或"新古典自由主义经济学"学派的学术范式。如有的学者所指出，在当代，新古典自由主义经济学的影响，虽然遍及世界，但是，从根本上说，它是美国环境的产物。它最显著的思想特征是：认定自由市场是一个与个人自由生死攸关的核心问题；在论证自由市场、有限政府和道德秩序的过程中充满乌托邦式的因素。而且，实际上，"新古典自由主义经济学家意识到，其所提倡的'自由市场'蓝图是永远无法实现的，但坚持认为自由社会应当朝着这个方向努力。"④一定意义上可以理解为，在牛顿式空间隐喻的范式思维中，新古典自由主义经济学家所想象的经济世界是具有"审美"价值的，是一个美妙的乌托邦世界，这个世界是可以由"单一规律"来解释和描绘的。

其实，社会科学的许多理论都有"乌托邦"性质，因为它们总是基于理想化的范式承诺，不过，那种理想化想象往往是有些任意的。由于美国经济的强大，所以使得很大程度上反映了美国经济的域观特征⑤的新古典自由主义经济学成为现代西方世界经济学理论的主流范式。经济学的这个主流范式，也许在如美国这样的国家，由其现实的域观特性所决定，还难以发生"范式革命"。但是，在高度多元的世界各国经济中，这样的经济学主流学术范式的缺陷，或其不适应性，正表现得越来越突出。许许多多的经济现象只能被认为是主流范式下的"反常""扭曲"或"悖理"现象。但是，现实世界中一些重要的"特色"现象事实上已经成为常态，但在经济学主流范式中却不予正视，而且在现实中总是欲除之而后快。同时，在现实世界中存在的表述特色性常态现象的许多经济学文献和研究成果被视为不入流的旁门左道。其实，这些现象本身就反映了经济学主流范式的危机。

于是，经济学界开始进行另辟蹊径的尝试，试图突破主流经济学的范式框架。因此，产生了演化经济学、行为经济学、制度经济学等学科，从经济学范式体系的基本隐喻（演化经济学对机械论的挑战），到关于真实的人性行为（行为经济学对行为"理性"的挑战），以及经济制度抽象假设（制度经济学对抽象制度秩序的挑战）等方面，发出了经济学范式变革的先声。人们不能满足于经济学体系的抽象完美和总是津津乐道于现实中并不存在的抽象的"优化世界"，而是希望经济学能更好承担解释真实世界和提供可行解决方案的使命。如果经济学不能"经世致用"，那她就只能是一座仅供观赏的象牙塔。

二、域观视角在经济学范式中的地位

以上讨论显示：现代经济学的主流学术范式的缺陷或局限性，主要体现在两个方面：第一，关于经济活动的空间性质的假定；第二，关于人的行为的个人主义抽象目标假定。其实，这两个缺陷或局限性是高度相关的：现实的复杂性和多元性，在主流经济学范式中，被假定为高度的抽象性和同质性，反而认为现实世界是被"扭曲"的。其实，完全可能是主流经济学范式曲解了真实世界。

如经济学家哈耶克所说："经济学打算加以解释的活动，涉及的不是自然现象，而是人。""它是有关人们为解释如何最有效地为不同目标而发现和利用不同手段的理论。"[⑥]他指出："人类的独特成就，即导致他的其他许多突出特性的成就，就在于他的差异和多样性。除了少数物种因为人类施加的人为选择而产生具有可比性的多样性外，人类的多样性无与伦比。"[⑦]也就是说，现实中的人是各不相同的，他们有"不同目标"。因此，"在这大量的人口中间，不仅发展出了多种多样的内在属性，而且形成了千姿百态的文化传统，他们强大的智力，特别是在其漫长的成熟期，使他们能够从中作出选择。人类的大多数现在能够维持自己的生存，正因为他们具有高度的灵活性，因为存在着如此不同的个体，他们不同的天赋是他们能够吸收不同的传统所形成的无限多样性的组合，使他们彼此之间进一步各具特色。"[⑧]

关于人的行为是相同还是不同的理论假定是构建经济学理论的一个关键性的底层逻辑基础问题：如果认定人的行为是各不相同的，实际上就是否定抽象理性人的存在（或者承认人的行为不仅仅是理性的），如果那样，就无法解决经济分析的加总问题（不同的事物无法加总）。为了进行行为加总并使经济学可以有严谨的理论体系，就得假定人（至少是绝大多数人）是理性的，这实际上就是认定各个人的行为（在本质上）是相同的。经济学理论的严谨性建立在理性人的假定之上，才能构建起经济学的理性人世界。不过，很显然，由完全相同的行为人组成的经济学世界与我们所生活在其中的现实世界相差甚远。现实世界事实上不是一个抽象理性人组成的世界。真实世界中人的行为既有相同性，也有差异性，有的相似性明显，有的相异性极大。经济学既要承认人的行为的相同性，也必须正视人的行为的差异性。如果将行为相同性较强的人群活动空间定义为一个"经济域"，并承认经济空间区分为各个不同的"经济域"，就可以为经济学的学术范式奠定更可信和坚实的底层逻辑基础。

在现实中，不仅人的个体差异巨大，而且处于不同国家、地域、领域以及各种可以成为"域"的情景中的不同人群之间的差异也是很大的。而且人的交往和从事经济社会活动，总是在一定的制度条件中发生的，这些制度条件决定或影响着人们活动和交往的行为秩序。所以，人类存在的现实世界并非牛顿式的绝对空间，社会经济活动的现实空间总是表现为非空无、非匀质、非绝对的性质。也就是说，复杂的现实经济空间具有"域"性，即分为具有不同性质或特征的区域、领域或群域，因此，现实的社会经济空间是由无数"经济域"即"商域"所形成的复杂多维空间。

这个复杂多维的社会经济空间可以从经济理性、价值文化和制度形态的三维视角来观察和刻画，这就形成了经济学的学术新范式：域观范式。在现代主流经济学的微观—宏观范式中引入域观范式，可以形成微观经济学、宏观经济学、域观经济学三大体系构架。其中，微观经济学和宏观经济学范式主要以经济理性为支柱，而域观经济学范式则以经济理性、价值文化和制度形态三维框架为支柱。微观经济学和宏观经济学仍然可以追求"均衡"状态的"最优"（或最大化）为逻辑指向，而域观经济学则以刻画多元域态和发现域际机理为逻辑指向。简言之，微观经济学和宏观经济学具有逻辑"一维"倾向，而域观经济学则具有逻辑"三维"特征。

如果确实能够形成微观经济学、宏观经济学、域观经济学三大体系构架，则首先会深刻涉及经济学的"假设"问题。作为一门逻辑抽象度很高的社会科学学科，经济学所刻画的并不是一个可以肉眼观察的世界，而是由抽象逻辑的"假设"所构建的无形世界，或符号世界，即经济学总是在一系列"假设"前提下进行研究和推理分析的。那么，经济学如何进行"假设"呢？有的经济学家主张，理论的价值不应该由它们的假设是否真实来判断，也就是说，不必要求假设的真实性，而只要求假设或假说具有"似真性"就可以了。而有些经济学家却不赞成这样的主张，如美国经济学家科斯就认为："如果我们的理论是旨在帮助理解体系为什么会以当前的形式运行，那么，假设的真实性就是必要的。假设的真实性要求我们分析真实的世界，而不是那些不存在的想象世界。"[9]

如果要使对经济运行体系的研究更加接近真实世界，而真实世界中的因素又极为复杂，那么，必然会发生经济学与社会科学其他学科相渗透的学术发展态势，实际上就是在以往的主流经济学体系中引入其他因素。如科斯所说，"如果说与其他社会科学相比，经济学确实获得了更快发展，那么，这要归功于经济学研究的幸运契机，即经济行为的重要决定因素皆可以用货币来衡量。这意味着，其他领域的从业者现在所面临的那些问题，不可能因为经济学家的侵入而烟消云散，因为经济学家进入那些领域后，必须放弃那些曾经支持其成功的力量。如果不对经济学发展起来的分析方法做重大修改，这些方法就不可能被成功运用于其他社会科学"。因此他认为，"研究的进行可能需要其他社会科学界的协作，但没有经济学家，研究就不可能做得好。因此，我想，我们可以期待经济学的研究范围永久地扩展到其他社会科学领域，但是，扩展的目的是为了使我们能够更好地理解经济体系的运行。"⑩

如果我们将视野拓展到更真实的世界，对许多经济学的问题就会有不同的假设和判断。其中，最具决定性意义的是对"人性"的假定。科斯说，"通常，人们错误地认为，亚当·斯密将人视为一个抽象的'经济人'，他只是单纯追求自身利益。但是，斯密不可能认为将人看作一个理性的效用最大化者的观点是合理的。他认为，人实际上受自爱主宰，但并非不顾及别人；人能够推理，但未必以这种方式达到正确目的；人仅仅是透过自我欺骗的面纱来感知自己活动的结果。""如果我们愿意有保留地接受斯密有关人性的即使不全是真理至少也是大部分正确的观点，意识到他的思想比通常认为的有更宽宏的基础，这会使他关于经济自由的观点更加强大，结论也更具说服力。"⑪

可见，经济学如果能更加增强其"假设"的真实性，减少其过度抽象而丢失重要决定性因素的任意性，就可以有效拓宽和夯实其学术基础，增强研究结论的可信性和说服力。这就是域观视角及以其为基础的商域经济学可以获得一席学术地位的机会。总之，现实世界是丰富多彩的，仅以"货币"这一把尺子，以抽象的"最大化"作为自利人的唯一行为目标，所刻画出的世界，是同真实世界相背离的没有生机的图像，甚至不过是"自我欺骗的面纱"⑫下的幻象。所以，经济学需要进行范式变革，域观范式下的商域经济学的形成和发展，可以为经济学赋予更旺盛的生命和活力。

三、商域经济学的学术范式创新

基于以上讨论，我们可以进一步思考，如果接受微观—宏观—域观的经济学范式结构，能否使我们所看到和刻画的经济学世界更接近于现实世界呢？如果这样，我们过去所熟悉和广泛使用的工具，还能有效使用吗？面对新的范式视角，我们必须创造怎样的新工具、新方法，以避免没有

"金刚钻"揽不了"瓷器活"的尴尬?

以域观范式的视角来研究经济现象和商业活动,可以建立一门新的学科即商域经济学。笔者曾经撰文指出:"商域经济学的逻辑基础,既是抽象的、演绎的,同时又是具象和归纳的。"商业经济学范式假定,"在现实中,所有的人都不是生活在微观经济学和宏观经济学所描述的抽象世界中,而是生活在一定的实际域境之中,即'一切社会关系的总和'映射下的某个局部世界里。人们的经济活动总是发生在具体的'商域'中,他们的各种感受和行为方式也都形成于特定的商域,而不会有抽象人性所决定的抽象经济关系和经济现象。也就是说,人类的一切经济活动都是'商域'性的",而"商域是指具有一定价值文化特征和特定制度形态的商业活动区域或领域。"⑬

在经济学研究,特别是经济史学研究中,关注文化(社会心理)和制度对于经济发展的作用,并非先例,许多学者都在这方面做出过很大努力,并取得重要成就。例如,美国经济学家科斯,将包括产权制度、意识形态、伦理道德、国家体制在内的制度因素作为内生变量引入经济分析框架中,而且特别关注人口增长所导致的区域及国家间制度差异和经济关系的演变,导致国际竞争,进而促使各国进行制度变革。诺斯总结说,"那些国家的成功是所有权重建的结果。而失败……则是经济组织无效的结果。"⑭

中国著名经济学家厉以宁教授对经济运行调节机制的研究也超越了经济理性,他研究了除市场调节和政府调节之外的"第三种调节"即"道德力量调节"或"文化调节"。他说:"市场调节和政府调节无论在何种社会环境中或者经济形势下都不是万能的。市场调节有不可忽视的局限性,政府调节同样存在不可避免的局限性,如果没有道德力量调节来配合,无论市场调节还是政府调节都不可能发挥应有的作用。这通常被称为市场失灵或政府失灵。"⑮他还指出,"道德力量调节中最常见的和使用最频繁的就是自律。人人都要自律,无人能例外。自律就是一种无形的调节。它表现为各个行为人都按照自己的认同所形成的文化传统、道德信念、基本守则来约束自己的行为。"⑯

实际上,在西方经济学界,关于经济学是否能解释世界,即经济学是否可以称为"科学",也长期存在争论。经济学的形式化、数学化和过度抽象化因而越来越远离现实,也受到严厉批评和许多诟病。那么,经济学究竟有怎样的解释力呢?英国经济思想史学家罗杰·E.巴克豪斯经过对经济学说史的深入研究,特别是在对关于"经济学是科学还是意识形态"争论的多视角剖析中,得出这样的结论:"当问题得到严密和准确的界定,当所涉及的行为主体是在易于理解的限制条件下行事,当其行为动机易于把握时,经济分析的作用是相当强大的。""经济学的成功至少部分有赖于创造出一个经济理论可以适用的环境。"⑰

他认为,现实的市场经济运行受到各种因素的影响,赤裸裸的理性市场经济是不存在的,"市场经济若要平稳运行,不仅需要摆脱政府的干预,还需要多得多东西。它需要精心设计的制度结构。从广义而言,'制度'这一术语涵盖的不只是市场赖以存在所需要的财产权和基础设施,也包括与之相适应的思维习惯"。因此,经济学的有效性取决于能否在复杂的现实中识别出一些可以特别关注的经济机制。他说:"对于在严格界定的一些制度中的少数几类行为动机所产生的影响,经济理论具有强大的分析方法,但是在考虑整个社会的转型时,必须关注范围广泛的人类动机和不受政策制定者控制的制度,还需要涉及心理学和社会学。""一般而言,经济学家的理论只是识别出可能在运行的一些机制,而不是提供有关整个社会如何运转的具有非常普遍意义的理论。"⑱

根据他的研究,只有在能够被明确定义在一定范围之内的经济现象,因而人的行为特性能够被较好把握的限度内,经济学才有强大的分析能力和解释能力。超出这一范围和限度,经济学就难以解释现实,而必须引入经济理性之外的"制度""思维习惯"等因素,才能解释现实。也就是说,经济学是难以解释无边无际的"整个社会"现实的,而只能解释可以被识别出具有显著特征的一定的"域"中的现实。换句话说,如果不对现实的经济空间进行"域"的划分和定义,经济学对现实的分析是无能为力的。总之,只有承认现实经济的域观性质,形成域观范式,经济学才具有真正的科学性。

可见,在吸取前人研究成果的基础上,进一步深入经济学的底层逻辑进行学术构建,在庞大复杂的经济现实中识别出不同的域境,使经济学的学术范式更具清晰性和解释力，是经济学发展的一个可以大有作为的努力方向。将"一致性经济空间"假设转变为"差异性域观空间"假设，是一个经济学学术范式创新方向。建立这一学术范式结构，更有助于解释当今世界的各种经济社会现象。而且，由于文化的多元性和制度的多样性，使得经济理性在不同的域境中也具有差异性表现，这样的经济学范式显然可以更接近丰富多彩的客观现实。

如前所述，以域观范式为理论逻辑的商域经济学，承认人的差异性和人所处的域境差异性，如马克思所认定的，作为资本家的人与作为工人的人具有不同的人格特征。在不同的商域中，人的价值观念和行为方式具有不同的文化特质，而且，由于制度形态的不同特质（制度形态及其特性又受传统文化的深刻影响，可谓"文化是制度之母"），决定或影响着人的价值观念和经济行为，所以，不同商域中的人的经济行为，具有理性（客观规律）和非理性（习俗文化）的双重性。简言之，现实中的人不是抽象的经济"原子"，而是具有复合特性的行为主体。

马克思发现了人类社会发展客观规律和社会形态演变的基本阶段，但他也并没有否定不同国家经济形态的特殊性（即我们所说的域观特征和商域性）。在他的理论中，社会经济形态尽管具有发展阶段的客观规律，但也并非"铁律"。马克思论述了西方世界的社会发展形态演变规律，同时也承认东方世界的"亚细亚生产方式"，即承认人类世界社会发展形态的不同演变道路。著名的奥地利学派经济学家哈耶克认为，人类社会具有制度演化的非理性特征（即他所说的"非构建性"），他认为，人类制度是一种"扩展秩序"，形成和发展过程受介于人的"本能"与"理性"之间的力量推动。尽管德国是黑格尔的故乡，但德国经济学的历史学派却主张各国经济受具体历史条件和进程所决定，并非抽象体的逻辑演绎（如黑格尔所说的"绝对精神"的客观化）。总之，许多经济学经典作家都承认，现实经济现象即使是从学术抽象意义上，也绝不仅仅是"理性"或理性力量的产物，而是各种复杂因素的共同作用结果和现实展现。也就是说，现实经济是一个分域性的世界，人们必须以域观范式来把握这个世界。

如果承认人与人有差异，那么，更应承认企业与企业也有差异。其实，如笔者曾经所论证过的，"从个人主义的'经济人'假定直接推论出企业行为的'利润最大化'目标假定，更是非常武断的。"[19]在现实中，特别是在不同商域中，不同企业之间的行为差异是很大的，这种差异具有本质性，是难以完全消除的。尽管人和企业都具有经济理性，经济理性通常更倾向于逻辑一致性，但人及企业的文化差异性也很大，甚至可能会比经济理性的逻辑一致性还要强大得多。而且，植入不同文化和制度中的经济理性，其本身也会变形，而不再具有抽象的纯粹性，即连"经济理性"也会变得很有"特色"。人们常常要求处事要理性，"不要感情用事"，但现实情况是，理性和感情都对人类行为产生决定性影响。特别是在制度形态和价值文化差异显著的不同商域中，即使是作为法人的企业，其行为特征，包括"经济理性"所决定的行为特征也是有很大不同的，各商域中的企业都会具有强烈的域观特征。

也就是说，现实中的企业实际上是非同质的，而且非同质性往往表现为类别差异，即具有不同的域观特征。例如，国有企业和民营企业（非国有企业）可以被视为不同商域中的企业，它们之间存在难以同化的域观特性。国有企业的价值文化和制度形态（包括长期形成的秩序特征）必然显著地有别于民营企业。国有企业无论怎样改革，也不可能被改变得同民营企业的行为方式完全相同，除非改变为民营企业。所以，无论是在制度形态、价值文化还是其决策理性的倾向偏好上，国有企业必然是特殊企业，即具有显著区别于民营企业的域观特征的企业。在现实中，不仅国有企业同民营企业属于不同商域，各具特性和行为特点，而且，这种区别还存在不同组织形态的各类企业中。总之，在域观经济学范式下，企业世界是一个多元多类的商域现实。

在经济学理论框架中引入域观视角，对于经济学各学科及跨学科的学术研究也具有重要意义。例如，在研究财政学的理论基础时，学者们也发现基于以往的经济学范式所形成的财政学理论范式对现实财政关系缺乏解释力和预测力。他们看到，"事实上，市场是一个包含着多种行为主体的'平台'，是各个生产行为主体进行交易活动的空间和区域。"[20]他们的研究成果也表明了在财政学的学术思维中，也必须要有经济活动空间的域观范式承诺，即承认众多经济活动主体的行为差异性使得经济活动空间是具有不同域观特质的商域所形成的非均质空间，形象地说，就是人类经济活动是在多区间多层次的不同经济空域（即商域）中发生的经济现象和经济行为。

四、域中有域、域际相通的域观世界

域观经济学范式中，"域"的界限取决于观察者的定义，而并非只能指地理空间中的区域。经济学研究所界定的商域，可以是较抽象的域，也可以是较具象的域。一些商域的形成是由制度差别导致的，也有一些商域的形成是由国家归属、民族文化、宗教信仰、地理区域等各种因素所导致的。之所以会形成一定商域，总是由于存在一些十分突出且不易改变的因素，特别是深入价值文化内核而形成的特定商域根深蒂固的特质或特色，具有长远和深刻的影响。当然，商域特质或特色并非不可改变，不过这种改变具有演化性质，是在现实过程中逐渐演变的。当我们界定了一个商域后，在其中还可以界定不同的次级商域，并进一步细分。现实经济呈现为域中有域的状态，当我们认识和描述现实经济时，是可以进行多层级的商域类别划分的。也就是说，商域不仅是客观现实，也是经济学研究的范式工具，即域观经济分析方法的运用。

域观经济学范式下的商域经济学，不仅研究各不同商域中的经济主体的行为和经济现象，揭示其中理性、文化和秩序特性，而且要研究不同商域之间的关系，可称为"域际关系"，即不同特征的商域如何互通共存；如果商域间发生竞争关系，如何构建域际分工的相容关系，特别是能否形成"竞争中性"的域际秩序。在现实中，如果存在域际壁垒，商域经济学应着力研究各种域际壁垒的性质、演变趋势以及可选择的解决方案（如果需要解决的话）。

从域观经济学的学术范式看，世界上任何经济体都是有其"特色"的，不存在无特色的纯粹市场经济过程，即牛顿式绝对空间中的抽象市场经济。经济活动所处的文化环境和制度环境都不相同，也根本无法实现不同商域间的文化及制度（秩序）的完全无差异化。换句话说，即使是完全基于经济理性的行为主体，也不可能绝对脱离多元化的文化和制度环境，因此，其经济理性也必然会被植入文化和制度"基因"或"染色体"。世界上不存在赤裸裸的纯粹的理性经济人，除非它是设定了经济理性程序的机器人，而非真实的人类。

美国著名历史学家彭慕兰和史蒂文·托皮克在《贸易打造的世界：1400年至今的社会、文化与世界经济》一书中指出："人或许是聪明的动物，但几无证据显示人是天生'经济理性'的动物，换句话说，人性是否真驱使人竭尽所能积累物质以追求个人最大的福祉，几无证据可资证明。""不管是过去，还是现在，人类买入某物或将该物送人，除了为极尽可能满足自己的物质享受，有时还在借以表明某人或某群体既有的身份或希望取得的身份，表明自己与他人间既有或希望拥有的社交关系。经济活动是社会活动，因此这类活动能聚拢不同群体的人，而且这些群体往往因文化背景上的差异，对生产、消费、买卖的理解大相径庭。"[①]他们的研究表明，"市场并非总是自然形成的。市场的出现依赖于社会习俗的形成"，因此，"我们认为文化是起作用的。文化总是能改变特定人群想要的东西，并且会让某一事物在不同地方的价值千差万别。""在制度和信念中凝结的因文化而异的偏好，和地理因素一起，创造出了不同的地区（Region）。有时候，人们认为所谓的地区，只不过是通向一个真正'全球化'的世界的跳板，但是否如此，我们并不清楚。"[②]

经济学家通常将复杂的现实经济尽可能抽象为经济理性主导的过程，以求理论分析和推断的逻辑自洽和严密。而真实的现实却是由各种因素所决定和影响的。其中，最具深远影响的因素是价值文化因素和制度因素，而价值文化和制度形态并非由人类的理性过程所决定。正因为这样，所以，尽管经济发展有其客观规律性，似乎可以被理论家推演为一个"标准型式"的动态过程，因而各国各地区的经济发展特别是工业化过程都会有某种相似的推进轨迹。但实际上，各国各地区的工业化过程的表现却是各具特点的，有些甚至大相径庭。所以，经济发展过程总是表现为某种具有"域"性特征的道路，世界各国的工业化，特别是到了工业化的中后期，没有两个完全相同的国家，各国都有自己的特色，千姿百态。

这样，我们的讨论就直接涉及了国际经济和经济全球化的问题。经济全球化的实质是世界经济倾向于形成能够使具有不同域观特征的经济体进行互联互通、广泛交易和公平竞争的国际秩序。一方面，各国经济具有自己的域观特性，不可能做到全球同质化；另一方面，各国家（各商域）之间要达到顺畅交往、交易和公平的竞争与合作的全球化格局。期间，经济理性当然是重要的，这是全球化的主导因素之一；但文化和制度的多元化和差异化也是不能回避和无法消除的。如果在制度和文化上不能沟通、衔接，经济全球化必然矛盾重重，壁垒森严，纠纷不断。

由于经济学理论范式在人们构建经济制度中会发生强烈作用，所以，当经济学主流范式的缺陷凸显时，人们据此所构建的制度也必须进行改革。世界贸易组织的构建就是一个很好的例子。它原本是在经济学主流范式的思维框架下形成的，实际上假定所有国家都会趋向于发展为相同的经济形态，只不过有些国家已经处于发达状态，而有些国家尚未达到，被称为"发展中国家"。由于发展中国家的经济实力弱，因而可以给予一定的过渡性的优待。而当发展中国家达到相当的经济实力水平后，其经济形态同发达国家趋同，就应执行同发达国家相同的自由贸易标准。但是，各国经济发展的现实却是，各发展中国家的经济发展并没有导致趋向于同发达国家相同的经济形态，也就是说，无论达到怎样的经济发展水平，国与国之间的价值文化及制度形态间的差距仍然巨大，并没有发生经济发展水平提高后，各国价值文化及制度形态也趋同的情况。换句话说，各国的域观特征差异并不趋于收敛。现实使人们开始"失望"，于是，世界贸易组织就不得不进行改革。其深刻性在于：以往的那个经济学范式所构想的世界同现实世界产生重大矛盾，人们的思维方式必须改变，即承认世界经济是由具有不同域观特性的国家所组成的非匀质空间，以往那个经济学主流范式所设想的均质性的自由贸易世界是永远不会到来的，而自由贸易的全球经济空间永远会"和而不同"，各国之间不可能实现"百国一体"。世界贸易组织的制度必须以新的学术范式为思维方式，进行重大改革。在各国域态不同的条件下，实现更好的域际相通，这才是可以实现的经济全球化格局。

综上所述，可以看到，经济学的域观范式变革和商域经济学的建立，不仅具有学术和理论意义，而且具有非常重要的现实意义，尤其是全球性意义。如果缺乏域观范式的思维观念，不承认现实经济是一个域中有域、域际相通的域观世界，仅以微观—宏观范式观念所想象的经济全球化格局是难以顺利实现的。只有确立域观范式观念，才能真正实现经济全球化。

五、中国独特国情助推经济学范式创新

经济学的范式变革，即域观经济学范式的形成，之所以有可能发生于中国，很大程度上是因为，巨大规模和极具特色的中国经济是域观经济学研究或商域经济学的绝好观察对象。正因为中国经济的价值文化及制度形态具有显著特色，而且中国历史漫长，人口规模巨大，其价值文化和制度形态特色具有极强的坚韧性，其"坚固内核"极具稳固性。所以，中国经济绝非市场经济中的一个"例外"模式，而是同西方市场经济共存的另一个域观常态。而且，中国经济体的内部结构极为复杂，中国多元文化和制度特质使得中国经济体成为一个巨大的并具有多层结构的复杂域观空间，因此，其域观经济特色极为丰富，是以域观经济学范式视角进行经济学研究的一个极为难得的客观经济体对象。如果要在世界上寻找另外具有同样规模和现象丰富性及特征稳固性的研究对象，恐怕需要选择众多国家才可与之媲美。例如，中国一国的域观现象丰富性，几乎可以相当于整个欧洲；美国、加拿大、俄罗斯等虽然是国土大国，但其域观现象丰富性也远远不及中国。

中国经济的域观特征决定了她具有强劲的增长潜力和发展过程的商域丰富性：长江三角洲、珠江三角洲、粤港澳大湾区、京津冀城市群等；实行"一国两制"、"一带一路"倡议等；经济主体（企业）类型的丰富性等；多民族国家的特点等。这些丰富国情，使经济学范式变革具有独特的研究对象条件。过去，我们有意无意地有一个观念：西方世界是"先进"的和"现代"的，中国则是"传统"的或"落后"的，经济发展的趋势是落后模仿先进，向先进趋同，传统变为现代，所以，现在的西方经济就是未来的中国经济。从域观经济学范式来看，这样的观念是不现实的。中国经济的域观特质决定了：中国同西方国家永远不可能完全趋同，将永远是人类发展中域观特色各异的不同经济体。所以，中国的独特国情，不仅不应令人诧异或"失望"，而且可以助推经济学范式创新，对确立域观范式做出独特贡献，使人类各国更好地理解自己所处的现实世界，并准备迎

接这个世界的未来。

中国经济的一个特质是，东西方文化的大规模交汇和深度融合。一方面，中国有漫长的历史，深具东方文化基因和制度特色的延续性，而且也有东西方交流的长久经历。另一方面，中国的现实制度和意识形态遵循马克思主义和列宁主义，这是在西方文化背景下所形成的巨大价值文化力量，输入中国后，成为中国当代国家制度和官方意识形态的正统因素，产生强大和深刻的决定性影响。这样，中国经济体的域观格局就变得极具特色。所以，"中国特色"确实是世界无双的域观现象。商域格局和域观现象，在中国经济发展中将展现出人类文明大格局中的多方位演绎过程。总之，中国经济的域观性质，既不是完全东方性的，也不是完全西方植入性的。中国一方面向西方学习，接受西方现代文明的科学理性、先进文化和制度因素；另一方面强烈地保持着中国的思维、文化和制度的历史遗产因素，坚持"文化自信""制度自信"。可以说，中国经济体具有并且会不断地丰富展现出基于域观经济学范式所刻画的图景。这是中国经济学界可以为经济学范式变革做出重要贡献的独特国情条件。

由于中国经济体和社会形态的极大"特色"，许多领域中所发生的现象向商域经济学提出了各种"难题"，这也正是对中国经济学界致力于研究商域经济学的激励和更可能取得有价值成果的机会。例如，中国有14亿多人口，而且正在趋向人口结构的老龄化，这是一个极大的域观难题。因此，健康医疗和被称为"大健康产业"领域中的现象和行为就是一个需要着力研究的庞大而复杂的商域。对这个特殊商域的研究，必须突破微观—宏观范式，而在域观范式的框架中展开。笔者在《关于大健康产业的若干经济学理论问题》一文中指出："大健康产业是满足人民健康需要的一个涵盖面相当广泛的特殊商域。这一商域具有独特的理性逻辑、价值文化特征和制度形态，而且，各不同国家的大健康产业也各自具有不同于其他国家的特征和特色。也就是说，大健康产业这一商域空间，是极为丰富复杂和多元化的。研究大健康产业，必须要有多维视角。在大健康产业这一特殊商域中，生产、交换、消费，以及政府的监管制度等，其具体模式都有极大的可选择性，即以不同的组织形式和运行机制，应对和解决不同的问题。所以，在大健康这个复杂商域中，生产形式和供应方式纷繁复杂，几乎涉及各类经济组织形式。包括：商业性（营利性）生产和供给方式、非营利性生产和供给方式、社会企业生产和供给方式；互助性生产和供给方式、慈善性供给方式；公共性生产和供给方式（公立医院，应急系统）等。"而且，"既然健康如此重要，关乎基本人权和终极需要，而且满足健康需要的生产组织和供应方式又如此多样复杂，进入大健康领域的各类主体的经济和法律性质纷繁复杂，行为目标各不相同，那么，如何确保各种供需活动的正常有效进行，避免出现不良行为和失序现象，就一定会成为十分重要的公共管理问题。"[23]

再如，由于科学技术进步，产生了各种新兴的高科技产业，有些领域的发展中国家已经走在世界前列，如任正非先生所说的"进入了无人区"，一系列前沿问题将层出不穷。特别是，互联网和数字经济的极大发展，以及人工智能产业的兴起，已经并正在形成更多具有显著区别于传统产业性质的特殊域观现象。对于呈现为特殊的经济关系、价值文化和制度形态的这类新兴商域现象，是难以由经济学的微观—宏观理论范式来驾驭的。而基于域观范式变革的商域经济学，则可以成为研究这类新兴领域的经济现象和商业行为的学术新工具。特别是，这些新兴的高科技产业，或颠覆性科学技术的运用所导致的崭新经济社会关系，如何同其他商域衔接、互联，使整个经济体顺畅有效运行，更是商域经济学需要着力研究的重要问题。

再一类绝好的研究对象是中国经济开放过程中所发生的独特域观现象，包括商域特性和域际关系。从世界经济发展的大趋势看，"贸易创造世界经济格局"是一个重要规律。其中，贸易密集的地区就会逐步形成具有越来越紧密联系的区域，区域之间的贸易频繁化，就会使这些区域形成更大的区域。如果区域间的贸易联系跨越国界，就形成各种跨国性的区域。各国往往倾向于在这些区域达成更顺畅的贸易关系，突破国际壁垒，成为国际自由贸易区。当然，更为理想的是使世界各国间都实行自由贸易关系，这就称之为"经济全球化"。这一逻辑是一个经济理性主导的过程，从经济效率上说，当然是理所当然的经济进步方向。但是，现实是复杂的。例如，中国的粤港澳大湾区就是一个极为典型和有趣的域观经济现象和商域经济学研究对象，而绝非现有的基于微观—宏观范式的区域经济学分析方法所能驾驭的问题。

粤港澳大湾区中的3个经济体（目前包括有十几个行政市），虽然位于一个紧密的地理区域，却各具非常不同的价值文化和制度形态特性。所以，由3个经济体构成的粤港澳大湾区内部具有显著的"域际"性，是由经济社会特质显著不同的"域"所构成的一个经济关系复杂地区。在经济学视野中，产生了一个非常典型的域观问题：具有不同域观特性的3个经济体，需要整合为一个更紧密联系的经济一体化区域时，如何实现域际沟通、协调和交融？

具有不同域性特性的广东省、香港特别行政区、澳门特别行政区3个经济体，各有不同的历史，文化差异较大，政治体制和法律制度更具有很大的本质性差别。从经济理性上说，粤港澳大湾区中的3个经济体之间，贸易及其他经济交往关系越自由、互联互通越发达，就越有利于整个地区的经济发展。但是，由于3个经济体的域观特质的深刻差异，完全拆除相互间一切壁垒，成为高度统一的经济共同体，实际上又是很不容易做到的，即使要达到欧盟那样水平的经济一体化程度，实现欧盟内部那样的高度自由流动的经济关系，包括商品、资金、人员、信息等的自由流通，也面临一些难以解决的问题。其中，最根本的当然是"一国两制"这个特殊政治关系。欧盟经济体中的各国虽然本质上是国际经济关系，却可以实现高度一体化，以至几乎可以达到通畅性，接近"国内化"的程度。因为，重要的是欧盟各国虽然主体不同，但国体性质是基本相同的。而广东省、香港特别行政区、澳门特别行政区虽然属于一国，相互间的经济关系本质上是一国之内的不同区域间的关系，但其相互间的壁垒和通畅性障碍往往表现得强过欧盟内部各国间的阻碍。

可见，粤港澳大湾区经济一体化是一个非常独特的域观经济现象，不可能模仿世界上现有的任何一个经济区域，来构建粤港澳大湾区的一体化模式，而必须因地制宜地进行制度创新。这至少可能会涉及：如何安排好商品、资金、人员、信息等受阻碍的可流动要素在粤港澳大湾区内的流动自由化程度。总体来说，商品流动的自由化相对比较容易，主要涉及关税差别、卫生及质量标准差别、文化产品（如图书）的道德标准差别、知识产权制度差别等。资金流动的自由化，涉及对于"金融自由化"的理解和处置，特别是面临一些关系金融体制和金融安全方面的敏感问题以及外汇管理制度差别等。尤其是，数字货币的迅速发展，包括区块链技术导致的对法定货币体系的冲击，金融当局不得不采取各种管制措施，粤港澳之间的金融制度差别也会成为一个需要协调的重大而敏感的问题。人员流动的自由化，是一个涉及国家治理体系中比较复杂关系的问题，实际上，粤港澳大湾区内人员流动自由化主要表现为人员身份多元化条件下的国家管理问题，也就是说，具有不同身份的人如何被赋予不同的自由流动权利，才有助于实现国家治理。特别是，由于国家治理制度和人口规模的巨大差别，相对于港澳地区人口，内地人口在粤港澳大湾区自由流动必然会受到较大程度的限制。至于信息流动自由化问题，则主要是基于粤港澳间的治理体系性质差别的不同制度安排所导致的差异化管控要求，体现了粤港澳三地不同的政治制度性质。在这方面，互联网的管理和联通规则将可能成为一个需要重点研究的重要问题。而且，在信息技术越来越发达的条件下，信息流与资金流的界限可能越来越模糊，甚至在数字货币成为不可阻挡之势时，资金流完全表现为信息流（数字流），会对粤港澳大湾区的经济自由化形成新的挑战，需要尽快研究。

可见，粤港澳大湾区的经济发展、合作协调和经济自由化，不仅仅是经济理性问题，而是涉及深刻而广泛的价值文化和制度形态的问题。社会科学理论界必须投入更大力量进行研究，特别是对于前沿性的问题和可能出现的重大现实挑战，要有前瞻性的关注和研究，从而科学预见粤港澳大湾区的域际演化前景。

总之，中国的独特国情，可以有力助推经济学的范式创新，使商域经济学得以建立和发展。而且，中国所面临的需要解决的经济发展问题，也对经济学范式创新提出了紧迫性需要。从域观范式研究和发展商域经济的努力中，可以看到中国经济学发展的轨迹和前景。

六、经济学在中国的范式演变及其前景

当代中国经济学发展的历史不长，仅仅几十年。新中国成立时，以往的经济学理论和学科体系基本上被"出清"了。如同是在一片处女地上，按照"资本主义"和"社会主义"两个假定社会形态，植入两大理论范式：按照马克思《资本论》的逻辑构建"政治经济学（资本主义部分）"；按照苏联《政治经济学教科书》的逻辑构建"政治经济学（社会主义部分）"。除此之外，反映中国经济体系的现状，还产生了统称为"部门经济学"的分支学科，如工业经济学、农业经济学、国民经济计划学、国际贸易等。

1978年的改革开放，使传统经济学的研究对象发生根本性变化，经济学学科体系也必须变革。政治经济学仍然维持"政治经济学（资本主义部分）"和"政治经济学（社会主义部分）"的两大板块，但其具体内容，特别是"政治经济学（社会主义部分）"的具体内容随着体制改革、政策变化和实践中发生的新现象而不断修正。期间也有一些范式变革的尝试，如北京大学厉以宁教授编著的《社会主义政治经济学》，试图在原有的马克思政治经济学理论体系中融入西方主流经济学的理论因素，以至实现两种体系的衔接甚至融汇。但迄今为止，中国经济学界所接受的政治经济学的学科理论范式基本未变，当然，在其中也不断引入了西方经济学的理论因素和加入了中国经济发展和经济体制改革中所取得的经验性成果，特别是加进了反映中国经济政策变化的重要思想内容。例如，由洪银兴教授主编的《新编社会主义政治经济学教程》，由"经济学时代""经济制度""经济运行""经济发展"和"对外经济"五篇构成[24]。基本反映了中国政治经济学学科发展所达到的前沿水平。

在政治经济学理论体系演变的同时，中国经济学40年来最大的变革是，全面引进了西方经济学的学科体系，通过学习、吸收、消化（中国化）和体系化，形成了今天中国经济学的庞大学科体系。这个庞大学科体系的构成，主要体现为两大板块，一个是原有政治经济学体系的扩展和改进（如前所述）；另一个是西方主流经济学体系的移植。所谓"同现代经济学接轨"和高等教育的教学"国际化"，基本上体现了上述后一理论体系板块的形成和发展。尽管中国将经济学划分为"理论经济学"和"应用经济学"两大"一级学科"，并分列了比西方经济学学科体制更多的"二级""三级"学科，但其整个经济学体系的底层逻辑同西方经济学主流的微观—宏观学术范式没有根本差别。也就是说，在主流经济学的常规范式中，微观经济学和宏观经济学的思维方式是整个经济学体系大厦的底基和学术范式和逻辑的"主心骨"。一定意义上可以说，中国经济学学科体系的形成过程同现实经济的改革开放进程基本同步，相得益彰。因而，也如中国经济的引进、模仿、消化、吸收过程已基本完成一样，形成中国经济学体系的引进、模仿、消化、吸收过程也基本完成了。目前，西方经济学体系中的几乎每一个学科领域，中国经济学都已充分进入，并形成了相当规模的教学科研力量。可以说，近40年，也是中国经济学的高速增长和规模大幅扩张的时代。中国不仅是一个经济大国，而且也已经是一个经济学的研究和教学大国。

那么，当确立了经济学范式之后，中国经济学发展是否面临着范式变革呢？托马斯·库恩指出："取得了一个范式，取得了范式所容许的那类更深奥的研究，是任何一个科学领域在发展中达到成熟的标志。"当确立了一定的科学范式，成为"常规科学"时，科学的继续发展，或科学家的科学成就就主要不再以书（著作）的形式出现，而"通常以简短的论文的方式出现，只写给专业同事们读，这些人被认为都具有共同范式的知识，唯有他们能够写出论文，也才能读懂为他们写的论文"。在这样的成熟阶段，"一种范式给人们留下非常多的扫尾工作要做，而完成这些扫尾工作又是多么地令人迷醉……大多数科学家倾其全部科学生涯所从事的正是这些扫尾工作……这些活动似乎是强把自然界塞进一个由范式提供的已经制成且相当坚固的盒子里"。托马斯·库恩称这样的工作为"常规科学"，并指出："常规科学的目的既不是去发现新类型的现象，事实上，那些没有被装进盒子内的现象，常常是完全视而不见的；也不是发现新理论，而且往往也难以容忍别人发明新理论。相反，常规科学研究乃在于澄清范式所提供的那些现象与理论。"此时，人们将等待"科学革命"的发生，"科学革命就是科学家据以观察世界的概念网络的变更"。他称为"范式转换"，并指出："范式是一个成熟的科学共同体在某段时间内所认可的研究方法、问题领域和解题标准的源头活水。因此，接受新范式，常常需要定义相应的科学……以前不存在的或认为无足轻重的问题，随着新范式的出现，可能会成为导致重大科学成就的基本问题。"⑤

笔者在这里较多引述托马斯·库恩《科学革命的结构》中的话，是因为我们希望从科学发展史的角度来判断当代经济学是否走到了以范式转换为标志的"科学革命"关头？从以上引文中可以看到，当前的主流经济学已经非常吻合托马斯·库恩所描述的"常规科学"的表征。大量的以论文形式出现的经济学研究成果，似乎真的不过是在做"扫尾工作"，试图把现实中发生的现象塞进既定范式的"相当坚固的盒子"里。因此可以看到，经济学期刊发表的大量论文表现得高水平、很深奥、充满复杂公式、非同行专业人员难以读懂，但并无新理论新思想，其结论往往并没有超越常识，不过是将常识性的因果关系用复杂的"建模"和"推导"方式表达出来。现实中的许多重大问题，却反倒被"常规科学"认为无足轻重。因此，尽管笔者不敢冒言经济学的"范式转换"，因为，主流经济学的既定范式还十分强大，新旧范式的完全替换恐怕为时尚早，但部分改变和积极创新却在所难免，这样的改变和创新至少可以反映经济学范式的重要变革。变革之后，变革前的范式并不完全失效，其所刻画的图景可以成为新范式图景中的一个"特例"，即在做了一系列假定，限于一定范围之内，原有范式仍然部分有效。如果发生与时俱进的范式变革，经济学将会变得更有价值，现实意义更加重大。"范式不仅给科学家以地图，也给了他们绘图指南。在学习范式时，科学家同时学到了理论、方法和标准，它们通常是彼此纠缠、难分难解的。因此当范式变化时，通常决定问题和解答的正当性的标准，也会发生重大变化。"㉖

中国经济学范式变革同中国经济发展成就高度相关。同中国经济发展取得了巨大成就后其局限性反而凸显出来一样（所以提出要树立新的发展观，实现从高速增长向高质量发展的转变），当中国经济学的发展取得了耀眼成就后，她的局限性（质量不高）也凸显出来，这主要表现在两个方面。一是，尽管从西方经济学界吸收知识，并形成了完整的学科体系，经济学从业人数庞大，但中国经济学的学术水平离西方经济学界还有很大距离，其直接表现就是，在所谓国际"顶级"学术期刊上发表的学术论文很少，更不用说还没有中国经济学家能够获得国际公认的经济学大奖，如诺贝尔经济学奖等。二是，中国经济学缺乏原创性的学术创新，不仅因其学术底蕴不够厚实因而缺乏想象力，而且对于崭新现象的观察、刻画和解释缺乏学术穿透力和范式构建能力。中国经济学正处在能否实现进一步升华的路口上：一边是高山，一边是大海。"高山"是西方经济学的学术成就的高耸山巅；"大海"是现实经济的鲜活生命运动的浩瀚空间。

因此，中国经济学的升华可以有两个主要的突破方向，或者说，中国年轻经济学者获取高水平经济学成就的学术路线可以有两种现实选择：第一，进一步努力逼近现有经济学学术范式下的"世界水平"，这一学术路线可以称之为"尖极化"方向，即向经济学的顶尖和极地攀登。第二，另辟蹊径，进行范式变革，创造新的学术进步路线，例如，建立以域观范式为支撑的商域经济学体系，这一学术路线可以称之为"域观化"方向，这就如同是开拓经济学未曾开发或少有人涉足的广阔"蓝海"㉗。总之，攀登经济学的高地山巅和开拓经济学范式变革的创新蓝海，都是中国经济学发展需要努力的方向。而对于经济学的经世济民使命而言，后一个努力方向恐怕更具现实紧迫性和更可能做出重大学术贡献。

按照第二条学术发展路线，就可以形成经济学的"中国学派"。其实，其他国家的经济学也在开拓被称为"某某国学派"的经济学流派，为世界经济学做出很有价值的贡献，如芝加哥学派、哈佛学派、奥地利学派、瑞典学派以及德国历史学派等。经济学是一种科学范式体系，不同的人即使看到的是同一个世界，所刻画出的也是不同的映像世界，一定意义上可以说，"人所看到的世界是自己心中的世界"。更不用说，各国经济学家总是倾向于更关注自己国家的经济现象和问题，即使观察世界其他国家的经济现象也是立足于自己国家的视角。所以，实际上各国经济学家所看到或关注的是不同的现实世界，所形成的往往是以不同的学术范式所刻画出的不同的认识图景和表达形式。可见，在进行经济学范式变革和专注中国经济新现象这两个方向上，都可以拓展出经济学中国学派的广阔空间。在中国经济发展的新时代，建立经济学中国学派，是中国经济学界得天独厚的天赐良机。

对经济学进行域观范式变革，并非凭空构建一个新的学术大厦。如前所述，各国经济学家已经在这一方向上做出过不少努力，从经济学范式的隐喻、对经济学理性假定（经济人假设）的心理实验、对不同国家的人群的价值观特征的研究等都是对经济学的理性逻辑的突破性研究。一些衍生性的经济学科，也将经济理性之外的因素，如文化、信仰、民族、地理等引入经济学的分析框架或模型。

其实，只要是观察和研究接近现实的经济现象，就必然会从高度抽象的经济学世界，迈入域观视角的领域。回顾和总结中国改革开放 40 多年的历史，可以清晰看到，中国经济发展所取得的成就突出体现了域观经济范式的现实力量：各项宏观政策和微观改革均有意无意地运用了域观经济规律，没有任何一项改革和重大政策调整可以仅仅依据微观经济学范式和宏观经济学范式做出决策；而且，各地区、各行业、各领域的改革，凡是能够取得积极成效的，无不是因地制宜的，其具体举措无不是"接地气"的，而没有任何成功的改革措施和制度安排可以仅从抽象的理性逻辑出发。相反，凡是仅仅以经济理性的抽象逻辑制定的改革方案，如有的国家实行的所谓"休克疗法"改革策略，都无不以失败告终。所谓"实践是检验真理的唯一标准"和"摸着石头过河"，实际上就深刻体现了域观思维，即不仅依据经济学的理性逻辑，而且必须从中国的历史文化及制度形态特质的各个维度，观察和处理现实问题。因此，中国所走的只可能是"中国特色经济发展道路"，所建立的只可能是"中国特色社会主义制度"。脱离了域观特色的经济制度和发展道路是行不通的，实际上也是不可能存在的。由此可见，中国经济学发展的"蓝海"路线，可以具有非常广阔的前景。

七、中国学派对经济学范式变革可能的贡献

中国经济学家，经历了同其他国家的经济学家非常不同的成长过程，身处于不同的社会制度和文化环境中，其思维方式不可能不受到深刻影响，所以，完全可能对经济科学的发展，包括对其范式变革做出独特贡献，形成经济学的中国学派。当然，有的经济学家可能认为并没有或者不可能有什么中国学派，全世界的经济学都只能有共同的范式，经济学应该像数学那样，一套同样的方法适用于一切国家和所有领域。其实，坚持这样主张的经济学家本身也是一个学派，应该主要是那些完全接受西方主流（或正统）经济学的经济学家，他们认为在西方国家产生的被称为"现代经济学"的主流学术范式，也应该成为中国经济学界的唯一选择。这样的

观点当然也可以成为一种学术主张，也许有其自身的思维逻辑和学术范式，希望将所有国家的经济现象都装进那个唯一的经济学范式盒子之中。不过，一些人主张有（或者可以形成）经济学中国学派，一些人主张没有（或者不可能形成）中国学派（按此逻辑，实际上是主张经济学根本不可分出不同学派），这恰恰表明了经济学家因某种差别，客观上是分为不同学派的。只不过是，有些居主流地位的学派可能希望成为普世性学派，实际上是体现其"一神论"的信仰。但无论如何，既然有自认的"主流"，也就实际上承认有非主流，既然有自认的普世取向，实际上也就表明存在不赞同普世取向的学派，这恰好表明了，不同学派的存在是无法否认的。

那么，经济学的中国学派对经济学发展的范式变革可能做出何种重要贡献呢？这与中国的独特国情直接相关，至少有三个特别值得重视的方面。

第一，伟大的实践性。中国经济发展，特别是改革开放以来的经济发展，完全可以称得上是人类发展史上最伟大的变革实践和建设实践之一：中国十几亿人口，占世界总数接近20%，在短短几十年时间内，通过工业化和城市化，摆脱贫困，进入中等收入国家行列，并成为 GDP 总量世界第二的国家，极大地改变了世界工业化版图和人类发展的面貌。伟大的实践产生伟大的理论，中国经济发展实践对经济学的发展，包括学术范式的创新发挥着极为深刻的影响。中国数千年历史所形成的价值文化特质和这一独特发展道路和制度探索实践，给中国经济学打上深刻的烙印：中国经济的微观主体、宏观态势均具有显著特色，中国经济的域观状况更具有极大的丰富性和多元性，这使得中国经济学的理论体系必须要具有对复杂经济现象的有效解释力和对中国庞大经济体现象的多方位涵盖性，这就要进行艰难的理论建设和学术创新。否则，经济学如何驾驭中国伟大实践所创造的壮观现实世界？从这一意义上说，中国经济学如果碌碌无为，缺乏创新，就只能成为被中国的伟大实践所鄙弃或忽略的"纸上谈兵"游戏。反之，中国经济学如果要有所作为，成为同中国的伟大实践相匹配的真正学问，在中国的伟大实践中发挥思想启发和现实洞察的作用，就必须进行理论创新，特别是实现经济学学术范式的变革再造。按照托马斯·库恩的说法，科学的进步往往是从"事实的新颖性"引致"理论的新颖性"[23]。中国经济发展的新颖实践，为理论创新铺垫了肥沃的土壤并提供了丰富的养分。

其实，在中国经济发展过程中，中国特有的体制机制给经济学和经济学家们发挥直接或间接影响，留下了比在其他国家的域观条件下大得多的作用空间。在一般国家，包括经济发达的西方国家中，经济学或经济学家发挥社会性、地方性或全国性影响的作用方式和实现机制是很有限的。经济学家们就算是说对了，又能如何？能够通过什么方式和手段而成为影响社会实践的实际举措呢？——或者争取立法，那路径十分漫长；或者借助行政，但政府功能有限；或者诉诸舆论，却实际效能莫测。而在中国的域境条件下，情况显著不同。经济学界如果有好的意见，可以有"红头文件"机制，予以采纳、执行和实现。中国经济体系的一个可能的世界无二的域观特征是：虽然契约机制可能弱于西方发达的市场经济国家，但各级党政部门"红头文件"的形成—传达系统和执行系统所形成的作用机制，可以产生强大的信息能量，这一机制如同人体中的神经系统那样，将调节性信息传导给执行主体，而且具有程度不同的强制性（法规性）和资源调配效力。所以，在中国经济的域观条件下，经济学更有条件成为具有实践作用力的学问，因此，"应用经济学"在中国成为特别庞大的"一级学科"。可见，在中国的伟大实践中，中国经济学力争以更加切合实际的学术范式来观察、研究、洞察和引导经济发展过程，本身就是经济学中国学派的一个显著特征。从这一意义上甚至可以把中国应用经济学称为"实践参与型经济学"，从"上报""内参"，到"批示"和形成"红头文件"，是中国经济学家发挥"智库"功能的一个中国特色体制机制。正因为中国经济学家可能发挥更积极和直接的参与作用，所以，仅仅依据微观—宏观范式所做出的研究成果是远远不够的，中国经济学家必须以域观范式来观察和研究现实，才可能"具体问题具体分析"，使所做出的研究成果更加贴近现实，具有实践的可行性。

第二，马克思的理论。如前所述，中国经济学的理论溯源，除了引入现代西方经济理论和学科体系之外，更重要的是马克思理论的基础和指导作用。经济学的底层逻辑依赖于关于人性和经济空间基本性质的认识或假定，在这个逻辑底层结构上，中国经济学极具特色，即马克思主义理论的输入与现代经济理性的输入，在中国深厚传统文化基础上，形成了中国学派的经济学科学思维的范式倾向。如本文前面已讨论到的，马克思理论体系中，关于人性和人的行为的认识，具有非常的深刻性，关于经济空间特征的认识同关于社会形态演化阶段的研究密切相关，这就为经济学中国学派的探索和学术建设，提供了非常有利的范式演化条件。

众所周知，马克思的理论具有思维的辩证性和历史观的唯物主义原理，因此，将人的行为特征基于一定的社会历史条件中来定义，是马克思的理论原则，这就为本文所讨论的经济学的域观范式问题提供了有力的理论支撑基础。即人非抽象之人，人的行为非追求抽象算计之"最大化"，而是一定的现实条件中的具体行动，也就是说，经济行为都是具有域观特征或商域特征的行为，经济现象大都表现为域观现象，而非抽象的微观现象或宏观现象。在现实经济中，只有域观现象才是真实现象，各经济主体的活动空间都以商域形式而存在。而域观特征又同不断进步的生产力状况相关，这就是众所周知的马克思关于生产力与生产关系、经济基础与上层建筑之间关系的范式基础。显然，马克思的理论范式对经济学中国学派的研究探索具有重要的指导意义。即不存在抽象的人和抽象的微观—宏观经济空间，而只有现实的人和现实的域观经济空间。

第三，范式冲击反应。当前，世界科技进步和社会变迁对经济学的学科范式产生的冲击是广泛而深刻的。无论是在中国，还是在世界其他国家，原有经济学的那种绝对空间中"原子"式的微观经济主体间进行行为目标"最大化"竞争，进而形成均衡，这样的经济学学术范式，正在受到极大冲击。如何应对这样的冲击，形成新的更符合巨大变化中的经济现实的新的学术范式，是全世界各国经济学界面临的共同挑战。挑战是共同的，但应对挑战的反应方式，即经济学创新发展的路径，可能有不同选择。中国经济学界受到前述两个重要因素的强烈影响，或者也可以说是，由于具有前述两个重要的现实条件，因而可以形成对经济学范式冲击的具有中国特色的应对方式，即在微观范式和宏观范式的经济学体系框架中，加入域观范式。这样，经济学体系可以形成一个更稳固的可经受冲击的范式结构，从微观、宏观和域观三重视角观察、分析和把握现实世界，其解释力会更强。

这可以做一个形象的比喻，按照微观—宏观经济学范式所看到的经济世界是：均质空间中的同质"生命体"，构成单元一色的单调世界。而按照域观经济范式，则看到的是：非匀质空间中的各种物种，构成种群多样的复杂世界。将前一范式转换为后一范式显然更接近于现实的经济世界。

当然，按照微观、宏观和域观的范式体系来发展经济学的中国学派，是一项艰难的任务，因为，微观、宏观的经济学范式体系已经相当成熟，而其成熟的标志是高度形式化、数学化和模型化，它的武装是非常"现代化"的。与此不同，至少到目前为止，对经济现象进行域观分析，难以做到同微观—宏观范式那样的形式化、数学化和模型化的程度，而且，域观范式是否也必须走向形式化、数学化和模型化方向，或者怎样进行统计表达和分析，本身就是一个需要以众多人的研究和探索才能回答的问题。所以，在目前条件下，微观、宏观、域观三者之间还难以有完美的范式结构。但这也许正是可以吸引更多年轻经济学家学术兴趣的一个十分具有魅力的研究方向，年轻的中国经济学家们有可能在此方向上做出具有世界意义的学术贡献。

八、结语

本文的讨论使我们不得不思考这样的问题：今天，经济学是否正在发生如托马斯·库恩所说的从"常规科学"进入"范式转换"的"科学革命"过程？如果确实正在或者将要发生以范式转换为特征的经济学的科学革命，那么，我们将会看到一个什么样的世界呢？托马斯·库恩说："范式一变，这世界本身也随之改变了。科学家由一个新范式指引，去采用新工具，注意新领域。甚至更重要的是，在革命过程中科学家用熟悉的工具去注意以前注意过的地方时，他们会看到新的不同的东西。""范式改变的确是科学家对他们研究所及的世界的看法变了。仅就他们通过所见所为来认知世界而言，我们就可以说：在革命之后，科学家们所面对的是一个不同的世界。"[29]

这就可以理解为什么会如前文中所提及的，两位学术观点对立的经济学家可以同时被授予诺贝尔经济学奖。因为他们观察现实世界所基于的范式视角不同，所获得的关于现实世界的经济学图景就不同，对于他们来说所看到的是不同的世界。所以，尽管人类的生产、交换和消费活动是客观现实的，但经济学所刻画的人类"经济活动"则是基于一定的经济学范式框架而形成的抽象世界，即是"观"中的图景。那么，从微观、宏观到域观的范式创新，可能反映了对现实世界真实性认识的逼近，使经济学的世界"观"更接近于真实世界。

按照微观—宏观学术范式，经济学构建的是一个"货币故事"体系：微观范式的根基是"交换"，宏观范式的根基是"加总"，两者都必须以货币单位为"语言"和尺度，如果没有货币，微观—宏观范式就无法表达其含义。所以，在微观—宏观范式中，货币不仅是"面纱"，更是"主角"。经济学试图突破货币的主宰，引入"人口""自然资源""人力资本"，甚至"气候"等角色，但是，只要进入微观—宏观范式的经济学世界，实际上还是不得不归入"货币故事"。在以货币计量的货币故事中，才可以讨论"交换""价值""均衡""最优""最大化"等经济分析的核心主题，但却离现实世界很远，甚至成为"虚构"故事。在现代经济学范式框架中，以虚构的一元化符号体系替代真实的多元化行为世界，难免陷入缺乏解释力的窘境，因为两者差距实在太大。所以，经济学家们要常常扪心自问：在我们所构建的经济学庞大体系的大厦中，究竟能装进多少"真实"？是否已经装入了太多的"虚构"，这些"虚构"是否都是为了装进"真实"所必需的容器？如果经济学大厦中，存有太多的与真实无关的虚构容器，其中空无"真实"；或者"真实"已经改变，却没有容器可以装载"新生事物"，那么，这样的经济学大厦是否应该进行"范式转换"？当科技革命正在使我们所处的世界发生日新月异的变化，相对于现有经济学所描绘的图景，现实中的许多领域已经"面目全非"。层出不穷的新现象，使原有的经济学范式体系无力应对，此时，"经济学向何处去"已经成为一个无法回避的"斯芬克斯"之问。

当然，现代经济学的成熟范式结构还是相当坚固的，具有强有力的内在逻辑自洽性，如果要进行范式创新，引入新的范式因素，将域观范式与微观—宏观范式相衔接，不是一件容易完成的任务。本文仅仅是提出了经济学范式创新的一个可能的方向，或者仅仅是提出了一个问题，以期引起学界同人的学术兴趣，特别希望年轻经济学家们能够在此方向上不惜投入研究精力。

注释

①弗里德里希·奥古斯特·冯·哈耶克（1899～1992年），奥地利裔英国经济学家，新自由主义的代表人物，1974年获诺贝尔经济学奖。

②冈纳·缪尔达尔（1898～1987年），瑞典著名经济学家，1974年诺贝尔经济学奖获得者；其是瑞典学派和新制度学派以及发展经济学的主要代表人物之一。

③诺贝特·埃利亚斯：《文明的进程：文明的社会发生和心理发生的研究》，王佩莉、袁志英译，序言第27、39页，上海译文出版社，2018年。

④杨春学：《新古典自由主义经济学的困境及其批判》，《经济研究》，2018年第10期。

⑤本文以下部分将深入讨论与"微观"和"宏观"相对应的"域观"范式，在这里，本文暂且将"域观"简要定义为"一定区域、领域或时域中所呈现的现象或发生的行为"。

⑥弗里德里希·奥格斯特·冯·哈耶克：《致命的自负》，冯克利、胡晋华等译，中国社会科学出版社，2000年，第111页。

⑦同上注，第145页。

⑧同上注，第146页。

⑨罗纳德·H.科斯，《论经济学和经济学家》，罗君丽、茹玉骢译，格致出版社、上海三联书店、上海人民出版社，2014年，第18页。

⑩同上注，第42、44页。

⑪同上注，第111页。

⑫货币常常被比拟为覆盖在实体经济上的一层"面纱"，对实体经济运行没有实质影响。而追求货币则是"人性的欺骗"。货币本身虽然没有任何实际用处，人不可能靠货币生存，但却无度地追逐货币，是人类行为的"异化"现象。

⑬金碚：《关于开拓商域经济学新学科研究的思考》，《区域经济评

论》，2018 年第 5 期。

⑭道格拉斯·诺斯、罗伯特·托马斯：《西方世界的兴起》，厉以平、蔡磊译，华夏出版社，2017 年，第 197 页。

⑮厉以宁：《文化经济学》，商务印书馆，2018 年，第 144 页。

⑯同上注，第 142 页。

⑰罗杰·E. 巴克豪斯：《经济学是科学吗？——现代经济学的成效、历史与方法》，苏丽文译，格致出版社、上海人民出版社，2018 年，第 22、23 页。

⑱同上注，第 24、25 页。

⑲金碚：《关于开拓商域经济学新学科研究的思考》，《区域经济评论》，2018 年第 5 期。

⑳李俊生、姚东旻：《财政学需要什么样的理论基础——兼评市场失灵理论的"失灵"》，《经济研究》，2018 年第 9 期。

㉑彭慕兰、史蒂文·托皮克在：《贸易打造的世界：1400 年至今的社会、文化与世界经济》，黄中宪、吴莉苇译，上海人民出版社，2018 年，第 19 页。

㉒同上注，第 3、4 页。

㉓金碚：《关于大健康产业的若干经济学理论问题》，《北京工业大学学报》（哲学社会科学版），2019 年第 1 期。

㉔洪银兴：《新编社会主义政治经济学教程》，人民出版社，2018 年。

㉕托马斯·库恩：《科学革命的结构》，金吾伦、胡新知译，北京大学出版社，2012 年，第 9、17、20、88 页。

㉖同上注，第 93 页。

㉗人们将尚未充分开发的领域或未知的市场空间称为"蓝海"，而将已经充分开发因而十分拥挤的领域或市场称为"红海"。将以开发"蓝海"市场为主要方向的企业行为称为"蓝海战略"。

㉘托马斯·库恩：《科学革命的结构》，金吾伦、胡新知译，北京大学出版社，2012 年，第 44 页。

㉙同上注，第 94 页。

参考文献

［1］杨春学：《新古典自由主义经济学的困境及其批判》，《经济研究》，2018 年第 10 期。

［2］金碚：《关于开拓商域经济学新学科研究的思考》，《区域经济评论》，2018 年第 5 期。

［3］厉以宁：《文化经济学》，商务印书馆，2018 年。

［4］李俊生、姚东旻：《财政学需要什么样的理论基础——兼评市场失灵理论的"失灵"》，《经济研究》，2018 年第 9 期。

［5］金碚：《关于大健康产业的若干经济学理论问题》，《北京工业大学学报（哲学社会科学版）》，2019 年第 1 期。

［6］洪银兴：《新编社会主义政治经济学教程》，人民出版社，2018 年。

［7］诺贝特·埃利亚斯：《文明的进程：文明的社会发生和心理发生的研究》，王佩莉、袁志英译，上海译文出版社，2018 年。

［8］弗里德里希·奥格斯特·冯·哈耶克：《致命的自负》，冯克利、胡晋华等译，中国社会科学出版社，2000 年。

［9］罗纳德·H. 科斯：《论经济学和经济学家》，罗君丽、茹玉骢译，格致出版社、上海三联出版社、上海人民出版社，2014 年。

［10］道格拉斯·诺斯、罗伯特·托马斯：《西方世界的兴起》，厉以平、蔡磊译，华夏出版社，2017 年。

［11］罗杰·E. 巴克豪斯：《经济学是科学吗？——现代经济学的成效、历史与方法》，苏丽文译，格致出版社、上海人民出版社，2018 年。

［12］彭慕兰、史蒂文·托皮克：《贸易打造的世界——1400 年至今的社会、文化与世界经济》，黄中宪、吴莉苇译，上海人民出版社，2018 年。

［13］托马斯·库恩：《科学革命的结构》，金吾伦、胡新知译，北京大学出版社，2012 年。

经济学何去何从？[*]

——兼与金碚商榷

南洋理工大学　复旦大学　黄有光

摘要： 金碚教授于 2019 年 2 月在《管理世界》的大作《试论经济学的域观范式——兼议经济学中国学派研究》讨论了现代经济学的主流学术范式的缺陷，并提出"域观"范式，强调不同人、不同文化与制度背景下，经济行为与关系有很大的差异性。此文有重要论述，也有很大的代表性，但部分有夸大，部分有扭曲，需要商榷。"域观"范式也有很有用的观点，但传统范式并不否认"域观"所强调的差异性，其不考虑这些差异性的简单分析，只是方便分析的简化。在传统范式下，也可以拓展成为可以分析不同文化与制度下的不同"商域"。传统的约束最大化下的变量选择，变量之间的相互作用而达到的供需均衡，以及对均衡的评价，是经济分析的核心。这个核心不能放弃，不论是在教学还是应用上，还应该是主角，但要加强与拓展，包括在分析收入分配平等程度与处理污染等外部性等问题上。有关拓展与创新的一些方法论问题，本文也略为讨论。

关键词： 经济学　范式　方法论　理性　环保税　平等

2019 年 2 月，《管理世界》发表了一篇由一位重量级学者（学部委员）撰写的洋洋近 3 万言的重头文章，金碚教授的《试论经济学的域观范式——兼议经济学中国学派研究》（下称"金文"）。笔者虽然不完全同意金文的观点，但必须承认金文有重要论述，也有很大的代表性，很值得

---

[*]　原载《管理世界》2019 年第 4 期。

进一步讨论。大体而言，本文认为，金文正确地指出简单传统经济分析的一些重要局限性，但部分有夸大，部分有扭曲，需要商榷。金文提出的"域观"范式也有很正确的方面和有用的观点。"域观"主要在于强调不同人、不同文化与制度背景下，经济行为与关系有很大的差异性。传统范式并不否认这些差异性，其不考虑这些差异性的简单分析，只是方便分析的简化。在传统范式下，也可以拓展成为可以分析不同文化与制度下的不同"商域"。因此，现代经济学是否需要进行金文建议的范式改变，需要进一步讨论。

下文第一部分讨论对传统经济学局限性的正确理解；第二部分评价金文提出的"域观"范式；第三部分讨论拓展传统分析的一些方向；第四部分讨论关于拓展与创新的一些方法论问题；第五部分是简短结论。

一、关于传统经济学的局限性

传统经济学的中心，是分析消费者与生产者的效用与利润最大化而做出的经济行为，以及他们之间的相互作用而达致的数量与价格上的均衡，以及对这个均衡结果的效率评价。这个评价的主要结论是福祉经济学第一定理：当一个市场经济不存在任何垄断力量（每个消费者与生产者都不能够独自显著影响价格），又不存在无知和像污染等外部性等复杂因素，完全竞争的全局均衡（通常被误译为"一般均衡[①]"）是帕累托最优的。在污染严重的情形下，绝大多数经济学者支持对污染征税（详见下文第三部分第二节）。在消费者信息不足的情形下，像食品安全问题，多数经济学者也不反对适当保护食品安全的法令，但不需要保证食物好吃的法令，因为好吃不好吃，一吃就知道。

为了分析上的简化，至少是在教科书与课堂上，假定一个消费者的效用只受他自己的消费品的影响，生产者的产量只受自己的投入的影响等。这些简化假设，显然是很不现实的，使传统分析有很多局限，从而有很多需要拓展的地方（关于简化假设的可接受性，见下文第四部分第三节）。在这个意义上，金文强调传统分析的局限性，是正确的。不过，金文的分析，至少有几个值得商榷的地方，如下所述。

（一）传统核心分析不必货币，更非主角

金文说，"按照微观—宏观学术范式[②]，经济学构建的是一个'货币故事'体系：微观范式的根基是'交换'，宏观范式的根基是'加总'，两者都必须以货币单位为'语言'和尺度，如果没有货币，微观—宏观范式就无法表达其含义。所以，在微观—宏观范式中，货币不仅是'面纱'，更是'主角'"（金文第 22 页[*]）。

其实，传统经济学的核心分析，至少是其微观部分，完全不必用货币与商品的金钱价格，而只是关注商品之间的相对价格。简单起见，考虑大家比较熟悉的消费理论（生产理论类似）。传统理论让任何一个消费者最大化其效用，并只让其自己的消费量进入其效用函数；而预算约束是每个消费品数量乘以价格的总量（即总支出），不能够大于总预算。不过，这些价格，不必是金钱价格。可以选任何一个消费品为计价物品（Numeraire）。这个计价物品的价格从定义上就等于 1，其他消费品的价格是和这个计价物品的相对价格。因此，所有价格都只是相对价格，不考虑绝对价格或金钱价格。根据这样没有货币或金钱的核心分析，可以得出传统的基本消费理论的所有结论。

经济学者也认为，如果在这个核心分析上，再加上货币，也不会影响任何结论，各个商品之间的均衡相对价格与均衡交易量不会改变。因此，货币只是"面纱"，不影响真实面貌。因此，在传统核心分析中，货币是不必要的，不但不是主角，连配角也不是。把货币当成主角，是对传统分析的误解。不过，在下文第二部分第一节提到的笔者自己提创的综观经济分析（综合微观、宏观与全局均衡分析）中，货币供应量在某些情形并不是中性的，可能会影响实值产量。然而，这个综观经济分析，至少是在现在，还不能说是传统经济学的核心，而是对传统的拓展。

（二）传统分析针对流量而非存量，并没有问题

金文说，"在'事后'意义上供需永远相等，而只有在'事前'意义上供需才可能不等。但是，既然是'事前'的'想要'，在流量上并没有实际发生，那么，没有发生的流量如何计算呢？这成为宏观经济范式的一

---

[*] 编者注：指《管理世界》刊载原文页码，后同。

个软肋。主流的宏观经济分析总是偏重于需求（流量）分析，而通常忽视'存量'因素和供给因素。因为'存量'是没有发生的流量，因此，其'价格'不是客观的，而是估值的。""而'存量'因素则被观察者尽可能地'抽象'掉了，视而不见，尽管'存量'现象才是经济活动的实际内容和目的所在（如衣食住行均为存量现象），而'流量'不过是工具性的'走过场'环节（衣食住行物品的买卖过程）"（金文第9页）。

金文的上述分析，显然是混淆了"事前与事后的对立"与"流量与存量的对立"。不论是事前想要有的量，还是事后实际出现的量，都有流量与存量的对立；不论是流量与存量，也都有事前与事后的对立。这里用一个简单的日常例子来说明这道理。考虑我家对水果的消费量，流量是每个单位时间的消费量，由于我们是每星期买一次食物，时间单位定为一个星期。那么，我家消费水果的流量约是平均每星期7公斤（或每天1公斤），存量是存放在家里的水果量，平均大约是6.5公斤。因为当刚刚买了食物时，水果的存量会从约3公斤增加到10公斤。然后随着每天的消费，逐渐减少到下一次购物时的3公斤。每次平均购买7公斤，等于平均消费流量。多数的星期，事前与事后的流量与存量都大致相等，但偶尔市场好水果缺货，可能原来想买7公斤，结果实际上只买了6公斤，或者有客人多吃了，就会出现一些不均衡；再或者路过顺便加买，或者下一次多买，恢复均衡。

从上述例子可以看出，首先，衣食住行不但有存量，也有流量，并非"衣食住行均为存量现象"。其次，存量与流量都可以有均衡或不均衡，而且两者相互相关。还有，存放在家里的水果，是方便随时要吃，但最后目的是吃。因此，不可以说存量才是目的所在，而流量只是"走过场"的环节。传统经济学针对流量的分析，并没有误导。对于存量也有很重要的一些问题，如商家存货数量的决定等，传统经济学也有专门的分析。

（三）传统分析的空间是欧式几何的空间

金文也说，"按照宏观经济学的学术范式，由于局限于流量分析，其假设的经济空间仍然是（或可以是）具有空无、匀质特征的牛顿式绝对空间"（金文第9页）。笔者认为，传统分析的空间是欧式几何的空间，只是数学上的概念，不是，至少不必是物理的概念。不过，牛顿式的绝对空间，在数学上，也可以理解为欧式空间。因此，金文的这个说法，不能够说是错的。不过，可能会被误解。这是因为，如果不是纯粹从数学，而是从物理现象而言，牛顿的物理学，已经被爱因斯坦的相对论与量子物理学所取代。因此，不小心的读者，可能会认为，由于用了过时的理论，传统经济学的分析是不正确的。实际上，从数理分析上看，把经济变量理解为在 N 维欧式空间内的点，并没有问题，不需要用更加复杂的数学空间。量子物理的一些诡异现象，只在基础微粒的层面需要考虑，在实际经济变量的层面，不必考虑。

（四）即使非完全理性，经济变量也可以加总

金文认为，"经济学的宏观范式，假定各微观经济活动的个量都是同样具有理性的人的行为表现，因而是可以加总的，即加总是有意义的"（金文第 8 页）。"如果认定人的行为是各不相同的，实际上就是否定抽象理性人的存在（或者承认人的行为不仅仅是理性的），如果那样，就无法解决经济分析的加总问题（不同的事物无法加总）。为了进行行为加总并使经济学可以有严谨的理论体系，就得假定人（至少是绝大多数人）是理性的，这实际上就是认定各个人的行为（在本质上）是相同的"（金文第 10 页）。

其实，经济变量是否可以加总，与行为者是否理性、行为是否相同无关。如果能够用同一个维度衡量某个经济变量，就可以加总。例如，英文有一句话，"You cannot compare apples and pears"，即苹果和梨不能比较。这句话有它的道理，如有些人不喜欢吃苹果，有些人不喜欢吃梨。但比较上的困难，也不是完全不能克服或减少。例如，笔者在上文说过，我家每星期消费约 7 公斤水果，读者多数认为有意义，多数没有反对我的叙述。不过，这 7 公斤水果内，就包括了苹果和梨，以及其他各种水果。可见以公斤或重量为单位的水果量，或其他如糖、大米等可以用重量为单位的商品，用重量单位进行加总是可以接受的，是有意义的，虽然可能不是100%精确。另外一个可以用来加总的单位是商品的价值，不论是用金钱价格还是用计价物品的相对价格，都可以加总。

另外一点，是否可以加总，不但和人们是否理性无关，也和人们的消费量（或其他变量）是否相同无关。这是因为，不论你是否100%理性，你是否和他人一样,你都会消费一定数量或一定价值的商品。把每个消费者的消费量相加,就能够得出有意义的总数(详见下文第二部分第一节)。

(五)效用最大化可以包罗万象

金文引用科斯的观点说,"斯密不可能认为将人看作一个理性的效用最大化者的观点是合理的"(金文第 11 页)。其实,传统的消费理论的主要局限,在于只考虑消费者本人的消费量,不在于采用效用最大化的方法。这是因为,我们只要在效用函数中加上其他的有关变量,包括其他人的消费量、社会上人们的财富分配的平均程度等(这点详见下文第三部分第一节),效用最大化的分析,几乎可以包罗万象。接受传统经济学的许多学者,也在近二三十年来,做了不少这类拓展传统分析的工作。例子包括关于公平与罪恶感等对人们决策的影响,包括行为与实验经济学在这 20 年左右的许多研究(Cartwright,2019);Akerlof(2016)等在 *The American Economic Review* 上的几篇关于身份认同的文章;文化与制度的影响(Ang,2019)。

二、对"域观范式"的评价

金文不但指出传统经济学的一些局限性,也提出取代或至少补充传统经济学的"域观范式"。笔者认为,金文在对域观范式的讨论上,有很多可以同意,甚至值得欣赏的地方。然而,在这方面,读者可以阅读原文。作为商榷的文章,本文仅针对一些笔者有不同看法的地方。

(一)传统经济学并不否定差异性

以笔者的理解,"域观"的主要论点是,不同的人或经济行为者,以及在不同的文化与制度背景下,会有不同的经济行为,因此需要在不同的"商域"进行不同的分析,"从经济理性、价值文化和制度形态的三维视角来观察和刻画"(金文第 11 页)。"商域是指具有一定价值文化特征和特定制度形态的商业活动区域或领域"(金文第 12 页)。

笔者大致同意"域观"的论述。不过,是否需要范式的转变呢?为了分析,尤其是教学上的简化,简单的传统分析大都没有考虑,至少没有强调差异性,但这并不表示传统分析否认差异性。例如,在简单的消费理论，可以用完全忽视差异性的代表性消费者分析，也可以用 N 个不同的消费者，每个消费者 i 的效用函数 U_i 与预算 y_i 是可以不同的，依然可以导出消费者 i 对某个商品 j 的需求量 x_{ij} 是其预算 y_i 与所有商品价格的函数。给定任何一个商品 j，由于所有的个别消费者 i 的需求量 x_{ij} 都是以同样的单位，如公斤来衡量的，就可以对所有消费者的需求量 x_{ij} 进行加总，得出整个市场对商品 j 的需求量 x_j。因此，即使课堂内的简单消费理论，也没有排除不同消费者之间的差异性。

因此，我们不必抛弃传统的范式，只要对它进行拓展，包括让更多变量进入个人的效用函数，进一步分析人际差异、信息、文化与制度的影响等，就可以利用传统经济分析的优点分析更多的内容，使经济分析更加全面。这些拓展，是很多经济学者现在正在进行的，也已经取得不少有用的结论，虽然这方面的工作，还远远没有完成，还有大量的发展空间。

例如，笔者这 40 年来（Ng，1977，1982，1986，1992，1998，2009，2014；黄有光，2010，2019）把传统的微观、宏观与全局均衡分析结合起来形成综观分析。该分析针对一个典型厂商利润极大化的选择，考虑了宏观变量与其他厂商对其的影响，而不必假定完全竞争，得出包括货币学派与凯恩斯学派都是综观分析下的特例的结论。其中包括由于货币供应所造成的名义总需求的改变，可能只影响价格，不影响产量（货币学派的情形）；也可能只影响产量，不影响价格（凯恩斯学派的情形）。此外，还有其他情形，包括可以部分解释商业周期的"预期奇境"，以及可以部分解释 1929 年经济大萧条的累积收缩的情形；对成本变化的影响也有分析；也可以分析一个行业的情形。虽然笔者得出一些超越传统的结论，19 世纪 60 年代就成名的前伦敦大学 Marris（1991）教授，认为笔者的分析是替凯恩斯经济学提供不完全竞争的微观基础的当代先驱，笔者并不敢说笔者的分析是新的范式，而只是对现有分析的拓展。要有新的东西，未必一定要推翻旧的东西；可以添加，而不必重来。

（二）全球化不必要求全球同质化

金文说，"经济全球化的实质是世界经济倾向于形成能够使具有不同域观特征的经济体进行互联互通、广泛交易和公平竞争的国际秩序。一方面，各国经济具有自己的域观特性，不可能做到全球同质化"（金文第 15

页)。笔者认为,全球化不必要求全球同质化,各个参加全球化的经济体的域观特性是否相同,也不重要。重要的是,像金文所说,"各国家(各商域)之间要达到顺畅交往、交易和公平的竞争与合作的全球化格局"(金文第 15 页)。

金文继续说,"无论达到怎样的经济发展水平,国与国之间的价值文化及制度形态间的差距仍然巨大,并没有发生经济发展水平提高后,各国价值文化及制度形态也趋同的情况"(金文第 15 页)。笔者认为,应该有部分趋同的倾向,但并没有完全趋同,也不必完全趋同。即使没有完全趋同,甚至完全没有趋同,全球化依然可以给参与的各个不同文化与制度的经济体带来互惠互利的结果,其中中国这几十年的快速增长,就是一个很好的见证;意大利最近与中国签约,接受"一带一路"倡议的合作,也很可能将会是另外一个见证。

(三)有特性不表示没有共性

"域观"强调不同经济体的特性。这没有错,但金文对这方面的强调,被过分夸大到几乎否认共性的存在的程度。例如,"世界上任何经济体都是有其'特色'的,不存在无特色的纯粹市场经济过程"(金文第 14 页);"不存在抽象的人和抽象的微观—宏观经济空间"(金文第 21 页)。

当然,每个人都是具体的、有个性或特性的人,但显然也存在所有人都具有的一些共性,如每个人都需要呼吸、吃饭、睡觉;每个人面对的预算约束都不是无穷大的;每个人都有一定程度的公德心与社会认同需求等。因此,对共性的分析也是有用的,不可以说,"如果不对现实的经济空间进行'域'的划分和定义,经济学对现实的分析是无能为力的"(金文第 13 页)。如果没有分析特性,对现实的解释不能达到 100%,但不能说是无能为力的。对许多问题,对共性的认识,往往更加重要。因此,西方人发现或发明的数学、物理学、电灯等,在中国也适用;中国人的针灸,也能够医治西方人。如果没有共性,这怎么可能?

金文也说,"中国一方面向西方学习,接受西方现代文明的科学理性、先进文化和制度因素;另一方面强烈地保持着中国的思维、文化和制度的历史遗产因素,坚持'文化自信''制度自信'"(金文第 16 页)。笔者大致很同意这个观点。不过,"文化自信"和"制度自信"要有选择性,好的要保留与发扬，不好的要改良。此外，笔者认为，文化与制度可以各地区不同，但思维应该是全人类一样的。不然，为何全人类能够有同样的数学、同样的逻辑推理？

三、拓展传统经济学的一些方向

拓展传统分析的可能方向，除了金文提出的"域观范式"，还有其他许多可能性，包括上文已经提到的，如分析传统分析抽象掉的一些变量。要看出哪些方向是值得拓展的一个方法，就是看传统分析的一个主要（如果不是最主要）的结论：福祉经济学第一定理。上文已经有提到，该定理论证：当一个市场经济不存在任何垄断力量，又不存在无知与像污染等外部性等复杂因素，完全竞争的全局均衡是帕累托最优的。

（一）分配平等程度的重要性

显然地，福祉经济学第一定理只论证（帕累托）效率上的最优性，不涉及分配上的优劣。因此，一个明显需要补充传统分析的方面，是关于收入与财富的分配问题。当然，该问题从经济学还没有发展出来的时候，人们就很关心了。《论语》老早就有"不患寡而患不均，不患贫而患不安"的说法。近年西方研究贫困与分配问题的成名经济学家包括 2015 年的诺奖得主 Angus Deaton 与在 2017 年去世的 Anthony Atkinson。于 2018 年，笔者根据在牛津大学的"Atkinson Memorial Lecture"内容整理的文章刚刚发表为 Ng（2019），讨论了全球灭亡与动物福祉的问题。

不过，用包括统计学与传统经济学等方法来研究收入分配的问题，大致应该是对传统分析的补充，而不是真正的拓展。一个拓展的方向是，让收入或财富分配进入个人的效用函数（在简单的、没有区分不同时段的均衡与比较静态分析，消费、收入与财富是同样的）。

分配影响人们的偏好的途径至少有两种：第一种是人们直接对分配的平均程度有偏好；通常假定人们偏好比较平均的分配；第二种是分配的平均程度影响其他变量，如分配越不平均，社会越不和谐，犯罪率越高等。早在 1973 年，笔者有一篇文章，不区分这两种方式，把分配的平均程度当成是一种公共物品，直接进入每个人的效用函数进行分析。这个分析的结果，得出两个悖论：重分配的悖论、普遍外部性的悖论（Ng，1973）。有人说过，能够发现一个悖论，就可以"当垂不朽"。笔者发现了两个，还不敢认为会不朽。不过，可能因为发现了两个悖论，心满意足，没有更进一步分析。现在想想，如果进一步分析，应该可以得出，例如即使不存在无知与像污染等实质外部，福祉经济学第一定理可能也不成立，这是因为，即使只考虑纯粹帕累托效率，也可能需要进行某些对市场的干预；再如，对很低收入者的补贴，不但在分配上是有利的（增加平等程度），也是提高纯粹帕累托效率的；又如，减少犯罪对社会和谐等的作用。当然，我们也必须考虑政府干预的行政与其他成本。

要增加分配的平等程度，除非有某些效率上的原因，应该在整体收入或财富分配的层面着手，而在具体措施上，包括在具体成本效益分析与具体商品价格上，应该以效率挂帅，不论富人穷人，一元钱就是一元钱，像笔者在30多年前在 *American Economic Review* 上论证的一样（Ng，1984）。整体平等政策虽然可能有反激励作用，但在具体措施上的平等政策，只要其平等作用一样大，也有同样的反激励作用，又有额外的反效率作用，因此，比不上前者。

传统的关于效率与平等问题的讨论（Mirrlees，1971；Okun，1975，2015）强调效率与平等之间的替代作用，如通过劫富济贫来增加平等，会有打击激励等降低效率的作用。近年的研究发现，增加平等也有减少犯罪、增加社会和谐甚至增加经济增长率的作用（Mokyr，2014）。这包括，在以前，物质资本比较重要，因此分配不均通过提高储蓄率而提高经济增长率；现在人力资本比较重要，反而是分配越平等，通过更多人力资本的累积而提高经济增长率。

（二）经济学界对污染征收庇古税的精神分裂[③]

从福祉经济学第一定理也可以看出，当存在像污染等重大外部性时，可能需要征收污染或环保税。中国已经在2018年初开始征收环境保护税。有如笔者在《网易》的专栏文章《中国环保税税额严重偏低》所论述，"能够开征环保税，这是一个值得作为大事庆祝的开端，并希望税额能够增加十倍百倍以上。""不必担心环保税对经济的打击，至少长期而言，环保税能够提高经济效率，对人民的健康与福祉有很重要的贡献。"

关于污染问题的环保经济学，当然已经有大量的研究，成果丰硕，本文不能完全综述，只指出关于对污染征收纠正性的庇古税（Pigou，1928）的课题上，经济学界有一个像是精神分裂的问题。在现实世界，如在应对全球变暖的问题上，绝大多数经济学者是支持庇古税的；不过，在理论分析上，有如下述，却好像被反对庇古税的科斯理论所统治。

国内著名的张五常教授于 1990 年 7 月，在科斯教授（Ronald Coase）获得诺奖之前，写过《我所知道的科斯》一文，重新刊登在 2013 年底，在张五常教授主办的追忆科斯的深圳会议时出版的手册《追忆科斯》中。在此文的第 4 页，张五常教授叙述了一个在 1960 年春天，包括好几位后来的诺奖得主与其他非常有名的经济学家的"经济学历史上最有名的辩论聚会"。

"科斯问：'假若一家工厂，因生产而污染了邻居，政府应不应该对工厂加以约束，以抽税或其他办法使工厂减少污染呢？'所有在座的人都同意政府要干预……但科斯说：'错了！'跟着而来的争论长达 3 个小时，结果是科斯屹立不倒"（手册第 27 页）。"科斯反对政府干预污染胜了一仗"（手册第 28 页）。张五常教授关于上述辩论的叙述，也由诺奖得主 George Stigler（1985）的回忆文章所印证，可靠性没有问题。

科斯的观点发表于 1960 年的 *Journal of Law and Economics*。此文（Coase，1960）曾经很多年成为被引用最多的经济学文章，也是科斯的最主要两篇文章之一，可以说值半个诺奖。此文虽然也论述了一些正确与重要的观点，包括污染的两面性与科斯定理，但此文最主要的论点（批判庇古对污染征税的建议）也就是上述 3 小时辩论的内容，却是基于"全有或全无"的错误，忽略中间情形。然而，让人惊奇的是，在场的其他 20 名经济学者，包括好几位后来的诺奖得主，却在辩论后全部支持科斯，从原来的 20 票对 1 票反对科斯，变成 21 票对 0 票支持。

科斯不用数学，也不用图形分析，只比较完全自由污染（全有）与完全禁止污染（全无）的两个极端情形。给定只考虑这两个极端的比较，科斯用合理的数字，有说服力地论证：可能自由污染比禁止污染好，或反过来，不能一概而论，必须看具体情况。科斯的这个结论用来批评要求完全禁止污染的极端环保主义者是成立的。然而，科斯却用它来批判对污染征收庇古税，这是错误的。

庇古以及包括笔者在内的绝大多数经济学者，并不建议完全禁止污染，因为这可能使生产几乎完全停顿，可能得不偿失；应该根据单位污染对社会的危害程度，对污染征收污染税。这并不会是使污染减少到零的极端，而是使污染减少到其边际利益（对污染者）与边际成本（对社会）相等的社会最优点。当污染对社会的危害程度很难估计时，对污染征收污染税的税率，可以根据通过清理或减排（Abatement）投资来减少污染的边际成本的大小来决定。而且，根据这样的税率，污染税的收入会大于最优清理投资总量，使清理的资金来源也不成问题（Ng，2004）。

由于科斯只比较全有与全无的两个极端，使他忽视了一个重要的不对称性。在自由污染的情形下，最后一个单位的污染量，对污染者而言，其边际利益是无穷小的，而其对社会的危害程度却是很大的。这个不对称性使能够减少污染的庇古税是有利的。如果只比较完全自由污染与完全禁止污染，污染的利益与危害大致是对称的。由于科斯只做这个全有或全无的比较，使他以及其支持者忽视上述不对称性，而得出反对对污染征税的错误结论（Ng，2007；黄有光，2011）。

科斯的错误，一方面是方法论的问题，另一方面是因为芝加哥学派过分强调市场的功能，反对政府干预。市场能够有效运行的地方，让市场工作，这是对的。然而，污染或环保问题，单单市场本身是不能有效处理的，必须依靠政府的辅助，甚至需要世界各国合作来进行。

科斯与张五常反对对污染征税的错误观点，对中国到近年都有很大的影响，其支持者包括著名的北京大学张维迎教授（黄有光，2015）。笔者以前在中国建议对汽车与汽油征收污染与堵塞税，就曾经被批评为忽视了科斯对庇古的批判。因此，认识这个"全有或全无"的错误，是很重要的。

四、理论拓展与创新的一些方法论问题

不论是创建一种新的理论范式，或是拓展原有的理论，都需要注意一些方法论方面的问题。本部分不能提供一个完整的论述，只简单讨论三个可能可以让人们避免走歪路的要点。

（一）观点不同未必一方有错误

不局限于经济学，但可能尤其是经济学，不同学派甚至同一学派的不同学者，对于同样一个问题，往往有不同的看法，因此有所谓"6个经济学家，7个不同答案"的说法。

其实，同一个问题，不同的答案未必一定涉及错误的答案。同一个问题，很可能有不同的面相、不同的层次、对不同人们的不同影响等。因此，不同的答案，多数都不全面，但未必只有一个答案是正确的，其他的都错。不同学者，各人着重点不同，就很可能有不同的答案。这有点像夏斌（2019，第19页）说的，"以不同的视角看世界经济，会形成不同的理论"。也像盲人摸象，每个人的看法都不全面，但都可能反映了事实的某些方面，都算有些贡献。当然，也不否定，一些发表在即使是顶级期刊的文章，也可能一无是处，完全没有贡献。

我们现在对多数经济问题的答案，可能不很全面。不过，随着经济学的发展，以及有关数据的增加，我们希望答案可以越来越全面。不过，也不应该要求太高。例如，不但是经济学或其他社会科学，甚至连科学严谨程度最高的物理学（不算属于纯逻辑的数学），也远远还没有望到统一场论的影子，遑论经济学？

（二）为何还是应该以传统经济学为主角[④]

虽然传统经济学只是一种简化分析，有很多相关因素没考虑到，但无论在教学还是在应用上，至少在现阶段与可以预见的将来，还是应该以传统经济学为主角，但在个别问题可以其他派别的研究成果适当补充。这至少有以下几个原因。

首先，传统经济学所聚焦的虽然不是所有因素，却是有关经济问题的最主要或最容易分析的因素。后来的学派所重视的，或比较次要、间接，抑或难以分析。

其次，传统经济学已经累积了几百年的功力，其他学派的历史比较短，加上问题比较困难，得出的有用结论比较少，也比较不可靠；还要等将来多年的发展，才可能会得出比较有用的结论。例如，关于理性与自利，每个人都有相当程度的理性与自利，但都不是100%的理性与自利，也有非理性与利他的因素。但理性与自利还是主要的，这有生物学基础。人是万物之灵，主要不是靠尖牙利爪来生存，而是靠智力来战胜其他物种的竞争。因此，人是有很高水平的理性的。而且，自然选择主要是以个体为单位［虽然也有群体选择（Group Selection）］，因此自利的假设大致是正确的。不过，人也是靠分工合作来生存的，所以也有社会偏好与利他的因素。两者都考虑当然比较全面，不过如果要简化而聚焦分析其中之一，当然以自利比较重要。此外，像包括田国强（2017）在内的许多经济学者所强调的一样，机制的设置与政策的采取等，如果假定自利而实际上人非自利，问题不大；但如果假定人们大公无私而实际上大体自利，问题很大。

最后，传统理论用的一些假设，虽然不是100%成立，但据其的分析结论，往往有大致的可靠性。例如，理性的假设忽视非理性，但很多（不是全部）情形，各种不同的非理性对理性下的结论的差距是不同方向的，因而往往大致相互抵消。当然，行为经济学也发现，也有很多并没有抵消，因而可能需要做比较大的修正。再如，完全竞争的假设也很不实际，但如果没有人为因素的垄断，不完全竞争的程度大致相差不大，只要依然有充分就业，整体经济的效率依然可以很高。不过，根据笔者的综观分析（Ng，1986），在非完全竞争下，比较可能出现非充分就业的情形。

（三）简化假设是否可以接受

任何理论都是基于一些简化的假设。如果完全没有简化，那就是真实世界本身，就不需要理论，去看真实世界就可以，但也未必能够全面认识。那么，我们应该接受怎样的假设，而拒绝怎样的假设呢？答案是，要看情形，有些情形可以接受某些简化假设，有些情形不可以接受，要看这个假设是否使你得出误导性的结论，如果是有误导性的就不可接受，如果没有，只是简化分析，结论如果是对的，就可以接受。同一个假设，在分析某些问题上，可能是可以接受的；但是完全一样的假设，在分析另外一个问题，可能就是不可接受的。

举一个非常简单的例子，你驾车从北京到上海，你查出北京到上海有几公里，开车平均速度几公里，计算一下可以知道几小时到上海。在这个计算中，你不考虑你的车的长度，假定它只是一个点，从北京这个点到上海这个点需要花费多少时间？假定你的车子是没有长度的，这是简化的假设，对于这个问题完全可以接受，不影响你得出几小时可以到上海。

假设你的车的长度只是一个点，没有长度，同样这个假设，在下面的问题中就是不可接受的。假定你要经过一个没有红绿灯的交叉路口，两边都有车辆开过，你说我闭着眼睛，不看有没有车，就开车过去，会跟另外一辆车相撞的或然率有多少？如果你知道车的次数、速度、长度等信息，可以计算这个或然率。但是，如果你假定你的车是没有长度的话，不管是怎样拥挤的交叉路口，你算出的或然率都是零。所以，你就得出结论，我闭眼开车过去，相撞的或然率都是微不足道的。因此，同样的假设，你回答这个相撞的或然率，车没有长度的假设是不可以接受的，实际上相撞的或然率是相当高的，你过去可能就死掉了。完全同样的假设，在一个问题是完全可以接受的，在另外一个问题是完全不可以接受的，因此要看你分析问题的性质。对于经济学内一些采用可以和一些采用不可以接受的简化假设的例子可参见 Ng（2016）、黄有光（2019）。

五、结论

金文洋洋洒洒，涉及许多方面的问题，虽然有如本文所论述，有一些需要商榷的地方，但金文论述重要问题，解释清楚，条理分明，在得到本文的补充之后，应该是经济学博士生水平的良好的方法论教材。有如金文所述，传统经济学显然有局限性，须要拓展，以"域观"的方向来补充，加多分析不同经济、不同领域的差异性，不失为拓展传统的一个重要方向。本文第三部分也讨论了关于收入分配与污染税等方向的拓展。

金文本身也没有主张放弃传统经济学，而是建议以"域观"补充微观与宏观，更加重视差异性和文化与制度的影响。笔者也认为，传统的约束条件下的最大化的变量选择，变量之间的相互作用而达到的供需均衡，以及对均衡的评价，是经济学分析的核心。这个核心不能放弃，还要加强与拓展，包括引入传统变量（消费者本人的消费量）以外的有关变量、不完全理性、不完全信息以及金文所强调的文化与制度的作用等（黄有光，2019）。这些拓展，已经在进行，包括已经获得诺贝尔经济学奖的信息经济学（诺奖得主包括 George A. Akerlof、Michael Spence 与 Joseph E. Stiglitz）、实验与行为经济学（诺奖得主包括 Daniel Kahneman、Vernon L. Smith 与 Richard Thaler）。这像夏斌（2019，第 15 页）比较生动的叙述："最具讽刺的实证是，信息论、博弈论、行为经济学的研究者，一个接一个地在摘取诺贝尔经济学奖的桂冠，帮助着原来经济学原理中干瘪的、高度抽象的、现实中几乎不存在的'理性人'概念，逐步地丰满起来，具体起来，灵动起来。"不过，笔者认为，这完全没有讽刺意味，反而证明学术界并不排斥对传统的有用补充与拓展。然而，这些拓展，虽然已经大有成果，但还有大量的空间，经济学者远远还没有到可以休息的时候！

注释

①"一般"是和"特殊"对立的，但所谓"一般均衡"（General E-quilibrium）中的"一般"是和"局部"（Partial）对立的，不应该用"一般"，而应该用"全局"。

②金文对传统经济学的称呼。

③本节部分取材自黄有光（2017）。

④本节取材自黄有光（2019）。

参考文献

［1］黄有光：《从综观经济学到生物学》，复旦大学出版社，2010 年。

［2］黄有光：《从诺奖得主到凡夫俗子的经济学谬误》，复旦大学出版社，2011 年。

［3］黄有光：《环保理论的谬误？与张维迎商榷》，《信报财经月刊》，2015 年第 455 期。

［4］黄有光：《经济学的一些正误：向张五常教授请教》，《中评周刊》，2017 年。

［5］黄有光：《经济学分析方法》，《经济学大家谈》，熊秉元等著，东方出版社，2019 年。

［6］金碚：《试论经济学的域观范式——兼议经济学中国学派研究》，

《管理世界》，2019 年第 2 期。

［7］田国强：《以科学思维正确看待现代经济学》，《科学思维：关于经济学方法论的对话与碰撞》，何全胜、郭泽德编，经济日报出版社，2017 年。

［8］夏斌：《"中国奇迹"：一个经济学人对理论创新的思考》，首席经济学家论坛，2019 年。

［9］张五常：《追忆科斯》，"追忆科斯"会议，2013 年。

［10］Akerlof, R., 2016, " 'We Thinking' and Its Consequences", *American Economic Review*, Vol. 106, No. 5, pp. 415-419.

［11］Ang, J. B., 2019, "Culture, Legal Origins and Financial Development", *Economic Inquiry*, Vol. 57, No. 2, pp. 1016-1037.

［12］Cartwright, E., 2019, "A Survey of Belief-based Guilt Aversion in Trust and Dictator Games", *Journal of Economic Behavior & Organization*, Vol. 167, No. C, pp. 430-444.

［13］Coase, R. H., 1960, "The Problem of Social Cost", *Journal of Law and Economics*, Vol. 111, No. 3, pp. 1-44.

［14］Marris, R., 1991, *Reconstructing Keynesian Economics with Imperfect Competition*, England：Elgar Publishing.

［15］Mirrlees, J. A., 1971, "An Exploration in the Theory of Optimum Income Taxation", *Review of Economic Studies*, Vol. 38, No. 2, pp. 175-208.

［16］Mokyr, J., 2014, "A Flourishing Economist：A Review Essay on Edmund Phelps's Mass Flourishing：How Grassroots Innovation Created Jobs, Challenge and Change", *Journal of Economic Literature*, Vol. 52, No. 1, pp. 189-196.

［17］Ng, Y. K., 1973, "Income Distribution as a Peculiar Public Good：The Paradox of Redistribution and the Paradox of Universal Externality", *Public Finance*, Vol. 28, No. 1, pp. 1-10.

［18］Ng, Y. K., 1977, "Aggregate Demand, Business Expectation and Economic Recovery Without Aggravating Inflation", *Australian Economic Papers*, Vol. 16, No. 28, pp. 130-140.

［19］Ng, Y. K. , 1982, "A Micro-macroeconomics Analysis Based on a Representative Firm", *Economica*, Vol. 49, pp. 121-139.

［20］Ng, Y. K. , 1984, "Quasi-Pareto Social Improvements", *American Economic Review*, December, Vol. 74, No. 5, pp. 1033-1050.

［21］Ng, Y. K. , 1986, *Mesoeconomics: A Micro-Macro Analysis*, London: Harvester.

［22］Ng, Y. K. , 1992, "Business Confidence and Depression Prevention: A Mesoeconomic Perspective", *American Economic Review*, Vol. 82, No. 2, pp. 365-371.

［23］Ng, Y. K. , 1998, "Non-neutrality of Money Under Non-perfect Competition: Why Do Economists Fail to See the Possibility?" in Arrow, Ng and Yang, eds. , *Increasing Returns and Economic Analysis*, London: Macmillan, pp. 232-252.

［24］Ng, Y. K. , 2004, "Optimal Environmental Charges/Taxes: Easy to Estimate And Surplus- yielding", *Environmental and Resource Economics*, Vol. 28, No. 4, pp. 395-408.

［25］Ng, Y. K. , 2007, "Eternal Coase and External Costs: A Case For Bilateral Taxation and Amenity Rights", *European Journal of Political Economy*, Vol. 23, pp. 641-659.

［26］Ng, Y. K. , 2009, "Why is a Financial Crisis Important? The Significance of the Relaxation of the Assumption of Perfect Competition", *International Journal of Business and Economics*, Vol. 8, No. 2, pp. 91-114.

［27］Ng, Y. K. , 2014, "Why is Finance Important? Some Thoughts on Post-crisis Economics", *Singapore Economic Review*, Vol. 59, No. 5, pp. 1-20.

［28］Ng, Y. K. , 2016, "Are Unrealistic Assumptions/Simplifications Acceptable? Some Methodological Issues In Economics", *Pacific Economic Review*, Vol. 21, No. 2, pp. 180-201.

［29］Ng, Y. K. , 2019, "Keynote: Global Extinction and Animal Welfare: Two Priorities for Effective Altruism", *Global Policy*, Vol. 10, No. 2, pp. 258-266.

[30] Okun, A. M., 1975/2015, *Equality and Efficiency: The Big Tradeoff*, Washington: Brookings Institution.

[31] Pigou, A. C., 1928, *Public Finance*, London: Macmillan.

[32] Stigler, G. J., 1985, *Memoirs of an Unregulated Economist*, Chicago: University of Chicago Press.

经济学：睁开眼睛，把脉现实！*

——敬答黄有光教授

中国社会科学院　金　碚

摘要： 经济学必须睁开眼睛，观察现实世界。理论经济学的"假定"尽可能地接近现实，具有真实性，这应该成为经济学范式变革的方向。经济学何去何从涉及一个最根本的问题：现实经济在向何处去？因为，现实经济态势归根到底是经济学何去何从的决定性因素。所以，问题的核心在于：现实世界正在发生巨大变化，经济学就不能停留于传统状态而不思进取和变革。也许继续沿着传统范式走下去，以求更精致地表达抽象符号世界的"最大化"或"最优"图景和努力探讨新的范式结构，以增强经济学的解释力，都是值得经济学家们努力的方向。不过，依我之见，年轻一代的经济学者，值得把更多的精力投入到上述第二个方向上。切准现实世界跳动的脉搏，才能构建更具科学性和解释力的经济学体系。

关键词： 经济学　域观　范式变革　理性

拜读黄有光教授发表于《管理世界》2019年第4期的《经济学何去何从？——兼与金碚商榷》①一文，受益匪浅。黄教授以他深厚的学识所提出的关于拙文②中有关内容的意见是中肯和有益的，非常有助于对有关问题的深入研讨，特别是所提出的一些不同观点，很值得交流和深入讨论。正如黄教授所说，"观点不同未必一方有错误。"那也许是视角不同，也许是所强调的重点有别，当然，更可能是由于所依据的范式承诺不同，而后

---

*　原载《管理世界》2019年第5期。

者则是拙文所关注的重点。对于不同观点的探讨和商榷，更可以促进对经济学相关问题的深刻认识和理论创新。现就以下几个问题做简要回应，以此求教于黄有光教授。

（1）针对拙文提出经济学域观范式应关注不同域态（商域）的特征即域际差异性，黄教授指出："传统经济学并不否定差异性。"即"传统范式并不否认'域观'所强调的差异性，其不考虑差异性的简单分析只是方便分析的简化"。这当然没有问题，这种"假定客观存在现象的不存在（即不考虑）"的"方便分析的简化"，是传统经济学的方法论或范式承诺的一个重要特征。因而，一方面可以"不否定差异性"即承认现实经济中的差异性，另一方面，为了"方便分析"又假定经济主体的行为"同质"，即抽象掉差异性。这样，经济学实际上就面对着两个世界："假设"的世界和"观察"的世界。在"假设"的世界（"假定客观存在现象的不存在"的世界），追求的是简化抽象条件下的推演逻辑自洽。其范式承诺是：尽管不否认所观察到的真实现象（因为那是无法否认的），但作为其研究对象的"假设"世界的图景却是不同于客观真实现象的。例如，尽管承认经济行为主体"不同质"，各有各的目标，但是假设它们"同质"，行为目标一致（在工具理性驱使下追求自身利益最大化），因而可以在"假设"所严格限定的条件下进行逻辑严密的推演。这样的体系，很有抽象逻辑的审美价值（也许这正是经济学被誉为社会科学"皇冠上的宝石"的原因之一）。但问题的关键在于，"假设"是否真实？诸多严苛的"假设"有没有曲解真实世界？至少是，同观察到的世界是否（至少在相当程度上）相符？这是一个引起无数争议的问题。经济学的讨论或辩驳往往就是在"假设的世界"和"观察的世界"两界中陷入纠缠状态。那么，经济学的范式承诺是，将"观察的世界"装进"假设的世界"，还是让"假设的世界"尽可能适合"观察的世界"呢？

就此可以进行一个形象比喻：两只脚要穿进一双完美的鞋中，但脚不仅比现成的鞋大，而且还会不断地长得更大，所以，如果穿进去，就会"扭曲"鞋子。那么，宁可"扭曲"以至改做这双鞋，以适合脚的大小呢，还是把脚削小，使它可以塞进鞋里，而且不会扭曲鞋呢？或者，脚干脆不要穿鞋，就光着，以确保鞋一直可以"完美"着呢？黄教授批评拙文有"夸大"和"扭曲"，其实在很大程度上就是涉及如何回答类似"脚穿鞋"的这个问题。有时候，高贵的鞋可能价值连城，绝不可因脚的不合而被扭曲损坏，所以，让鞋和脚各自分开，也不失为一种权宜性处理方式或存在状态：脚未必非得穿鞋才能走路，鞋也未必非得合脚才有价值。不过，归根结底，鞋合脚才是有意义的事物之根本。

这一问题所涉及的认识论也类似于康德哲学中的"纯粹理性""实践理性""现象界"及"自在之物"间的关系。在康德所说的"纯粹理性"中不含任何经验因素、逻辑自洽和具有先验性；而"实践理性"具有人的意志和经验性，并以本体世界为对象；人的认识则只是感官对于现象刺激的反应，而难以直接达到（认识）"自在之物"。所以，康德认为，如果理性要想达到（认识）本体"自在之物"的彼岸，就超出了人的思维能力，必然会陷入"二律背反"的矛盾之中。那么，这个矛盾会有解吗？这就涉及对人的认识能力（思维的此岸性）的认识，也就是人有能力获得真理即对现实世界的正确认识吗？马克思的回答极具智慧："人的思维是否具有客观的真理性，这不是一个理论的问题，而是一个实践的问题。""人应该在实践中证明自己思维的真理性，即自己思维的现实性和力量，亦即自己思维的此岸性。"[3]那么，经济学是应该一心致力于"假设"的世界，尽可能抽象掉经验因素，不断精雕细琢，使之达到逻辑完美的先验性境界，还是要更关注现实世界，在观察世界中发现经济活动和经济关系的规律，"证明自己思维的真理性"，从而为实践提供"思维的现实性和力量"呢？或者，就让思维保持其纯粹性而不必具有此岸性，即无须要求它认识本体世界呢？这是经济学发展要回答的一个根本性问题，决定经济学范式承诺和范式变革的根本方向。

（2）有关经济学"假设的世界"的一个重要命题是，关于货币性质和作用的论断或学术立场。黄文说，对于传统经济学，"传统核心分析不必货币，更非主角。""传统经济学的核心分析，至少是其微观部分，完全不必用货币与商品的金钱价格，而只是关注商品之间的相对价格。"当然，诚如黄教授所说，传统经济学确实这样假设（或想象）：市场如同一个"大集市"，所有的人将自己的产品（贡献）拿来汇集到这里与其他人进行物物交换（获得分配）；他们凭经验（每份分配要有多少贡献）知道各种产品的交换比率（即黄教授所说的商品之间的相对价格），这就相当于依照预先确定的原则进行分配，每一份贡献，都会在这个"大集市"的某一处与一份要求权与之对应。这样，进入"大集市"的全部的贡献和分配一定会两相匹配，于是，社会资源可以在这个被称为"市场"的体系（"大集市"）中达到有效配置状态。这就是所谓一般均衡或黄教授所说的"全局均衡"。传统经济学力图证明，只要预设了各种假设条件，这个均衡的存在或实现，完全不需要货币介入。而如果加进货币（黄教授称之为"金钱价格"），其结果也完全一样。所以，货币不过是无足轻重（不影响推论结果）的一层薄薄"面纱"，不会改变事实本身的性质。显然，这完全是一个"假设"中的推理世界，以"假定客观存在现象的不存在"为前提，构建想象中的完美体系。

在传统经济学分析推理中，关于这个体系的描述可以做得非常形式化、精致化和数学化，描述出一个具有审美价值的市场经济乌托邦，以至于使用自然语言越来越难以符合其逻辑表达的精确性要求，似乎只有使用数学符号和公式（模型）才能体现其完美性和没有歧义的词语意涵，这导致经济学走上被称为"第二数学"的道路。不过，无论符号图景描绘得多么完美无缺，睁开眼睛看看：在现实世界中有吗？人们见到过没有货币作为价值尺度和交换媒介就可以到达一般均衡或全局均衡的经济现实吗？在可以观察到的现实世界中，货币明明是绝非可以舍弃的角色，世界上几乎所有的经济交换都是产品与货币的交换，哪里有不使用货币作为价值尺度和交易媒介的真实市场？马克思说，商品与货币的交换，是一次"惊险的跳跃"，"这个跳跃如果不成功，摔坏的不是商品，但一定是商品所有者。"④此时，货币掌握了命运，真的如"王者"般重要，因此在市场经济条件下可以成为"资本"的化身，进而这个世界被称为"资本主义"！当然，在现代经济中，如何定义"货币"确实是一个众说纷纭的问题，将货币引入经济学的"假设的世界"，可能产生对逻辑精致性的挑战，但是，也不至于因此而回避这一挑战，将货币逐出经济体系（尽管是假设的体系）。

人们所观察到的现实是：在整个市场经济中，货币像幽灵一样无孔不入地渗透于经济体系的各个方面，如"基因密码"似的塑造着经济肌体和经济关系的性质与面貌，甚至"有钱能使鬼推磨"。看看历史：有学者研究，英国称霸世界200多年，同货币金融密切相关。"1688年的英荷联盟让英国人首次得以了解荷兰几家重要的金融机构，以及它们先进的金融机制。1694年，英国成立英格兰银行，负责管理政府借贷和国家货币，与85年前创建的成功的阿姆斯特丹银行类似（但不完全相同）。伦敦也引入了荷兰的国家公共债务体系，通过一个能够自由买卖长期债券的证券交易所融资。这使得政府能够以很低的利息贷款，从而增强了开展大规模项目——包括发动战争的实力。"⑤再看看当今世界：美国所以能拥有世界霸权，美元是其重要支柱之一，对此大概无人怀疑。总之，对于曾经和当今的两个世界霸权国家，"货币"都具有极为重要的作用。当然，理论经济学家们可以闭上眼睛，不关注这些历史和现实问题，而按照传统经济分析方式，仍然可以非常形式化地"证明"：在假设的世界中，如果没有货币，经济体系同样可以有效运行；如果没有英镑、美元，过去和现今的世界仍然没有什么两样。不过，那样的"证明"，同现实世界完全无关。

当然，黄教授可能会认为，以上的讨论超出了理论经济学的范围，而在经济学的纯理论领域，关注的是货币的抽象性质，属于经济学的"核心"层而不是现象面。黄文说，"在传统核心分析中，货币是不必要的，不但不是主角，连配角也不是。把货币当成主角，是对传统分析的误解。"其实，即使只关注经济学的"核心"层，这里也完全没有对"传统分析的误解"，而恰恰是触及了传统经济学的一个重要命门。经济学术史研究表明，在所谓"凯恩斯革命"之前，货币中性论是居统治地位的学术立场和范式承诺，对此无人"误解"。但是，与此相对立，凯恩斯的宏观经济学则是以货币非中性立场为根基的，一定意义上可以说，所谓"凯恩斯革命"实际上是"货币革命"。在他的理论体系中，货币很重要，非中性，绝不仅是"面纱"⑥。对此范式承诺，经济学家们虽然可以有不同立场，但并没有"误解"。换句话说，如果认定货币不重要，而只是无关紧要的"面纱"，作用中性，那么，整个宏观经济学，特别是宏观经济政策，就均无意义（有的经济学家确实这样主张），甚至在经济学体系中根本无立足之地。如果是那样，那么，今天的西方主流经济学就不会是微观—宏观范式，而仍然只会是古典经济学的传统范式了。所以，从一定意义上可以说，认为货币是否重要，承认货币作用是否中性（货币是否仅仅为"面纱"），是宏观经济学及宏观经济政策能否成立的关键，也是古典经济学范式与凯恩斯代表的宏观经济学范式根本性的深刻分歧点。总之，即使是在西方经济学说史上，最迟自宏观经济学诞生之时起，货币不重要或货币中性的古典经济学观点就已经不再是经济学家们公认的共同学术立场和范式承诺了。黄教授深谙微观经济学和宏观经济学理论，相信对此一定有比笔者更深刻透彻的学术理解。

不过，关于这一问题的讨论，对拙文的主题并不很重要。拙文所要指出的是：在现实经济中，以及在经济分析中，货币不仅是不可舍弃的角色，而且"现实地"成为"王者"。看看现实世界：谁都离不开货币，难道事实不是这样吗？拙文所要表达的中心观点是：经济学必须睁开眼睛，观察现实世界，理论经济学的"假定"尽可能地接近现实，具有真实性，这应该成为经济学范式变革的方向。

（3）黄文中说："传统分析针对流量而非存量，并没有问题。"如果是在传统经济学的范式承诺框架中，这确实没有问题。传统经济学分析实际上只是（其实是只能）主要关注交易关系所体现的"流量"现象，如只关注（计算）居民买了多少衣服（而且是以价格计算），而无法考虑购买者实际穿了什么衣服，橱柜中还挂了多少件衣服。这里需要指出，经济学家们所说的"消费"实际上（在不同场合）是两个含义非常不同的概念："常识"经济学所说的"消费"是指实际的吃穿用等行为（基于前述"观察"的经济学），而经济分析中所定义的"消费"则是指消费品（包括服务产品）的交易量（以货币支付额计量）。例如，如果今天购买了一台电视机，价格3000元，经济分析中就计算为今天"消费"了3000元；至于购买后每天看多少时间电视节目，甚至看不看电视节目，都同经济分析中的"消费"无关了，尽管这才是真正的实质意义上的"消费"电视机。同样，经济分析中的所谓"投资"并非指实际进入生产过程的生产要素及其使用，而是指购买了多少（以货币单位计算的）生产要素，表现为货币支出量；至于实际的生产过程，除非有支付发生，否则并不为传统经济分析所关注。所以，GDP等经济变量的计算采用的是"支出法"或"收入法"（难道还有其他更好的方法吗？），而且要尽可能使用"不变价格"（虽然想排除价格变动的影响，但也仍然得运用价格作为尺度）。总之，在经济理论讨论中使用的经济活动的"生产""消费"等概念，同微观—宏观经济分析中使用的"投资""消费"等概念是含义不同的。对于前者，确如黄教授所说，流量、存量难解难分，时时发生，不可或缺；但对于后者，却说的就只是流量了，存量通常在其视野之外。吃穿用等的实际消费行为和实际生产过程，在经济学的流量分析中通常是很少被关注的。如果要在经济分析中加入"存量"因素，如生产存货、产能状况、家庭消费品拥有量等不属于"流量"的因素，那就会对传统经济学分析方法提出难以应对的困难问题（当然，在对现实经济的观察和研究中，分析者们还是会考虑存货及产能等存量因素，特别是存量的"折旧""损耗""利用率""重估值"等，以增强经济研究的现实性和准确性）。所以，如果说"传统分析针对流量而非存量，并没有问题"，实际上只是表明：进行经济分析时假定存量没有问题，或对流量关系不发生影响。其实，经济学分析方法的基本逻辑就是，"在假定其他条件不变的前提下"，即假定其他因素没有影响的条件下，进行"不受干扰的"理论推理（实际上就是前文所说的"假定客观存在现象的不存在"的分析方法）。这是经济学的长处，还是局限呢？

（4）黄文说："即使非完全理性，经济变量也可以加总"。一般这样说，也不算错，在观念上和想象中可以对任何事物进行"加总"。但问题在于，第一，凡要"加总"，总得有加总的计量单位（可以通约），在经济学中所能使用的（可通约）计量单位主要是"价格"，而要用价格来计算，就得有经济意义（或经济价值）；第二，不同的东西，包括不同的行为如果进行量的加总，而且要有其实际意义，就只能计算其中同质性的因素，而撇开不同性质的因素，也就是说，要计算总得有"量纲"；如果将不同质的因素硬性地进行"加总"，则尽管可以想象，但没有意义。所以，经济变量的加总，如果要有经济学意义，就得确定（或假定）存在"经济理性"这个同质性因素。换句话说，进行有意义的"经济变量"加总，确认或"假定"经济理性的存在是必要的，一定意义上可以说，经济理性是经济变量加总的可通约性基础。反之，如果想要计量那些不是经济理性所能体现的变量（无法以经济理性进行判断），因而难以价格化，则"加总"就会成为一个经济学难以解决的问题。下文关于"效用"的讨论就涉及这个问题。

（5）黄文说："效用最大化可以包罗万象。"这实际上是传统经济学力图维持的一个范式承诺。效用最大化是传统经济分析的一个非常重要的无形依托和假想支撑，即假定经济主体的行为目标是追求"效用最大化"，通俗一点（不严格地）说就是"以追求自身利益为目的"；而且认定，判断经济运行是否理想（完美），资源配置是否有效，就看整个经济体是否达成（或趋向于）"效用最大化"。这是经济学的一个福利原则和伦理基础。如果没有这个依托和支撑，经济学似乎没有了"理性"根基，如同是一座没有地基的大厦。但遗憾的是，如何计量"效用"，甚至"效用"能不能计量，本身就是经济学的一个大难题。于是，只好采用"帕累托最优"来勉强地替代"效用最大化"概念和含义（假定在资源分配中，不再可能通过改变分配状况而在不使任何人境况变坏的前提下，使得至少一个人变得更好）。其实，严格说来，帕累托最优的含义并不是"效用最大"，而只是"再想要更大，就没法算了"，所以，只能"凑合着算是'最优'状态吧"。当然，也有其他的一些经济理论试图来解开计量效用或算出效用最大化之难题。关于效用的比较计量是只能用"序数"，还是也可以用"基数"，以及关于能否进行效用的人际比较等问题的研究，不少经济学家有过深入探讨和理论建树，但还是都不如"帕累托最优"或"帕累托改善"更容易被学术界接受。可见，所谓"效用最大化"实际上是经济学想象中的一种"海市蜃楼"般的幻境；既不可缺之，又不可信之。它可以成为思想推演中美好境界的一个参照"标的"（图景），但在现实中却是难以观察和计量的，除非采用替代方式，如收入最大化、利润最大化等，或者用某种心理学方法来进行估算，但那样做的可信度并不高。不妨想想：谁可以计量出穷人、富人、雇员、业主、商人、官员、国王等各色人物的效用最大化值？或者，他们的效用总量是否实现了或趋向于"最大"值了？实际上，虽说效用"最大"，其实并无数值，没有可加总的"量纲"。虽然经济学家们试图构建"效用函数"，其实并没有可信之"数"，经济学只不过是使用"效用"这个无法计量甚至难以定义的概念，将各种行为的复杂目标"一言以蔽之"了，用以满足经济学逻辑自洽的形式要求。所以，"效用最大化"确实是经济学的一个形式必需物，之所以可以"包罗万象"，那是因为它没有实质内容的定义。没有定义就没有边界，因而可以想象为万物皆可纳入。就像是中国人所说的：人之大幸大悦是得了"天大的好事"，人人以及整个社会都有获得"天大的好事"的动机和行为。那么，如何定义"天大的好事"呢？经济学家严肃地说：那就是"效用最大化"。

（6）黄文中关于"全球化并不必要求全球同质化""有特性不表示没有共性"等论点，我完全同意，实际上，这正是我提出"域观"范式的支撑性论点。全球化并不意味着各国同质，即使各国不同质，也不妨碍推进全球化，不同质经济体的域际关系正是域观经济学需要研究的重要问题；经济是一个丰富多彩的多样化世界，经济主体及其行为各有特性，但也有共性。正是因为既有特性也有共性，才会有"域观"现象的存在，才可能产生和可以定义"域类"（不同类型之域）。反之，如果只有共性（同质性）而没有特性（异质性），或者，如果只有特性（异质性）而没有共性（同质性），那么，就无法定义"域"的概念，也不能识别各域类（域境）中的经济主体行为性质和特征了，如果那样的话，"域类"也就不存在，域观经济学的范式承诺也就没有意义了。所以，我很赞同黄文中所指出的关于特性和共性关系的观点。

（7）黄文主张，"还是应该以传统经济学为主角"。黄教授更倾向于维护传统经济学方法的价值，这不必反对，学者们都可以坚持自己的学术立场，维护自己的学术主张和保持自己的学术倾向。学术界可以而且必然是有门派之分的，观点传统一些或激进一些都可以共存和对话，这对学术发展有益无害，否则哪里会有"百家争鸣"所推动的学术进步呢？而且，任何科学理论都是长期积淀的结果，完全否定传统经济学，就是舍弃无数经济学者艰辛创造和积累的思想财富和文明遗产，显然不可取。毋庸置疑，传统经济学范式和分析方法当然有其重要价值，仍然是经济学家们的"基本功"和"看家本领"。

黄文进而认为，"传统的约束条件下的最大化的变量选择，变量之间的相互作用而达到的供需均衡，以及对均衡的评价，是经济分析的核心。这个核心不能放弃，还要加强与拓展"。如果从经济学教学和传承的需要来说，这大体上也可以接受，因为可以作为经济学训练的一个起点，形成经济学分析的逻辑素养。特别是作为经济学教授，一定是很反对学生们在尚未掌握传统经济学的微观、宏观基本分析方法的前提下，就盲目地进行理论"创造"，那只会是无养分之树木，很难成活。但是，传统经济学的局限性和缺陷日益显著也正与此"核心"直接相关，所以必须要有创新变革。这一判断，相信黄教授也会同意。因此，他才会说，经济学的发展"还有大量的空间，经济学者远远还没有到可以休息的时候！"而且，黄教授在许多论著中都曾指出和研究了传统经济学的局限，也主张经济学分析应考虑制度、文化、人的不同行为特征等因素；特别是当经济学用于政策研究时，更应考虑诸多现实因素的作用和影响；黄教授也主张经济学的现实性比严谨性更为重要，提醒不应迷恋过分的经济学简化模式而忽视现实世界的重要因素。对此，笔者高度认同，也与拙文的意见一致。

既然这样，那么更重要的是，经济学何去何从就涉及一个最根本的问题：现实经济在向何处去？因为，现实经济态势归根结底是经济学何去何从的决定性因素。与现实经济相脱离的"假设"性经济学图景，即使具有纸上谈兵的"审美"乐趣，经济学家可以在其中自娱自乐，但总归是没有长久生命力的。所以，问题的核心就在于：现实世界正在发生巨大变化，经济学就不能停留于传统状态而不思进取和变革。

我很高兴，黄文有如下结论意见："有如金文所述，传统经济学显然有局限性，须要拓展，以'域观'的方向来补充，加多分析不同经济、不同领域的差异性，不失为拓展传统的一个重要方向。"相信黄教授也会是经济学范式变革的支持者。其实，对于经济学范式的拓展创新，黄教授早年就取得过有价值的成果，曾提出了以"综观"拓展微观与宏观的观点，将被传统的微观经济学和宏观经济学所忽视的因素加入其中，以增强经济学分析的现实性和解释力。

（8）黄教授对经济学的简化假设问题素有研究，认为不可过度迷信简化模式，但又不能不采用简化假设方法。黄文正确地指出："任何理论都是基于一些简化的假设。"接着说，"我们应该接受怎样的假设，而拒绝怎样的假设呢？答案是，要看情形，有些情形可以接受某些简化假设，有些情形不可以接受，要看假设是否使你得出误导性的结论"。关于这一点，非常值得探究。经济学家约瑟夫·熊彼特曾说："人类的社会进程，宛如一条恣意汪洋的大河，生生不息而又浑然一体。所谓的经济事实，只不过是研究者用分类的手段，从这条大河中人为地分离出来的东西。当我们说某个事实是经济事实时，这其实是一种抽象的说法，因为所谓的事实，只不过是现实在一定技术条件下，在心灵中形成的复本而已，而抽象就是这个过程的第一步。"[7]

那么，经济学的发展是否体现了对"浑然一体"的社会进程进行了合理的"抽象"，或通过"假设"而进行了如黄教授所说的"可以接受"的"简化"了呢？对此，美国经济学家布莱恩·阿瑟评论道：经济学发展至今，"一方面，经济学的'门户'得到了清理，以前已经被接受为'经济学理论'的大量松散的、草率的论断被排除掉了；另一方面，人们对市场和资本主义制度的内在优势更加尊重，理解也更加透彻了。但是，我相信这种努力也导致了思想的僵化，还导致了一种貌似正义、实为党同伐异的判断准则。某些东西可以被承认为经济学理论，而另一些东西则不被允许，最终的结果是经济学成了一个无法接纳其他思想的封闭体系。由此进一步导致了政治、权力、阶级、社会、根本的不确定性、创造生成和发展对经济的影响，全都被'关在了经济学殿堂的门外'。最终结果则事与愿违，这个研究纲领，至少它的超理性版本，已经失败了。"[8]

当然，要是断定整个经济学都"已经失败了"，显然是言过其实的。但面对经济现实，经济学表现得解释力不足，尤其是承载社会对它的很高期望，以及它力图对社会做出很大贡献的抱负，经济学确实已经越来越力不从心，这应该是绝大多数人，包括经济学家们自己都不否认的事实。这很像医学和医生：越是资深和高水平的医生，医学造诣越高，就越是深刻认识和坦然承认医学之局限性，越是不相信"灵丹妙药"以及"包治百病""手到病除"的神化，往往越是会感叹于医生之"无能""无力"和"失败"。而对于经济学来说，更重要的是，由于当今世界正在发生人类发展史上罕见的巨大变化，新生事物层出不穷，现实经济已经今非昔比，经济主体和体系结构不仅"表现出"而且"骨子里"都进入了变革的新时代，难道我们不应该扪心自问：传统经济学包括它过去所坚守的"核心"，还能以不变应万变吗？正是在这样的形势下，笔者认为，对经济学范式变革的研究正变得越来越重要和迫切。

（9）黄文的结论中写道，尽管"有一些需要商榷的地方，但金文论述重要问题，解释清楚，条理分明，在得到本文的补充之后，应该是经济学博士生水平的良好的方法论教材"。无论拙文是否达到了可以作为"良好的方法论教材"的水平，相信黄教授并非恭维之言，而是对于中国高等教育现况，特别是经济学博士生教育状况的有感之论。在今天中国高校的经济学教学研究中，博士生们如何确定研究方向和论文选题？推而广之，众多经济学研究者如何进行论文选题？是一个人们多有议论的问题，这在相当大程度上可以折射出经济学向何处去的态势。具普遍性的状况是：与过去相比，现在中国的经济学博士研究生大都受过良好的数学训练，对传统经济学的微观—宏观范式以及建模方法也有较好的掌握；但是，所思考和研究的真问题反倒不如过去年代。形式化、数学化的技术性表述方法，他们可以做得很精致，"建模"和"推论"均能逻辑严密，形式美观，符合规范，但是，大多"证明"了一些凭常识也可以获得的结论。形式高深、推导复杂的论文写作，其实是一次绞尽脑汁的逻辑操练，与经济现实几乎无关。有学者批评说，现在的许多博士论文和投稿论文，"重形式，少思想""模型技术华丽，结论不证自明"。因此，经济学向何处去，经济学教学研究向何处去，确实是一个非常值得认真讨论的问题。也许继续沿着传统范式走下去，以求更精致地表达抽象符号世界的"最大化"或"最优"图景和努力探讨新的范式结构以增强经济学的解释力，都是值得经济学家们努力的方向。学派林立，才有可能形成各方相互交流、相得益彰的经济学大家庭的繁荣"域观"体系。不过，依我之见，年轻一代的经济学者，值得把更多的精力投入到上述第二个方向上。如拙文所述，中国经济学界在这个方向上做出贡献，既是使命，也有独特的优势。中国经济的"域观"特色为经济学的范式变革提供了得天独厚的有利条件。

最后须指出的是：我们所讨论的问题实际上主要限于经济学庞大体系中的一个特定"学域"（学术域类），即主要针对和围绕我所说的"主流经济学"，黄有光教授称之为"传统经济学"，学术界通常称之为"新古典经济学"。这个学域显然不是经济学的全部或全景，但确实是当代主流经济学理论的核心或者"底基"。经济学的不同学派都有自己不同于主流学派的论点和学术立场，非主流学派对主流学派的挑战是经济学界的常态；而且如拙文所说，实际上经济学界已经做过大量的探索，进行了具有范式变革意义的拓展性研究，并取得了多方面有价值的突破和建树。不过，如何对主流经济学的现有范式进行正面冲击（改造或拓展），并更具建设性地进行范式变革研究，实现系统性创新，形成新的范式承诺和范式体系，却还是一个亟待付出极大努力才能完成的大课题。

当然，在极其庞大的经济学大厦的底基上"动土施工"绝非轻易之举，这需要更多经济学家们的协同参与，以群体之力，才能创造与新时代相称、反映大变局现实的经济学新范式。这不仅要展开想象力的翅膀，更要睁开观察世界的眼睛。尽管理论经济学体系具有演绎逻辑的结构特征，这是它的一个骄傲（社会科学的其他学科没有这样的形式精致特性），但是，如果因追求这种形式化的精致结构而导致严重脱离现实，则会使经济学成为自言自语和循环论证的符号体系（以自己的假设"合乎逻辑地"推论和证明自己的结论），而失去其认识世界和经世济民的价值。所以，经济学范式变革的有效路径应是：睁开眼睛，把脉现实。切准现实世界跳动的脉搏，才能构建更具科学性和解释力的经济学体系。

注释

①黄有光：《经济学何去何从？——兼与金碚商榷》，《管理世界》，2019 年第 4 期。本文中以下所引用的黄有光教授之语，皆出自此文（简称"黄文"）。

②金碚：《试论经济学的域观范式——兼议经济学中国学派研究》，《管理世界》，2019 年第 2 期。

③马克思：《关于费尔巴哈的提纲》，《马克思恩格斯选集（第一卷）》，人民出版社，1972 年。

④马克思：《资本论（第一卷）》，中共中央马克思恩格斯列宁斯大林著作编译局译，人民出版社，1975 年。

⑤尼尔·弗格森：《帝国》，雨珂译，中兴出版社，2012 年。

⑥金碚：《略论凯恩斯的非中性货币理论在他的就业理论中的地位》，《南京大学学报（研究生专刊）》，1985 年第 1 期。

⑦约瑟夫·熊彼特：《经济发展理论》，郭武军、吕阳译，华夏出版社，2015 年。

⑧布莱恩·阿瑟：《复杂经济学：经济思想的新框架》，贾拥民译，浙江人民出版社，2018 年。

"发展悖论"与发展经济学的"特征性问题"*

国民经济研究所　樊　纲

摘要：本文试图在新的事实出现的基础上，重新界定"发展经济学"的研究对象，说明一直没有被说清楚的发展经济学与经济增长理论的相互关系，指出：经济增长理论是一般性理论，它说明所有经济体要增长需要有哪些要素、需要经历哪些阶段，而发展经济学是一种特殊理论，它所研究的是落后国家在增长要素结构上处处落后，市场也已经被竞争力强大的发达国家和跨国公司占领的条件下，还要增长得比发达国家快，从而实现"趋同"这样一个悖论式的"特征性问题"。为此，作者提出"发展要素"的概念，用此分析落后国家得以实现发展的途径，并说明发展过程中不可避免遇到的各种困难、需要经历的不同阶段。

关键词：发展经济学　经济增长理论　比较优势　后发优势

一、有了"经济增长理论"，为什么还要有"发展经济学"

发展经济学和经济增长理论的关系是什么？打开任何一本发展经济学教材，都会在前言提到经济增长理论，这两者是什么关系呢？经济学家似乎没有专门阐述清楚过。有一种观点认为，经济增长理论只研究 GDP 的

＊　原载《管理世界》2020 年第 4 期。

增长，发展经济学还要研究制度的变迁、社会与人文的进步。但其实，现在的经济增长理论已经不仅讨论劳动和资本这两个要素了，已经把制度作为决定经济增长的一个重要因素考虑进去了。社会和人文的发展与进步，尽管与经济增长有关系，但更多的属于社会学和其他人文学科研究的领域。经济发展理论不可能包罗万象，不能说发展经济学就是要包含一切与"人的发展"相关的问题。

发展经济学，还是应该专注于落后国家经济的增长。但是经济增长的问题不是由"增长理论"去回答的吗？为什么还要有一单独的分支"发展经济学"？曾经有一段时间，提出"华盛顿共识"的人们，就认为一般经济理论存在了，就不需要什么发展经济学了，否定发展经济学本身存在的必要（这曾导致一些大学取消了这门课程）。而早期发展经济学理论研究（如"结构主义理论"）基础上提出来的政策建议，在现实中没有取得好的预想成果，更是扩大了这种"无用论"的市场。

在一定程度上，早期一些研究在方向问题上不是很清楚，也是导致其"无用"的一个原因。发展经济学要想发展，就必须确定自己特殊的核心问题，或其特殊的研究对象，那就是：

发展经济学是在一般的增长理论的基础上，专门研究落后国家如何实现其经济增长。

二、"发展的悖论"：发展经济学要研究的特征性问题

要说明发展经济学与经济增长理论有什么区别，首先要想一下"发展"的特殊含义是什么？

改革开放 40 多年来，我们身处中国经济快速发展当中，研究中国经济的各种问题，认知到"发展"这个词的独特含义。

第一，落后国家的经济增长就是"经济发展"。任何国家，无论是落后还是发达，其经济增长都需要物质资本和人力资本，都需要技术提升和制度改进。但是，落后国家的特点首先就是在这些方面"处处落后"，劳动力受教育水平限制因此没有多少人力资本；资本稀缺、技术水平落后、

研发创新能力不足，制度上也存在诸多不足。在这种落后的条件下，要想实现增长，就要面对"发达"国家或发达企业的压制，因为所谓落后，是与发达相对而言的，是因为世界上有发达国家存在，在对比当中才显得一些国家落后。所以，这时一个贫穷国家或实力弱小的企业要实现增长，就不得不在已经被发达国家"瓜分"了的全球市场上"挤出"一些份额；要花高价钱购买发达国家的产品和技术，要按发达国家制定的规则办事；要由发达国家批准加入国际组织，当落后国家与发达国家发生利益矛盾的时候，如发生贸易摩擦时，发达国家会用各种手段进行"制裁""管辖"，而落后国家没有什么还手的招数；等等。总之，所谓发展，是指落后国家、落后地区、弱小企业的增长。"Developing Country"这个英文词最初也的确是为了给"Backward Country"找一个比较积极的替代品而发明出来的。

第二，落后国家全面落后于发达国家，但只有比发达国家经济增长得更快，才能在人均收入水平上追赶上发达国家。如果我国和美国每年人均GDP增速都一样，都增长3%，人均收入差距永远不能缩小，这种情况就是只有增长，而没有发展。发展的最终含义其实是缩小差距。历史上的确有的国家，曾经每年经济增长5%，而人口增长2%，所以人均GDP的增长也就是3%，与发达国家美国人均GDP每年增长3%没有什么差别，结果几十年过去了，差距没有缩小（甚至还会扩大），还是处在一个落后的发展中国家的地位上。

这就是可以称为"发展的悖论"的问题，也就是发展经济学要研究的特殊问题：发展中国家处处落后，处处不如人，但还要比发达国家增长得更快！

三、发展经济学与经济增长理论的关系与区别

发展经济学与经济增长理论的核心区别是：经济增长理论是"一般理论"，适用于研究任何经济发展水平的国家。无论是发达还是不发达，一个国家要想实现经济增长，都需要拥有物质与人力资本、技术进步、制度改进等这些"增长的要素"，都需要通过要素禀赋的提升来提升收入水平。

这些都是经济增长理论的研究对象。发展经济学则是在一般的经济增长理论的基础上，专门研究落后国家的经济增长。

一般理论的特点是它的理论要点可以应用于任何一种情况，如技术进步有利于收入增长、贸易可以提高资源配置效率、制度改进可以提高经济效率从而提高经济增长速度等，既适用于发达国家，也适用于落后国家。

特殊理论，就是指它专门研究一类特殊的问题。发展经济学是特殊理论，就是它所研究的是落后国家在处处不如人的情况下还要实现较快增长的有关的一系列问题。

如何判断一个问题是一般性的增长问题，还是特殊的发展问题呢？一个基本的判别方法就是看这个问题是由"落后"产生的问题，还是由于世界上有更加先进、强大的国家和企业存在，它们的存在导致落后国家所面临的特殊问题。举例来说。

（1）早年德国追赶英国时，经济学家李斯特提出的"幼稚工业"理论（Infant Industry Theory）。这个理论后来被（正在追赶欧洲的）美国经济学家克拉克进一步发展。这可以说是最初形成的发展经济学理论，因为它研究的是一个落后国家在有发达国家存在、压得你无法增长的时候，必须有一定的贸易保护，给本国刚刚诞生的"婴儿产业"一个成长的机会，才能长大成人与发达国家平等竞争。

（2）20 世纪 50~70 年代"结构主义"理论所研究的世界二元体系问题，当然也是典型的发展经济学问题。它研究的是由于工业化发达国家的存在，落后国家的手工业等无法与之竞争并发展成为早年欧洲国家工业化的前期基础，只能用资源与发达国家进行交换，换取工业品，而由于发达国家工业技术不断进步，出口资源和农产品落后的国家贸易条件不断恶化，一方面导致本国发生贸易赤字、债务危机，另一方面使得世界经济总是处在"中心—外围"（Center-Periphery）的二元结构当中，发达的越发达，落后的越落后，发展中国家总也追不上去。

（3）要素结构（也称禀赋结构）比较优势的理论，也的确属于发展经济学的理论。落后国家缺少资本和技术，但是有比较多的低收入、低技能的简单劳动力，所以要想实现增长，就要搞劳动密集型产业。18 世纪的英国也缺少资本与技术，劳动力也是主要的生产要素，其搞的工业（手工业）也是劳动密集型，但那时各国还没有出现要素结构差异的问题，只有在后来，世界上的国家分为资本富裕的发达国家和只有资源或劳动力的落后国家的情况下，才出现了要素结构的差异，才有了要素比较优势的问题，而这当然也是发展经济学的特征性问题。

（4）后发优势理论。"后发"（Late Comer，也称 Backwardness）本身就是差异存在的结果。如何利用"后发"这个本来的劣势通过学习和模仿实现增长，是发展经济学解释许多问题的一个重要理论基础。我们后面将着重分析这方面的问题。

（5）发达国家与发展中国家之间的"贸易摩擦"，这也是典型的发展问题：落后国家还很落后的时候，发达国家处处强调"市场规则"和"市场竞争"，而当落后国家有了一些竞争力的时候，发达国家还会动用国家强力手段来遏制落后国家的增长。这种情况在历史上其实多次发生（被称为"修昔底德陷阱"），这也是落后国家实现发展过程中一个特殊的难题。只有最发达的国家或一直处在前沿的发达国家不会遇到这种情况。但正因如此，这不是对每个国家都适用的"增长理论"问题，而只是发展经济学的特征性问题之一。

（6）此外，福利陷阱、中等收入陷阱、国际收支危机、国际援助、气候变化议题中的"共同但有差别的责任"等，凡是有了发达国家与落后国家差距之后发生的与落后国家相关的许多问题，都是发展的特征性问题。一些发达国家早期用过的增长手段，不再成为今天落后国家的"政策选项"（Limited Option），如今天已经没有哪个国家可以再用殖民地的方法实现自己的经济增长，也没有国家可以像当年那样毫无节制地碳排放，也可以说是发展经济学的特殊命题。

同时，也有许多问题看上去是"发展"的问题，实际只是哪里都会发生的一般性的增长问题。

例如，200 年前英国无论是工业化水平，还是人均收入水平估计都不如现在的中国高，但英国当时面临的只是自身如何提升增长要素结构实现经济增长的问题，而不是"发展"的问题，因为没有比它更强大、更先进的对手，只有它到处侵略别人而没有人可以"制裁"它。是不是"发展"问题，要看有没有先进的一方存在。这是一个相对关系的问题，而不是一个绝对水平的问题。

　　贫困、收入差距、教育水平低等现在发展中国家普遍存在的问题，往往都被认为是"发展"的问题，都是现在落后国家所面临的问题。但是，所有国家早期都会面临这些问题，本身并不特殊。在某个时点上看，即使是 200 年前，世界各国也是有差异的，但是你如果把视野再拉长，人类各民族在最初的经济发展水平都是一样的，后来因地理、气候等原因，有的较快进入了增长阶段，有的则迟迟没有，或者有的出现周期与倒退，差距就出现了。人类最早的"增长理论"其实是马尔萨斯的人口论，以西欧为背景分析论述各国人民如何依赖农业生产和自然资源，没有技术进步，几百上千年平均每年的增长率为 0.1%（Maddison, 2001），在生存线上挣扎（战争与瘟疫）。马克思当年分析的欧洲工业化早期存在的固定工资（他所说的"必要劳动"）、贫富两极分化的现象，在后来开始通过工业化实现经济增长的落后国家往往也会一再出现，所以从基本性质上来说这是一般性的早期阶段增长问题，而不是"后发"的问题。落后国家现在才发生，只是因为它们刚刚处在这个发展阶段，发达国家则已经跨越了这个阶段（跨过了"刘易斯拐点"），问题本身不必然与发达国家的存在相关。

　　这里要特别提及的是"刘易斯模型"。刘易斯模型的精妙之处在于它把当年基于工业化早期欧洲劳动力市场上"工资不变"的情况形成的"古典理论"，与发达国家剩余劳动力用完之后工资随劳动生产率上升的"新古典"情况，通过"刘易斯拐点"，连接、统一在一个理论模型当中，因此它事实上是对经济增长全过程的一个完整描述，可以应用到任何国家经济增长过程的分析与描述，属于"一般理论"。但是，由于发达国家早已过了"拐点"，而发展中国家还处在拐点之前的早期阶段，在当前看上去好像只是适用于落后国家的特殊理论。由于发展也是增长，所以我们在研究落后国家经济增长时，自然也要用到各种增长理论，包括利用刘易斯模型进行分析，但是我们要明确的是，固定工资情况是一切国家在经济增长的早期都会发生的，而不是落后国家的"特征性问题"。事实上，只有一种情况，我们可以说是刘易斯模型中包含着"落后国家的特殊情况"，那就是新部门的产生和经济的二元结构的形成，这是由于发达国家"外资"进入所引起的，而不是由本国内生的某种创新（无论是技术创新还是市场创新）所引起的。

总之，落后国家与发达国家的关系，实际就是发展经济学所要研究的核心问题，即研究在发达国家已抢占市场的前提下，落后国家如何比它们更快地增长。也就是说，只有这种强弱关系前提下研究落后国家如何增长的问题，才是发展经济学的"特征性问题"；只研究一国自己，就只是经济增长理论讲的一般性问题。

最后还要指出的是，落后国家还存在着许多问题，如政治体制、国家治理、宗教信仰、自然条件等，它们有时也与贫困并存甚至与贫困相关，许多人也把这些纳入发展经济学的研究中。这是"越界"了。不是一切落后国家的问题都是发展经济学的问题，不是对落后国家中某个问题的研究就是对发展经济学的研究。

四、增长的要素

在说明了发展经济学与增长理论的关系之后，我们先要回到增长理论，简要地分析一下"增长的要素"，从这个角度来看落后国家与发达国家的差别。作为一般理论的增长理论毕竟是发展经济学的基础。

经济增长理论在过去这些年实际已经有很大的变化，增长的要素不仅仅包括最初众所周知的劳动和资本，还包括技术和制度。后来，计量经济学模型中无法被资本和劳动所解释的那个"残差"（Residual），被归为技术进步，并将其称为"全要素生产率"。再后来，与制度经济学相结合，制度也逐渐被纳入了经济增长理论。因此，现在研究增长理论已经不是两个增长的要素了，而是四个增长的要素了，即劳动（人力资本）、物质资本（包括资源）、知识（技术进步）与制度（包括企业管理）。因此，我们现在研究落后国家的经济发展，要超出资本和劳动这两个传统的生产要素，还应该更加关注技术进步和制度改革这两个新的要素。

从这个角度来看，落后国家与发达国家的核心差异就是要素禀赋结构的差异，落后国家除了物质资本积累存量低、人力资本水平低，更关键的还在于技术水平和制度质量上的落后。总之，人均收入低只是落后国家经济之所以欠发达的表面现象，要素禀赋结构落后才是最本质上的原因。

中国经济过去 40 多年有了长足的进步，但是在技术上有我们的弱处，市场机制配置资源的效率仍然不高。发生贸易摩擦，发达国家通过限制一些对我们出口的高科技产品，会对我们的经济、企业产生不良的影响。因此，我们站在落后国家的角度，应思考如何对发达国家的经济增长追赶。我们应该研究如何进一步发展教育，培养和吸引优秀人才；如何形成科技创新的能力和体制机制；如何改革金融体系，提高资本配置效率；如何进一步推进改革和开放。

五、"发展要素"：用好相对优势

通过增长要素结构的分析，我们看到了什么是落后国家的"处处落后"。但是，处处落后，要素禀赋结构低下，还要更快地增长，比发达国家增长速度还要快，发展中国家怎么办？在要素结构的问题上处处落后，这个结论其实提示我们，要在增长要素之外寻找一些可以利用的因素，这样才能取得发展。这就是我们可以称为"发展要素"的东西。

所谓的"发展要素"，主要是以下三种：

第一，比较优势。落后国家劳动力成本低，在劳动密集型产业中具有优势，因而可以为经济起飞挣得"第一桶金"。

第二，后发优势（Advantage of Late Comers）。作为落后国家，我们可以通过学习或模仿前人所积累的大量技术，学到别人在之前发展过程当中的经验与教训，从而可以少走弯路，多走捷径。进一步的研究将表明，这个后发优势，是一个落后国家最终能够实现追赶的最重要的一个发展要素。

第三，"本土优势"，指的是在本国市场当中，本土的企业、本土的竞争者有特定的优势。尤其是，历史上美国和中国的情况都表明一国人口较多所导致的"本土市场规模"较大，在竞争中会起到一定的作用。国内市场大，本国品牌走上国际的概率会高一些。国内市场大，也会更多地吸引外国企业的进入。不过这与本国制度与文化特殊性无关，而与大国还是小国的特征有关。这是一个值得进一步研究的问题。

在这些相对优势中，一些学者一直强调的是比较优势，发展经济学教科书也大都在一开始就介绍比较优势。的确，一个落后国家要想实现经济增长，一开始只是有充足的低成本劳动力这一个要素，也只能利用它、依靠它。但是，如果只靠劳动力这个要素，经济增长难以持续很久。事实上，中国过去持续 40 多年的高速增长，也绝不仅是只靠劳动力这个要素。

中国过去 40 多年的增长过程，特别是后面的 20 多年的持续高速增长，重要的其实不是比较优势，而是"后发优势"发挥作用。后面的 20 年里，劳动工资的增长已经导致劳动密集型产业发展的下滑，但是各行各业的发展，包括重化工业的发展，已经有非常明显的技术进步，高新科技产业也在不断发展。比较优势与后发优势截然不同，比较优势是依靠较低的劳动成本，竞争力仅仅局限在劳动密集型产业当中；后发优势是后来者以较低的学习成本，模仿、引进、吸收，缩短知识和技术与前沿的差距。

后发优势概念当中，"模仿"是一个关键词。实际上，落后国家模仿不丢人。中国过去这些年取得的技术进步，被一些人说成是"偷窃"（知识产权），这其实是属于发达国家对我们的遏制与打压。一方面，我们每年花 300 多亿美元购买仍然受专利保护的知识产权，另一方面，中国消化、吸收、模仿大量已经不受知识产权保护（Off-Patent）的技术。世界上绝大多数的知识都是不受产权保护的，但要掌握它们也需要付出学习和引进的长期努力。中国过去这些年做对了一件非常重要的事情就是：我们很早就开始了全方位的对外开放，让发达国家各种先进的技术和知识得以"外溢"到我们这里来。

过去这些年的经验表明，我们做对了的一件事情是很好地利用了后发优势。与发达国家的一些经贸摩擦，使我们对哪个发展要素更加重要有了新的认识。发达国家不会担心落后国家发挥比较优势会对它们构成挑战，这是因为：第一，它们反正没有廉价劳动力来从事劳动密集型产业了；第二，在那些劳动密集型低端产业做得再大，也是低端技术，也没有上升到中、高端对它们形成竞争。真正会改变竞争格局的"后发优势"，是知识的学习和技术的交流，这会使落后国家的要素禀赋结构获得提升，实现真正的发展。

六、发展的阶段

过去人们往往用收入水平或产业结构来划分发展阶段，其实那些可以说都是在划分"增长的阶段"。在以上分析基础上，我们也可以根据"发展要素"起作用的过程，来划分真正的"发展的阶段"。

概括地说，落后国家要实现真正的发展（而不是增长几年就停滞了，根本没有实现趋同），一定要经历以下几个阶段：

第一阶段，纯粹依靠比较优势，挣得"第一桶金"，从而可以开始建设更多的基础设施，可以更多地投资教育。

第二阶段，进入比较优势与后发优势同时起作用的时期。这里的前提是要在一开始的时候，也就是在第一阶段的时候，就开始对外开放、学习模仿，主动地受益于"知识外溢"，积以时日，才能在后面的阶段上接续发展。

第三阶段，继续学习模仿，发挥后发优势，同时也到了加大自主创新的阶段了；我们现在就到了这个阶段，发达国家的技术封锁也迫使我们必须进入自主创新的阶段。

再高的一个发展阶段，是成为世界创新体系的一个重要部分。一个国家不可能制造出所有的东西，应该通过开放的世界体系，各国之间专业分工、相互贸易，这样才更有效率。

当然，中国现在还处在第三阶段的开始，我们在许多知识和技术领域里仍然还落后于发达国家，仍然要努力学习和吸收发达国家的知识和技术，但我们的确也到了大力提升自主创新的阶段，只有这样才能突破发达国家对我们的技术封锁。

参考文献

[1] Maddison，2001，"The World Economy：A Millennial Perspective"，OECD，Paris.

发展的机制：以比较优势战略释放后发优势[*]

——与樊纲教授商榷

国务院发展研究中心　刘培林

杜兰大学　刘孟德

摘要：樊纲教授最近发表的两篇论文认为，比较优势和后发优势是发展中国家在不同发展阶段上继起的互不相干的两个优势，并认为中国过去的高速发展难以用比较优势加以解释。我们认为，虽然比较优势和后发优势是两个不同的概念，但两者并非不同发展阶段上继起的互不相干的两件事，它们之间的关系是，唯有遵循比较优势的战略才能顺利、充分地释放后发优势。这正是破解樊纲教授所说的"发展悖论"的"发展的机制"。

关键词：比较优势　后发优势　发展经济学　中国经济

一、引言

樊纲教授最近发表了两篇关于发展经济学研究主题和内容的重要论文。一篇是《"发展悖论"与"发展要素"——发展经济学的基本原理与中国案例》（樊纲，2019）；另一篇是《"发展悖论"与发展经济学的"特征性问题"》（樊纲，2020）。两篇论文立足于对现实的观察，提出了不少重要观点。两篇论文的主要目的，在于找到破解"发展悖论"的途径。

---

* 原载《管理世界》2020 年第 5 期。

按照樊纲教授的论述，这一悖论也是"发展经济学要研究的特殊问题：发展中国家处处落后，处处不如人，但还要比发达国家增长得更快"。具体而言，发展中国家面临着因为落后而导致的区别于发达国家的六类"特征性问题"。为了破解"发展悖论"和这些"特征性问题"，樊纲教授的论文进一步指出，劳动、资本、技术、制度等是适用于所有国家的一般意义上"增长要素"；而比较优势、后发优势和本土优势是发展中国家特有的"发展要素"，其中比较优势和后发优势是比较重要的两种"相对优势"。

樊纲教授的两篇重要文章，框架宏大，涉及很多问题。我们赞同两篇文章的很多观点。例如，发展经济学的研究，可以从落后国家和发达国家之间相对关系的角度入手加以深化；再如，"经济结构取决于要素结构"；又如，"要想有更好的、更高级的经济结构，你需要去努力发展和增长那些优质的要素，改善这些要素结构，这样才能够真正获得持久的增长。而不是像'大跃进'那样，以为只要大炼钢铁，有了一个经济结构的飞跃，就可以成为强国。由于要素结构没有变化，这种赶超的结果只能是浪费大量资源，并不能真正改变经济结构。如果基础性的要素结构没有改变，而只是经济结构人为地发生短期的改变，则最终是不可持续的"[①]；还比如，"我们的确也到了大力提升自主创新的阶段"[②]。

但是，我们不同意樊纲教授的另一些观点。例如，他把发展中国家的比较优势仅等同于劳动力资源丰富的优势。他在文章（樊纲，2019）中说："客观上说，一个落后国家在一开始的时候，也就只有廉价劳动力这一个发展要素。但是，如果只靠这个要素来支撑增长，增长不会持续，也解释不了像中国这样的40年的持续增长。中国还是人口大国，我们也逐渐遇到了劳动力短缺，其他人口小国用不了几年，劳动力就会耗尽，还怎么发展？现实中，很多发展中国家也是因为仅仅发挥了比较优势，所以没过多久，经济就出现了停滞，经济增长未能实现一个长期持续从而真正缩小差距的过程。所以，要解释中国最近20多年的持续增长，最重要的已经不是比较优势"[③]。

又如，樊纲教授在两篇文章中把比较优势和后发优势作为两个不同发展阶段上继起的互不相干的两个事情。他认为：（发展中国家发展的）"第一阶段，纯粹依靠比较优势，挣得'第一桶金'，从而可以开始建设更多的基础设施，可以更多地投资教育。""第二阶段，进入比较优势与后发优势同时起作用的时期。""第三阶段，继续学习模仿，发挥后发优势，同时也到了加大自主创新的阶段了"④。

我们认为，樊纲教授这些观点误解了比较优势和后发优势这两个概念的内涵及其现实含义，有必要加以澄清。比较优势和后发优势固然是两个不同的概念，但在我们看来，比较优势并不仅仅对应着劳动力资源丰富的优势；比较优势和后发优势并非不同发展阶段上继起的互不相干的两件事，这两者之间的关系是，只有顺应比较优势的发展战略才能顺利且充分地释放后发优势。

这样的讨论虽涉及对这些概念内涵的界定，但并非纯然基于不同的内涵界定而展开的概念之争，而是关乎几十亿人口生活水平的重要问题，有着重要的实践意义。根据世界银行的世界发展指数（World Bank，2019），2018 年全球低收入、下中等和上中等收入国家的总人口分别为 7 亿人、30 亿人和 27 亿人，分别占全球总人口的 9%、40% 和 35%。而且，即使是按照世界银行的收入分类标准衡量的高收入国家中，人均收入水平相对较低的国家也为数不少，这是因为目前世界银行沿用的高收入国家门槛收入水平，在 2018 年为 12375 美元，仅相当于同年全球平均收入水平的 1.1 倍。2018 年高收入行列经济体所有人口平均收入水平接近 4.5 万美元，如果我们以 2.5 万美元作为界限对高收入国家进一步分为两个小类，那么，收入水平低于这个界限的高收入经济体有 24 个，生活在其中的人口也多达 1.7 亿人。这在一定程度上可以说这些国家和人口也面临着进一步"发展"的问题。由这些数据可见，找到破解"发展悖论"的"发展机制"，是关乎65 多亿人口生活水平的重大问题。

本文分六个部分。第二部分介绍"比较优势"和"比较优势战略"，说明比较优势既意味着同一时间点上不同经济体之间的要素禀赋结构之间的横向比较，也意味着给定经济体自身在不同时间点上的纵向比较；第三部分介绍"比较优势战略"和"后发优势"之间的关系，说明只有顺应比较优势的发展战略，才能顺利、充分地释放后发优势，而且发达国家的发展战略也必须遵循比较优势，否则其经济就不能以潜在的最高速度增长；第四部分围绕第三部分内容可能引发的一些疑问，进一步阐述"比较优势战略"和"后发优势"之间的关系；第五部分论述了落后国家快速发展对全球而言是正和而非零和博弈，这部分的讨论有助于发达国家形成看待发展中国家的正确态度；最后是结论。

二、比较优势：既跨国横向比也跨时纵向比

比较优势所比较的，是要素禀赋结构。要素禀赋有多种，如物质资本、土地和矿产资源、劳动力等。各种要素禀赋中，任意两种都有相对的比例，如物质资本相对于土地和矿产资源的比例，物质资本相对于劳动力的比例，土地和矿产资源相对于劳动力的比例。这些比例就构成了要素禀赋结构。这些要素禀赋结构中最重要的一种，是物质资本相对于劳动力的比例。

所有这些要素禀赋结构的"比较"有两方面含义：一方面是同一个时间点上各国之间的横向比较，如 2017 年各国人均物质资本水平有高有低，美国高于中国的水平，中国高于印度的水平；另一方面是同一个国家在不同时间点上的纵向比较，人均资本水平有时高有时低，通常是现在比过去高，未来比现在高，中国 2017 年的水平高于 2000 年的水平。当然，也有一些经济体在一定时期内因特殊原因而导致人均物质资本水平随时间推移而减少，如战争和自然灾害导致物质资本短期内大量灭失，或人口增速远超物质资本积累速度，都会导致这种现象。

横向和纵向两种"比较"也就引申出关于比较优势战略的两方面内涵。从横向看，如果某时间点甲国人均物质资本水平高于乙国，那么前者产业结构、产品结构和生产工艺技术结构的物质资本密集度，就应该高于后者。从纵向看，一国人均物质资本水平随时间推移而提高后，产业结构、产品结构和生产工艺技术结构的物质资本密集度，也须相应提高。

基于上述讨论，可以进一步指出关于比较优势和比较优势战略的两个含义。第一，比较优势原理虽然因为贸易理论而广为周知，决定着开放条件下国家之间的分工格局，但事实上同样决定着封闭经济条件下单个经济体合理的产业、产品和技术结构的情形。比较优势所比较的要素禀赋结构，实际上刻画了一个经济体的预算约束和要素相对价格（Lin and Wang, 2017）。密集使用相对丰裕从而相对便宜的生产要素，是成本最小化的必

然要求，是所有要素都能得以充分利用的必然要求。这可以说是经济学当中的铁律，无论分析对象是开放经济还是封闭经济，这个规律都成立。第二，比较优势从来都是一个动态而非静态的概念。比较优势发展战略内在地要求，产业结构、产品结构和技术结构的物质资本密集度须随着人均物质资本水平提升而相应提高。

图 1 反映了中国和美国人均物质资本的积累过程。从中可以得出三方面的结论：一是到目前为止的每个年份，中国人均物质资本均低于美国的水平。这意味着，如果按比较优势战略发展的话，这些年份中国的产业结构、产品结构和技术结构的资本密集度应该低于美国。这也是实际发生的情况。二是随着时间推移，尤其是改革开放以来，中国人均物质资本持续积累。这意味着，如果按比较优势战略发展的话，中国的产业结构、产品结构和技术结构的资本密集度也应逐步提高。同理，由于美国人均物质资本也在逐步积累，美国如果顺应比较优势战略发展的话，其产业结构、产品结构和技术结构的资本密集度也应该逐步提高。三是改革开放以来中国人均物质资本积累速度比美国快，这意味着，如果中国和美国均按照比较优势战略发展各自经济的话，中国的产业结构、产品结构和技术结构的资本密集度提高速度应该比美国更快。

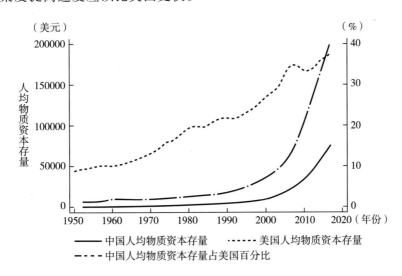

图 1　中国和美国的人均物质资本绝对和相对水平

资料来源：Feenstra 等（2015）。

从以上分析可以看出，落后国家在追赶发达国家的过程中，具有比较优势的产业也会逐步演变。越到发展的中后期，资本密集产业就越具有比较优势，而劳动密集型产业则越来越丧失比较优势。

但是，按照樊纲教授的分析，发展中国家的比较优势只是"劳动力成本低，可以在劳动密集型产业中获得劳动成本较低的竞争优势，为落后国家挣得'第一桶金'"⑤。"比较优势是较低的劳动力成本产生的竞争力。但是这种竞争力只能存在于一部分产业当中，即劳动密集型产业当中，而且只是在比较低端的、不需要很高技能的组装与服务环节上。"⑥按照这些表述，樊纲教授似乎认为，发展中国家的比较优势是且只能是劳动密集型产业，当这个国家人均资本积累、发展水平提高之后，如果发展资本密集度更高的产业，就不再符合这个国家的比较优势了。

我们认为，樊纲教授这种看法是对比较优势的静态和片面的理解，值得商榷。如果发展中国家比较优势的全部含义仅仅是劳动力丰富、工资低的话，那么，就完全没必要大费周章引入比较优势这个概念。我们不否认发展中国家在较低发展阶段上的比较优势主要在于劳动密集型产业和产品上。但是，如果发展中国家随着发展水平提高，资本积累速度超过劳动力增长速度而导致劳动力逐步短缺的话，并不意味着落后国家的比较优势彻底消失了，而意味着比较优势的具体体现变化了，资本密集和技术密集型产业将越来越具有比较优势，而发展早期所倚重的劳动密集型产业将逐渐丧失比较优势。

也就是说，任何经济体不论处在什么样的发展阶段和发展水平上，都有自己相应的比较优势，只不过比较优势的具体体现，在有规律地变化。变化的规律是，随着人均物质资本水平越高，体现自身比较优势的产业结构、产品结构和生产技术结构的资本密集度越高、劳动密集度越低。

三、唯有比较优势战略才能顺利而充分地释放后发优势

上文介绍了比较优势和比较优势发展战略的含义。发展中国家实施比较优势发展战略，目的就在于顺利且充分地释放自身相对于发达国家的后

发优势。

所谓后发优势的含义，正如樊纲教授在文章中指出的那样，就是"作为落后国家，我们可以通过学习或模仿前人所积累的大量技术，学到别人在之前发展过程当中的经验与教训，从而可以少走弯路，多走捷径"⑦。"就是通过对外开放，融入全球化，通过国际交流，得以把发达国家的知识'外溢'到我们这个地方，外溢到落后国家的经济当中，通过学习和模仿，尽快掌握人类已有的一些知识，取得较快的进步。"⑧

这个"少走弯路，多走捷径"的技术"外溢"过程，实际上就是相对落后国家模仿相对先进国家技术的过程。模仿过程中，相对落后国家无须像发达国家当初那样，在众多技术路线中试错，在众多技术上可行的产品中识别哪些商业价值更高。这样，通过模仿，相对落后的国家可以在几十年时间里快速掌握发达国家在上百年甚至几百年里积累的技术和成功的商业模式。而且，相对落后国家模仿这些技术所支付的成本，也会低于相对发达国家当初研发这些技术所支付的成本。

从上面分析可以得出关于后发优势的两个推论：横向看，某时点一国相对于发达国家而言越落后，则前者所具有的后发优势越大；纵向看，一国发展水平与发达国家差距随着时间推移而缩小，则前者的后发优势会相应缩小。

比较优势和后发优势，的确如樊纲教授文章所认为的那样，是两个不同的、相对独立的概念。但两者并非完全割裂的，其共同点和内在紧密关系表现在以下方面：一是比较优势和后发优势都是潜在优势，除非通过系统的战略和政策加以利用，否则，两者都不会自然而然地转化为现实的发展动力。二是一个落后经济体和一个发达经济体之间，在人均资本拥有量刻画的比较优势上的差别越大，则前者的后发优势也就越大。这也意味着，两个经济体之间如果人均物质资本水平相当，则两者相互之间几乎没有后发优势；反之，如果两个经济体之间相互没有后发优势，它们的人均物质资本水平也不会有太大差距。

除这两点外，比较优势和后发优势之间紧密关系的另一个更重要的表现是，只有遵循比较优势的发展战略才能顺利地、充分地释放后发优势；违背比较优势的发展战略则不能。这是因为，比较优势发展战略之下，产业结构、产品结构和生产技术结构的资本密集度与整个社会的人均资本水平相适应，成本能够最小化，企业能够获得最大剩余，所有的生产要素都能够被充分利用起来，整个社会的总资本能够以潜在的最快速度积累，人均物质资本水平才能以潜在的最快速度提升，从而以潜在的最快速度攀升技术阶梯。相反，违背比较优势的发展战略如赶超战略之下，优先发展的产业结构、产品结构和生产技术结构的资本密集度超越整个社会的人均资本水平，企业没有自生能力，成本不能最小化，不能获得最大剩余，难以在竞争性市场中生存（Lin and Tan，1999；Lin，2003）。这种情况下，为发展这些超越整个社会比较优势的产业和产品，政府必须予以保护和补贴，或授予它们垄断权，或提供低价资本、原材料和土地。这些扭曲创造了租金，刺激了寻租、贪污和腐败。最终，整个社会资本积累速度低于潜在的最快水平，人均资本水平提升速度也就低于潜在的最高水平，该经济体攀登技术阶梯的速度也就低于潜在的最快水平（林毅夫，2012）。

由此可见，后发优势只有通过顺应比较优势的发展战略，才能顺利而充分地释放出来，转化为推动后发国家经济发展的动力。如果不采取比较优势发展战略，那么，后发优势就仅仅是潜在的优势，无法转变为现实的经济发展动力。事实上，樊纲教授自己在论文中也指出了比较优势和后发优势之间的这种紧密关系。"过去人们知道 GDP 只是一个表面的指标，所以需要更多关注经济结构，较好的经济结构才会产生价值较高的收入。但是，经济结构取决于要素结构，或者说是'要素禀赋结构'（禀赋在这里的意思是：到今天为止你拥有的东西），包括技术水平、体制效率、人力资本结构以及资本积累水平。要想有更好的、更高级的经济结构，你需要去努力发展和增长那些优质的要素，改善这些要素结构，这样才能够真正获得持久的增长。而不是像'大跃进'那样，以为只要大炼钢铁，有了一个经济结构的飞跃，就可以成为强国。由于要素结构没有变化，这种赶超的结果只能是浪费大量资源，并不能真正改变经济结构。如果基础性的要素结构没有改变，而只是经济结构人为地发生短期的改变，则最终是不可持久的。"⑨

但是，樊纲教授却又把比较优势和后发优势割裂开，并且分别视为发展早期和中后期时间上继起但却相互独立的优势。他在文章中说："要解释中国最近 20 多年的持续增长，最重要的已经不是比较优势，而是'后发优势'。因为在后面的这 20 年里，我们看到的已经不仅是劳动密集型产业的发展，而是各行各业的发展，看到了技术的进步，看到了高新科技产业的产生与发展。所以，要注意比较优势与后发优势的差别。比较优势是较低的劳动力成本产生的竞争力。但是这种竞争力只能存在于一部分产业当中，即劳动密集型产业当中，而且只是在比较低端的、不需要很高技能的组装与服务环节上。而后发优势则不一样，它的本质是以较低的学习成本和试错成本去缩短差距，它可以发生在所有的领域、所有的产业当中，使得经济取得全面的增长，形成较为完整的产业体系。而且它不仅在生产活动中存在，在诸如制度改进等领域中也存在。作为后来者，通过开放的过程，可以学习、模仿、引进、吸收，使我们的知识和技术的增长可以更快地接近世界前沿。在中国 40 年来的高增长中，后来的这 20 年应该说越来越多是依靠这个后发优势。"[10]

这种看法值得商榷。我们认为，第一，发展中国家在收入水平很低的发展早期，同样有可资利用的后发优势，甚至如前面指出的那样，越是发展早期，后发优势越大。中国过去 40 多年中，不仅仅是后来这 20 年利用了后发优势，前面的 20 多年也利用了后发优势。事实上，樊纲（2020）的论文中也指出，在发展的"第二阶段，进入比较优势与后发优势同时起作用的时期。这里的前提是要在一开始的时候，也就是在第一阶段的时候，就开始对外开放，学习模仿，主动地受益于'知识外溢'，积以时日，才能在后面的阶段上接续发展"[11]。那么，第一阶段的学习模仿不正是后发优势的释放吗？

第二，中国之所以能够在 21 世纪头 20 多年利用后发优势，根本原因是中国在 20 世纪末的 20 多年中以比较优势战略成功地释放了那个阶段上的后发优势，实现了很大程度的技术追赶，把技术水平提高到了一定水平。后发优势，实际上是一个复杂程度由低到高的技术谱系。设想一下，如果 20 世纪末的 20 多年里中国仅仅依靠劳动密集型产业的规模扩张，而未把后发优势的技术谱系中那些较低水平的技术吸收利用的话，怎么可能一下子"跳跃到"21 世纪头 20 年时间里所吸收和利用的更高水平的技术上？上面引用的樊纲教授自己的阐述[12]，实际上也明确表达了这个意思。

朱晓东（Zhu，2012）基于诺贝尔经济学奖获得者 Prescott 的框架进行的测算表明，1978~2007 年我国经济增长的 78% 是全要素生产率增长的贡献。可见我国改革开放以来技术进步一直较快。

第三，后发优势是发展中国家相对于发达国家而言的技术落差，是一个复杂程度由低到高的技术谱系。这实际上意味着，发展阶段越低，后发优势越大，这个技术谱系越宽；发展阶段越高，后发优势会越小，这个技术谱系会越缩窄到那些越来越复杂的高端技术上，而且吸收和利用这些高端技术的难度只会越来越高。中国改革开放以来的 40 多年中，后面 20 年发展利用的后发优势所对应的技术，的确比前 20 多年发展利用的后发优势所对应的技术更复杂。但这并不意味着前 20 多年的发展中没有利用后发优势。当然，这个逻辑的一个必然推论是，未来要利用的后发优势所对应的技术的复杂度，会比过去 20 年的更高。

第四，今后要继续利用后发优势实现发展，仍然需要遵循比较优势发展战略。今后中国的比较优势，将越来越体现在资本密集度更高的产业、产品和技术上，而不再体现在劳动密集型产业、产品和技术上。但这其实是比较优势具体表现的变化，恰恰是比较优势原理在今后客观条件下本来应该有的表现，而不意味着比较优势丧失了，更不意味着比较优势原理不适用于未来的发展阶段。

第五，倘若像樊纲教授所认为的那样，比较优势和后发优势可以割裂开来，并且在劳动密集型产业的优势消失之后，后发优势所代表的那些高端技术立即就可以像打开水龙头就有水流出来，那就不会有发展不起来的国家了。这是因为，按照樊纲教授的逻辑，如果在需要时只需要打开技术的水龙头让复杂技术流出来的话，那么，简单技术的水龙头岂不是更容易被打开，简单技术岂不是更容易流出来？实现经济起飞、从劳动密集型产业入手启动工业化进程，岂不是易如反掌？但放眼世界，至少到目前为止的经验表明，至少将近 40 亿人口所生活在的低收入国家和下中等收入国家，尚未很好地实现轻工业的充分发展，更遑论资本密集型产业的重工业发展了。

四、没有后发优势可资利用时也应遵循比较优势战略

基于前面的分析，还可以得出更多关于比较优势和后发优势之间关系的逻辑推论。

第一，也许有人会提出这样的疑问：只要采取符合比较优势的战略，就一定能够顺利、充分地释放后发优势吗？如果发达国家对发展中国家实施技术封锁，从而使得后发优势只是镜花水月，怎么办？樊纲（2019，2020）两篇文章中均指出，中国当前和今后发展阶段上面临着发达国家日益严格的技术封锁。那么在这种情况下，中国是否应该采取符合比较优势的战略？

按照我们的逻辑框架，即使中国今后不能从发达国家模仿任何技术，一切技术都需要自主研发，那中国也应该采取符合比较优势的发展战略。不过，今后一段时期内中国具有比较优势的产业、产品和技术的劳动密集度，要远低于改革开放最初 20 年的情形了，但显然会高于当今发达国家如七国集团（G7）的水平。

第二，设想一个发展中国家从一开始就因为某种原因不愿意利用后发优势，而喜欢一切自力更生，把一切轮子都重新发明一遍。即使在这样极端的情形中，遵循比较优势战略也会比不遵循来得更好。理由如前文所述，遵循比较优势发展战略，则企业具有自生能力，政府不需要对经济体系和价格信号进行全面扭曲，资源配置效率始终处于高水平上，资本相对于劳动力而言才能实现最快的积累，从而更快地迈向更高端的产业、产品和技术结构。否则，反之。

第三，后发追赶国家一旦跻身发达国家行列后，就不再是后发追赶的发展中国家了，也就不再具有后发优势了。这种情况下要不要继续遵循比较优势战略？更广义地看，当今最发达的美国相对于任何国家而言都没有任何后发优势。那美国是应该遵循比较优势战略，发展资本密集型产业、产品和技术；还是违背比较优势战略，发展劳动密集型产业、产品和技术？答案不言而喻。由此也可以推断，美国最近挑起贸易摩擦以来，力图

实现制造业回归。如果说美国大力发展高度资本密集、高度自动化的制造业的话，是符合其比较优势的，这样意义上的制造业回归，也是可持续的。但倘若美国试图实现回流的是劳动密集型制造业，[13]我们推断是不会成功的，或者说必须以很大的效率损失为代价，如政府对劳动密集型制造业大量补贴，才能实现。

五、落后国家快速增长对全球而言是正和而非零和博弈

樊纲（2020）认为，发展中国家由于其追赶而导致的与发达国家的"贸易摩擦"，是发展经济学的特征性问题之一。樊纲（2019）也曾经分析道："落后国家还得增长，还得在已经被发达国家占领、'瓜分'了的世界市场上'挤出'一个份额。""发展经济学所研究的就是落后国家与发达国家的关系问题，就是研究落后国家在发达国家已经占领市场的前提下，怎么实现增长的问题。"

如果从不同发展水平国家的经济占全球的相对份额角度看，樊纲教授上面的看法是成立的，因为发展中国家如果以比发达国家更快的速度增长，那后者在全球经济中的相对份额必然会缩小。根据世界发展指数（World Bank，2019），目前的下中等收入、上中等收入和高收入国家1960~2018年人均GDP年均增速分别为2.40%、3.17%和2.27%；目前的低收入国家1986~2018年人均GDP年均增速为0.89%。可见过去半个世纪发展中国家人均GDP增速高于发达国家的水平。考虑到发展中国家同期人口增速快于发达国家的水平，前者的GDP增速就会比后者更快些。这样一来，发达国家经济占全球的份额就会缩小。按官方汇率折算，1988年低收入、下中等收入和上中等收入国家GDP占全球份额分别为0.5%、4.4%和11.5%，发达国家占83.6%。到了2018年，四类国家的份额分别变为0.5%、5.6%、21.4%和72.5%。一个显著的特征是上中等收入国家份额的提高幅度差不多就是高收入国家减少的幅度。

但是，相对份额缩小是否构成樊纲教授所说的发展经济学"特征性问题"之一，除了要看相对份额外，还要考虑到全球经济总蛋糕是否增大的

因素。这个因素背后的实质，则是发达国家自身技术进步是否停滞。倘若发达国家作为一个整体，技术进步停滞或放缓，全球经济总蛋糕增速就会放缓，那么，发展中国家的发展，在相对份额意义上挤占发达国家的市场的同时，是否会在绝对量意义上挤占发达国家的市场，则存在不确定性。这种情况下，可以预期，技术未处在最先进水平的发达国家很可能会封锁技术输出，发展中国家的后发优势大打折扣甚至谈不上任何后发优势了。倘若真的如此，发展中国家就发展无望了吗？我们认为，除非发达国家凭借武力彻底限制发展中国家的发展，否则，后者即使没有任何后发优势可资利用，但只要采取比较优势发展战略，也能依靠自己力量把所有轮子重新发明出来，假以时日，也能实现工业化和现代化，在国内和国际市场上销售其产品。这意味着发展中国家发展会在绝对量意义上把自身和全球总市场做大；发达国家作为一个整体，其绝对量意义上的市场规模会因此扩大；技术最先进的发达国家绝对量意义上的市场规模也会扩大；技术未处于最先进水平的发达国家绝对量意义上的市场规模是否扩大，则存在不确定性。

如果充分认识到发达国家技术水平在持续进步的现实，那么，发展中国家的快速发展，对全球而言就更是正和博弈而非零和博弈了。

正确地看待上述问题，在当前国际关系形势下的重大意义在于，促使发达国家正确对待全球化，正确处理国际关系，以积极的态度和发展中国家开展经济往来。否则，如果不能正确地看待上述问题，认为发展中国家的发展对全球而言是零和博弈，进而以零和博弈思维看待发展中国家的发展，限制技术输出，在自己国内生产本可以从发展中国家进口的产品，那么，不仅发展中国家受损，发达国家的资源配置效率也会受损，可以用于研发前沿技术的资源也会减少，长期福利必然也会受损。樊纲教授指出：发展中国家达到最高发展阶段，"成为世界创新体系的一个重要部分"后，所应该有的态度和做法是："不可能一个国家制造所有的东西，应该通过开放的世界体系，各国之间专业分工、相互贸易，这样才更有效率。"[14]如果说达到最高发展阶段的发展中国家可以采取这样的态度和做法的话，那当今的发达国家就更可以这样的态度和做法来处理和发展中国家的关系。

六、总结

樊纲教授的两篇论文，在发展经济学应该如何确定自身研究主题方面进行了很好的探索，并提出了不少理论观点。我们赞同其中不少观点，但也对其中另一些观点持有不同看法。本文中我们着重阐明了，虽然比较优势和后发优势是两个不同的概念，但两者并非不同发展阶段上继起的互不相干的两件事；唯有遵循比较优势的战略才能顺利地和充分地释放后发优势。这正是破解樊纲教授所说的"发展悖论"的"发展的机制"。

樊纲教授的两篇论文还涉及不少发展中国家经济发展进程中的特征性问题。基于有限的观察和学养，我们想补充的一个在理论上饶有趣味、值得深入研究的"发展悖论"是：凡是成功实现追赶的发展中国家，在生产率高速追赶过程中都伴随着贸易条件的恶化。例如，日本和韩国在20世纪50~80年代高速增长的同时就出现了贸易条件恶化的现象，我国在过去40多年的高速追赶期，贸易条件的大体变化也是趋于恶化的。按照直觉，贸易条件恶化是不利于财富积累的。那为何贸易条件恶化却没有拖累经济追赶？是因为发展中国家高速追赶过程中的出口品，在发达国家市场中的需求价格弹性很大，进而拉动发展中国家总出口额快速扩张吗？这有待于进一步的研究。

另外，我们在国际调研中发现，对于发展中国家而言，形成类似我国改革开放以来广为接受的一心一意谋发展的共识（Credible Commitment to Growth），殊为不易。而根据世界银行19位权威学者进行的一项大型研究，这是高速增长的五个特征之一（Commission on Growth and Development，2008）。这也许同样应该作为发展经济学的重要议题。

注释

①③⑤⑥⑧⑩樊纲（2019），第150页。

②⑪⑫⑭樊纲（2020），第38页。

④樊纲（2020），括号中内容为笔者所加。

⑦樊纲（2020），第37页。

⑨樊纲（2019），第 149~150 页。

⑬这实际上是美国挑起贸易摩擦的重要原因之一。

参考文献

［1］樊纲：《"发展悖论"与"发展要素"——发展经济学的基本原理与中国案例》，《经济学动态》，2019 年第 6 期。

［2］樊纲：《"发展悖论"与发展经济学的"特征性问题"》，《管理世界》，2020 年第 4 期。

［3］林毅夫：《新结构经济学》，北京大学出版社，2012 年。

［4］Commission on Growth and Development, 2008, "The Growth Report：Strategies for Sustained Growth and Inclusive Development", Washington, DC：World Bank.

［5］Feenstra, R. C., Inklaar, R. and Timmer, M. P., 2015, "The Next Generation of the Penn World Table", *American Economic Review*, Vol. 105, No. 10, pp. 3150–3182.

［6］Lin, J. Y., 2003, "Development Strategy, Viability and Economic Convergence", *Economic Development and Cultural Change*, Vol. 51, No. 2, pp. 276–308.

［7］Lin, J. Y. and Tan, G., 1999, "Policy Burdens, Accountability and the Soft Budget Constraint", *American Economic Review*, Vol. 89, No. 2, pp. 426–431.

［8］Lin, J. Y. and Wang, X., 2017, "The Facilitating State and Economic Development：The Role of the State in New Structural Economics", *Man and the Economy*, Vol. 4, No. 2, pp. 1–19.

［9］World Bank, 2019, World Development Indicators.

［10］Zhu, Xiaodong, 2012, "Understanding China's Growth：Past, Present and Future", *Journal of Economic Perspectives*, Vol. 26, No. 4, pp. 103–124.

新时代借用西方经济学的几个
重大理论问题 *

中国人民大学　方福前

摘要：中国特色社会主义经济学在新时代在现阶段是适应中国特色社会主义市场经济发展需要的中国社会主义市场经济学。社会主义市场经济与资本主义市场经济在制度性质上是不同的，但在资源配置机制上是相同的，都是市场经济。西方经济学以资本主义市场经济为研究对象，主要研究的是资本主义制度下的市场经济，其中的许多内容可以为创建中国特色社会主义经济学借用。西方经济学体现着私人资本逐利、自由和私有的三大意愿。社会主义市场经济中的资本并不能超脱这些意愿，中国社会主义价值观排斥的是私有化、经济领域以外的自由化和把自利变异为自私。现代西方主流经济学一般不研究资本主义制度"从哪里来""到哪里去"这样重大的问题，这有其庸俗性的一面，但也表明它所研究的实际上是市场经济一般的问题，这些问题大多在社会主义市场经济中也会出现和存在。市场调节是自发的、盲目的和事后的，这是好的调节功能和调节方式而不是坏的调节功能和调节方式。

关键词：中国特色社会主义经济学　西方经济学　市场经济　借用

从 1979 年 1 月商务印书馆出版保罗·萨缪尔森的流行教科书《经济学》英文第 10 版中译本算起，中国引进西方经济学完整体系已逾 40 年。40 多年来，随着不断深化改革和扩大开放，中国主流意识形态和学界对西

---

* 原载《管理世界》2020 年第 9 期。

方经济学的认识也发生了许多重大变化。进入中国特色社会主义新时代，创建和发展中国特色社会主义经济学（以下简称"中特经济学"）需要借用西方经济学已经成为中国学界的共识。习近平总书记在谈到发展中国特色社会主义政治经济学时指出："坚持和发展中国特色社会主义政治经济学，要以马克思主义政治经济学为指导，总结和提炼中国改革开放和社会主义现代化建设的伟大实践经验，同时借鉴西方经济学的有益成分。"①由于西方经济学产生和发展于西方资本主义市场经济制度土壤，因此它在我们中国就有一个怎么用，怎么消化、吸收、改造然后与中国实际相结合的问题。当前，正确借用西方经济学需要重新认识以下几个重大理论问题。

一、创建中特经济学为什么要借用西方经济学

中特经济学在新时代的现阶段是适应中国特色社会主义市场经济发展需要的中国社会主义市场经济学。这种经济学植根于中国特色社会主义市场经济制度土壤，其种子是中国改革开放和社会主义现代化建设的伟大实践经验的总结、提炼和理论化，其基因是马克思主义政治经济学，其营养主要来源于中国创建和发展社会主义市场经济的经验和成果，一部分则来源于西方经济学的已有成果。

中国正在建设和完善的社会主义市场经济体制不同于欧美、东亚和世界上其他的市场经济体制，中国的市场经济体制是"社会主义的"，是"中国式的"或"中国特色的"，是人类社会从来没有过的，是一种创新型的市场经济体制。由于中国社会主义市场经济体制是一种新型的市场经济体制，所以也就没有现成的经济学理论可以直接套用，这就需要我们中国学术界进行经济理论创新和理论建构，创建一种既反映市场经济共性，又符合中国实际、适合中国社会主义市场经济发展需要的经济学。

中国特色社会主义市场经济虽然是"中国特色的"，是"社会主义的"，但是同时又是"市场经济的"，"市场经济"应当是中国特色社会主义市场经济的"底色"或"基本色"。因此，中特经济学在现阶段本质上还是一种市场经济学。迄今为止，对市场经济做过系统研究和理论建构的

主要是马克思主义政治经济学和西方经济学。这两种经济学的研究对象都是西方资本主义市场经济，但是这两大经济学体系对资本主义市场经济研究的视角和目的不同。马克思主义政治经济学把资本主义市场经济看作是一个生物体，它从解剖商品这个"细胞"出发来揭示资本主义市场经济的产生、发展和消亡的历史过程，为社会主义制度取代资本主义制度提供理论依据。马克思主义政治经济学阐释了资本主义市场经济的本质特征和一些基本规律，这些成果是我们在新时代创建和发展中特经济学需要遵循的指导思想。特别是马克思分析资本主义市场经济所使用的辩证的方法和历史的方法，以及他站在"人民（雇佣工人）的立场"来观察和分析资本主义市场经济的研究视角，是今天我们在创建和发展中特经济学的过程中需要坚持和发扬光大的。西方主流经济学则是把资本主义市场经济看作是一种机械装置，它主要研究这个机械体是如何构成的，如何运转的，动力机制是什么，传导机制如何，注重分析这个机械装置的均衡条件和失衡的原因。由于它把资本主义市场经济看作是一个机械体，所以它一般不研究这个机械体"从哪里来"和"到哪里去"这样带有终极哲学含义的重大问题[2]。从阿尔弗雷德·马歇尔（1890）用经济学原理替代政治经济学原理和莱昂内尔·罗宾斯（Lionel Robbins, 1932）把经济学界定为一门研究资源配置的学问开始，在资本主义制度不变的假设前提下研究价格、竞争、资源配置、经济波动和经济增长等一系列市场经济的一般问题，成为西方主流经济学的传统。这种经济学主要关注市场机制配置资源的效率和经济稳定增长。中特经济学以中国社会主义市场经济为研究对象，它既需要研究中国社会主义市场经济制度"从哪里来""到哪里去"这样重大的问题，也需要研究在这种制度下市场经济是如何运行的，如何能够实现资源配置的有效率和经济的稳定健康发展，更重要的是要研究如何发挥社会主义制度的优越性、如何通过深化改革建立一套适合中国社会主义市场经济发展需要的体制机制，更快更好地促进中国市场经济的发展。这就是在创建和发展中特经济学的过程中需要借用西方经济学的缘由。

二、如何看待西方经济学中的意识形态成分

在"如何正确认识西方经济学"这个重大理论问题上，中国学术界一

直存在分野明显的两种观点：一种观点认为西方经济学是人类智慧的结晶，是普适性的市场经济学，是可以为人类社会共享的科学成果，如同数学和物理学一样，经济学没有"西方"与"东方"之分。另一种观点是从整体上否定和排斥西方经济学，他们的理由是西方经济学本质上是资本主义制度的主流意识形态，是一种资产阶级政治经济学，是私人资本的意愿和利益的理论体现。

笔者认为，西方经济学包含意识形态成分，但它主要是一种经济学；西方经济学中的意识形态内容并不都与我国现阶段的主流价值观截然对立。

西方经济学作为人文社会科学的一个学科，自然同其他人文社会科学学科一样不可能和意识形态无关。作为产生于西方资本主义市场经济制度土壤的经济学，西方经济学体现着私人资本的三大意愿或利益诉求，即逐利、自由和私有。私人资本的本性是追逐利润最大化的，马克思主义政治经济学和西方经济学都认可这一点，并且从不同的视角论证了利润最大化的条件和后果。马克思在其《资本论》等经典著作中论证了资本获得的剩余价值来源于雇佣工人的剩余劳动，并用大量的篇幅揭示了资本对利润的贪婪。西方经济学则用大量的篇幅论证（私人）厂商的目标是利润最大化以及如何实现利润最大化。资本要获得尽可能多的利润，一方面需要降低其使用的成本，另一方面需要一种自由、平等和公正的制度环境——适应市场经济发展需要的法律制度和法治环境[3]，这种制度环境有助于消除资本追逐利润的人为障碍和自然障碍，有利于资本在追逐利润过程中开疆拓土。就资本的本性来说，任何限制、阻碍资本逐利、流动、扩张和发展的制度安排、政策规章和自然障碍都是不能容许的，都是迟早要被打破或突破的，甚至国界和茫茫大海也不能阻挡资本流动、扩张和逐利的步伐。资本天然就是一个自由派。资本与生俱来就是私有的，公有（或共有）资本并不是原味的资本，而是进化了的资本；谋私利和私人占有生产成果是资本私人属性的必然要求，是资本的私有性的实现形式，所以在法律上资本的私有产权要和生产成果的剩余索取权相对应，两者密切联系在一起。资本私有、逐利和自由的三大意愿在西方经济学里就体现为私有化、利润最大化和自由化。这个"三化"在不同程度上体现了资本主义的主流意识形态。

但是，私有、逐利和自由并不都是资本主义市场经济制度中资本的特有意愿和要求，中国社会主义市场经济体制中的私人资本也有这三种意愿或要求。改革开放 40 多年来，我们在高度集中的计划经济体制下逐步引入了市场机制，继而转向社会主义市场经济体制建设，在这个改革开放和经济体制转轨过程中，我们的民营经济逐步发展壮大，私人资本（包括在中国的外国私人资本）成为中国社会主义市场经济中的生产要素之一，民营经济成为中国社会主义市场经济的一个有机组成部分，成为推动就业和经济增长的重要力量。没有私人资本，没有民营经济，也就不可能有完整意义的社会主义市场经济，而社会主义市场经济体制已经成为中国社会主义基本经济制度[④]。营造自由竞争和公平竞争的市场环境是我们改革开放以来一直致力追求的目标，也是改革的主要内容之一，"自由、平等、公正、法治"已经成为社会主义核心价值观的内容。中共中央和国务院发布的《关于构建更加完善的要素市场化配置体制机制的意见》中把"破除阻碍要素自由流动的体制机制障碍，扩大要素市场化配置范围，健全要素市场体系，推进要素市场制度建设，实现要素价格市场决定、流动自主有序、配置高效公平"作为建设和完善我国生产要素市场化配置体制机制的总体要求的主要内容[⑤]。今天我们已经把自由竞争和公平竞争的理念和要求扩大到国际市场，我们反对在国际经济交往中各种形式的贸易保护主义和制度歧视。在社会主义市场经济中，调动和发挥个人和企业的积极性，充分尊重经济当事人自主决策权和自由选择权，保证商品和生产要素自由流动，是实现资源有效配置的必要条件，这一点已经成为社会共识，成为我们主流意识形态的一部分。私人资本的存在和民营经济的发展，就需要在制度安排上、在法律法规上，允许、保护和支持个人或私人资本所有者在合法合规的条件下追求其利益最大化。我们既要"毫不动摇巩固和发展公有制经济"，又要"毫不动摇鼓励、支持、引导非公有制经济发展"（习近平，2017）。打破计划经济迈向社会主义市场经济的标志之一就是尊重个人利益，保护个人的自利动机，通过把物质利益和精神嘉奖与人们的努力程度联系起来构建经济活动的激励机制，允许个人在现有的制度框架内和道德规范约束下追求自身利益最大化，满足人民对美好生活的向往和追求。实现个人利益最大化，满足人民对美好生活的愿望，可以通过个人行动（私人物品生产和消费）和集体行动（公共物品生产和消费）这两种途径来实现。高度集中的计划经济体制试图完全通过集体行动来满足人民不断增长的物质和文化需要，不承认个人自利动机的合理性和必要性，"自利"被视同"自私"而加以排斥和批判。资本主义市场经济则主要通过私人行动来满足人们对自身利益最大化的追求。中国社会主义市场经济是通过私人行动和集体行动这两种途径来实现人们对美好生活的向往，而在现阶段，私人行动是实现这一目标的重要途径。

中国社会主义市场经济中的国有（企业）资本（公有资本）具有二重性：逐利性和公益性（或社会性）。没有逐利性，国有企业资本就不可能保值增值，就不可能做强做优做大，也就没有存在的经济价值。没有公益性，公有资本就和私人资本没有了区别。同样，国有资本运营也需要良好的自由和法治环境。

可见，社会主义市场经济不排斥私人资本和生产成果私有，不超脱资本逐利、自由和私有的三大意愿。但是，我们的社会主义制度与全盘私有化是不相容的，我们的主流意识形态是排斥全盘私有化的，即我们不主张生产资料和生产成果全部私有化。社会主义市场经济也需要经济活动自由，我们的主流意识形态只是反对把"自由"任意扩大，特别是反对经济领域以外的"自由化"；社会主义市场经济也需要个人追求自身利益最大化，我们的主流意识形态只是反对不择手段的唯利是图、见利忘义和损人利己，也就是反对自私——反对损人利己和损公肥私。我们应该把私有与私有化、自由与自由化、自利与自私区分开来。

三、如何看待西方经济学不研究生产关系

西方经济学在产生和发展初期是研究生产关系或经济制度的。英法古典经济学在 17～18 世纪登上社会科学舞台时肩负着双重任务：一方面，它作为新生的资本主义市场经济制度和当时先进生产力代表的工业资产阶级的代言人，致力于从理论上论证正在兴起的资本主义市场经济制度是符合人性的、自然的和有效率的制度，宣判日薄西山的封建主义制度是非理

性的、非自然的制度，是阻碍经济发展和社会进步的制度；另一方面，力图从生产过程解剖资本主义市场经济的生理结构，理清新制度下的生产关系、分配关系、交换关系和消费关系以及它们之间的联系，力图揭示资本主义市场经济财富增长的原因，寻找资本主义市场经济发展的动力源泉。马克思（1974）在评价《国富论》的作者亚当·斯密研究方法的二重性时指出："一方面，他探索各种经济范畴的内在联系，或者说，资产阶级经济制度的隐蔽结构。另一方面，……他试图……描述它外部表现出来的联系。"大体上自约翰·穆勒（John Stuart Mill, 1848）开始，西方经济学的主流就逐渐脱离对资本主义生产关系的探讨，研究兴趣逐渐转向对人与物的关系研究，特别是 Robbins（1932）关于经济学的定义被视为标准定义以后，西方主流经济学的研究对象就定位在市场机制与资源配置上了。而市场机制与资源配置是市场经济的基本问题或一般性问题，无论是资本主义市场经济还是社会主义市场经济都主要依靠市场机制来配置资源，否则就不能称之为市场经济，因此，西方经济学研究了市场机制和资源配置，中特经济学也需要研究这些问题。

马克思曾经把不研究生产关系，或者把资本主义生产过程人与人之间的关系等同于简单商品生产的关系，只研究经济现象的表面联系的经济学判定为庸俗经济学。马克思认为，资产阶级庸俗经济学家"企图把资本主义生产当事人之间的关系，归结为商品流通所产生的简单关系，从而否认资本主义生产过程的矛盾"（马克思，2012）。我国学术界有一种观点就是依据马克思的这个判定把罗宾斯和凯恩斯以来的现代西方经济学一概划定为庸俗经济学，由此而全盘否定现代西方经济学的有用性和可借用性。

现代西方主流经济学主要研究资本主义市场经济中的一些经济现象和经济变量关系，固然有其庸俗性的一面，因为它掩盖了资本主义市场经济制度的内在矛盾和固有缺陷，实际上暗中假设了资本主义制度是一种永恒的制度，回避了资本主义制度"从哪里来""到哪里去"的问题。但是，我们也要看到，现代西方经济学不研究资本主义制度，它所研究的实际上就是市场经济的一般性问题，这些问题大多与制度的特殊性关系不大，这些问题在资本主义市场经济中存在，在社会主义市场经济中也会出现，例如，价格与供求的关系，市场机制如何配置资源，市场竞争程度与资源配置效率关系，消费者行为和生产者行为的决定因素，失业、通货膨胀、经济波动的原因，经济增长的动力源泉，等等。不研究这些问题，就难以发现市场经济的运行规律和一般特征，就无法解决市场经济面临的许多实际问题。研究一个经济体的经济活动的内在联系和本质特征无疑是重要的，它可以抓住经济问题的根源和本质，这是经济学的科学性的必然要求。但是，揭示经济现象背后的内在联系不应是经济学的全部内容。经济学作为一门致用的科学，其内容还应当包括：分析经济变量之间的关系，解释常见的或经常发生的经济现象，探究经济问题或经济现象发生的原因，找出解决经济问题的办法和思路。并不是任何经济现象和经济问题都和特定的制度或生产关系联系在一起，有些经济现象和经济问题是不同的经济制度下共生共存的。所以，对经济活动中本质关系的研究不能也无法替代对经济现象本身和现象之间关系的研究。

可以说，现代西方经济学主要研究市场经济一般规律，这些研究成果包含有许多科学的内容，具有积极的意义，是可以为中国特色经济学所借用的。

四、如何看待市场调节的自发性、盲目性和滞后性

在西方主流经济学看来，"市场经济是一部复杂而精良的机器，它通过价格和市场体系来协调个人和企业的各种经济活动"（保罗·萨缪尔森、威廉·诺德豪斯，2012）。"尽管市场中存在的是分散的决策和千百万利己的决策者，但事实已经证明，市场经济在以一种促进总体经济福利的方式组织经济活动方面非常成功"（格里高利·曼昆，2009）。

在改革开放前，中国经济学界的主流观点认为市场调节是自发的、盲目的和事后的，因而市场经济会周期性地出现经济比例关系失调和经济结构失衡的经济危机，例如生产过剩和大规模失业。而计划经济可以做到使国民经济有计划按比例发展，从而可以消除周期性的生产过剩的经济危机。时至今日我们还有一些学者把市场调节的自发性、盲目性和滞后性看作是一种坏的调节方式，是市场失灵和市场经济缺陷的证据，并以此作为需要政府干预经济活动的理由。

如何正确认识市场机制的特性和优缺点，是关系到我们要不要建设（社会主义）市场经济体制和建设什么样的市场经济体制的大问题，关系到我们如何正确认识和处理市场与政府的关系问题，关系到中特经济学如何为中国社会主义市场经济体制建设和发展提供理论支撑的大问题。如果我们在理论上还是坚持市场调节是自发的、盲目的和事后的认识，我们无法从理论上说明我们中国为什么要放弃计划经济而走向（社会主义）市场经济，在实践上就会对（社会主义）市场经济体制建设和市场经济发展怀有一种抵触情绪和难以接受的态度，也不可能正确处理社会主义市场经济中的市场与政府关系。

今天我们需要重新审视和认识市场机制的自发性、盲目性和滞后性。

市场经济本质上是一种个人和企业自由选择、自主决策、自愿交易的经济，它不是在某个人或某个机构的指挥或操控下运行的。在市场经济制度下，自利动机驱动经济当事人从事各种经济活动或交易，这种出于自利动机的自愿交易会增进交易各方的利益，而协调这些分散的经济活动或交易的机制就是市场价格，价格是由经济当事人在相互依存相互作用的过程（市场）中形成的，不是某个人或某个机构制定的。价格又是一种信号，它引导着资源（包括资本和劳动力）在不同市场（行业）的进入和流出，协调着生产者和消费者的决策和行为，使市场和整个经济趋于均衡。市场机制本质上是一种自动自发的机制，是一只"看不见的手"，市场交易行为都是经济当事人出于自利动机的自动自发的行为。

那么，自发的机制就不是一个好的机制吗？应当说，在资源配置和协调经济当事人经济决策方面，自发的机制要优于人为操控的机制。

在市场经济下，个人受自利动机驱动的经济活动必然会引发市场竞争，这是由于每个人都为改善自己的境况而追求利益最大化，同时资源又是稀缺的，资源的稀缺性又导致每一种商品或要素市场空间的有限性和利润蛋糕的有限性。个人的自利动机和自由竞争会导致人尽其才、物尽其用、货畅其流，从而实现资源的最优配置。市场机制这种自发性的特性及其效果在 18 世纪就被亚当·斯密论述过，这就是"看不见的手"的原理。亚当·斯密（1983）在其《国富论》中写道："个人的利害关系与情欲，自然会使他们把资本投在通常最有利于社会的用途。但若由于这种自然的倾向，他们把过多资本投在此等用途，那么这些用途利润的降落，和其他用途利润的提高，立即使他们改变这错误的分配。用不着法律干涉，个人的利害关系与情欲，自然会引导人们把社会的资本，尽可能按照最适合于全社会利害关系的比例，分配到国内一切不同用途。"亚当·斯密认为，资源在不同用途中配置也好，生产成果（财富）在不同的要素所有者之间分配也好，都受自利和竞争的同一规律支配。因此，个人的动机和行为看起来是自发的，市场活动看起来是混乱的、杂乱无章的，实则是有内在秩序的，因而资源配置是有效率的。

哈耶克则从另一种视角论证了自发性的市场机制的优势。哈耶克认为，在市场经济下，个人掌握的知识是分散的、有限的，而处在某个时点的个人又不能仅仅依据他有限的、对周围环境直接的了解来作出决策。"所以，仍然存在如何向他传递更多能让他的决策适应经济变化宏观规律的信息这样一个问题"（Friedrich，1945）。那么，这个问题如何解决呢？哈耶克的回答是：市场价格机制。"从根本上说，在一个相关事实的知识掌握在分散的许多人手中的体系中，价格机制能协调不同个人的单独行动。"⑥价格机制何以能够做到这一点呢？因为价格体系是一种信息交流的机制，交流信息是价格体系的真正功能。价格越富有弹性，这种功能就越发挥得好。在经济活动中，只有反映在价格上的变化才能为单个生产者所了解。"价格体系最重要的特点是，其运转所需的知识很经济，就是说，参与这个体系的个人只需要掌握很少的信息便能采取正确的行动。最关键的信息只是以最简短的形式，通过某种信号来传递，而且只传递给相关的人。"⑦这就是市场机制的奇妙之处。

就人类目前的智慧和手段来说，人为控制资源配置和发展经济的长期效果不可能比市场机制更好。苏联、东欧各国和我们中国搞了几十年的计划经济，通过政府计划机构控制和配置资源，到头来还是失败了，"有计划按比例发展经济"的美好愿望最后还是空欢喜。计划经济失败的根本原因就在于：①不承认不尊重个人利益及其动机，试图以社会整体利益或集体利益替代个人利益，以政府目标替代个人目标。这就是"大锅饭"体制下个人没有积极性的原因。②无法获取制定计划所需要的足够信息。计划经济可以做到"有计划"——在计划经济体制下，自上而下的庞大的计划机构可以制定出无所不包的详尽计划，但是它做不到"按比例"。因为在一定时期每一种产品生产多少，相应的资源配给多少，这是由千千万万个消费者的消费需求决定的，消费者在一定时期对每一种产品的需求量和对不同产品的需求比例（需求结构）不可能被计划机构准确地统计出来，而计划经济中又没有市场价格，消费者的需求信息就没有恰当的机制显示出来为计划机构获取，所以计划经济中的生产"计划"总是赶不上需求的"变化"，因而经常出现供给短缺、生产消费比例关系失调和经济结构失衡。

计划经济也不可能使资源得到有效配置。在计划经济制度下，由于没有价格信号，计划机构无法知道成千上万个市场上每一种物品对每个潜在的消费者的价值有多高，每个潜在的生产者生产每一种物品的成本是多少，因而计划机构配置资源组织生产往往是物品的供求不匹配，并且生产是高成本的，浪费是普遍存在的。

中国经济自改革开放以来取得了近 40 年年均增长率接近 10% 的高增长，一个重要的原因就是引入了市场机制来替代高度集中的计划。

如何认识市场调节是盲目的？市场机制不是人，所以市场机制调节不可能是有意识的调节，从这个角度来看，可以说市场调节是盲目的。不过，认为"市场（调节）是盲目的"观点似乎是认为市场调节是一种无目标或无目的的调节，市场调节如同盲人摸象。这种认识是需要商榷的。实际上，市场调节是有目的或有目标的，市场调节的目的或目标是"均衡"。市场或经济运行的常态是失衡或非均衡状态——供给大于需求或需求大于供给，这在微观经济层面上就表现为市场不能及时出清，在宏观经济层面上表现为可利用的资源闲置或存在非自愿失业，市场自动调节的目的或目标是实现市场均衡或宏观经济均衡。均衡状态是一种什么样的状态呢？是参与交易的各方经济当事人都实现了自身利益最大化的一种状态，是各方的经济力量和经济利益达到平衡的一种状态。在自由竞争的环境下，市场把物品的供给配置给对这些物品愿意支付最高价格的买者，从而引导资源流向价值最高的用途；同时市场把物品的需求配置给能够以最低成本生产这些物品的卖者，从而使资源以最节约的方式被使用；这就从供求两方面保证了资源按照消费者的需要以最节省的方式被使用，这样配置和使用资源就是资源的有效率配置，生产的成果就是价廉物美。市场就是朝着"效率"标准自动地调节着资源配置。在市场经济中，失衡是常态，均衡是一种暂时的稳定状态，市场总是在这两种状态之间发挥调节作用。所以，市场调节的目的或目标是把市场失衡或宏观经济失衡朝着均衡的目标或均衡的位置调节，向着交易各方的利益最大化目标调节，因此，我们不能盲目地说市场调节是盲目的。

如何认识市场调节是事后的？市场调节确实是事后的。只有当市场出现了失衡，价格才会上升或下降，而价格的升降调节着供求行为。但是，市场事后调节就不好吗？我们常说市场过程是一个优胜劣汰过程，而优胜劣汰过程又是推陈出新、技术进步和经济结构升级的过程。但是，这个过程只有在市场上出现了落后的技术、落后的产品、落后的企业和落后的产能以后，市场竞争才会把它们淘汰，也就是先有"落后"，尔后才需要淘汰，才会出现淘汰。市场竞争是一种自动自发的优胜劣汰机制，在市场发育完善、功能发挥正常的情况下，市场竞争机制可以随时随地清除那些落后的东西。市场的这种调节能力很像人体的调节能力。现代医学和生物学研究发现，在人类所患的各种疾病中，60%~70%的疾病是可以自愈的，不需要打针、吃药、动手术，这些疾病就可以通过人体自身的免疫力和自调节能力自愈。人的身体患病，就是人的身体系统失衡，疾病自愈了或治好了，就是身体系统恢复了均衡。人体的自愈能力就是一种自发的调节能力，健康的人体都具有这种自愈或自调节功能。但是这种调节是一种事后调节——只有当人的身体出了某种问题，这种调节功能才会启动，才会发挥作用。这种功能是坏的功能吗？显然不是。深秋的天气越来越冷了，一阵凉风吹来，你身体起了鸡皮疙瘩甚至打哆嗦，这个反应是人体的一种自动保护功能——为了减少你身体里的热量散失，同时提示你要添加衣服。一个人感冒了或有异物进入了呼吸道，可能会导致你打喷嚏，打喷嚏是人的肌体系统自动从鼻孔排出异物的一种方式，同时帮助我们清洁鼻孔。所以打喷嚏是人体的一种自我防御反应，它表明有细菌、病毒或其他异物侵入了呼吸道。人体的这个反应是自动的，也是事后的，没有感冒或异物进入呼吸道就不会打喷嚏。人体感染了细菌或病毒往往会发热，发热表明人体的产热与散热平衡被打破了，出现了产热大于散热的非平衡。发热实际上是人体的免疫系统（白细胞）自动地与细菌或病毒作战的过程，通过这个过程把细菌或病毒吞噬、清除掉，这个过程也是事后的。人体这样自动的、事后的调节机制不好吗？无疑是好的机制，每个人都希望增强这个机制，患病了不要看医生就能够事后自愈，这是人人都期盼的好事。

认为市场调节是事后的就不是一个好的机制的观点实际上还是受计划经济思想的影响。计划经济的理念是，我们可以在生产开始前先做到有计划按比例，使生产目标和经济发展目标完全遵循人们的主观设定。我们前面分析过，这种理念在理论上和实践上都是行不通的。

计划在先，生产在后，这是计划经济体制配置资源的方式。但是计划调节也是事后的——经济运行出了问题计划才会调整。如果说市场调节和计划调节都是事后调节的话，那么计划调节要比市场调节滞后很多。

我们说市场调节是自发的、盲目的和事后的实际上是一种好的机制、好的功能或好的调节方式，不等于说市场机制是一种万能的机制。我们只是说，就人类社会目前可供选择的资源配置机制来看，市场机制是一种最好的机制。但是一种好的机制不一定就是一种完美无缺的机制。现实中的市场经济总是遭受失业、经济波动、金融危机、分配不公、过度污染等一系列困苦，这说明市场机制并不能完美地解决生产什么、如何生产和为谁生产的问题，并不能经常保证资源配置达到帕累托最优。市场机制的这些缺陷和不足是市场经济赖以建立的制度和运行环境造成的。马克思主义政治经济学揭示了资本主义市场经济制度的种种弊端：资本对雇佣劳动的剥削，周期性的生产过剩的经济危机，穷富向两极分化，等等。这些弊端，有些是内生于资本主义制度特性的，有些则与市场经济的一般性联系在一起。约翰·梅纳德·凯恩斯（1999）在《就业、利息和货币通论》中指出，进入20世纪的资本主义市场经济有两大显著弊端：不能实现充分就业和收入、财富分配不公，他认为这两个问题是资本主义经济的常态。西方主流经济学的研究发现，有些因素会造成市场机制失灵，例如垄断；有些障碍或客观限制会导致市场调节不到位或调节失误，例如信息不完全；有些领域可能是市场这只"看不见的手"鞭长莫及和难以覆盖的，例如外部性和公共物品生产。我们进一步分析还会发现，人口的大规模增加或者减少会带来社会需求的数量和结构的重大变化，这种重大变化是市场机制在短期没有办法及时调节到位的。市场机制自动调节很难解决技术革命带来的产业结构和经济结构变迁所引发的经济失衡和经济波动。我们看到，每一次技术革命都会带来重大的制度变革和社会转型，使得新的制度与技术革命产生的先进生产力相适应。在经济全球化的时代，市场机制自动调节很难快速应对大的外部冲击对一国经济造成的失衡失速，如战争、重大自然灾害，2008 年全球金融危机对美国经济和全球经济的冲击，2019～2020 年爆发的新型冠状病毒肺炎对世界经济和中国经济的冲击，等等。在经济出现重大结构失衡和经济大衰退时，依靠市场机制调节来解决失衡和复苏经济，可能周期很长，代价很大，甚至社会成员可能无法承受经济失衡和衰退带来的痛苦而引发社会混乱，导致经济崩溃。市场机制自发运行也很难解决资源的代际优化配置，很难解决经济、社会、环境三者协调发展。特别是市场机制无法自己创造和创建一个赖以正常、有效运行的制度框架。这时就需要改革。改革一个制度或创新一个制度，本质上都是一个政治问题，是一个政治过程，不是一个单纯的经济问题或市场问题。归结起来，市场在资源配置也就是在经济领域的调节作用是有效率的、灵敏的，而在非经济领域，例如社会领域和政治领域，市场可能会失灵，在有些经济与政治，经济与社会交叉的领域，例如公共物品生产、收入分配，市场也会失灵，在这些领域往往需要集体选择或公共选择。一个现实的市场经济社会会面临一系列经济、政治和社会问题，市场机制不可能解决好这些所有的问题，市场机制不是万能的。这也就是我们社会中的分配、教育、医疗、养老、环境保护等问题不能完全交给市场来处理，不能被完全市场化的原因。我们不能指望市场机制解决市场经济社会的一切问题，不能把不是由市场解决的问题也强加给市场，然后又责怪市场做不好。市场有它的定义域，有其调节作用的范围和边界。因此，中国社会主义市场经济在使市场在资源配置中起决定性作用的同时，要更好发挥政府的作用。如何协调好、发挥好市场这只"看不见的手"和政府这只"看得见的手"的作用，正确地界定市场和政府作用的边界，正确地协调好、发挥好这"两只手"的作用，既是一个中国社会主义市场经济建设和发展过程中需要解决的实践问题，也是需要中特经济学要回答的一个重大理论问题。

有学者把近些年中国经济出现的产能过剩、经济结构失衡和增速放缓归因于市场失灵，归因于市场调节的自发性、盲目性和滞后性。笔者认为，这个判断是需要商榷的。"市场失灵"（Market Failure）来自西方经济学，其本意是指市场体系不能够按照消费者的需求数量和需求结构和最低成本提供商品和服务。或者说，市场机制的自动调节不能够使资源配置达到帕累托效率标准。市场失灵还表现在市场机制自发运行在通常的情况下难以实现充分就业和经济稳定增长，以及市场自发运行并不必然能够带来公平的收入和财富分配。市场经济可能会产生令人难以接受的收入水平和消费水平的巨大差异。需要强调的是，西方经济学所说的市场失灵一般是指在市场机制发育成熟并且充分发挥市场机制作用的情况下，市场仍然无法有效配置资源和正常发挥调节作用的现象。目前中国经济中存在市场失灵，但是这种市场失灵主要不是垄断等原因造成的市场失灵，而是市场体系和市场机制发育不完全，市场机制受限，其调节力度不足、调节不到位造成的市场失灵，是社会主义市场经济体制成长发育过程中的市场失灵。从成长阶段来看，中国社会主义市场经济还处在少年时期，目前中国经济中的市场失灵是市场缺位和市场机制软弱产生的结果。

注释

①习近平：《2016 年 7 月 8 日在主持召开的经济形势专家座谈会上的讲话》，《人民日报》，2016 年 7 月 9 日。

②西方非主流经济学，例如制度经济学和新制度经济学、演化经济学、公共选择理论、奥地利学派和新奥地利学派，在不同程度上研究了资本主义市场经济"从哪里来"和"到哪里去"的问题。

③因此，也可以说私人资本有四大意愿：逐利、自由、法治和私有。

④党的十九届四中全会把社会主义市场经济体制和公有制为主体、多种所有制经济共同发展，按劳分配为主体、多种分配方式并存一起界定为社会主义基本经济制度。

⑤《中共中央　国务院关于构建更加完善的要素市场化配置体制机制的意见（2020 年 3 月 30 日）》，新华网，2020 年 4 月 9 日。

⑥美国经济学会主编：《美国经济评论百年经典论文》，杨春学、于飞等译，社会科学文献出版社，2018 年，第 415 页。

⑦美国经济学会主编：《美国经济评论百年经典论文》，杨春学、于飞等译，社会科学文献出版社，2018年，第416页。

参考文献

［1］阿尔弗雷德·马歇尔：《经济学原理（1890年）》，朱志泰译，商务印书馆，1983年。

［2］保罗·萨缪尔森、威廉·诺德豪斯：《经济学（第19版）》，肖琛等译，商务印书馆，2012年。

［3］格里高利·曼昆：《经济学原理（第5版）》，梁小民、梁砾译，北京大学出版社，2009年。

［4］马克思：《剩余价值理论（第2册）》，转引自《马克思恩格斯全集（第26卷第2册）》，人民出版社，1974年。

［5］马克思：《资本论（第一卷）》，《马克思恩格斯选集》（第二卷），人民出版社，2012年。

［6］习近平：《决胜全面建成小康社会　夺取新时代中国特色社会主义伟大胜利——在中国共产党第十九次全国代表大会上的报告》，人民出版社，2017年。

［7］亚当·斯密：《国富论（下卷）》，王亚南、郭大力译，商务印书馆，1983年。

［8］约翰·梅纳德·凯恩斯：《就业、利息和货币通论（重译本）》，高鸿业译，商务印书馆，1999年。

［9］约翰·穆勒：《政治经济学原理（1848年）》，赵荣潜等译，商务印书馆，1991年。

［10］Friedrich, A. H., 1945, "The Use of Knowledge in Society", *The America Economic Review*, Vol. 35, No. 4, pp. 519-530. 转引自美国经济学会主编：《美国经济评论百年经典论文》，杨春学、于飞等译，社会科学文献出版社，2018年。

［11］Robbins, L., 1932, *An Essay on the Nature and Significance of Economic Science*, London：Macmillan.

大数据如何改变经济学研究范式?[*]

中国科学院大学　中国科学院预测科学研究中心

洪永淼　　汪寿阳

摘要：本文首先从经济学视角探讨大数据给经济学实证研究所带来的范式变革，包括从理性经济人到非完全理性经济人，从孤立的经济人到互相关联的社会经济人，从代表性经济人到异质性经济主体，以及从经济分析到经济社会活动的系统分析。然后，从方法论视角讨论大数据给经济学实证研究方法所带来的变革，包括从模型驱动到数据驱动，从参数不确定性到模型不确定性，从无偏估计到有偏估计，从低维建模到高维建模，从低频数据到高频甚至实时数据，从结构化数据到非结构化数据，从传统结构化数据到新型结构化数据，以及从人工分析到智能分析等。大数据引起的经济学研究范式与研究方法变革，正在深刻重塑经济学发展方向，不但加强了经济学实证研究范式的趋势，而且还进一步突破了现代西方经济学的一些基本假设的局限性，使经济学研究日益呈现出科学化、严谨化、精细化、多元化（跨学科）与系统化的趋势，并且与社会科学其他领域在方法论上日益趋同。中国大数据资源，为从中国经济实践中总结经济发展规律，从中国特殊性中凝练可复制的经济发展模式，从而构建具有深厚学理基础的原创性中国经济理论体系，提供了一个得天独厚的"富矿"。

关键词：大数据　文本分析　机器学习　研究范式　研究方法　反身性

＊　原载《管理世界》2021 年第 10 期。

一、引言

在中国经济学界，绝大多数经济学家已形成高度共识，认为中国经济发展有其内在逻辑和一般规律，需要对中国经济学进行原创性理论创新，以探索中国经济发展规律（王一鸣，2017；王东京，2018；杨红丽等，2020；洪永淼、薛涧坡，2021；侯增谦，2021；刘伟、蔡志洲，2021；杨耀武、张平，2021）。但是，中国经济学家对于中国经济学应该采用什么样的研究范式与研究方法，尚未达成广泛的共识，甚至存在较大争议。例如，关于定性分析与定量分析的关系、经济思想与数学、模型的关系等，观点各异（洪永淼、汪寿阳，2020）。在研究范式方面尚未达成广泛共识，决定了中国经济学家很有必要对研究范式进行深入的学术讨论。中国经济理论创新，需要对研究范式进行深刻变革。洪永淼、汪寿阳（2021a）论述了研究范式对经济学研究的重要作用。本文首先讨论研究范式对提高经济学研究科学性的重要意义以及过去40多年经济学实证研究或经验研究（Empirical Study）范式革命产生的背景与特点，然后从经济学视角阐释大数据革命对现代经济学的一些基本假设和基本研究范式的深远影响，并从多个维度具体讨论大数据和机器学习如何深刻改变经济学实证研究方法。

我们的分析表明，大数据革命强化了经济学"实证革命"的研究范式，并且正在引起经济学研究范式的变革和研究方法的创新，推动交叉学科研究，促进经济学和社会科学其他领域之间的融合，促进经济学和数学、人工智能、计算机科学、统计学、认知科学等自然科学学科之间的交叉。

40多年来，中国通过改革开放，逐步建立起中国特色社会主义市场经济基本制度，主动融入世界经济体系，充分发挥比较优势，实现经济长期持续快速增长，成为了世界第二大经济体。中国经济崛起是21世纪世界最重大的经济事件，正在深刻改变世界经济格局及其发展趋势。新时代改革开放和社会主义现代化建设的丰富实践，是理论和政策研究的"富矿"。党的十八大以来，中国及时总结新的生动实践，不断推进理论创新，在发展阶段、发展理念、发展格局、所有制、分配体制、共同富裕、市场机制、政府职能、宏观调控、产业结构、区域规划、企业治理等重大问题上提出了许多重要论断，形成了习近平新时代中国特色社会主义经济思想。如何以习近平经济思想为指导，从中国经济实践中揭示中国特色社会主义市场经济发展规律，从中国特殊性中凝练可复制的中国经济发展模式，是中国经济学家的历史机遇和时代使命。由于中国超大经济体的规模优势和数字经济的快速发展，中国在大数据资源方面与西方发达国家大致站在同一起跑线上，加上中国经济拥有多样性的所有制结构、丰富的"政策数据库"等特点，中国经济学家如果能够充分利用大数据所提供的有关中国经济实践的大量信息，与时俱进地探索科学研究范式，将能够从中国经济发展中揭示中国经济发展规律，构建具有深厚学理基础的原创性中国经济理论体系。

二、经济学研究的"实证革命"

任何学科的发展都离不开其研究方法及其知识生产与积累方式的进步，而一门学科是否具有科学性或者说其科学性的程度有多高，关键在于它是否有一个与时俱进的科学研究范式。所谓研究范式，是指一个学科的学术共同体进行科学研究时所遵循的模式与框架，是学科知识生产与积累的基本研究方法的总和，这是影响经济学研究质量的关键因素。历史上自然科学每一次重大理论突破，都伴随着研究范式的革命和研究方法的创新（Kuhn，1996）。经济学的发展也是如此。自亚当·斯密《国富论》发表以来，经济学研究范式随着时代的变迁一直在变化。19世纪60~70年代，经济学产生了马克思主义政治经济学以及"边际革命"；20世纪30年代，出现了"凯恩斯革命"；20世纪50年代，诞生了"新古典综合"。过去40多年来，现代经济学又出现新的范式革命，即"实证革命"（Empirical Revolution），也称为"可信性革命"（Credibility Revolution）（王美今、林建浩，2012）。实证革命是指经济学以数据作为基础，以计量经济学为主要方法研究并解释经济变量之间的逻辑关系，特别是因果关系的研究范式革命。Hamermesh（2013）发现，1963~2011年发表在经济学顶级期刊的论文中，20 世纪 80 年代中期以前大部分论文都是理论性的，而从 80 年代中期以来，实证研究论文比例攀升到超过 70%。Angrist 等（2017）指出，1980~2015 年，国际顶尖与主流经济学期刊以数据为基础的实证研究论文数量从不到 35% 上升到 55% 左右，而理论性论文数量则从近 60% 下降到不到 40%，实证研究成为现代经济学最主要的研究范式。40 多年来，中国经济学也从以定性研究为主转变为以定量实证研究为主（李子奈、霍玲，2005；洪永淼、薛涧坡，2021；洪永淼等，2021）。

经济学实证研究之所以逐渐流行并逐渐占据主导地位，得益于计算机技术的不断发展，以及数据可获得性的不断提高，但最重要的原因在于实证研究更加符合现代科学研究范式。什么是科学研究范式？Kuhn（1996）在《科学革命的结构》一书中提出，任何理论假说都需要经过经验验证，才能证明其正确性与有效性。鄂维南（E，W.，2021）指出，自牛顿以来，自然科学研究基本上按照开普勒和牛顿两种不同范式展开，其中牛顿范式是基于第一性原理的研究方法，其目标是发现物理世界的基本原理，如牛顿、麦克斯韦、玻尔兹曼、爱因斯坦、海森堡、薛定谔的理论物理学，主要研究方法是"思想实验"，而开普勒范式是指数据驱动的研究方法，通过对数据的分析，寻找科学规律并解决实际问题，如行星运动的开普勒定律。无论是哪一种范式，任何理论假说都需要接受经验验证，而且在相同的条件下，任何结论应该能够被独立地重复证实或发现。撤稿观察数据库（Retraction Watch Database）显示，《自然》（Nature）和《科学》（Science）2001~2020 年各撤稿 67 篇、74 篇，其原因是这些文章的结论不能获得大多数人重复实验的验证。最近，《金融学报》（Journal of Finance）自创刊以来首次撤回获得该期刊 2020 杰出论文奖的一篇论文，主要原因是该研究的核心实证结果无法复制，研究成果可靠性不足。

可能有人会提出这样一个问题：上述实证研究范式是自然科学的研究范式，而社会科学与自然科学存在很大差别，特别是很多自然科学的主要研究对象是自然界，是物；而包括经济学在内的社会科学的主要研究对象是人，是具有意识的人。社会存在决定社会意识，但社会意识对社会存在也有反作用，这种互动关系在社会科学被称为"反身性"（Reflexivity）。这是社会科学与自然科学最显著的不同之处。社会科学与自然科学还有其他不同之处，如绝大部分经济社会现象都是非实验性的。自然科学诞生以来，其理论已被历史与实践证明了是科学理论，可精确解释与预测自然界的现象与运动规律，而这些科学理论主要是采用了科学研究范式而创建起来的。因此，社会科学可以而且应当借鉴自然科学的科学研究范式，以提升社会科学的科学性与先进性。不能因为社会科学与自然科学研究对象不同，就认为自然科学的研究范式不适合于社会科学，这实际上是以特殊性否认普遍性。同时也应强调，借鉴自然科学的研究范式与研究方法，并不是机械地照搬照抄，而是需要根据社会科学的特点（如反身性与非实验性）有所发明与创新，使之适用于研究社会科学。例如，由于社会经济系统所产生的观测数据具有非实验性的特点，经济学家与计量经济学家在识别经济因果关系时便面临所谓的内生性（Endogeneity）问题，因此发展了很多可克服内生性的因果推断方法，如工具变量法、双重差分、断点回归、倾向性得分匹配与虚拟事实分析（Counterfactual Analysis）等，这些方法也被广泛用于定量评估各种经济社会公共政策。有关这些方法的介绍，参见 Angrist 和 Pischke（2009）。

三、大数据与经济学研究范式变革

经济学实证研究范式包含三大要素：①数据，包括观测数据和实验数据，大部分经济数据是观测数据；②分析方法与工具，包括计量经济学模型、方法、计算工具，如统计软件包和机器学习算法程序包；③经济理论，用于提供经济解释、经济直觉；经济理论本身也常常是受检验的对象。经济学实证研究的最主要方法论是计量经济学，这一方法论学科对推进经济学科学化发挥了重要作用（洪永淼，2007；李子奈，2008）。

以互联网、移动互联网、云计算、人工智能为代表的信息科技革命和第四次工业革命正在深刻改革人类的生产与生活方式，催生了数字经济这一新的经济形态。人类很多经济社会活动与行为轨迹都以数字化的形式记录下来，形成了各种形式的大数据，这些大数据包含着大量互相关联的微观经济主体行为动态信息。早在 2010 年美国加州举办的科技经济会议（Techonomy Conference）上，谷歌总裁施密特（Eric Schmidt）就曾表示：

"当今世界每 2 天产生的数据相当于 2003 年以前人类历史中产生的所有数据的总和。"相对于传统数据，大数据具有什么特点？大数据对经济学研究，特别是经济学研究范式与研究方法有什么影响？众所周知，大数据有以下四个特征：①规模性（Volume），即样本容量大，变量个数多。若样本容量大于变量个数，称为高大数据；若变量个数大于样本容量，称为胖大数据。大部分经济大数据均是大量互相关联的微观经济主体（如消费者、生产者、投资者等）的动态行为大数据。②高速性（Velocity），即可获得高频数据甚至实时数据。③多样性（Variety），即既有结构化数据，又有各种形式的非结构化数据，包括文本、图形、音频、视频等。即使是结构化数据，也有新型的数据，如矩阵数据、函数数据、区间数据、符号数据等。④准确性（Veracity），即噪声大、信息密度低。这些特征是传统数据所不具备的。

在很多情景下，大数据包含传统数据所没有的信息。例如，高频微观行为大数据提供了大量互相关联的经济主体的互动关系如何随时间演变的信息，而类似于一次性快照的传统微观调查数据则不包含这些动态信息。又如，社交媒体平台的文本数据包含了经济主体（如投资者、消费者）丰富的情绪、情感等心理信息，这也是传统数据所没有的。情绪、情感是人类的非理性现象，但可从文本数据中提取并定量测度。新型数据需要新的分析方法与工具，例如对文本数据的情感分析需要用到自然语言处理技术与包括机器学习在内的分析方法，如词典方法（Dictionary Methods）、主题模型（Topic Models）、词向量模型（Word Embedding Models）关于自然语言处理的介绍，参见 Manning 等（2008）、Jurafsky 和 Martin（2009）。大数据的可获得性和机器学习的应用，不可避免地引起经济学实证研究范式与研究方法的变化（胡毅等，2019）。那么，大数据和机器学习如何改变经济学的研究范式与研究方法呢？大数据是开辟新的研究领域、研究方向、研究命题，还是以更新颖、更有启发性的方式来回答传统问题？大数据是带来一次研究范式的变革，还是仅仅只是渐进式范式变化的延续？以下，我们首先从经济学视角来讨论这些重要问题。

（一）从完全理性到非完全理性

长期以来，新古典经济学假设理性经济人在完全竞争市场环境下进行经济决策，优化配置稀缺资源，但理性经济人这一新古典经济学的最基本假设与实验经济学、社会心理学的经验发现并不兼容。随着经济理论的发展，完全竞争市场假设拓展为垄断与寡头垄断，完全信息假设拓展为信息不对称假设，而完全理性经济人假设也通过实验经济学得以放松，如假设有限理性。宏观经济学的理性预期学派也研究认知偏差（Expectationsbias）对经济运行所带来的影响（崔丽媛、洪永淼，2017）。这些研究均取得了丰硕的理论成果，如产生了信息经济学、规制经济学、实验经济学、行为经济学、行为金融学等新兴学科。

社会科学和自然科学一个最大的不同之处是自然科学的主要研究对象是自然界，是没有意识的物，而社会科学的主要研究对象是有心理意识的人，存在情绪、情感、价值判断等心理现象。比如，新冠肺炎疫情大流行，给人类社会经济带来了巨大的不确定性，经济主体对于这种不确定性给现在与未来经济造成的可能影响会形成一定的心理预期，这种预期反过来会影响经济主体当下的消费与投资行为，从而影响整个经济运行。经济学家早就认识到心理因素在经济学中的重要性，19世纪70年代的"边际革命"首先通过效用这个概念将心理因素引入经济学的分析框架中，宏观经济学从凯恩斯革命到理性预期学派，都非常注重经济主体（如消费者、投资者等）的心理预期对宏观经济的影响，如所谓"流动性陷阱"就是指投资者对前景极其悲观，因此不管利率有多低也不愿意借贷去投资。但是，很多经验事实表明，人的决策并不都是完全理性的，常常受到情绪、情感、情景以及偶然因素的影响（Shiller，2000，2019）。要精确研究经济主体的心理因素（如投资者的情绪、情感，消费者的幸福感、满意度等）及其对经济的影响，需要对经济主体的心理进行测度。由于传统数据很少包含经济主体的心理信息，以往很难开展关于经济主体的心理如何影响经济的定量实证研究。如今，大数据特别是文本数据，提供了很多消费者、投资者的情绪、情感、价值判断等信息，这些心理信息可通过自然语言处理技术与人工智能方法从文本数据中提取出来（Tetlock，2007）。因此大数据使经济学家能够采用定量实证研究方法，精确研究社会心理对经济的影响。诺贝尔经济学奖获得者罗伯特·席勒（Shiller，2019）在《叙事经济学》一书中，倡导重视研究社会情感及其传染对重要经济事件的影响。众所周知的抢购、银行挤兑、线上直播、羊群效应、资产泡沫、金融传染病等，都是社会情感及其传染影响经济行为的例子。2021 年初，美国股市大量散户投资者在与机构投资者博弈时取得了胜利，让人们见证了散户投资者通过社交网络平台的情感传染所爆发出来的巨大影响力。同样地，作为一种长期形成的社会心理与行为习惯，文化也可定量刻画。例如，荷兰社会心理学家霍夫斯泰德（Hofstede，1984，1991）基于跨国调查数据提出了一个文化维度理论，从六个维度定量测度不同国家的文化差异。另外，可从企业财务报表和工作报告等文本数据中提取刻画文化元素的有用信息，构建并测度文化变量，这样便能精确研究企业文化对企业经营的影响（Goldberg et al.，2016；Li et al.，2021）。

（二）从孤立经济人到社会经济人

新古典经济学所假设的理性经济人在微观层面上是一个孤立的经济人，这与现实生活中的人完全不同，这是新古典经济学最突出的一个缺陷。在《〈政治经济学〉导言》中，马克思批判了从孤立的个人出发来研究财富与生产的错误做法。马克思强调人的社会性，注重研究人与人之间的生产关系。现实中，人是社会人，人与人之间具有千丝万缕的直接或间接的联系。特别是随着互联网技术的广泛使用和经济全球化的深入发展，人与人、企业与企业、行业与行业、群体与群体、国家与国家之间等各个层面的联系更加紧密。这些联系所构成的各种社会网络（如地理网络、行业网络、平台网络、数字网络等）会深刻影响微观经济主体的行为与心理。以前，绝大多数的微观调查数据相当于一次性快照的数据，不包含人与人之间互相联系的信息，因此很难将经济人当作社会经济人加以研究。现在，大量微观行为高频大数据，如脸书（Facebook）、推特（Twitter）、领英（LinkedIn）、微博、QQ、知乎、豆瓣、贴吧等社交媒体平台上的各种文本数据，可提供大量、丰富的人与人之间的动态联系信息，这使经济学家可将经济人视为社会人，研究他们之间的经济社会关系及其动态演变。习近平总书记在 2020 年 8 月召开的经济社会领域专家座谈会上指出："我国社会结构正在发生深刻变化，互联网深刻改变人类交往方式，社会观念、社会心理、社会行为发生深刻变化。"大数据可用于精确刻画与研究这些社会变化及其影响，以适应社会结构、社会关系、社会行为方式、社会心理等的深刻变化。

（三）从代表性经济人到异质性微观主体

20世纪30年代的凯恩斯革命宣告宏观经济学的诞生，对世界各国经济政策特别是货币政策与财政政策的制定产生了深远影响。宏观经济学主要研究总产出（如GDP）、价格水平（如CPI）、失业率、汇率等宏观经济变量之间的数量关系，如奥肯定律（Okun's law）、泰勒规则（Taylor's rule）等。在20世纪70年代之前，宏观政策分析主要使用简约联立方程组刻画宏观经济变量之间的数量关系，其本质是通过观察经济主体对既往政策变化的反应，对其行为方程进行估计，从而预测新政策的效果。但这种方法没有考虑到政策变化后经济主体通过预期改变自身行为，从而导致政策失效的可能性（Lucas，1976）。"理性预期革命"后，宏观经济学逐渐发展出动态一般均衡模型，通过引入理性代表性经济人内生跨期最优决策来解决"卢卡斯批判"问题，其本质是假设经济主体的偏好等结构参数（Structural Parameters）不会随着政策的变化而改变，通过估计代表性经济主体的结构参数，而非其行为参数，并结合经济主体跨期优化的理论结果，来预测政策效果。但在单一代表性经济人假设下，宏观模型仍然缺乏对微观主体决策行为的深入刻画，特别是刻画宏观经济变量之间数量关系的方程并不是在众多互相关联的微观主体行为的假设基础上推导出来的。现实中的经济主体，如消费者、生产者、投资者、地方政府等，存在显著的异质性（Heterogeneity），具有不同的结构参数以及不同的经济行为。例如，低收入和高收入家庭受新冠肺炎疫情的影响程度不同，他们应对疫情的行为也不一样。在中国，不同所有制的企业，其行为也有很大差别。宏观经济总量通常是由加总（Aggregation）获得的，由于存在异质性，加总可能导致信息失真。由异质性很强的不同群体所构成的宏观经济动态趋势，可能与代表性经济主体假设下的宏观经济趋势有显著差别，甚至相反。比如，通过效用最大化推导出来的个人消费函数（即个人消费与个人收入之间的关系），在加总后并不能得到相同函数形式的宏观消费函数，除非每个人的效用函数均属于齐序函数（Homotheticfunction）（Varian，1999）。Granger（1980）通过一个例子说明，具有"短记忆"（Short Memory）性质的个人消费时间序列，在加总后，宏观消费变量将变成具有"长记忆"(Long Memory)性质的时间序列。微观主体的异质性使得为宏观经济理论奠定微观基础的尝试更加困难。然而,大量高频微观经济主体行为大数据的出现,如消费者在线消费数据与企业投资数据,可用于识别外生经济或者政策冲击对不同行业、不同部门、不同微观主体产生的分布效应(Distributional Effects),刻画这些冲击在经济系统内的传导路径,从而更好理解宏观经济政策传导机制,帮助政府制定精准有效的宏观经济政策。

(四)从经济分析到经济社会系统研究

人类社会是一个复杂系统,由经济、科技、政治、法律、社会、历史、文化、地理气候、生态环境等诸因素共同组成,而且经济与其他因素交织在一起。经济学家早就认识到这一点,因此除了政治经济学外,还出现法与经济学、经济史学(包括量化经济史学)、生态经济学、环境经济学、气候变化经济学、教育经济学、健康经济学、文化经济学等交叉学科。新一代信息技术的快速发展与广泛应用,除了记录大量微观经济行为大数据外,还产生很多关于生态环境、医疗健康、政治法律、公共政策、历史文化等领域的大数据。这些大数据的可获得性使经济学家能够在一个统一的经济社会框架中,以系统方法研究经济与其他因素或其他子系统之间的互动关系(洪永森、汪寿阳,2021a)。在大数据背景下,经济学的跨学科交叉融合研究的趋势因此日益加强,经济学与社会科学其他领域之间的界限越来越模糊,特别是社会科学各个领域以大数据为基础的定量实证研究范式与研究方法日益趋同。近年来,由于大数据在社会科学各个领域的可获得性与广泛使用,认知科学、实验心理学、人工智能、计算机编程、数据科学等方法论学科的知识与方法,如机器学习、深度学习、文本分析、社会网络分析以及模拟仿真等,已被广泛应用于社会科学各个领域的研究中。事实上,经济学与社会科学其他领域一个共同的主要目的是识别因果关系与定量评估经济社会公共政策,又都面临经济社会系统的非实验性特点,因此所使用的很多定量实证方法具有共性。例如,经济学家和计量经济学家所熟悉的很多因果推断和定量政策评估方法,包括工具变量、双重差分、断点回归、倾向积分匹配、虚拟事实分析等,也日益广泛应用于社会学、政治学、历史学、教育学等社会科学其他领域。

2009年,美国15位学者(Lazer et al.,2009)在《科学》上提出

"计算社会科学"（Computational Social Science）这个新兴学科的概念。社会科学的最主要研究对象是人，它是关于人类如何思考（心理学）、如何处理财富（经济学）、如何互相联系（社会学）、如何治理人类自己（政治学）以及如何创造文化（人类学）等的科学。2012 年，14 位欧美学者（Conte et al.，2012）联合发表《计算社会科学宣言》，呼吁计算社会科学通过结合信息技术、人工智能和社会科学理论来解决新时代社会科学面临的重要问题。目前，计算社会科学进入了基于大数据的实证研究范式：数据驱动（Data Driven）的研究方法将算法和计算工具应用于复杂数据，以揭示社会现象的本质。计算社会科学的研究范式蕴含着交叉学科方法，需要包括经济学家在内的社会科学家、认知科学家、计算机科学家、数学家、统计学家、物理学家等各领域学者的通力合作。

综上所述，大数据的可获得性，特别是大量互相关联的异质性微观经济主体行为（包括心理）高频大数据，使经济学实证研究有望突破现代西方经济学中一些经常受到批判的重要缺陷，如假设孤立的理性经济人，忽略经济主体的社会联系（即社会性），忽略经济主体进行经济决策时所处的历史、文化、心理、情景等因素的影响。大数据特别是文本数据使得测度社会心理变量（包括情感、情绪、价值判断）和文化变量成为可能，使经济学的实证研究能够将社会科学的"反身性"特点纳入定量实证研究框架，即所谓的文本回归（Textual Regression）分析框架，从而将原来只能进行定性分析的问题转变为严谨的定量分析，并且通过跨学科交叉研究，将经济置于一个更大的人类经济社会系统之中，以系统的观念与方法研究经济与人类社会系统中其他子系统的互动关系。此外，利用大量互相关联的微观主体行为高频大数据，可让经济学家更好识别外生冲击（如新冠肺炎疫情、中美地缘政治冲突）或政策冲击对不同微观主体的分布效应、识别这些冲击的传导机制，从而奠定宏观经济学的微观基础。毫无疑问，历史上对经济学发展有重要影响的哲学、政治学、法学、社会学、历史学、心理学等学科将继续对经济学产生重要影响，与此同时，因大数据分析而需要的数学、统计学、计算机科学、数据科学、认知科学等学科也将发挥重要的方法论作用，所有这些学科将极大推进经济学和人文社会科学之间以及经济学和数学与自然科学之间的交叉融合。

四、大数据与经济学研究方法变革

新型数据需要新的分析方法与工具。Einav 和 Levin（2014）讨论了大数据，特别是美国政府部门行政大数据和私人部门大数据如何改变经济学实证研究的统计方法。Varian（2014）、洪永淼和汪寿阳（2021a，2021b）分析了大数据与机器学习给计量经济学与统计学带来的机遇与挑战。Mullainathan 和 Spiess（2017）、Athey（2019）讨论了机器学习对计量经济学理论与方法的影响。这里，我们从多个维度具体说明大数据如何深刻改变经济学实证研究方法。

（一）从模型驱动到数据驱动

首先是从模型驱动（Model Driven）转变为数据驱动。从广义上说，经济学以数据为基础的定量实证研究可视为数据驱动的研究。从狭义上说，大数据背景下的模型驱动研究和数据驱动研究有其特殊含义：两者都是以数据为基础的研究，但前者通常是指使用一个低维参数模型（如线性回归模型），这样的模型存在误设的可能性，从而导致模型证据（Model Evidence）和数据证据（Data Evidence）出现差异；而后者是指直接使用机器学习算法分析数据，机器学习算法本质上是一种正则化（Regularized）非参数统计方法，不假设具体的函数形式，因此具有较大的灵活性，比较接近数据证据（洪永淼、汪寿阳，2021c）。随机森林提出者里奥·布瑞曼（Breiman，2001）详细讨论了这两种研究范式。以下，我们在经济学框架中分析这两种研究方法的优劣性与异同点。

在现代经济学中，很多经济理论都是基于一些关于制度、技术、经济主体偏好与行为等基本假设上通过数学模型建立起来的。这种理论建模方法是对复杂经济系统的一种高度简化与抽象，聚焦于主要经济变量之间的因果关系，以揭示经济运行的内在本质，但由于数学模型的高度简化与抽象，现实中的很多其他因素没有被考虑进来。因此，当经济模型用于解释现实观测数据时，可能会出现模型误设的情形，从而对经济实证研究的结论造成不可忽略的影响（洪永淼，2021）。这是模型驱动的实证研究的一个主要弊端。当然，并非模型误设就不能使用。例如，分析文本数据的自然语言处理方法（如词典方法、主题模型、词向量模型）都是文本语言的误设模型，但这些误设模型在提取文本数据中的信息时非常有用（Grimmer and Stewart，2013）。

很多经济学理论假说与模型无关（Model-Free）。比如经典的有效市场假说定义为：

$$E(Y_t \mid I_{t-1}) = E(Y_t) \tag{1}$$

其中，Y_t 是某个资产在一个时期的收益率，I_{t-1} 是历史信息集合，$E(Y_t)$ 是无条件期望收益率，$E(Y_t \mid I_{t-1})$ 是基于历史信息的预期未来收益率。有效市场假说成立时，历史信息对将来的收益率没有任何预测力。如果要用观测数据验证这一假说，通常需要假设一个预测模型，如线性自回归模型：

$$Y_t = \beta_0 + \sum_{j=1}^{p} \beta_j Y_{t-j} + \varepsilon_t \tag{2}$$

然后验证该模型所有滞后项的系数都等于零的统计假设：

$$H_0: \beta_1 = \beta_2 = \cdots = \beta_p = 0$$

通过这样的方式将经济假说转变为统计假说，从而可使用计量经济学方法来检验经济假说。但这种方法存在局限性，即如果发现所有滞后项的系数都为零，并不能证明有效市场假说是正确的。因为线性自回归模型只是预测收益率的一种方式，还有无穷多的非线性预测方式。有可能线性自回归模型没有预测能力，但非线性模型有一定的预测能力（Hong and Lee，2003）。因此当不能拒绝统计假说时，只能说线性模型没有发现拒绝有效市场假说的证据，而不能说证实了有效市场假说，除非能穷尽所有的预测模型，但这是做不到的。这就是通常所说的实证研究只能"证伪"，不能"证实"。因此模型证据与数据证据两者之间存在差异。大数据的出现，使我们可采用机器学习的方法，不假设具体的模型或函数形式，而是让数据本身告诉真实的函数关系是什么，从而突破传统低维参数模型的局限性，挖掘更多的数据证据，缩小模型证据和数据证据之间的差异。对大多数传统数据来说，线性模型常比非线性或复杂模型在预测时表现更好，但在大数据条件下，样本容量、变量维度以及噪声都大幅度提高，线性模型无法刻画大数据的非线性、异质性、动态性、离散性等重要特征，而机器学习则能够有效刻画它们并进行精准预测。比如，决策树和随机森林可有效捕捉交互效应等非线性特征。

在宏观计量经济学，以韩德瑞（David Hendry）为代表的计量经济学家，曾提出了"伦敦政经学院计量经济学方法论"，即"LSE Econometric Methodology"（Campos et al.，2005），强调从一般到特殊（From General to Specific）的建模方法，即从一个复杂、高维、与数据相吻合的计量经济学模型出发，再利用经济理论与统计推断方法来降维简化模型，以提升模型的经济可解释性和样本外预测能力。这里，经济理论可视为对模型参数的约束，例如在线性自回归模型中，有效市场假说意味着所有滞后项系数为零。这样，便可从一个高维统计模型中得到一个具有经济含义的简约计量经济学模型。也有计量经济学家主张从特殊到一般（From Specific to General）的建模方法，即从一个简单的模型开始，逐渐放入新的解释变量，并考虑是否存在非线性关系，通过模型诊断和模型设定检验，最后得到一个适用的计量经济学模型。因为大数据的容量大、变量多，从一般到特殊的方法在大数据情景下可能更有科学性，特别是可减少因为模型误设而产生的系统偏差。需要强调，从一般到特殊的方法仍需要经济理论的指导，特别是在降维和经济解释时。如何将数据驱动方法与经济理论相结合，是数据驱动方法增强其经济可解释性的必由之路。

（二）从参数不确定性到模型不确定性

大数据将实证研究的关注点从参数估计不确定性（Parameter Estimation Uncertainty）转变为模型不确定性（Model Uncertainty）。传统计量经济学模型常包含低维解释变量与低维未知参数，研究者主要关注未知参数的一致性估计，然后通过 t 统计检验量或 P 值判断参数估计的统计显著性，进而推测其经济重要性，特别是当某个参数估计值在统计上显著不为零时，研究者将下结论说相应的解释变量是"重要的"。从统计学角度看，t 统计检验量或 P 值刻画了参数估计不确定性，这种估计不确定性主要是样本容量有限等原因造成的。在大数据条件下，由于样本容量大，参数估计值十分接近真实的参数值或其概率极限，因此标准误差很小。哪怕真实参数值非常接近零，以至没有多大的经济重要性，其 t 值在统计意义上也是非常显著的。换言之，经济重要性与统计显著性不是一回事（洪永淼、汪寿阳，2021b）。在数据容量不大的情形下，实证研究者通常没有区分经济重要性和统计显著性，但在大数据条件下，区分这两者就显得特别重要，因为任何参数估计不确定性在样本容量很大时将大大降低，甚至在实际中可忽略不计。

另外，由于大数据特别是胖大数据包含大量潜在的解释变量，可能存在共线性（Multicollinearity）或近似共线性，从而导致估计模型出现不确定性。模型不确定性是指当数据出现"微扰"（Perturbation），即增加或减少一小部分数据时，基于某一准则（可以是统计准则，也可以是经济准则）的最优估计模型会出现显著变化，比如重要或显著的解释变量集合突然改变了，显示模型对数据的微小扰动具有高度的敏感性。因此，在大数据情形下，需要将注意力从（给定模型下）参数估计不确定性转移到模型不确定性。Varian（2014）指出，很多经济学实证研究包含所谓的"敏感性分析"（Sensitivity Analysis），即通过假设不同模型设定来检验实证发现的稳健性，实际上是在检验模型不稳定性的影响。从经济预测视角看，当出现模型不确定性时，可将不同的模型进行线性组合或模型平均，以提升样本外预测的稳健度（Bates and Granger，1969；Sun et al.，2021）。从经济学的角度看，可能存在不同的经济理论或模型可解释同一个经济现象，但因为样本数据不多等原因没有办法拒绝其中错误的模型，或者可能每一个模型可解释现象的一部分，但就像日本20世纪50年代著名电影《罗生门》那样，每个人对于同一个案件都有合乎逻辑的解释，法官则由于证据不足而无法判断谁是真正的杀人凶手。模型的不确定性也会影响经济主体的决策行为。Hansen和Sargent（2001）研究了当经济主体对数据生成过程（即产生数据的真实模型）存在一定程度的不确定性判断时，这种模型不确定性或模型模糊性（Model Ambiguity）如何影响经济主体的决策行为。

（三）从无偏估计到正则化估计

经济学实证研究主要是识别与推断经济因果关系，很多传统的统计推断方法均基于无偏估计。一个例子是经典的低维线性回归模型：

$$Y_i = X'_i \beta^0 + \varepsilon_i, \ i = 1, \ 2, \ \cdots, \ n \tag{3}$$

其普通最小二乘法（OLS）估计量以及相应的残差方差估计量均为无偏估计。常用的统计推断方法，如经典的 t 检验和 F 检验，均基于这些无偏估计量。但无偏估计不一定是最优估计。随着大数据的广泛使用，可能出现很多解释变量，当解释变量维数较高时，有较大概率会存在近似共线性，导致 OLS 估计不稳定，即 OLS 估计量的方差很大。如果对参数施加一定约束，通过牺牲无偏性质，换取估计方差的显著减少，这将显著减少均方误差，提高预测精准度。一个例子是 Hoerl 和 Kennard（1970）提出的岭回归（Ridge Regression），其损失函数定义为：

$$\min_{|\beta_j|} \sum_{i-1}^{n} (Y_i - X'_i\beta)^2 + \lambda \sum_{j=0}^{p} \beta_j^2 \tag{4}$$

参数估计量为 $\hat{\beta} = (X'X + \lambda I)^{-1} X'Y$，其中，$I$ 是单位矩阵。这个估计量不是无偏估计量，但其解存在且比较稳定。从本质上说，岭回归通过约束未知参数值的大小，以牺牲无偏性换取方差的显著减少，从而改进预测效果。在大数据时代，经常使用机器学习进行预测（包括分类），其基本思想是将数据分成两个子集，一个是训练数据（Training Data），用于训练算法；另一个是测试数据（Test Data），用于测试算法的样本外预测（Out-of-Sample Prediction）能力或泛化（Generalization）能力。为了获得较好的泛化能力，机器学习通常引入一个惩罚项，限制算法的复杂度，这实际上是在算法预测的方差与偏差之间取得一个适当的平衡。因此，算法预测大多是有偏估计。目前，统计学家与计量经济学家正在将机器学习应用于政策评估等统计推断中（Athey and Imbens，2019）。关于基于有偏估计量的统计推断方法，需要系统地建立一套新的统计学与计量经济学理论（Lee et al.，2016）。

（四）从样本内拟合到样本外预测

任何一种经济理论的生命力取决于其对经济现实的解释力，特别是其所揭示的因果关系的解释力。经济学传统建模与经验解释大多基于样本内拟合（In-Sample Goodness of Fit）。然而，任何一种科学理论或假说，必须能够在同样的条件下，独立地重复通过经验验证。因此，一种科学理论或模型不但需要能够解释已经发生的现象，更重要的是能够进行精准的样本外预测，即拥有良好的泛化能力。在实际应用中，样本内拟合和样本外预测之间也存在一个权衡的问题。一般而言，一个模型越复杂，其样本内拟合越好。但是，一个模型的样本外预测能力如何，取决于它是否能够捕捉不同数据中的共同特征（即通常所说的"信号"）。不同数据的共同特征越多，或模型捕捉共同特征的能力越强，其样本外预测能力越好。例如，机器学习依靠非参数统计方法，具有强大样本内拟合的能力，但这并不能保证样本外精准预测。一种高度灵活的机器学习算法，不但能够捕捉数据中的"信号"，而且还会捕捉数据中无助于样本外预测的"噪声"，从而导致样本内过拟合。为了改善样本外预测精准度，必须限制模型复杂度，这就需要对模型进行正则化（Regularization）。

正则化通过限制参数值或参数维度或模型复杂性，减少捕捉训练数据中的"噪声"，避免算法的过拟合，以获得良好的样本外预测。大部分经济决策（如消费、投资）是在不确定市场条件下所做的决策，均基于样本外预测，因此良好的样本外预测能力十分重要。由于经济结构常常具有时变性，以前表现优越的模型不一定能够继续精准预测未来。此外，经济主体的理性预期使经济主体会随政策变化而改变其行为，从而导致政策失效（Lucas，1976）。因此，精准的样本外预测具有很大的挑战性。在实证研究中，经常看到一些模型具有很显著的样本内证据（如预测变量的参数估计值很显著），但样本外预测能力则很弱。但是，任何科学理论或假说，都必须建立在可靠、可重复验证的实证基础之上。可重复验证意味着在相同的条件下，任何科学理论或假说都应该有很好的样本外预测能力，而不仅仅是有很好的样本内拟合。Varian（2014）指出，随着大数据可获得性的增强，经济学的实证研究在检验经济理论的有效性时，将会更多地从样本内拟合转变到样本外预测。Hofman 等（2021）提出了在计算社会科学领域兼顾解释与预测的整合建模（Integrative Modelling）思想。

（五）从低维建模到高维建模

传统计量经济学模型大多是低维模型，即解释变量维数小，未知参数维数也小。低维模型存在模型误设的可能性，如遗漏重要的解释变量。而大数据特别是胖大数据提供了大量潜在的解释变量，其维数甚至比样本容量更大，这给计量经济学建模带来很大挑战，但也提供了巨大的灵活性，可显著减少因模型误设而引起的系统偏差，避免遗漏重要的解释变量。事实上，很多经济金融问题涉及高维潜在的经济变量。高维建模将所有潜在的解释变量放进模型中，再用统计方法排除不重要的解释变量，实现有效降维，从而达到识别重要解释变量、增强模型可解释性、提升预测稳健性与精准度等目的。

高维建模思想可用于金融学中的高维投资组合选择问题，比如假设要从标准普尔 500 中选择 30 只股票进行投资，如何在每个时期选择最重要的 30 只股票并决定其最优组合权重，是一个降维问题。以异质性资本资产定价模型为例：

$$Y_{it} = \alpha_i + \beta'_i X_t + \gamma'_i Z_{it} + \varepsilon_{it}, \quad i = 1, 2, \cdots, n; \quad t = 1, 2, \cdots, T \qquad (5)$$

其中，Y_{it} 是资产 i 在时期 t 的回报率，X_t 是影响所有资产价格的共同风险因子，而 Z_{it} 是特质风险因子，只与资产 i 密切相关。一般情形下，X_t 和 Z_{it} 的维度都不高，但不同的资产 i 有不同的特质风险因子。如何从包括所有潜在的共同风险因子和所有资产特质风险因子的高维风险因子集合中，识别出共同风险因子和每个资产的特质风险因子，是一个降维问题。再以多元波动率模型估计（Cui et al.，2021）为例，假设有 p 个资产，则刻画其时变波动率与相关性的条件方差—协方差矩阵的维数为 p×p，需要估计的未知参数个数可高达 $3p^2 + 3p$ 个。自 Engle 和 Kroner（1995）以来，如何在保证条件方差—协方差矩阵半正定性的前提下，有效估计多元波动率模型的未知参数值，一直是金融计量学的一个难题。

如何对高维模型进行降维，解决所谓的"维度灾难"（Curse of Dimensionality）问题？岭回归没有降维功能，但 Tibshirani（1996）提出的统计学习方法 LASSO 可用于选择重要的解释变量，以达到降维目的。假设存在稀疏性，即在大量潜在的解释变量中，只有少数变量的系数不为零。在这种情形下，可考虑如下最小化问题：

$$\min_{|\beta_i|} \sum_{i=1}^{n} (Y_i - X'_i \beta)^2 + \lambda \sum_{j=0}^{p} |\beta_j| \qquad (6)$$

这个方法称为 LASSO，由于对未知参数值的约束从原来岭回归的 L2 范数（参数平方和约束）改变为 L1 范数（参数绝对值加总约束），LASSO 会令数值很小的系数直接为零，从而达到降维的目的。当样本容量足够大时，LASSO 将以大概率正确识别重要的解释变量，同时排除所有其他不重要的解释变量。机器学习的基本思想类似于 LASSO，但有两个显著不同。首先，机器学习一般不用线性回归模型，而是采用非参数分析方法，即让数据挑选最优的函数关系，因此具有很大灵活性，可避免模型误设而导致的系统偏差。其次，由于非参数方法的灵活性，存在对数据过拟合的可能性。为了改进样本外预测精确度，机器学习将数据分为训练数据和测试数据，其中训练数据用于决定算法结构，而测试数据用于检验样本外预测效果。

非参数方法可有效刻画非线性关系，如边际递减或递增效应、交互效应等，但也存在"维数灾难"，特别是当存在高维潜在的解释变量时。为了解决这个问题，机器学习采用了类似 LASSO 的惩罚项，实现有效降维和避免过拟合。这种带有约束的统计优化问题称为正则化，通过限制模型复杂性，在偏差与方差之间取得适当平衡，以提升预测精准度。这种思想广泛应用于决策树、随机森林、人工神经网络、深度学习等机器学习方法中。需要强调，正则化并不一定都对高维参数施加稀疏性假设。例如，在估计多元波动率模型时，直接假设参数稀疏性并不能保证时变方差—协方差矩阵的半正定性，在这种情形下，可假设未知参数矩阵是低秩的（Low-rank），即假设很多参数行可表示为少数参数行的线性组合，这样既可实现降维估计，又能保证矩阵的半正定性（Cui et al.，2021）。

高维问题或"维数灾难"并不是统计学与计量经济学所特有的现象。例如，在微观经济学中，包含大量经济主体（或博弈者）的超大型博弈（Large Games）问题的求解也面临维数灾难问题。在宏观经济学中，当状态变量维数变大或服从非马尔科夫过程时，刻画随机动态最优规划的贝尔曼方程（Bellman Equation）的数值求解也存在维数灾难问题。其他学科如物理学和应用数学，多元偏微积分方程的数值求解在变量维数增加时也面临同样的难题（E，2021）。如果拥有大数据，机器学习特别是深度学习将是解决上述高维求解难题的一个有效方法。

（六）从低频数据到高频数据

大数据的一个显著特点是其动态性，即产生高频数据甚至实时数据。高频与超高频金融数据的可获得性催生了高频金融计量学（Engle and Russell，1998；Engle，2000）和高频微观金融学（如市场微观结构金融学，参见 O'Hara，1995）。20 世纪 90 年代，Engle 和 Russell（1998）基于高频与超高频金融交易数据，提出了自回归条件久期（Autoregressive Conditional Duration，ACD）模型，用于刻画资产价格变动或交易的时间间隔与历史信息之间的动态关系，这类模型的产生得益于高频金融数据的可获得性。

由于不能实时监测 GDP 等宏观经济变量，宏观经济学研究长期以来受到低频数据的限制。实时预测（Nowcasting）原是气象学的一个术语。Giannone 等（2008）提出了利用大数据实时预测当期 GDP 的方法，即在季度 GDP 数据发布之前，利用实时更新的数据预测当期 GDP，其基本思想是将大量的异质数据（如失业率、工业销售、贸易差额等）作为信息源，在传统季度 GDP 数据发布前从中提取出有关当期 GDP 变化的信息。美联储每天都在利用高频大数据预测当期季度的 GDP 增长率和通货膨胀率，这对美联储制定货币政策提供了很大帮助。

随着高频微观经济数据的产生，很多宏观经济指标都能实现高频化甚至实时化，比如，可用互联网消费价格大数据构建日度 CPI 数据。一个例子是美国麻省理工学院（MIT）的研究项目（Billions Price Project）所构建的美国和阿根廷的日度 CPI 指数（Cavallo，2012，2013）。Scott 和 Varian（2014，2015）使用谷歌搜索数据构建了重要宏观经济变量的高频数据，包括失业人数、消费零销额、消费者情感指数等，以往这些变量只能通过统计调查构建低频数据。预计高频宏观经济数据的可获得性将催生一门新兴学科——高频宏观经济学。宏观实体经济与金融市场高度相关。金融市场有高频数据，但长期以来宏观经济指标数据的获得相对滞后，因此研究者没有办法研究实体经济与金融市场之间的即时互动关系。如果宏观经济变量能够高频化，那么这种研究将成为可能。除了用于构建高频宏观经济指标之外，高维大数据在识别外生经济或政策冲击对不同行业、不同经济主体的分布效应，以及宏观经济政策的传导机制等方面具有天然优势。

比如，可用高频金融市场大数据精准识别货币政策冲击。针对特定的货币政策工具（如利率），利用"高频"数据（以日为频率）估计货币政策执行前后金融市场价格（反映了市场对政策的预期）的变化，并利用胖大数据控制其他高维因素，识别没有预期到的外生政策冲击（Gertler and Karadi，2015）。较之宏观计量经济学的结构向量自回归模型，上述方法能够更精准识别外生货币政策对金融市场的冲击。

再比如，高频微观行为大数据（如家庭在线消费和企业的投资），可用于识别宏观经济政策对家庭消费与企业投资的分布效应。异质性主体新凯恩斯（Heterogeneous-Agent New Keynesian）理论认为货币政策冲击会对面临不同约束（如信贷约束）的微观家庭产生异质性影响，从而导致政策具有分布效应并影响其传导机制。分析微观层面的家庭消费与投资在货币政策实施前后的动态变化，可精准刻画货币政策对不同家庭冲击的分布效应及其背后的市场摩擦机制。同样地，企业投资大数据可用于刻画宏观经济政策（如信贷供给）对微观层面的异质性企业投资行为的分布效应，从而为制定精准信贷政策提供科学依据。

基于高频的企业生产与销售数据，可估计重大外生冲击（如新冠疫情、中美贸易冲突）发生后，同一产业内不同企业之间的动态关联，以及不同产业之间的动态关联，刻画重大冲击的产业网络或产业链传导机制，特别是对系统性重要产业和核心企业的识别，这将有助于制定科学的定向经济复苏政策（如定向信贷供给和政策补贴），提升产业链的稳定性与韧性，有效降低系统性风险，增强扩张性政策的有效性。

（七）从结构化数据到非结构化数据

大数据包括结构化数据和非结构化数据，后者不能以传统的行—列格式表示。非结构化数据包括文本、图像、视频、音频等，可用于定量刻画结构化数据无法描述的社会经济活动与现象，如群体心理、企业文化、经济政策不确定性等。非结构化数据一般是高维的。例如，从统计学视角看，文本数据是一种高维的复杂数据。假设一个文件包含 10000 个汉字，每个汉字从 500 个最常用的中文字库中提取，则完全表示这个文件的维度将高达 $10^{4\times500}$！如果去掉最常用和最不常用的汉字以及标点符号，假设共剩下 3000 个汉字以及每个汉字在文件中出现的频率，则需要用一个 3000×2 维度的矩阵来表示，维数还是很大。因此，分析非结构化数据的第一步通常是借助深度学习等人工智能方法，例如，利用自然语言处理技术获取文本中的语义学信息，利用语音识别（Speech Recognition）确定声音和音频中的声调，以及通过计算机视觉（Computer Vision）提取图像和视频蕴含的地理信息等。

以文本数据为例，各种政府工作报告与政策文件、各类新闻报道、社交媒体平台的各种评论等都是文本数据。文本数据的现代统计分析可追溯到 Mosteller 和 Wallace（1963）。他们通过分析《联邦党人文集》（The Federalist Papers）中每篇文章中的冠词（如"an""of""upon"）出现的频率，并基于每个人写作习惯不会轻易改变的假设，分辨出《联邦党人文集》中一些原来作者不明的文章的作者是詹姆斯·麦迪逊（James Madison），而非亚历山大·汉密尔顿（Alexander Hamilton）。在计量经济学史上，对谁发明了工具变量法，计量经济学界有过争议。关于工具变量估计的推导最早出现在 Wright（1928）所著的《动物油与植物油关税》一书的附录，但附录的写作风格与正文完全不同。Stock 和 Trebbi（2003）对文本数据进行主成分分析，并使用前四个主成分作为预测变量，最终得出结论，即工具变量估计的提出者是 Philip Wright 而非他的儿子 Sewall Wright。在中国，也早有学者基于《红楼梦》文本数据所包含的常用副词，用统计学两样本均值检验方法研究《红楼梦》前八十回的作者和后四十回的作者是否为同一个人。

文字语言是人类表达思想、情感，进行沟通、交流的最主要工具，因此可从文本数据中提取有用信息，测度各种社会心理变量，如金融学中的投资者情感指数（Tetlock，2007；García，2013）、福利经济学中的国民幸福感指数（张兴祥等，2018）、市场营销学中的顾客满意度指数（He et al.，2013；Homburg et al.，2015）、经济学中的经济政策不确定指数（Brogaard and Detzel，2015；Baker et al.，2016；Gulen and Ion，2016；Baker et al.，2020）、教育学中的学生学习压力指数（Munezero et al.，2013）以及新闻传播学中的社会舆情指数等。

还可基于文本数据构建与测度文化变量。文化是人类社会相对于经济、政治而言的精神活动及其产物，分为物质文化和非物质文化，非物质文化是长期形成的社会心理与行为习惯，可通过文本数据进行刻画。例如，可测度诸如创新（Innovation）、正直（Integrity）、质量（Quality）、敬畏（Respect）和团队协作（Teamwork）之类的企业文化（Li et al.，2021）。在 Graham 等（2017）的访谈研究中，企业高管们推荐了 11 个度量文化的数据来源，其中大多数是非结构化数据，如财报电话会议记录。Li 等（2021）通过自然语言处理技术对企业文化进行研究，他们使用五个标准普尔 500 公司网站中最常提到的词汇作为"核心价值词汇"，包括

"创新""正直""质量""敬畏""团队协作"，并借用 Guiso 等（2015）所提供的与各个"核心价值词汇"相关的"种子词汇"，将财报会议记录中的词语与"种子词语"联系起来，建立异质性的企业"文化字典"，并在每一财务年度为每个企业文化指标赋值，其中每个文化指标的得分是其相关词语的加权计数占总词数的比例。Li 等（2021）突破以往企业文化研究主要使用代理变量或采用调查访谈的做法，使用词向量模型度量文化。词向量模型突破传统的词袋模型将字词视为相互独立符号的假设，避免或减少了忽视上下文语境而导致的偏差，将语法表达层面的定量方法推进到语义层面。测度好各种文化指标后，可将这些指标代入回归模型中，使原来的定性分析转变为定量分析。

需要指出，中文文本数据的定量分析难度高于英文文本数据。例如，与能够自动分词、断句的英文文本数据相比，中文文本数据的分词、断句的位置不同可能产生截然不同的含义，一个经典的例子是："下雨天，留客天。天留我不留。"与"下雨天，留客天。天留我不？留。"另外，一些中文关键词的词性在上下文中会发生变化，如"领导"可以是名词，也可以是动词。因此，中文词性的判断往往需要一定程度的深度学习和较为庞大的训练数据。还有，中文是不断进化的语言。完全相同的词汇，可能在短短数年间，其含义便发生巨大变化，特别是大量网络语言不断涌现，这些词汇往往代表强烈的感情色彩，但无法按照常规的中文语句含义进行分析。

文本回归分析不仅使经济学与人文社会科学的跨学科交叉研究成为可能，也使系统性的人类经济社会研究成为可能。众所周知，经济只是人类社会的一个组成部分（当然，是重要组成部分），除了经济因素的影响外，人类的经济活动还受到政治、法律、科技、历史、文化、社会与自然环境等因素的深刻影响，并且反过来影响这些因素。习近平总书记指出："系统观念是具有基础性的思想和工作方法。"经济学研究也需要坚持系统分析方法。跨学科跨领域的大数据特别是文本数据，可为人类经济社会的系统研究提供很多新的洞见和发现。可以预见，基于大数据的文本回归分析将成为经济学与人文社会科学一个基本的定量实证研究方法（洪永森、汪寿阳，2021a）。Grimmer 和 Stewart（2013）、Evans 和 Aceves（2016）、

Loughran 和 McDonald（2016）以及 Gentzkow 等（2019）分别介绍了文本数据的一些基本分析方法及其在政治学、社会学、会计学与金融学，以及经济学实证研究中的应用。

（八）从传统结构化数据到新型结构化数据

除了非结构化数据外，大数据还包括新型结构化数据。新型结构化数据例子包括矩阵数据（Matrix Data）、函数数据（Functional Data）、区间数据（Interval Data）以及符号数据（Symbolic Data），其中向量数据是矩阵数据的一个特例，区间数据是符号数据的一个特例，而面板数据则是函数数据的一个特例。长期以来，很多经济金融数据所包含的信息没有得到充分利用。比如，在金融波动率建模时，人们通常只使用金融资产每天的收盘价数据，而由金融资产每天的最高价和最低价所组成的价格区间数据，或者其每天从开盘到收盘的函数价格数据，所包含的信息要比每天的收盘价丰富得多，但却长期没有得到有效利用。作为一个实际应用的例子，股市投资中的 K 线预测可视为部分利用区间数据进行交易的技术投资策略。K 线反映了各种股票每日、每周、每月的开盘价、收盘价、最高价、最低价等涨跌变化情况（Xie et al.，2021）。Chou（2005）提出一个基于范围（Range，即最高价减最低价）数据的条件自回归范围（Conditional Autoregressive Range）模型，发现基于范围数据的波动率预测优于基于收盘价的 GARCH 波动率模型预测。而 He 等（2021）和 Zhu 等（2021）使用自回归区间模型（Han et al.，2021）和门框自回归区间模型（Sun et al.，2018），分别发现在预测月度原油价格波动率和每天外汇市场波动率时，区间模型预测优于范围模型，而范围模型又优于基于点数据的 GARCH 模型，展现了有效利用区间数据信息可显著改进波动率预测的信息优势（区间数据既包含范围信息，也包含中点价和收盘价信息）。关于区间数据建模与预测的更多讨论，参见洪永森和汪寿阳（2021a）。

新型结构化数据比传统点数据提供更加丰富的信息，但新型结构化数据建模需要新的分析方法与工具，比如一个区间是无穷多点的集合，因此需要构建随机集合的计量经济学模型，而不是点数据的计量经济学模型（Han et al.，2021；Sun et al.，2018）。对新型结构化数据建模需要新的数学工具，这将给计量经济学研究带来范式变革。

（九）从人工分析到智能化分析

由于大数据的海量性和复杂性（如不同结构、不同频率、不同来源、噪声等），由人工收集、储存、处理与分析大数据是极其困难甚至不可能的。人工智能，特别是机器学习，也因此应运而生，并得到了空前大发展。机器学习，如深度学习，是分析大数据的最主要工具，已广泛应用于各种现实经济活动中，如高频算法交易。MIT 开发了一个 PClean 数据清洗系统（Lew et al.，2021），可自动清洗"脏数据"，如错误、数值缺乏、拼写错误和数值不一致等常见的数据问题。据报道，在中国杭州市余杭区，"统计机器人"正在帮助及时收集各个部门、各个单位的统计数据报送。机器学习也正在应用于经济学研究中，特别是基于大数据的经济学实证研究，例如文本数据的情感分析需要使用各种自然语言处理方法与技术。人工智能可应用于自然语言处理、计算机视觉、语音识别以及商业智能分析。计量经济学家正在发展一些新的基于机器学习的因果识别与政策评估方法，用于精确评估经济社会公共政策效应（Athey and Imbens，2019）。中国人工智能之父吴文俊曾长期研究如何用机器来证明数学定理。机器人现在还可以帮助科学家做科学实验和写学术论文。

大数据与人工智能的发展对经济学者的编程能力和数据分析素养带来了新的挑战。比如，为处理海量大数据和及时获取最新算法，经济学家需要掌握一些难度较高的开源可编译软件（如 Python、R、Java、C++等），并熟悉诸如 GitHub、码云等代码共享平台。再比如，若数据量超过一定规模，在单独服务器上使用计算软件进行数据分析将变得不再可行，这时需要进行分布式计算，将庞大的工作量分散到多个节点服务器分别进行，最后再进行汇总。因此，研究人员也需要熟练掌握如 Hadoop、Storm 等分布式计算软件。

五、结束语

本文的分析表明，大数据正在深刻改变经济学的研究范式与研究方法。由于大数据包含大量互相关联的异质性微观主体的行为（包括心理）信息，使经济学家能够从实证研究的视角出发，突破现代西方经济学的一些基本假设的局限性，如假设完全理性经济人而忽视非理性行为因素，忽视经济人的社会性与社会心理的反作用，忽视宏观经济学的微观基础，忽视以系统观点将经济活动放在更广泛的人类社会系统中来研究经济等重要缺陷；同时，大数据也促进了经济学与认知科学、人工智能、计算机编程学、数据科学等相关领域之间的交叉，特别是促进了这些新兴方法论学科在经济学与社会科学其他领域中的应用，从而推动了经济学与社会科学其他领域之间以及经济学与数学、自然科学之间的融合。经济学与社会科学其他领域的实证研究范式正呈现出科学化、严谨化、精细化、多元化（跨学科）、系统化与趋同化（方法论）的趋势。一个新兴方法论学科，即大数据与机器学习计量经济学正在兴起。需要重视和学习交叉学科和跨学科的理论与方法，包括各种大数据分析方法、技术与工具。

一方面，应该强调，不是使用了定量实证研究方法，经济学研究便自动具有科学性。任何定量实证研究方法，都有其适用的前提条件，如果这些前提条件不满足，相应的方法便不适用。例如，不管样本容量有多大，经典的 t 检验和 F 检验在条件异方差情形下便会失效（洪永淼，2021）。此外，与任何其他研究方法一样，定量实证研究方法也有其缺点。例如，当使用文本数据测度社会心理变量和经济政策不确定性时，不仅所使用的自然语言处理方法均基于语言的误设模型，而且还可能有不同的构建方式（如赋予不同权重），存在一定的随意性。由于从文本数据构造的变量大多是解释变量，自然语言处理方法所用的误设语言模型会产生变量误差（Errors in Variables），导致估计偏差，因此需要使用工具变量等方法加以矫正（洪永淼，2011）。另外，在实证研究中，通常是研究者事先提出一个理论假说，然后设计一个实验或选择一个方法来检验该假说。不管是拒绝或接受理论假说，研究人员不会事先预知结果。但是，如果为了获得某个预期结果而提出适合该结果的理论假说，并且反复从数据中寻找"证据"支持，这将可能导致数据窥视（Data Snooping）偏差（Campbell et al.，1997）。例如，研究人员可能会对一种算法的不同版本在同一数据进行反复试验，直至获得某种符合预期结果的版本。这不是科学的态度与方法。但是，不能因此就放弃定量分析而退回到定性分析；相反地，应该研究如何改进测量社会心理变量的方法，如何减少或避免数据窥视偏差。

事实上，10 年来，分析文本数据的自然语言处理统计方法已显著地变得更加精准，并且还在不断完善中。

另一方面，也不能说不用定量方法就没有科学性。逻辑分析、历史分析不一定非用数学和其他定量方法不可。但是，在大数据时代，海量大数据包含很多传统数据所没有的信息，特别是大量互相关联的微观主体行为信息，这些信息可用于揭示个人与群体的行为，个人之间与群体之间的关系，以及宏观经济运行的规律。在这种情况下，不采用定量方法是不可想象的。定量分析并不意味着一定要使用高深的数学和复杂的模型，而是需要注意模型的可解释性（特别是经济解释）与数据分析的可视化。实证研究特别是定量实证研究是现代经济学最主要的研究范式，但也只是一类研究范式。不同的研究范式或研究方法都有其合理性和局限性，需要兼容并包。应当鼓励使用多元的研究范式和研究方法，互相补充、互相交叉、互相促进、共同提高中国经济学研究的科学性与先进性。

中国经济是中国特色社会主义市场经济，以公有制为主体、多种经济成分并存，市场在资源配置上发挥决定性作用，同时政府发挥重要作用。中国经济经过 40 多年持续快速增长，成为世界第二大经济体、最大制造业国家、最大货物贸易国、全球三大主要供应链中心之一，并且即将成为全球最大消费国，中国经济崛起是 21 世纪上半叶世界最重要的经济事件，已经并且正在深刻影响世界经济格局的发展趋势。从中国经济实践中揭示中国经济发展规律，凝练可复制的中国经济发展模式，构建具有深厚学理基础的原创性中国经济理论体系，是中国经济学家的历史机遇与时代责任。由于超大经济体的规模优势，以及中国政府"互联网+"政策，中国数字经济发展迅速，在某些领域（如移动支付）领先全球，中国在大数据资源方面与西方主要发达国家处于同一起跑线，并且拥有巨大潜力。海量大数据资源，加上中国数字经济的快速发展、中国经济所有制的多样性以及全球最具特色的"政策数据库"等得天独厚的优势，为中国经济学家开展以大数据为基础的定量实证研究，探索中国经济发展规律、数字经济运行规律、政府与市场之间关系等重要理论与现实问题，提供了一个可以产生重大理论创新成果的"富矿"（陈国青等，2021）。

更重要的是，大数据的出现，使中国经济学家可以克服现代西方经济学研究范式的一些根本性缺陷，并从中国经济实践中提炼出新的带有普遍性的经济知识体系，为当代世界经济学的发展做出中国经济学家应有的贡献。同时，新型数据需要新的研究方法与工具，需要不断创新基于大数据的实证研究方法，并应用于研究各种现实经济问题，包括以证据为基础精准评估经济社会公共政策，提升政策制定的科学性、精确性、时效性与协同性，从而更好支持政府科学决策。

在构建原创性中国经济理论过程中，还应坚持国际学术交流与合作，批判性借鉴现代西方经济学中有益的理论成分与研究方法，以科学研究范式分析中国经济问题，用国际语言讲述中国经济故事，不断加强中国经济学的国际学术影响力。

参考文献

［1］陈国青、张瑾、王聪、卫强、郭迅华：《"大数据—小数据"问题：以小见大的洞察》，《管理世界》，2021 年第 2 期。

［2］崔丽媛、洪永淼：《投资者对经济基本面的认知偏差会影响证券价格吗？——中美证券市场对比分析》，《经济研究》，2017 年第 8 期。

［3］洪永淼：《计量经济学的地位、作用和局限》，《经济研究》，2007 年第 5 期。

［4］洪永淼：《高级计量经济学》，高等教育出版社，2011 年。

［5］洪永淼：《理解现代计量经济学》，《计量经济学报》，2021 年第 2 期。

［6］洪永淼、汪寿阳：《数学、模型与经济思想》，《管理世界》，2020 年第 10 期。

［7］洪永淼、汪寿阳：《大数据革命和经济学研究范式与研究方法》，《财经智库》，2021 年第 1 期。

［8］洪永淼、汪寿阳：《大数据、机器学习与统计学：挑战与机遇》，《计量经济学报》，2021 年第 1 期。

［9］洪永淼、汪寿阳：《非参数统计学与机器学习：基本思想、方法及相互关系》，工作论文，2021 年。

［10］洪永淼、汪寿阳、任之光、薛涧坡、钟秋萍、钟锃光：《"十四

五"经济科学发展战略研究的背景与论证思想》,《管理科学学报》,2021年第2期。

［11］洪永淼、薛涧坡:《中国经济发展规律与研究范式变革》,《中国科学基金》,2021年第3期。

［12］侯增谦:《研究中国经济发展规律,促进经济高质量发展》,《中国科学基金》,2021年第3期。

［13］胡毅、陈海强、齐鹰飞:《大数据时代计量经济学的新发展与新应用——第二届中国计量经济学者论坛(2018)综述》,《经济研究》,2019年第3期。

［14］李子奈:《计量经济学应用研究的总体回归模型设定》,《经济研究》,2008年第8期。

［15］李子奈、霍玲:《从〈经济研究〉与AER发文比较分析看计量经济学教学与研究》,《21世纪数量经济学》,2005年第6期。

［16］刘伟、蔡志洲:《中国经济发展的突出特征在于增长的稳定性》,《管理世界》,2021年第5期。

［17］王东京:《中国经济体制改革的理论逻辑与实践逻辑》,《管理世界》,2018年第4期。

［18］王美今、林建浩:《计量经济学应用研究的可信性革命》,《经济研究》,2012年第2期。

［19］王一鸣:《中国经济新一轮动力转换与路径选择》,《管理世界》,2017年第2期。

［20］杨红丽、刘志阔、陈钊:《中国经济的减速与分化:周期性波动还是结构性矛盾?》,《管理世界》,2020年第7期。

［21］杨耀武、张平:《中国经济高质量发展的逻辑、测度与治理》,《经济研究》,2021年第1期。

［22］张兴祥、钟威、洪永淼:《国民幸福感的指标体系构建与影响因素分析:基于LASSO的筛选方法》,《统计研究》,2018年第11期。

［23］Angrist, J., Azoulay, P., Ellison, G., et al., 2017, "Economic Research Evolves: Fields and Styles", *American Economics Review*, Vol. 107, No. 5, pp. 293-297.

［24］ Angrist, J. D. and Pischke, J. S. , 2009, *Mostly Harmless Econometrics: An Empiricist's Companion*, Princeton: Princeton University Press.

［25］ Athey, S. , 2019, "The Impact of Machine Learning on Economics", in Agrawal, A. , Gans J. and Goldfarb, A. , eds: *The Economics of Artificial Intelligence: An Agenda*, Chicago: University of Chicago Press.

［26］ Athey, S. and Imbens, G. W. , 2019, "Machine Learning Methods That Economists Should Know About", *Annual Review of Economics*, Vol. 11, pp. 685-725.

［27］ Baker, S. , Bloom, N. and Davis, S. J. , 2016, "Measuring Economic Policy Uncertainty", *Quarterly Journal of Economics*, Vol. 131, No. 4, pp. 1593-1636.

［28］ Baker, S. , Bloom, N. , Davis, S. J. et al. , 2020, "COVID-Induced Economic Uncertainty", Working Paper.

［29］ Bates, J. M. and Granger, C. W. , 1969, "The Combination of Forecasts", *Journal of Operational Research Society*, Vol. 20, No. 5, pp. 451-468.

［30］ Breiman, L. , 2001, "Statistical Modeling: The Two Cultures", *Statistical Science*, Vol. 16, No. 3, pp. 199-215.

［31］ Brogaard, J. and Detzel, A. , 2015, "The Asset-Pricing Implications of Government Economic Policy Uncertainty", *Management Science*, Vol. 61, No. 1, pp. 3-18.

［32］ Campbell, J. Y. , Lo, A. W. and MacKinlay, A. C. , 1997, *The Econometrics of Financial Markets*, Princeton: Princeton University Press.

［33］ Campos, J. , Ericsson, N. R. and Hendry, D. F. , 2005, "General-to-Specific Modeling: An Overview and Selected Bibliography", FRB International Finance Discussion Paper, No. 838.

［34］ Cavallo, A. , 2012, "Scraped Data and Sticky Prices", MIT Sloan Working Paper.

［35］ Cavallo, A. , 2013, "Online and Official Price Indexes: Measuring Argentina's Inflation", *Journal of Monetary Economics*, Vol. 60, No. 2, pp. 152-165.

［36］Chou, R. Y. , 2005, "Forecasting Financial Volatilities with Extreme Values: The Conditional Autoregressive Range (CARR) Model", *Journal of Money, Credit and Banking*, Vol. 37, No. 3, pp. 561-582.

［37］Conte, R. , Gilbert, N. , Bonelli, G. , et al. , 2012, "Manifesto of Computational Social Science", *European Physical Journal Special Topics*, Vol. 214, No. 1, pp. 325-346.

［38］Cui, L. , Hong, Y. and Li, Y. , 2021, "Solving Euler Equations via Two-Stage Nonparametric Penalized Splines", *Journal of Econometrics*, Vol. 222, No. 2, pp. 1024-1056.

［39］E, W. , 2021, "The Dawning of a New Era in Applied Mathematics", *Notice of American Mathematical Society*, Vol. 68, No. 2, pp. 565-571.

［40］Einav, L. and Levin, J. , 2014, "Economics in the Age of Big Data", *Science*, Vol. 346, No. 6210, Article ID: 1243089.

［41］Engle, R. F. , 2000, "The Econometrics of Ultra-High-Frequency Data", *Econometrica*, Vol. 68, No. 1, pp. 1-22.

［42］Engle, R. F. and Kroner, K. F. , 1995, "Multivariate Simultaneous Generalized ARCH", *Econometric Theory*, Vol. 11, No. 1, pp. 122-150.

［43］Engle, R. F. and Russell, J. R. , 1998, "Autoregressive Conditional Duration: A New Model for Irregularly Spaced Transaction Data", *Econometrica*, Vol. 66, No. 5, pp. 1127-1162.

［44］Evans, J. A. and Aceves, P. , 2016, "Machine Translation: Mining Text for Social Theory", *Annual Review of Sociology*, Vol. 42, pp. 21-50.

［45］García, D. , 2013, "Sentiment during Recessions", *Journal of Finance*, Vol. 68, No. 3, pp. 1267-1300.

［46］Gentzkow, M. , Kelly, B. and Taddy, M. , 2019, "Text as Data", *Journal of Economic Literature*, Vol. 57, No. 3, pp. 535-574.

［47］Gertler, M. and Karadi, P. , 2015, "Monetary Policy Surprises, Credit Costs, and Economic Activity", *American Economic Journal: Macroeconomics*, Vol. 7, No. 1, pp. 44-76.

［48］Giannone, D. , Reichlin, L. and Small, D. , 2008, "Nowcasting: The Real-Time Informational Content of Macroeconomic Data", *Journal of Monetary Economics*, Vol. 55, No. 4, pp. 665-676.

[49] Goldberg, A., Srivastava, S. B., Manian, V. G., et al., 2016, "Fitting in or Standing out? The Tradeoffs of Structural and Cultural Embeddedness", *American Sociological Review*, Vol. 81, No. 6, pp. 1190-1222.

[50] Graham, J. R., Campbell, R. H., Jillian, G., et al., 2017, "Corporate Culture: Evidence from the Field", NBER Working Paper, No. w23255.

[51] Granger, C. W. J., 1980, "Long Memory Relationships and the Aggregation of Dynamic Models", *Journal of Econometrics*, Vol. 4, No. 2, pp. 227-238.

[52] Grimmer, J. and Stewart, B. M., 2013, "Text as Data: The Promise and Pitfalls of Automatic Content Analysis Methods for Political Texts", *Political Analysis*, Vol. 21, No. 3, pp. 267-297.

[53] Guiso, L., Sapienza, P. and Zingales, L., 2015, "The Value of Corporate Culture", *Journal of Financial Economics*, Vol. 117, No. 1, pp. 60-76.

[54] Gulen, H. and Ion, M., 2016, "Policy Uncertainty and Corporate Investment", *Review of Financial Studies*, Vol. 29, No. 3, pp. 523-564.

[55] Hamermesh, D. S., 2013, "Six Decades of Top Economics Publishing: Who and How?", *Journal of Economic Literature*, Vol. 51, No. 1, pp. 162-172.

[56] Han, A., Hong, Y., Wang, S., et al., 2021, "Conditional Autoregressive Models for Interval-Valued Time Series Data", *Working Paper*, *Center for Forecasting Science*, Chinese Academy of Sciences.

[57] Hansen, L. and Sargent, T. J., 2001, "Robust Control and Model Uncertainty", *American Economic Review*, Vol. 91, No. 2, pp. 60-66.

[58] He, Y., Han, A., Hong, Y., et al., 2021, "Forecasting Crude Oil Price Intervals and Return Volatility via Autoregressive Conditional Interval Models", *Econometric Review*, Vol. 40, No. 6, pp. 584-606.

[59] He, W., Zha, S. and Li, L., 2013, "Social Media Competitive

Analysis and Text Mining: A Case Study in the Pizza Industry", *International Journal of Information Management*, Vol. 33, No. 3, pp. 464-472.

[60] Hoerl, A. E. and Kennard, R. W., 1970, "Ridge Regression: Biased Estimation for Nonorthogonal Problems", *Technometrics*, Vol. 12, No. 1, pp. 55-67.

[61] Hofman, J. M., Watts, D. J., Athey, S., et al., 2021, "Interpreting Explanation and Prediction in Computational Social Science", *Nature*, Vol. 595, pp. 181-188.

[62] Hofstede, G., 1984, *Culture's Consequences: International Differences in Work-Related Values*, Beverly Hills: Sage Publications.

[63] Hofstede, G., 1991, *Cultures and Organizations: Software of the Mind*, New York: McGraw Hill.

[64] Homburg, C., Ehm, L. and Artz, M., 2015, "Measuring and Managing Consumer Sentiment in an Online Community Environment", *Journal of Marketing Research*, Vol. 52, No. 5, pp. 629-641.

[65] Hong, Y. and Lee, T. H., 2003, "Inference on Predictability of Foreign Exchange Rates via Generalized Spectrum and Nonlinear Time Series Models", *Review of Economics and Statistics*, Vol. 85, No. 4, pp. 1048-1062.

[66] Jurafsky, D. and Martin, J. H., 2009, *Speech and Language Processing: An Introduction to Speech Recognition, Computational Linguistics and Natural Language Processing (2nd edition)*, Upper Saddle River: Prentice Hall.

[67] Kuhn, T., 1996, *The Structure of Scientific Revolutions (3rd edition)*, Chicago: University of Chicago Press.

[68] Lazer, D., Pentland, A., Adamic, L., et al., 2009, "Computational Social Science", *Science*, Vol. 323, pp. 721-723.

[69] Lee, J. D., Sun, D. L., Sun, Y., et al., 2016, "Exact Post-Selection Inference, with Application to the LASSO", *Annals of Statistics*, Vol. 44, No. 3, pp. 907-927.

[70] Lew, A., Agrawal, M., Sontag, D., et al., 2021, "PClean:

Bayesian Data Cleaning at Scale with Domain – Specific Probabilistic Programming", in Banerjee, A. and Fukumizu, K., *Proceedings of 24th International Conference on Artificial Intelligence and Statistics*, Palo Alto: AAAI Press.

[71] Li, K., Liu, X., Mai, F., et al., 2021, "The Role of Corporate Culture in Bad Times: Evidence from the COVID-19 Pandemic", *Journal of Financial and Quantitative Analysis*, Vol. 56, pp. 1–68.

[72] Loughran, T. and McDonald, B., 2016, "Textual Analysis in Accounting and Finance: A Survey", *Journal of Accounting Research*, Vol. 54, pp. 1187–1230.

[73] Lucas, R. E. Jr., 1976, "Econometric Policy Evaluation: A Critique", in Brunner, K. and Meltzer, A. H., *The Phillips Curve and Labor Markets*, *Carnegie – Rochester Conference Series on Public Policy*, Amsterdm: North Holland.

[74] Manning, C. D., Raghavan, P. and Schütze, H., 2008, *Introduction to Information Retrieval*, Cambridge: Cambridge University Press.

[75] Mosteller, F. and Wallace, D. L., 1963, "Inference in an Authorship Problem: A Comparative Study of Discrimination Methods Applied to the Authorship of the Disputed Federalist Papers", *Journal of American Statistical Association*, Vol. 58, No. 302, pp. 275–309.

[76] Mullainathan, S. and Spiess, J., 2017, "Machine Learning: An Applied Econometric Approach", *Journal of Economic Perspectives*, Vol. 31, pp. 87–106.

[77] Munezero, M., Montero, C. S., Mozgovoy, M., et al., 2013, "Exploiting Sentiment Analysis to Track Emotions in Students' Learning Diaries", *Koli Calling International Conference on Computing Education Research*, Vol. 13, pp. 145–152.

[78] O' Hara, M., 1995, *Market Microstructure Theory*, Cambridge: Blackwell Publishing.

[79] Scott, S. and Varian, H., 2014, "Predicting the Present with Bayesian Structural Time Series", *International Journal of Mathematical Model-

ling and Numerical Optimisation, Vol. 5, pp. 4-23.

[80] Scott, S. and Varian, H., 2015, "Bayesian Variable Selection for Nowcasting Economic Time Series", in Goldfarb, A., Greenstein, S. M. and Tucker, C. E., *Economic Analysis of Digital Economy*, Chicago: University of Chicago Press.

[81] Shiller, R., 2000, *Irrational Exuberance*, Princeton: Princeton University Press.

[82] Shiller, R., 2019, *Narrative Economics: How Stories Go Viral and Drive Major Economic Events*, Princeton: Princeton University Press.

[83] Stock, J. H. and Trebbi, F., 2003, "Retrospectives: Who Invented Instrumental Variable Regression?", *Journal of Economic Perspectives*, Vol. 17, No. 3, pp. 177-194.

[84] Sun, Y., Han, A., Hong, Y., et al., 2018, "Threshold Autoregressive Models for Interval-Valued Time Series Data", *Journal of Econometrics*, Vol. 206, No. 2, pp. 414-446.

[85] Sun, Y., Hong, Y., Lee, T. H., et al., 2021, "Time-Varying Model Averaging", *Journal of Econometrics*, Vol. 222, No. 2, pp. 974-992.

[86] Tetlock, P. C., 2007, "Giving Content to Investor Sentiment: The Role of Media in the Stock Market", *Journal of Finance*, Vol. 62, No. 3, pp. 1139-1168.

[87] Tibshirani, R., 1996, "Regression Shrinkage and Selection via the LASSO", *Journal of the Royal Statistical Society: Series B (Methodological)*, Vol. 58, No. 1, pp. 267-288.

[88] Varian, H. R., 1999, *Intermediate Microeconomics: A Modern Approach (5th edition)*, New York: W. W. Norton & Company.

[89] Varian, H. R., 2014, "Big Data: New Tricks for Econometrics", *Journal of Economic Perspectives*, Vol. 28, No. 2, pp. 3-28.

[90] Wright, P. G., 1928, *The Tariff on Animal and Vegetable Oils*, New York: Macmillan Company.

［91］ Xie, H. , Fan, K. and Wang, S. , 2021, *Candlestick Forecasting for Investments*: *Applications*, *Models and Properties*, London and New York: Routledge.

［92］ Zhu, M. , Hong, Y. and Wang, S. , 2021, "Can Interval Data Help Improve Volatility Forecasts? Evidence from Foreign Exchange Markets", Working Paper, Center for Forecasting Science, Chinese Academy of Sciences.